# 国会議事堂・霞ヶ関周辺　地下鉄出入口ご案内

最寄地下鉄出入口

- **合同庁舎１号館**　霞ヶ関駅 A5 A6 A7 A9 A10
  農林水産省・林野庁・水産庁
- **合同庁舎２号館**　霞ヶ関駅 A2 A3
  警察庁・国家公安委員会・総務省・消防庁・国土交通省(分館)
- **合同庁舎３号館**　霞ヶ関駅 A3　桜田門駅 2
  国土交通省・海上保安庁
- **合同庁舎４号館**　霞ヶ関駅 A13
  内閣法制局・内閣府(分館)・消費者庁・復興庁・公害等調整委員会
- **合同庁舎５号館**　霞ヶ関駅 B3b B3a
  内閣府(分館)・厚生労働省・環境省
- **合同庁舎６号館**　霞ヶ関駅 B1　桜田門駅 5
  法務省・検察庁・出入国在留管理庁・公安調査庁・公正取引委員会
- **合同庁舎７号館**　虎ノ門駅 11
  文部科学省・スポーツ庁・文化庁・金融庁・会計検査院
- **合同庁舎８号館**　国会議事堂前駅 3
  内閣府・内閣人事局
- **経済産業省別館**　霞ヶ関駅 C2
  中小企業庁・資源エネルギー庁

# 霞ケ関 官庁 フロア&ダイヤルガイド

## 2023年版

国政情報センター

# 凡　例

1. 本書は、国の行政機関の本省（庁）及びその外局の庁舎をもとに、各階部署一覧表と、それに対応するフロア図（部屋割図）、各課直通電話番号・FAX番号から構成されます。

2. 各階部署一覧表においては、原則として左側に「局·部」を、右側に「課·室」を表記しました。

3. フロア図はデザインを簡略化し、「局」は、原則として図の外側に表記し、太線で範囲を示し、「部」については、独自の判断で図の内側または外側に表記しました。また、エレベーターはEV、洗面所はWCと表記しました。

4. 掲載内容については令和5年4月1日の時点で当社が独自に調査し、その後、組織改編が行われたものについては、編集の過程で修正を加え、できるだけ新しいものにしました。

5. 諸般の事情により、一部に未掲載の本庁舎、部署及び部屋があります。

# 目　次

◆フロアガイド（階層図・フロア図）◆

## ◆TEL・FAXガイド◆



## ◆地方庁・全国都市東京事務所 住所一覧◆

# フロアガイド
# （階層図・フロア図）

# 内　閣　府

〒100-8914
千代田区永田町1-6-1　　地下鉄：国会議事堂前駅　3番出口

〒100-8914
千代田区永田町1-6-1
合同庁舎8号館　　地下鉄：国会議事堂前駅　3番出口

〒100-8970
千代田区霞が関3-1-1
合同庁舎4号館（分館）　　地下鉄：霞ヶ関駅　A13番出口

| 階別 | 局（部）名 | 課（室）名 |
|---|---|---|
| 6 | 内閣情報調査室 | |
| 5 | | 内閣官房副長官補室、内閣総務官室、内閣審議官室 |
| 4 | 大臣官房<br>賞勲局 | 内閣審議官室、内閣広報官室、内閣広報室、内閣官房参与室<br>政府広報室、政府広報室長室<br>局長室、総務課、総務課長室、事務室、会議室<br><br>拉致被害者等支援担当室、拉致問題対策本部事務局 |
| 3 | | 大臣室、拉致問題担当大臣室<br><br>内閣審議官室、知的財産戦略推進事務局、拉致問題対策本部事務局、TPP政府対策本部（首席交渉官室、国内調整統括官室）、海外ビジネス投資支援室、グローバル・スタートアップ・キャンパス構想推進室、特別会議室 |
| 2 | 政策統括官<br>（原子力防災担当） | 副大臣・大臣政務官室<br><br>新しい資本主義実現本部事務局、領土・主権対策企画調整室、デジタル市場競争本部事務局、船舶活用医療推進本部設立準備室、原子力防災会議事務局 |
| 1 | 大臣官房 | 内閣官房副長官補付（経協インフラ担当）<br>会計課、会計課長室、厚生管理官室<br><br>内閣官房ギャンブル等依存症対策推進本部事務局、第一入札室、第二入札室、面談室、守衛室 |

# 合同庁舎8号館

| 階別 | 局（部）名 | 課（室）名 |
|---|---|---|
| 14 | 政策統括官<br>（経済社会システム担当）<br><br>（沖縄政策担当）<br>沖縄振興局<br>経済社会総合研究所 | <br>民間資金等活用事業推進室（PPP/PFI推進室）<br>政策統括官（沖縄政策担当）<br><br>情報研究交流部、景気統計部、経済研修所<br><br>宇宙開発戦略推進事務局、準天頂衛星システム戦略室、会議室 |
| 13 | 政策統括官<br>（経済財政分析担当）<br>経済社会総合研究所 | <br><br>総務部、研究官室、国民経済計算部 |
| 12 | 政策統括官<br>（経済財政運営担当）<br>（経済社会システム担当） | <br><br>規制改革推進室 |
| 11 | | 国務大臣・副大臣・大臣政務官室 |
| 10 | | 国務大臣・副大臣・大臣政務官室 |
| 9 | <br><br>大臣官房<br><br><br>政策統括官<br>（経済財政運営担当） | 事務次官室、内閣府審議官室、政策参与（経済財政運営担当）<br>大臣官房長室、政策立案総括審議官、大臣官房審議官（大臣官房及び公文書監察担当）、総務課、人事課、政策評価広報課<br>大臣官房審議官室<br><br><br>北方対策本部、会議室 |
| 8 | 大臣官房<br>政策統括官<br>（政策調整担当） | 企画調整課<br><br><br><br>特別大会議室、特別中会議室、府議室 |
| 7 | 大臣官房<br><br>男女共同参画局 | 公文書管理課、サイバーセキュリティ・情報化推進室<br>総務課、調査課、推進課<br><br>デジタル田園都市国家構想実現会議事務局 |

| 階別 | 局（部）名 | 課（室）名 |
|---|---|---|
| 6 | | 科学技術·イノベーション推進事務局、原子力委員会、総合科学技術・イノベーション会議、会議室（623） |
| 5 | | 内閣人事局、共用会議室（A～E） |
| 4 | 政策統括官<br>（防災担当） | 政策統括官 |
| | | 新型コロナウイルス等感染症対策推進室、内閣官房国土強靭化推進室、内閣府図書館、防災会議室、会議室（408、416） |
| 3 | 政策統括官<br>（防災担当） | 防災オペレーション室、防災当直室 |
| | | 災害対策本部会議室、教養室、休養室 |
| 2 | | 情報公開窓口、個人情報保護窓口、文書室、内閣府診療室、コンビニエンスストア、食堂・喫茶 |
| 1 | | 防災センター、報道室（大臣官房政策評価広報課）、記者室、記者会見室、講堂 |

## 合同庁舎4号館

| 階別 | 局（部）名 | 課（室）名 |
|---|---|---|
| 8 | 大臣官房 | 会計課分室、遺棄化学兵器処理担当室 |
| | 政策統括官<br>（経済財政運営担当） | 地方分権改革推進室、地方分権改革推進室会議室 |
| | 消費者委員会 | 委員長室、消費者委員会委員、事務局長室、事務局、審議官室、会議室 |
| | 国際平和協力本部 | 事務局長、事務局次長、事務局 |
| | | 内閣官房IT総合戦略室 |

# 内閣府　1階

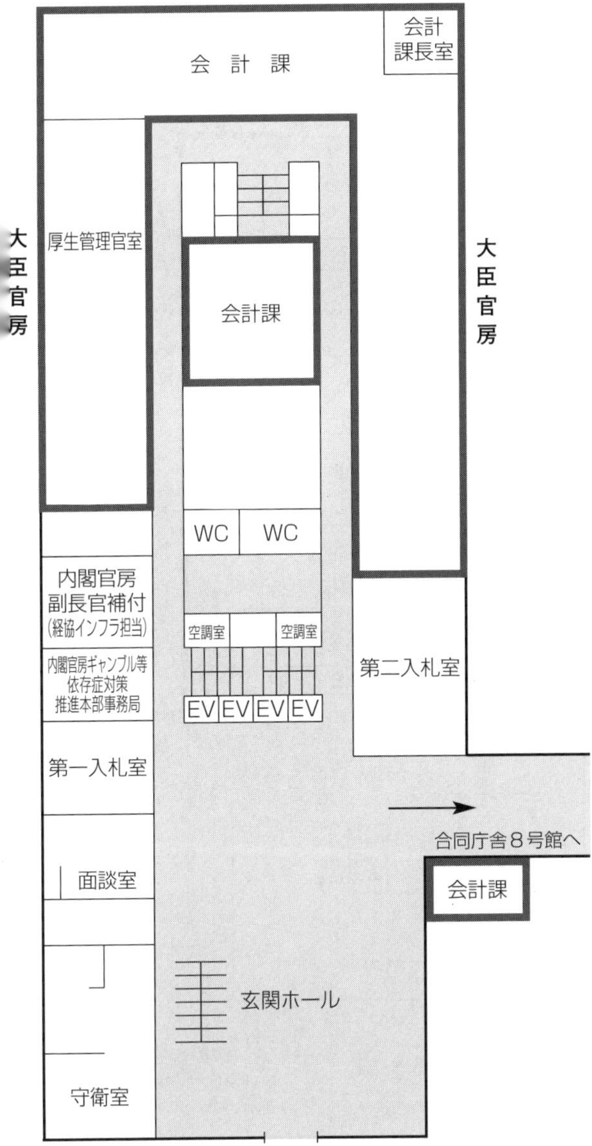
外務省 側
会　計　課
会計
課長室
大
臣
官
房
厚生管理官室
会計課
大
臣
官
房
WC
WC
内閣官房
副長官補付
(経協インフラ担当)
空調室
空調室
第二入札室
内閣官房ギャンブル等
依存症対策
推進本部事務局
EV
EV
EV
EV
第一入札室
合同庁舎８号館へ
面談室
会計課
玄関ホール
守衛室

# 内閣府　2階

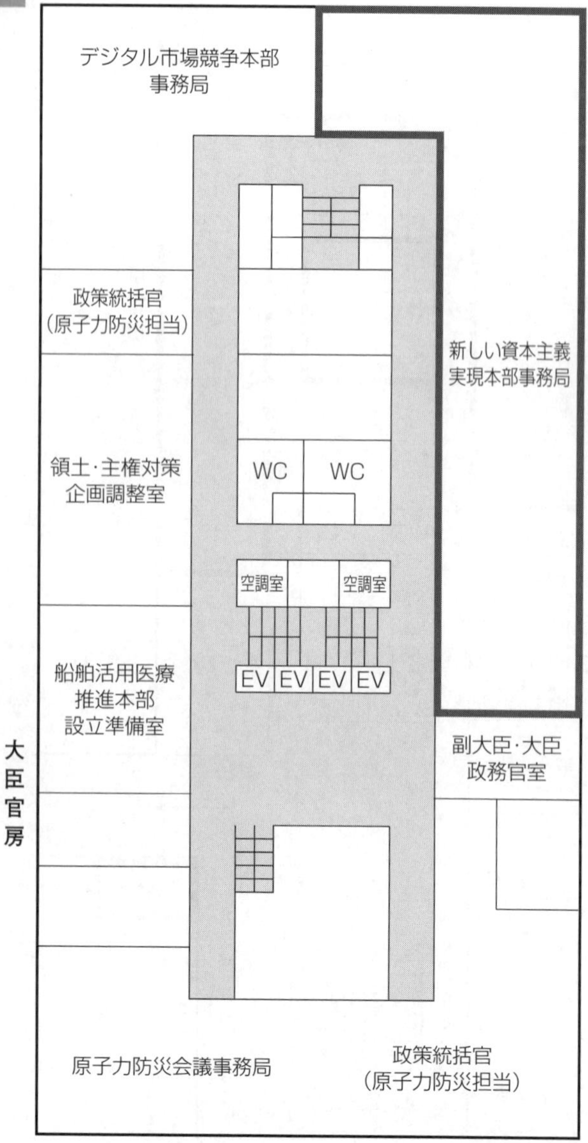
外務省 側
デジタル市場競争本部
事務局
政策統括官
（原子力防災担当）
新しい資本主義
実現本部事務局
領土・主権対策
企画調整室
WC
WC
空調室
空調室
EV
EV
EV
EV
船舶活用医療
推進本部
設立準備室
大臣官房
副大臣・大臣
政務官室
原子力防災会議事務局
政策統括官
（原子力防災担当）

# 内閣府　3階

外務省 側

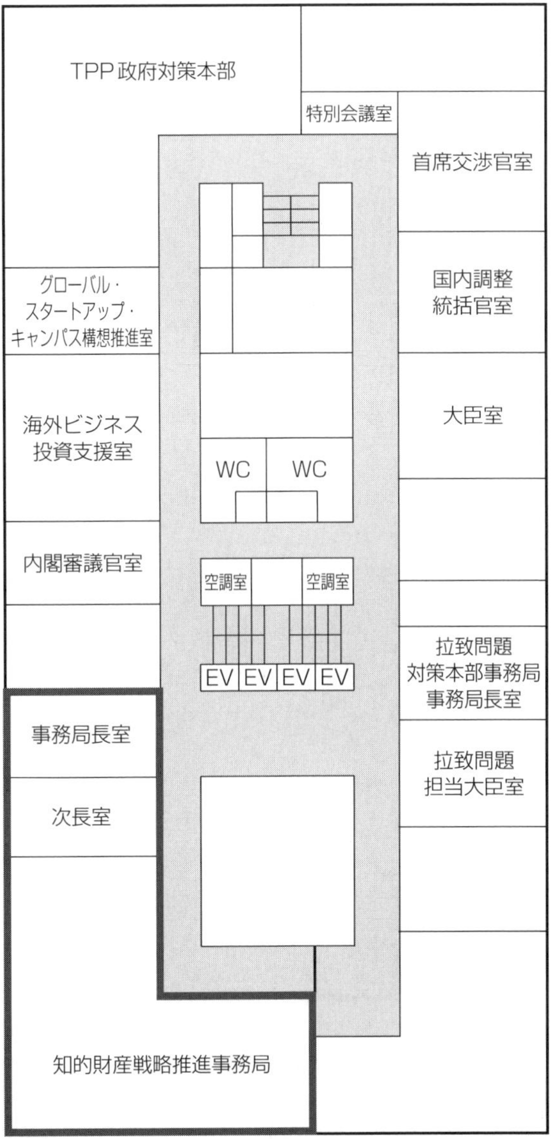
TPP政府対策本部
特別会議室
首席交渉官室
グローバル・
スタートアップ・
キャンパス構想推進室
国内調整
統括官室
海外ビジネス
投資支援室
大臣室
WC
WC
内閣審議官室
空調室
空調室
EV
EV
EV
EV
拉致問題
対策本部事務局
事務局長室
事務局長室
拉致問題
担当大臣室
次長室
知的財産戦略推進事務局

# 内閣府　4階

外務省 側

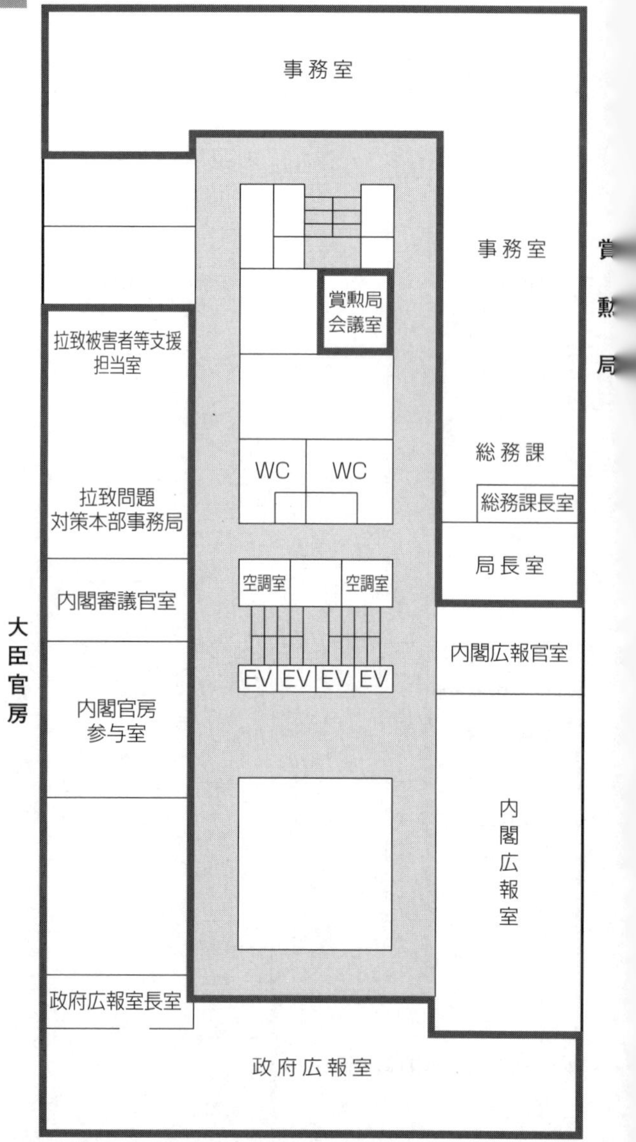
事務室
賞勲局
会議室
事務室
賞勲局
拉致被害者等支援
担当室
総務課
WC
WC
総務課長室
拉致問題
対策本部事務局
局長室
空調室
空調室
内閣審議官室
大臣官房
内閣広報官室
EV
EV
EV
EV
内閣官房
参与室
内閣広報室
政府広報室長室
政府広報室

# 内閣府　5階

外務省 側

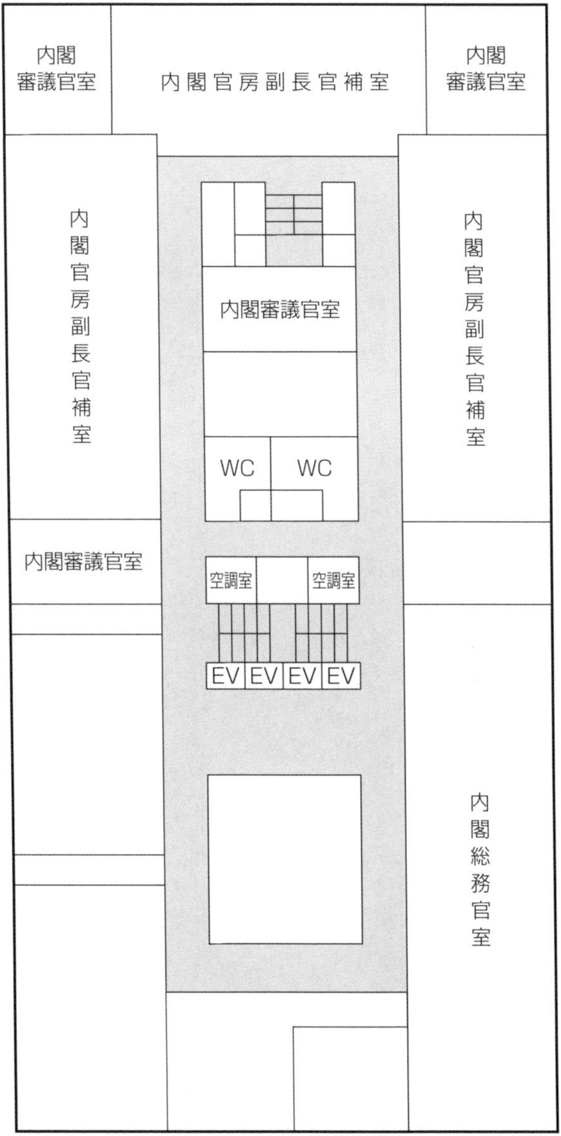
内閣
審議官室
内閣官房副長官補室
内閣
審議官室
内閣官房副長官補室
内閣審議官室
内閣官房副長官補室
WC
WC
内閣審議官室
空調室
空調室
EV
EV
EV
EV
内閣総務官室

# 内閣府　6階

外務省 側

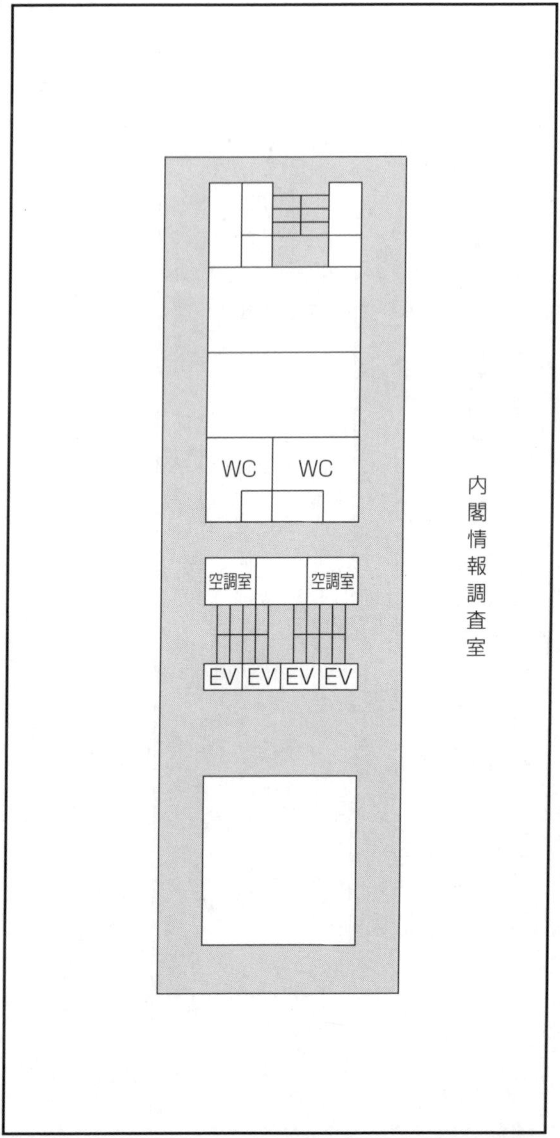
WC
WC
空調室
空調室
EV
EV
EV
EV
内閣情報調査室

## 内閣府　8号館1階

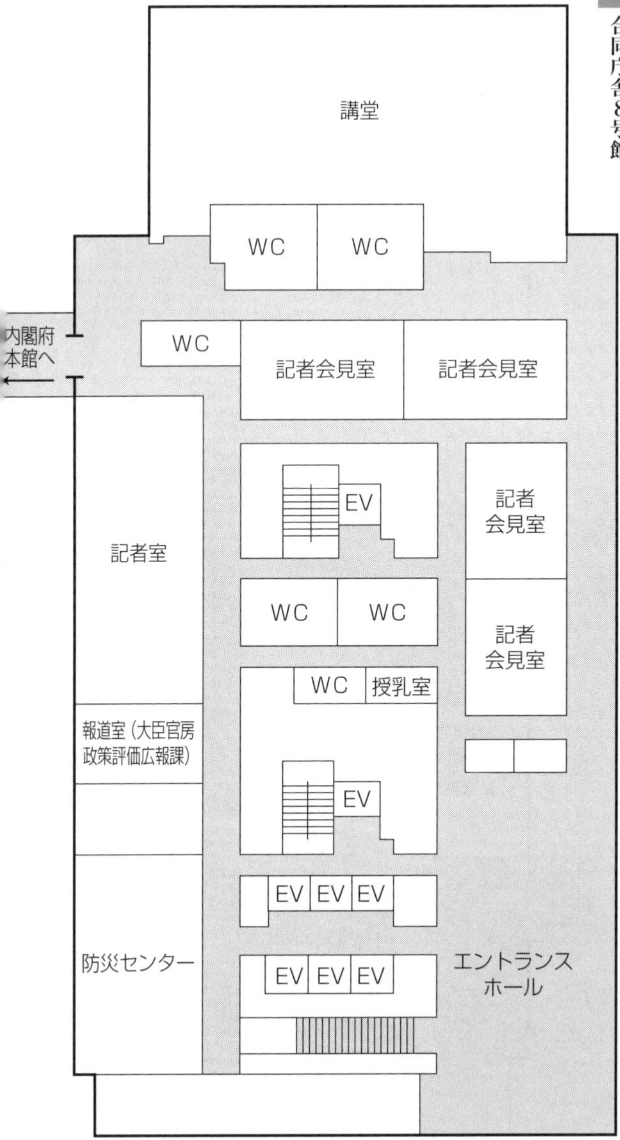
首都高速 側
講堂
WC
WC
内閣府
本館へ
WC
記者会見室
記者会見室
EV
記者
会見室
記者室
WC
WC
記者
会見室
WC
授乳室
報道室（大臣官房
政策評価広報課）
EV
EV
EV
EV
防災センター
EV
EV
EV
エントランス
ホール

# 内閣府　8号館2階

首都高速 側

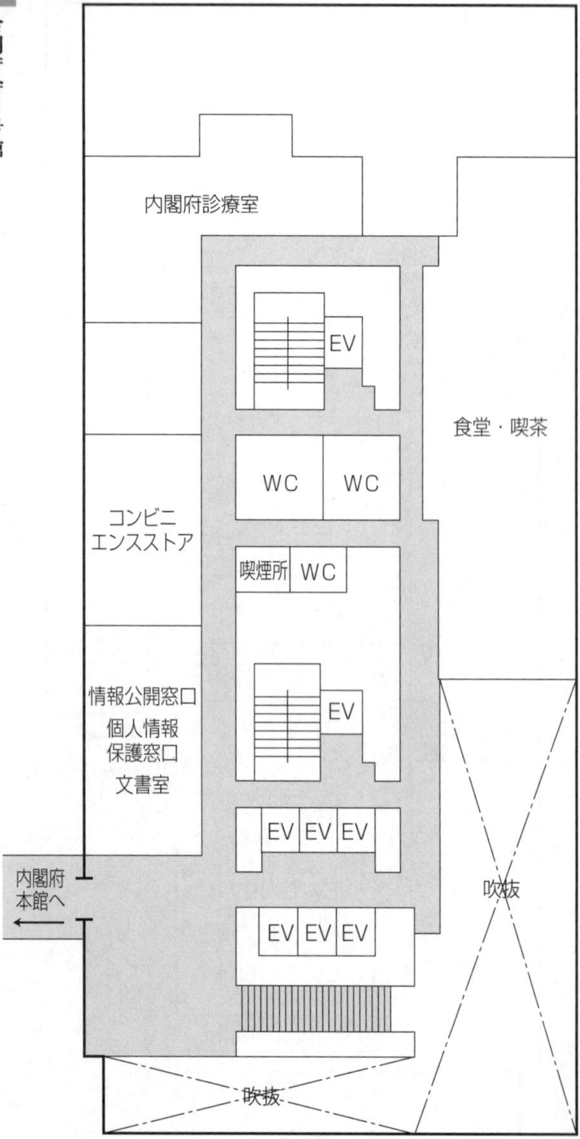
内閣府診療室
EV
食堂・喫茶
WC
WC
コンビニ
エンスストア
喫煙所
WC
EV
情報公開窓口
個人情報
保護窓口
文書室
EV
EV
EV
内閣府
本館へ
吹抜
EV
EV
EV
吹抜

# 内閣府　8号館3階

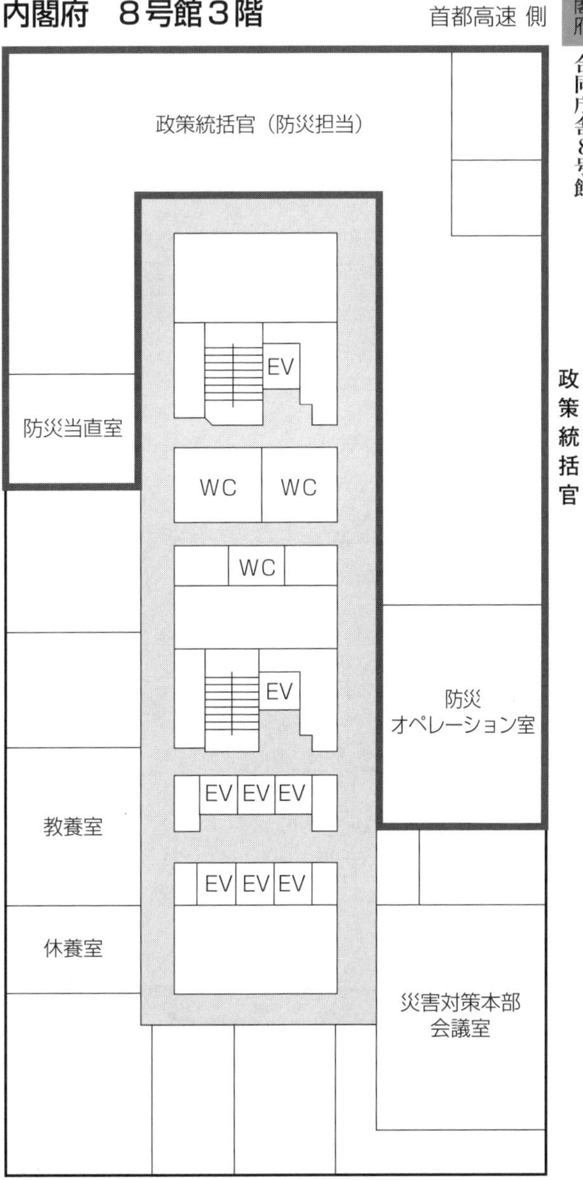
首都高速 側
政策統括官（防災担当）
防災当直室
EV
WC
WC
WC
EV
EV
EV
EV
EV
EV
EV
政策統括官
防災
オペレーション室
教養室
休養室
災害対策本部
会議室

# 内閣府　8号館4階

首都高速 側

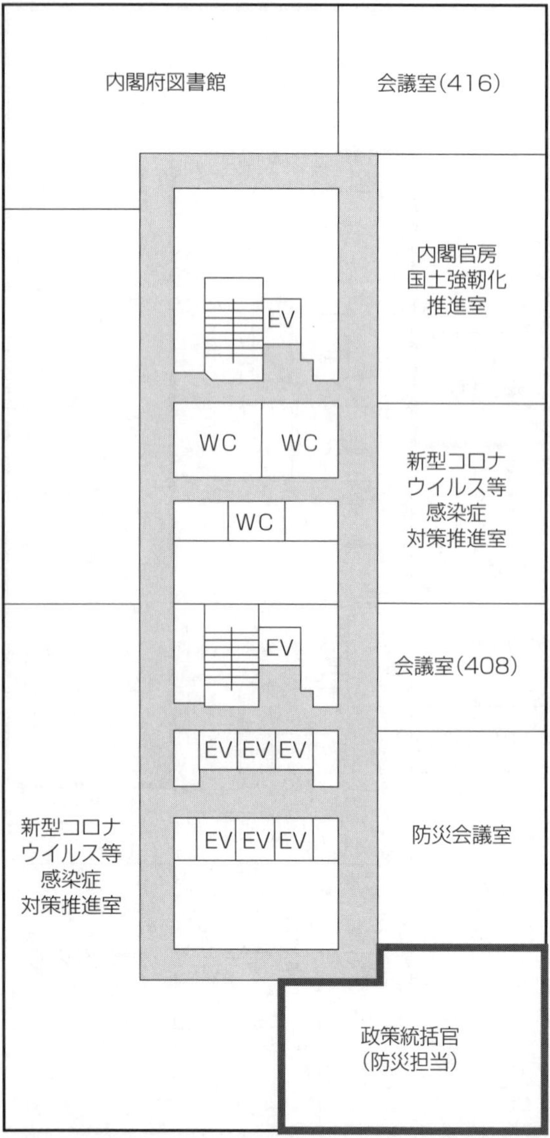
内閣府図書館
会議室(416)
内閣官房
国土強靭化
推進室
EV
WC
WC
WC
新型コロナ
ウイルス等
感染症
対策推進室
EV
会議室(408)
EV EV EV
EV EV EV
防災会議室
新型コロナ
ウイルス等
感染症
対策推進室
政策統括官
(防災担当)

政策統括官

# 内閣府　8号館5階

首都高速 側

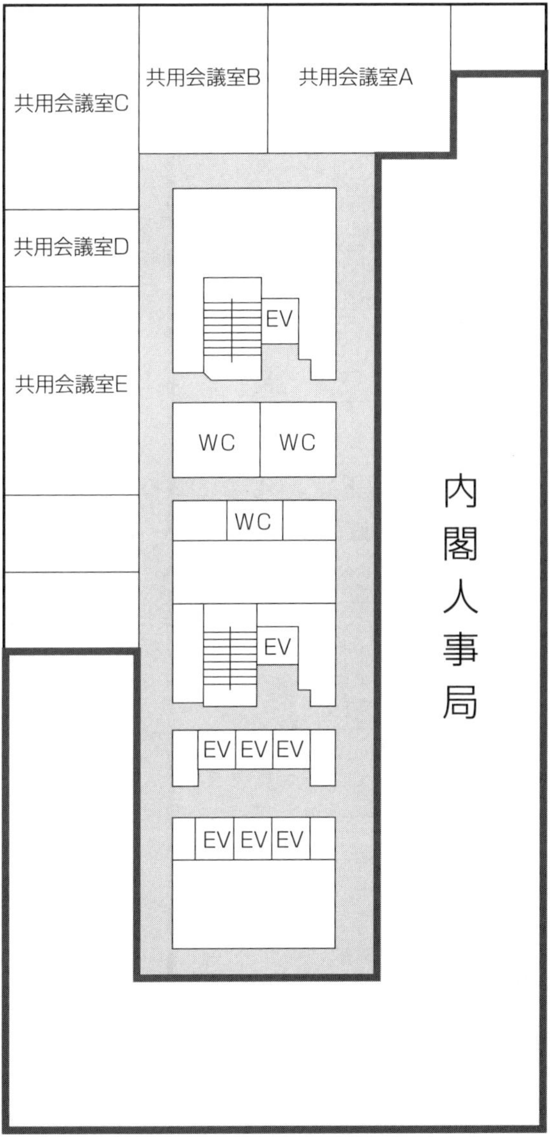
共用会議室C
共用会議室B
共用会議室A
共用会議室D
共用会議室E
EV
WC
WC
WC
EV
EV
EV
EV
EV
EV
EV
内閣人事局

# 内閣府　8号館6階

首都高速 側

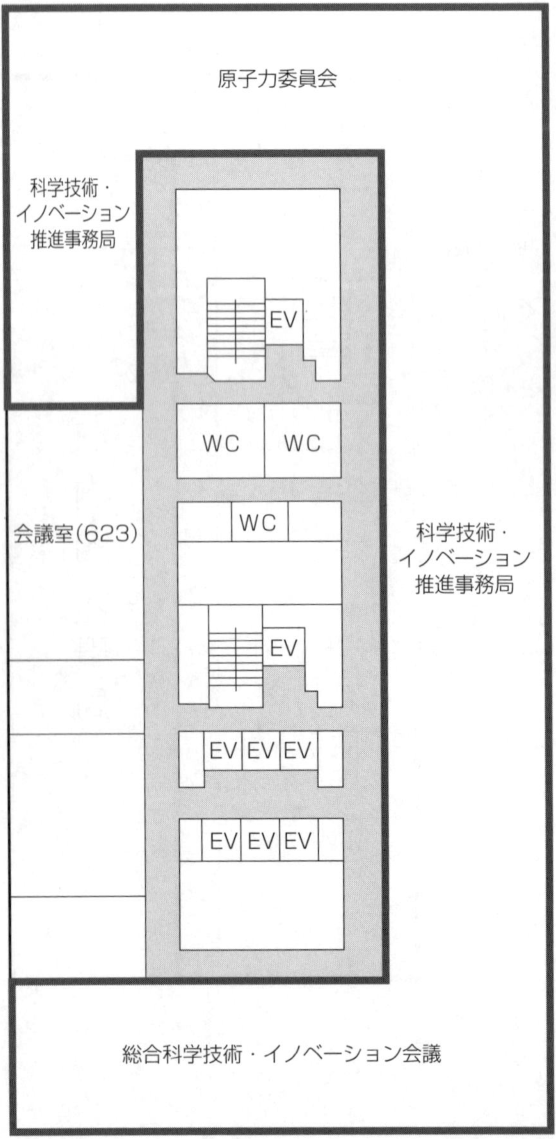
原子力委員会
科学技術・
イノベーション
推進事務局
EV
WC
WC
WC
会議室(623)
科学技術・
イノベーション
推進事務局
EV
EV
EV
EV
EV
EV
EV
総合科学技術・イノベーション会議

# 内閣府　8号館7階

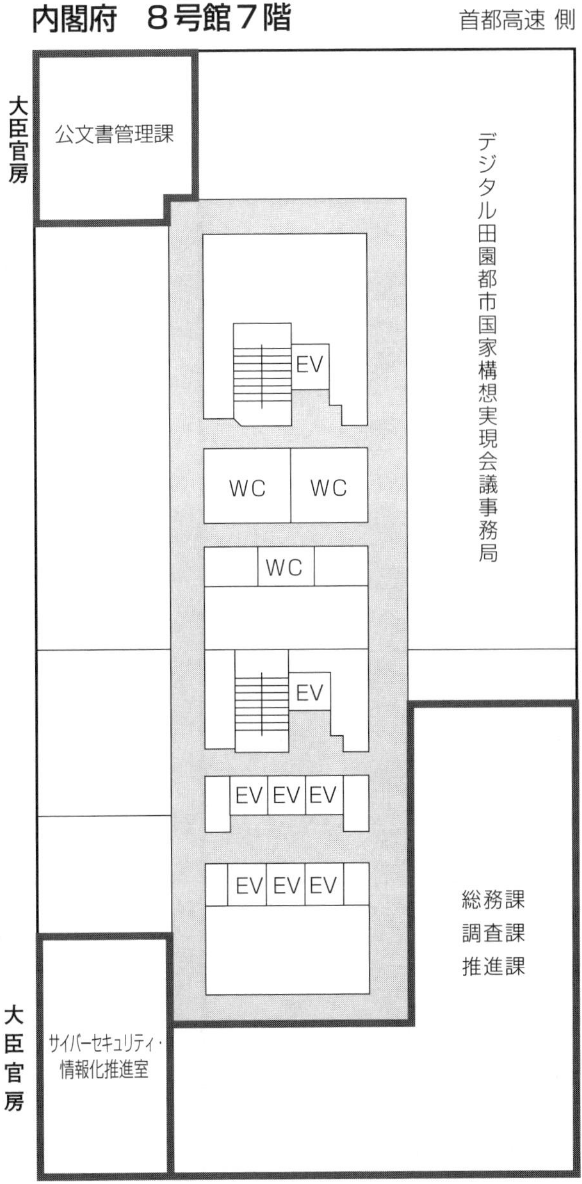
首都高速 側
大臣官房
公文書管理課
デジタル田園都市国家構想実現会議事務局
EV
WC
WC
WC
EV
EV
EV
EV
EV
EV
EV
総務課
調査課
推進課
男女共同参画局
大臣官房
サイバーセキュリティ・
情報化推進室

# 内閣府　8号館8階

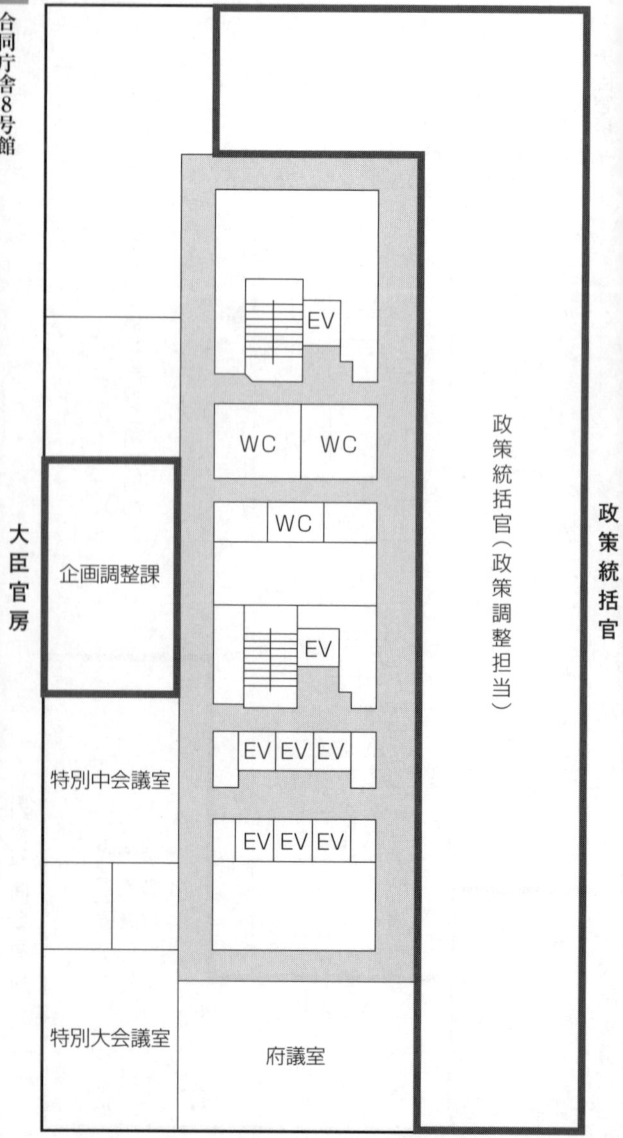
首都高速 側
大臣官房
企画調整課
特別中会議室
特別大会議室
府議室
EV
WC
WC
WC
EV
EV EV EV
EV EV EV
政策統括官(政策調整担当)
政策統括官

# 内閣府　8号館9階

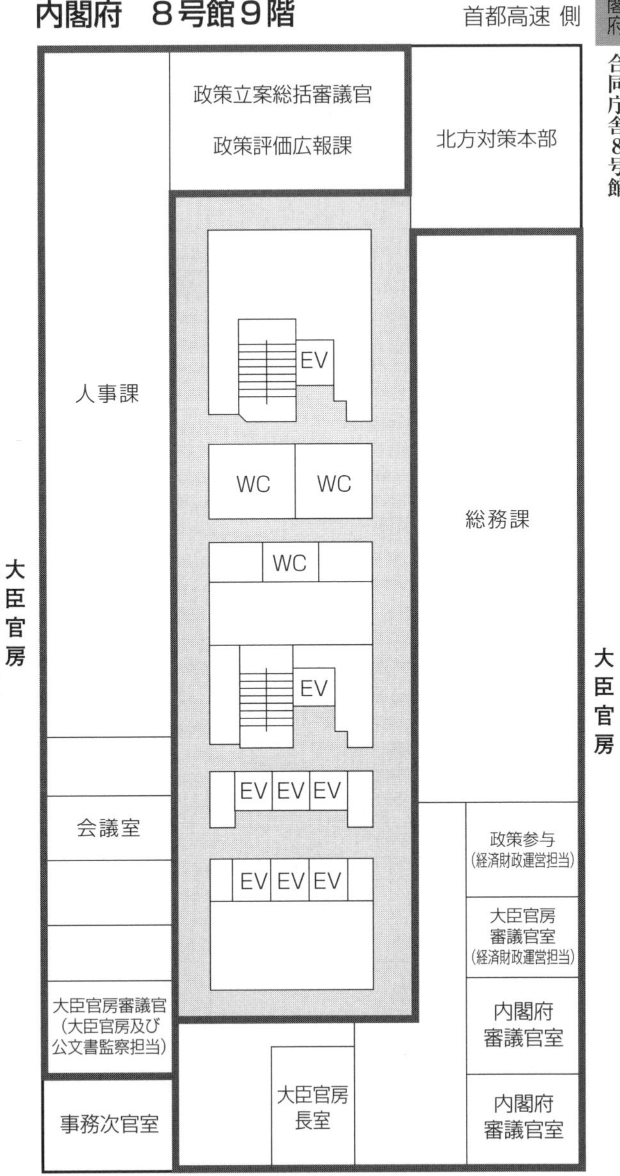
首都高速 側
政策立案総括審議官
政策評価広報課
北方対策本部
人事課
EV
WC
WC
WC
EV
総務課
大臣官房
大臣官房
EV EV EV
EV EV EV
会議室
政策参与
(経済財政運営担当)
大臣官房
審議官室
(経済財政運営担当)
大臣官房審議官
(大臣官房及び
公文書監察担当)
内閣府
審議官室
大臣官房
長室
事務次官室
内閣府
審議官室

# 内閣府　8号館10階

首都高速 側

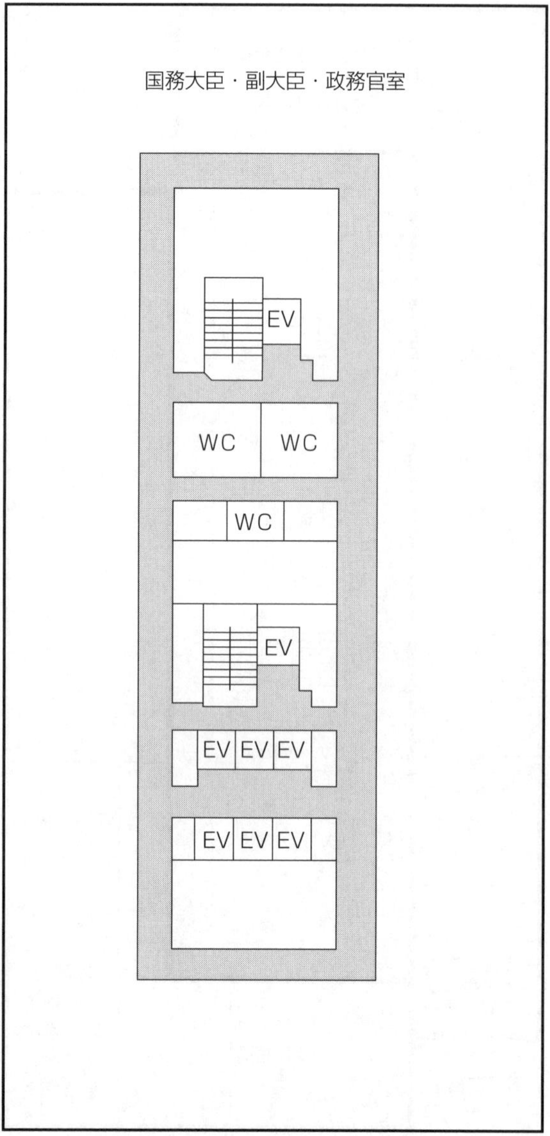

# 内閣府　8号館11階

首都高速 側

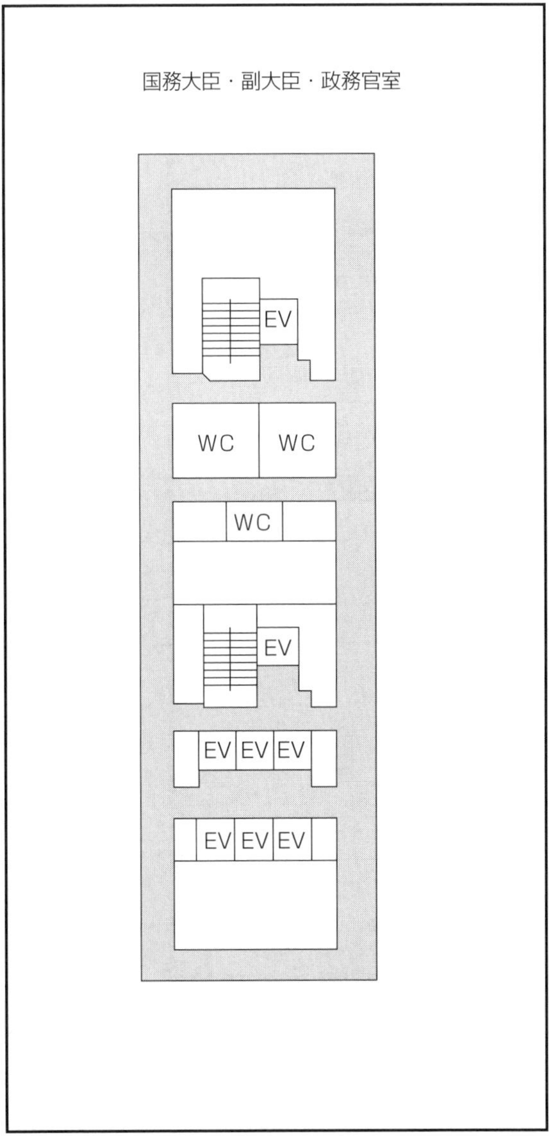

# 内閣府　8号館12階

首都高速 側

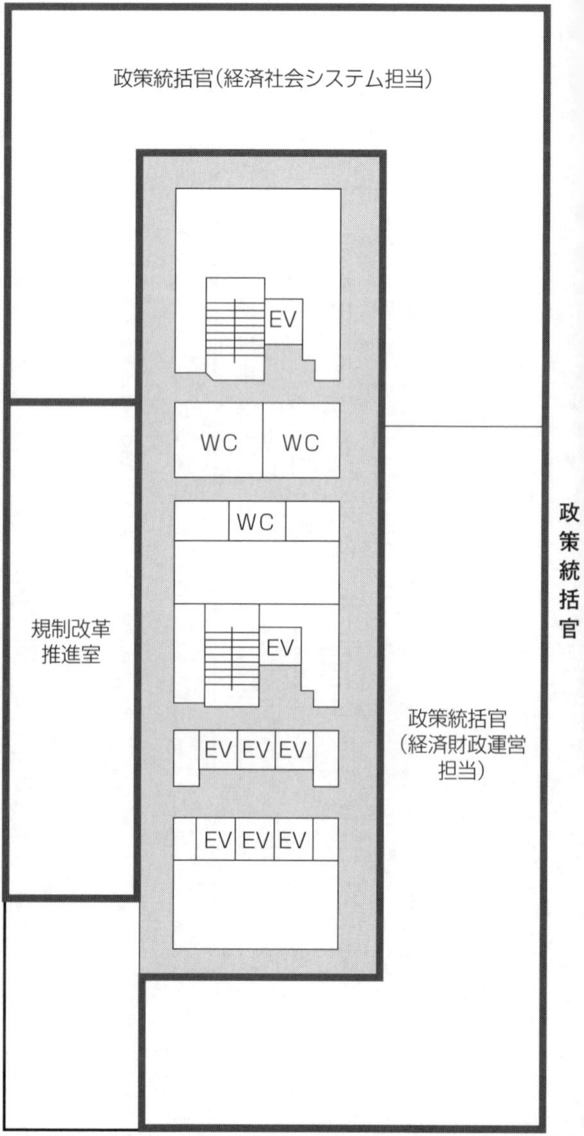
政策統括官(経済社会システム担当)
EV
WC
WC
WC
規制改革
推進室
EV
EV
EV
EV
EV
EV
EV
政策統括官
政策統括官
(経済財政運営
担当)

# 内閣府　8号館13階

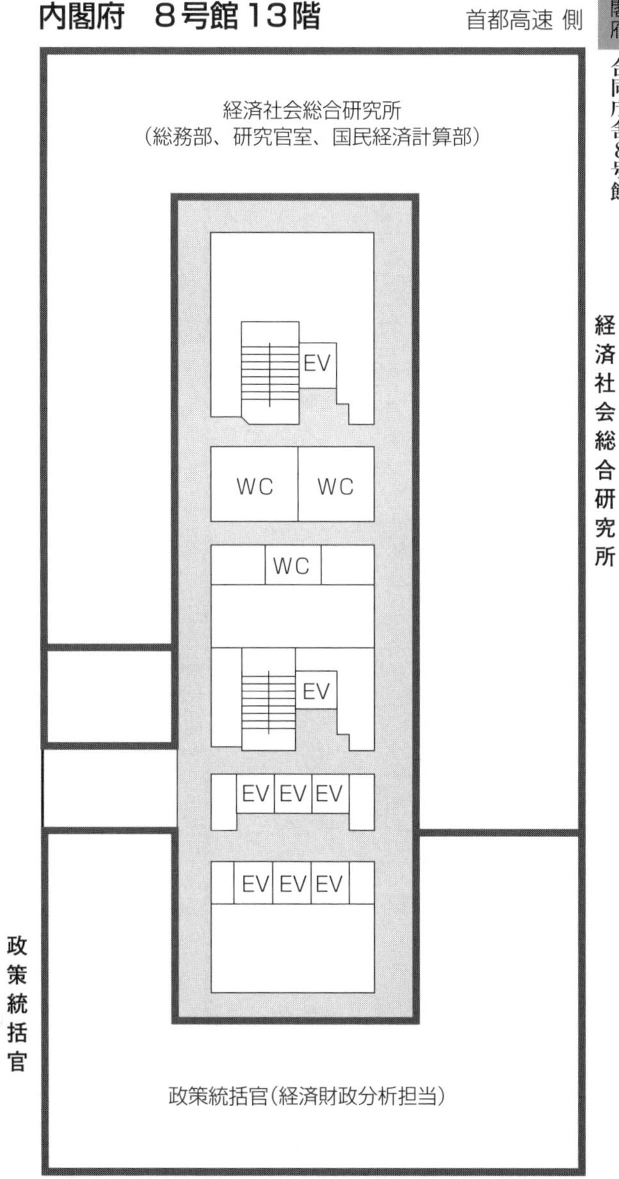
首都高速 側
経済社会総合研究所
（総務部、研究官室、国民経済計算部）
EV
WC
WC
WC
EV
EV
EV
EV
EV
EV
EV
経済社会総合研究所
政策統括官
政策統括官（経済財政分析担当）

# 内閣府　8号館14階

首都高速 側

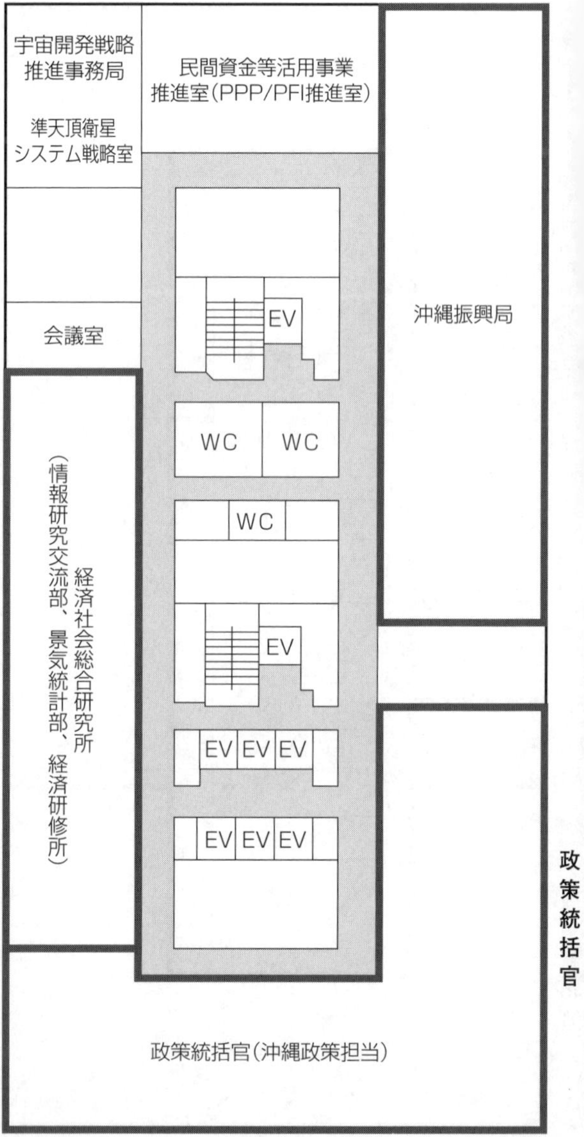
宇宙開発戦略推進事務局
準天頂衛星システム戦略室
民間資金等活用事業推進室（PPP/PFI推進室）
会議室
EV
WC
WC
WC
EV
EV EV EV
EV EV EV
沖縄振興局
経済社会総合研究所
（情報研究交流部、景気統計部、経済研修所）
政策統括官（沖縄政策担当）
政策統括官

# 内閣府　4号館8階

合同庁舎７号館 側

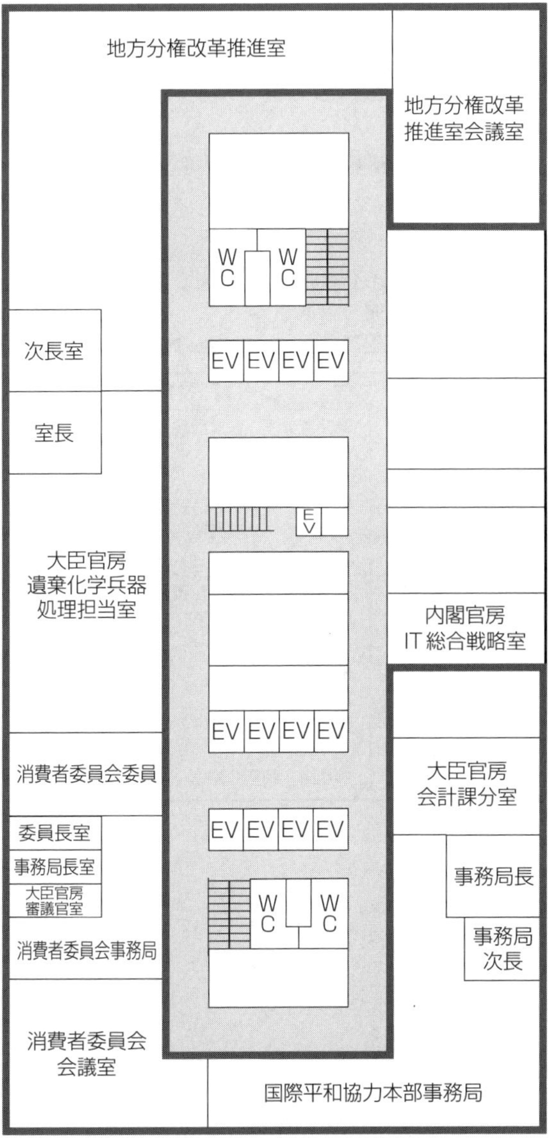
地方分権改革推進室
地方分権改革推進室会議室
WC
WC
EV EV EV EV
次長室
室長
EV
大臣官房遺棄化学兵器処理担当室
内閣官房IT総合戦略室
EV EV EV EV
消費者委員会委員
大臣官房会計課分室
EV EV EV EV
委員長室
事務局長室
大臣官房審議官室
事務局長
WC
WC
消費者委員会事務局
事務局次長
消費者委員会会議室
国際平和協力本部事務局

# 内閣法制局

〒100-0013
千代田区霞が関3-1-1
中央合同庁舎4号館
TEL03（3581）7271

地下鉄：霞ヶ関駅　A13番出口

| 階別 | 局（部）名 | 課（室）名 |
|---|---|---|
| 12 | | 総務課分室、会計課調査官室 |
| | （第１部） | 憲法資料調査室 |
| | | 審査室、図書館、会議室、共用会議室（1202・1203）、共用特別会議室（1208・1211・1212・1214） |
| 11 | | 長官室、次長室、秘書官室、総務主幹室、総務課 |
| | （第１部） | 部長室 |
| | （第２部） | 部長室 |
| | （第３部） | 部長室、分室 |
| | （第４部） | 部長室 |
| | | 共用第１特別会議室 |

# 内閣法制局　4号館11階　合同庁舎7号館 側

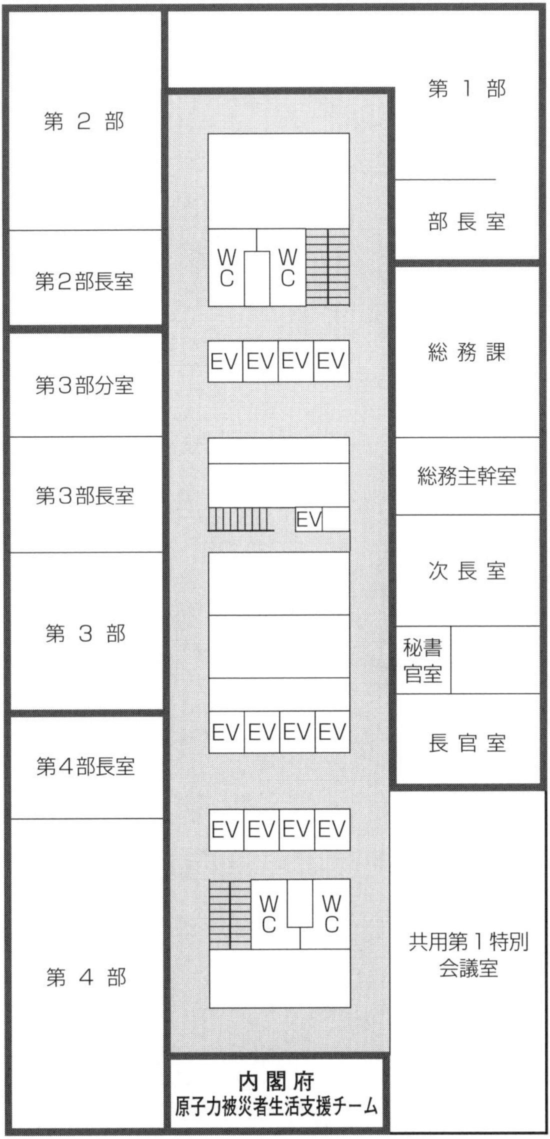
第 2 部
第2部長室
第3部分室
第3部長室
第 3 部
第4部長室
第 4 部
第 1 部
部 長 室
総 務 課
総務主幹室
次 長 室
秘書官室
長 官 室
共用第1特別会議室
WC
WC
EV EV EV EV
EV
EV EV EV EV
EV EV EV EV
WC
WC
内閣府
原子力被災者生活支援チーム

# 内閣法制局　4号館12階 合同庁舎7号館 側

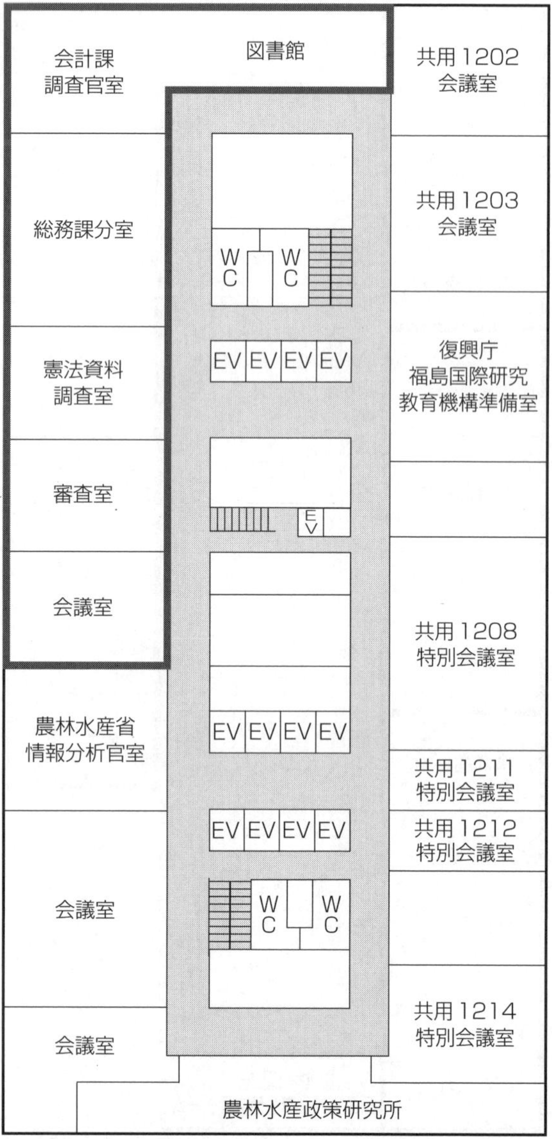
会計課
調査官室
図書館
共用1202
会議室
総務課分室
WC
WC
共用1203
会議室
EV EV EV EV
憲法資料
調査室
復興庁
福島国際研究
教育機構準備室
審査室
EV
会議室
共用1208
特別会議室
農林水産省
情報分析官室
EV EV EV EV
共用1211
特別会議室
EV EV EV EV
共用1212
特別会議室
会議室
WC
WC
会議室
共用1214
特別会議室
農林水産政策研究所

# 金　融　庁

〒100-8967
千代田区霞が関3-2-1
中央合同庁舎7号館
TEL03（3506）6000

地下鉄：虎ノ門駅　11番・6番出口
地下鉄：霞ヶ関駅　A13番出口

| 階別 | 局（部）名 | 課（室）名 |
|---|---|---|
| 18 | 総合政策局<br>公認会計士·監査審査会 | IFIAR戦略企画室、職員相談サポート室<br>会長、委員、事務局長、総務試験課、審査検査課 |
| 17 | 総合政策局 | 大臣、副大臣、大臣政務官、長官<br>局長、総括審議官、政策立案総括官、総務課、総合政策課 |
| 16 | 総合政策局 | 金融国際審議官、国際総括官、審議官、参事官（国際担当）、国際政策管理官、国際室<br>秘書課、組織戦略監理官室、広報室<br><br>会見室 |
| 15 | 総合政策局 | 審判官、開発研修室、法令審査室、法務支援室、審判手続室、研究開発室、第1-2研修室<br><br>金融研究センター、大審判廷、小審判廷、入札室 |
| 14 | 企画市場局 | 局長、審議官、参事官、総務課、調査室、保険企画室、信用制度参事官室 |
| 13 | 企画市場局 | 市場課、市場機能強化室、市場業務監理官、企業開示課、開示業務室<br><br>共用第1特別会議室 |
| 12 | 総合政策局 | 管理室、情報化統括室 |

| 階別 | 局（部）名 | 課（室）名 |
|---|---|---|
| | | 共用第2特別会議室、文書受付（窓口） |
| 11 | 監督局 | 局長、審議官、参事官、総務課、監督調査室、信用機構対応室、郵便貯金・保険監督参事官室 |
| 10 | 総合政策局<br><br>監督局 | 大手銀行モニタリング室、健全性基準室、情報・分析室、データ分析統括室、マクロ分析室<br>銀行第一課、地域金融企画室、地域金融支援室 |
| 9 | 総合政策局 | フィンテック参事官、フィンテックモニタリング室、資金決済モニタリング室、暗号資産モニタリング室、金融サービス仲介業室、電子決済代行業室、イノベーション推進室、経済安全保障室 |
| 8 | 総合政策局<br><br>監督局 | 局長、審議官、参事官、リスク分析総括課、検査監理官、マネーロンダリング・テロ資金供与対策企画室、貸金業室<br>証券課、市場仲介モニタリング室、資産運用モニタリング室、大手証券等モニタリング室 |
| 7 | 監督局 | 銀行第二課、協同組織金融室、地域金融監理官、地域銀行モニタリング室、保険課、損害保険・少額短期保険監督室、保険商品室、保険モニタリング室 |
| 6 | 総合政策局<br><br>証券取引等監視委員会 | コンダクト企画室、サイバーセキュリティ対策企画調整室、金融トラブル解決制度推進室<br>取引調査課、開示検査課 |
| 5 | 証券取引等監視委員会 | 委員長、委員、事務局長、事務局次長、市場監視総括官、総務課、IT 戦略室、情報解析室 |
| 4 | 証券取引等監視委員会 | 特別調査課 |
| 3 | 証券取引等監視委員会 | 市場分析審査課、証券検査課、国際取引等調査室 |
| 2 | | 広報コーナー、情報公開・個人情報保護窓口 |
| 1 | | 職員食堂 |

# 消費者庁



〒100-8958
千代田区霞が関3-1-1
合同庁舎4号館

地下鉄：霞ヶ関駅　A13番出口

| 階別 | 局（部）名 | 課（室）名 |
| --- | --- | --- |
| 7 | | 大臣室、長官室、次長室、審議官室、総務課、消費者政策課、財産被害対策室、取引DPF消費者保護室、消費者教育推進課、消費者安全課、事故調査室、取引対策課、表示対策課、食品表示対策室、参事官(調査研究・国際担当)、会議室、入札室、面談室、図書館 |
| 6 | | 総務課、広報室、消費者制度課、地方協力課、食品表示企画課、参事官(公益通報・協働担当)、記者会見室、記者クラブ |

## 消費者庁　4号館6階

合同庁舎７号館 側

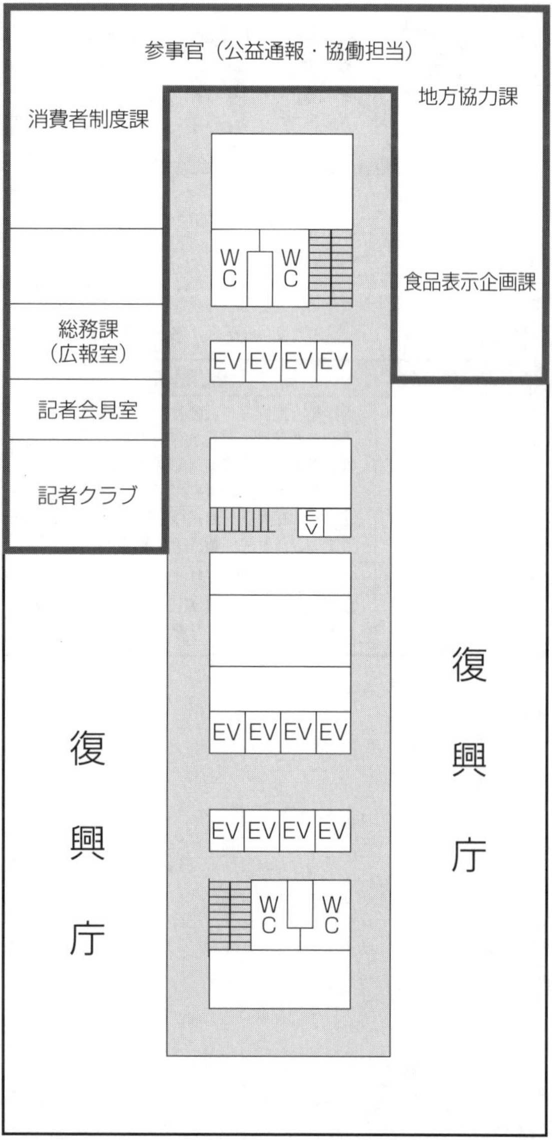
参事官（公益通報・協働担当）
地方協力課
消費者制度課
食品表示企画課
総務課
（広報室）
記者会見室
記者クラブ
WC
WC
EV
EV
EV
EV
EV
EV
EV
EV
EV
EV
EV
EV
EV
WC
WC
復興庁
復興庁

# 消費者庁　4号館7階

合同庁舎7号館 側

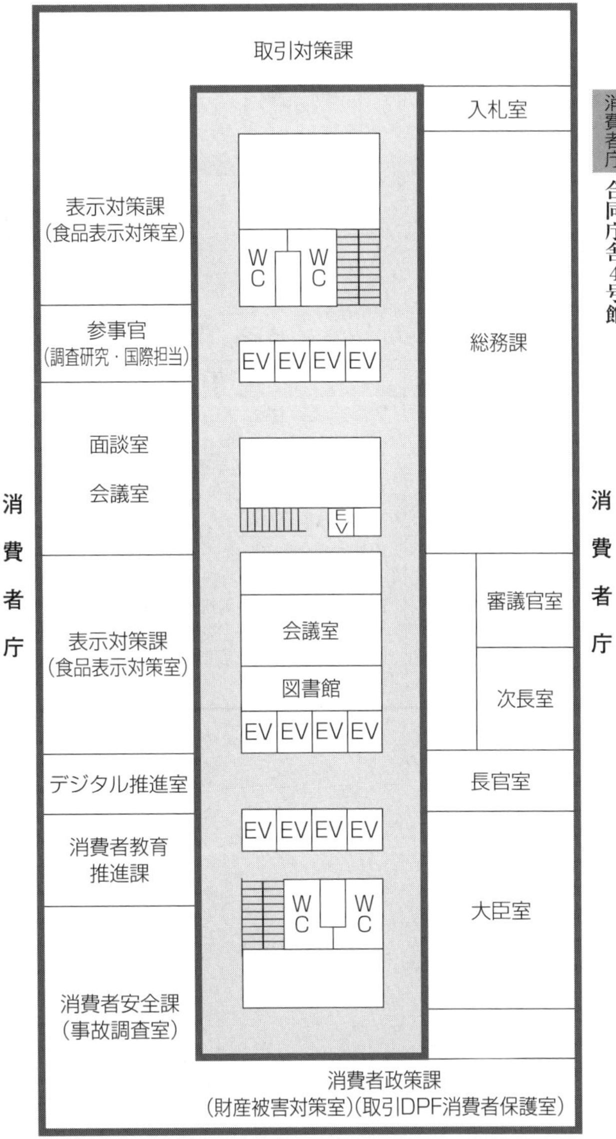
取引対策課
入札室
表示対策課
（食品表示対策室）
W C
W C
参事官
（調査研究・国際担当）
EV EV EV EV
総務課
面談室
会議室
EV
消費者庁
消費者庁
審議官室
会議室
図書館
次長室
表示対策課
（食品表示対策室）
EV EV EV EV
デジタル推進室
長官室
EV EV EV EV
消費者教育
推進課
W C
W C
大臣室
消費者安全課
（事故調査室）
消費者政策課
（財産被害対策室）（取引DPF消費者保護室）

# 復　興　庁

〒100-0013
千代田区霞が関3-1-1
合同庁舎4号館

地下鉄：霞ヶ関駅　A13番出口

| 階別 | 局（部）名 | 課（室）名 |
| --- | --- | --- |
| 10 | | 大臣室、副大臣室、大臣政務官室、審議官室、総括班（人事・庶務）、予算会計企画班、産業復興総括班、支援機構班、復興特区班、被災者支援班、ボランティア・公益的民間連携班、医療福祉班、男女共同参画班 |
| 6 | | 事務次官室、統括官室、審議官室、総括班、調査・調整班、企画班、復興知見班、地域班、インフラ利活用班、法制班、国会班、原子力災害復興班、広報班、国際班、福島復興再生総局事務局長室、福島国際研究教育機構準備室 |

## 復興庁　4号館6階

合同庁舎7号館 側

消費者庁
消費者庁
WC
WC
EV EV EV EV
EV
事務次官室
統括官室
審議官室
福島復興再生総局事務局長室
広報班
国際班
福島国際研究教育機構準備室
記者会見室
EV EV EV EV
EV EV EV EV
WC
WC
復興庁
復興庁
原子力災害復興班
総括班
調査・調整班
企画班
国会班
法制班
復興知見班
地域班
インフラ利活用班

## 復興庁　4号館10階

合同庁舎７号館 側

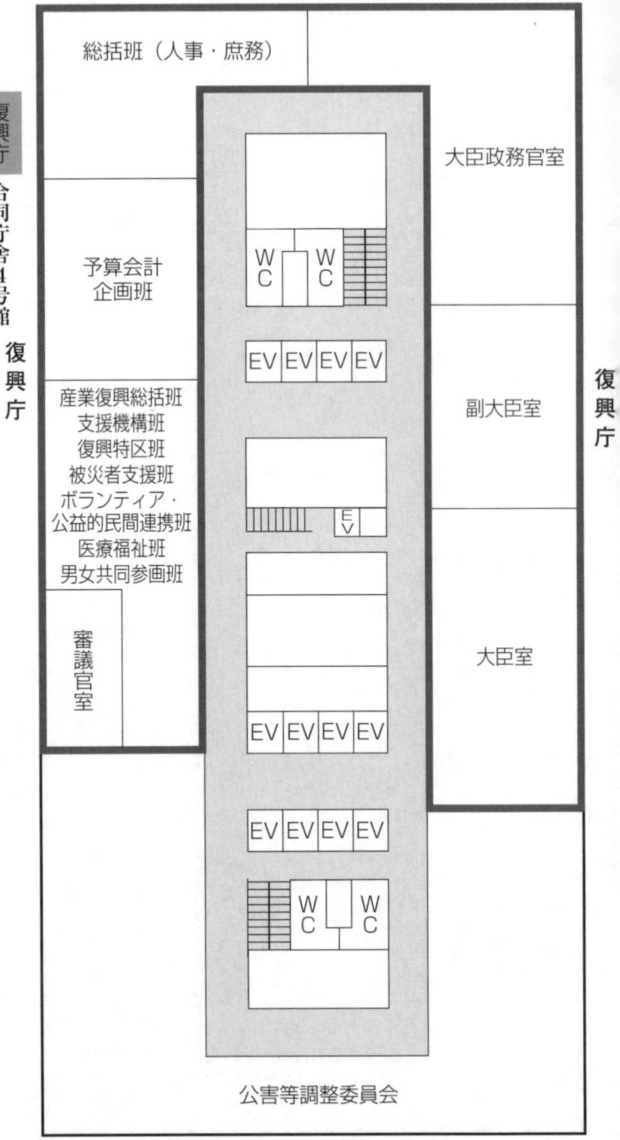
総括班（人事・庶務）
大臣政務官室
予算会計
企画班
WC
WC
EV
EV
EV
EV
産業復興総括班
支援機構班
復興特区班
被災者支援班
ボランティア・
公益的民間連携班
医療福祉班
男女共同参画班
副大臣室
EV
審議官室
大臣室
EV
EV
EV
EV
EV
EV
EV
EV
WC
WC
公害等調整委員会
復興庁
復興庁

# 総務省

## （消防庁）



〒100-8926
千代田区霞が関2-1-2
中央合同庁舎2号館
TEL03（5253）5111

地下鉄：霞ヶ関駅　A2番出口

| 階別 | 局（部）名 | 課（室）名 |
|---|---|---|
| 11 | 大臣官房 | 総括審議官 |
| | 情報流通行政局 | 局長室、審議官室、総務課、情報通信政策課、情報流通振興課、情報通信作品振興課（コンテンツ振興課）、放送コンテンツ海外流通推進室、地域通信振興課、デジタル経済推進室、放送政策課、放送技術課、国際放送推進室、地上放送課、衛星・地域放送課、地域放送推進室、チャンネルプラン室、交渉室、1101・1102会議室、第３特別会議室 |
| | （郵政行政部） | 部長室、検査監理室、企画課、郵便課、国際企画室、貯金保険課、信書便事業課 |
| | 情報通信政策研究所 | 調査研究部 |
| | | ＬＡＮ管理室、全情報通信労組中央本部、全情報通信労組本省支部、情報通信資料室 |
| 10 | 総合通信基盤局 | 局長室、審理官、総務課、1001～1006会議室 |
| | （電気通信事業部） | 部長室、事業政策課、ブロードバンド整備推進室、料金サービス課、データ通信課、電気通信技術システム課安全・信頼性対策室、番号企画室、消費者行政第一課、消費者行政第二課 |
| | （電波部） | 部長室、電波政策課、国際周波数政策室、基幹通信室、重要無線室、基幹・衛星移動通信課、移動通信課、新世代移動通信システム推進室、非常用DB室、電波利用料企画室、電波環境課、認証推進室、監視管理室、テレコム記者会 |

| 階別 | 局（部）名 | 課（室）名 |
|---|---|---|
| 9 | 自治行政局<br>国際戦略局<br><br><br><br>サイバーセキュリティ統括官 | 国際室<br>局長室、次長室、審議官室、秘書室、国際戦略課、技術政策課、通信規格課、研究推進室、宇宙通信政策課、国際展開課、国際経済課、国際協力課、多国間経済室、第3特別会議室<br>参事官<br>901〜906会議室、政治資金適正化委員会事務局、電気通信紛争処理委員会事務局 |
| 8 | 大臣官房<br><br><br><br>自治行政局<br>（公務員部）<br>統計局 | サイバーセキュリティ・情報化審議官室、官房担当審議官、総務課管理室、企画課、企画課長室、政策評価広報課、広報室、第1・第2特別会議室<br><br>部長室、公務員課、公務員課長室、福利課分室<br><br>国地方係争処理委員会室、記者クラブ、会見室、会見控室、図書館 |
| 7 | <br><br><br><br>大臣官房 | 大臣室、副大臣室、副大臣秘書室、副大臣応接室、大臣政務官室、大臣政務官秘書室、事務次官室、事務次官秘書室、総務審議官室、総務審議官秘書室<br>官房長室、総括審議官室、政策立案総括審議官、参事官室、秘書課、秘書課長室、総務課、総務課長室、第2特別会議室<br><br>省議室 |
| 6 | 大臣官房<br><br>行政管理局<br>自治財政局 | 会計課、会計課長室、予算執行調査室、厚生企画管理室<br>局長室、企画調整課、管理官<br>局長室、財政制度・財務担当審議官、公営企業担当審議官、財政課、財政課長室、調整課、交付税課、地方債課、公営企業課、準公営企業室、公営企業経営室、財務調査課、財務調査官、地方財政審議会室<br><br>601・602会議室、会議室、電算室、入札室 |
| 5 | 行政管理局<br>自治行政局<br>（選挙部） | 管理官室<br><br>部長室、選挙課、選挙課長室、選挙制度調査室、管理課、政治資金課、政党助成室、収支 |

| 階別 | 局（部）名 | 課（室）名 |
|---|---|---|
| | | 公開室 |
| | 自治税務局 | 局長室、税務担当審議官室、税務企画官、企画課、企画課長、総務室、電子化推進室、都道府県税課、自動車税制企画室、市町村税課、固定資産税課、資産評価室 |
| | | 行政不服審査会、支出情報開示室、第４特別会議室、503会議室 |
| 4 | 行政評価局 | 局長室、審議官、行政評価担当審議官室、総務課、総務課長室、地方業務室、企画課、政策評価課、行政相談企画課、行政相談管理官、行政相談室、評価監視官（農林水産・防衛、内閣・総務等、財務・文部科学等、厚生労働等、復興・国土交通、法務・外務・経済産業等、連携調査・環境等担当）、評価活動支援室、人材育成室、客観性担保評価推進室 |
| | 自治行政局 | 局長室、審議官、行政課、行政課長、住民制度課、市町村課、行政経営支援室、デジタル基盤推進室、地域政策課、新型コロナ対策地方連携総括官（併）地域力創造審議官、地域情報化企画室、マイナポイント施策推進室、マイナンバー制度支援室、外国人住民基本台帳室、地域自立応援課、地域振興室、人材力活性化・連携交流室、過疎対策室 |
| 3 | 消防庁 | 長官室、次長室、審議官室、参事官室、総務課、総務課長室、消防・救急課、救急企画室、予防課、特殊災害室、危険物保安室 |
| | （国民保護・防災部） | 部長、防災課、国民保護室、国民保護運用室、消防広域化推進本部、防災情報室、応急対策室、広域応援室、地域防災室、消防防災・危機管理センター |
| | | 301会議室、診療所、電話交換室 |

# 総務省　1階

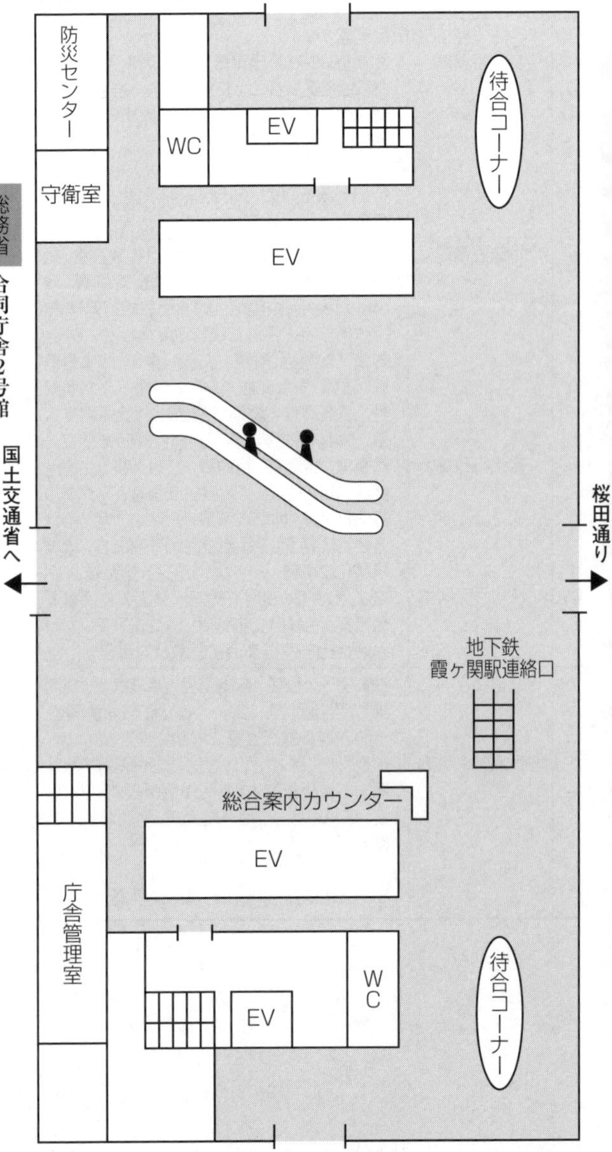
防災センター
守衛室
WC
EV
待合コーナー
EV
国土交通省へ
桜田通り
地下鉄
霞ヶ関駅連絡口
総合案内カウンター
EV
庁舎管理室
EV
WC
待合コーナー

# 消防庁　3階

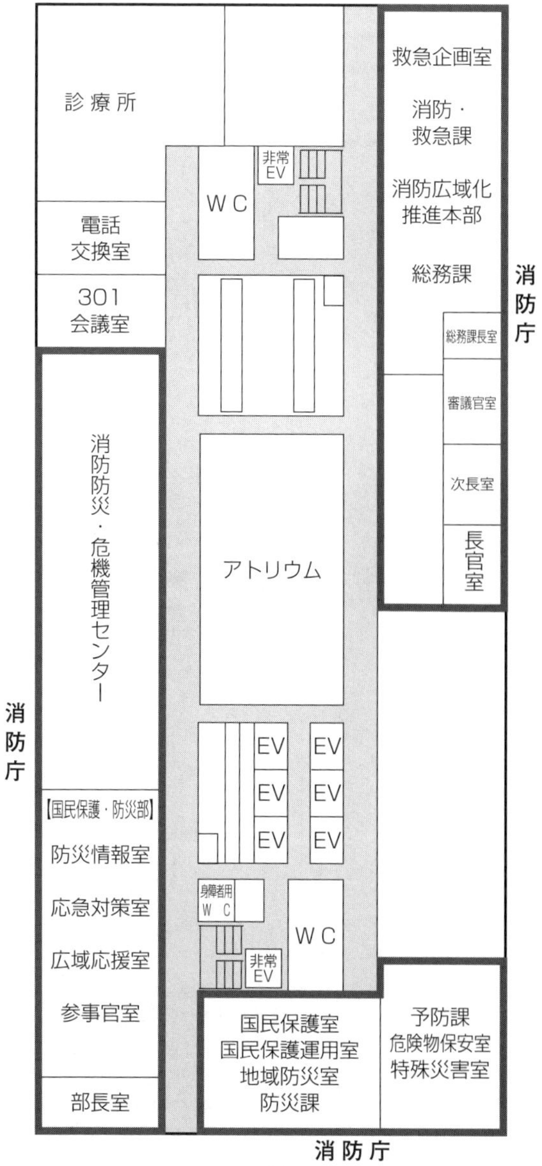
皇居 側
診 療 所
電話
交換室
301
会議室
非常
EV
W C
救急企画室
消防・
救急課
消防広域化
推進本部
総務課
総務課長室
審議官室
次長室
長官室
消防庁
消防防災・危機管理センター
アトリウム
EV
EV
EV
EV
EV
EV
消防庁
【国民保護・防災部】
防災情報室
応急対策室
広域応援室
参事官室
部長室
身障者用
W C
W C
非常
EV
国民保護室
国民保護運用室
地域防災室
防災課
予防課
危険物保安室
特殊災害室
消 防 庁

# 総務省　4階

皇居 側

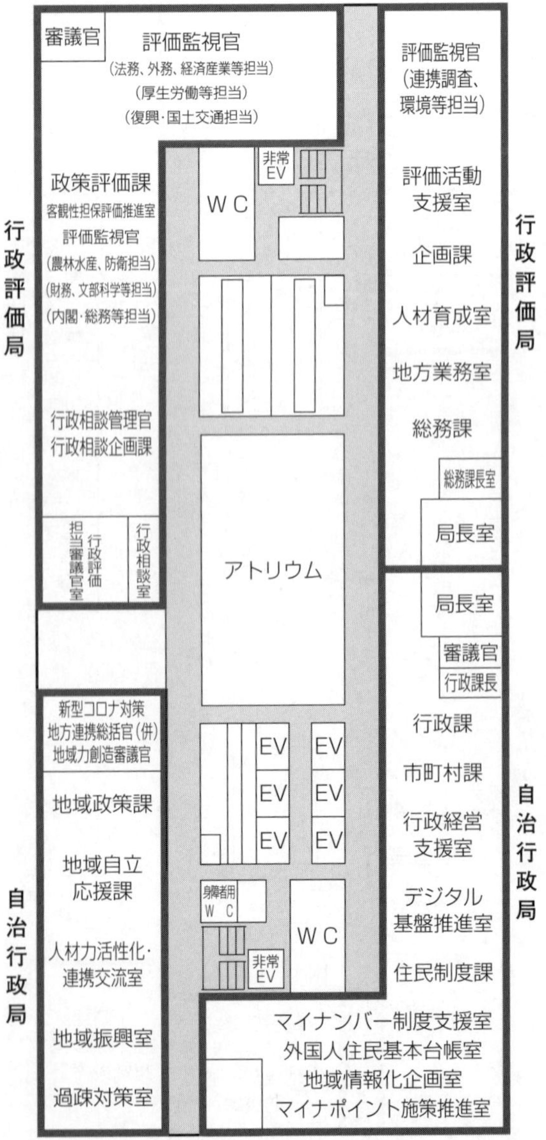
審議官
評価監視官
（法務、外務、経済産業等担当）
（厚生労働等担当）
（復興・国土交通担当）
評価監視官
（連携調査、
環境等担当）
政策評価課
客観性担保評価推進室
評価監視官
（農林水産、防衛担当）
（財務、文部科学等担当）
（内閣・総務等担当）
行政評価局
非常EV
WC
評価活動
支援室
企画課
人材育成室
地方業務室
総務課
総務課長室
行政評価局
行政相談管理官
行政相談企画課
担当審議官室
行政評価
行政相談室
アトリウム
局長室
局長室
審議官
行政課長
新型コロナ対策
地方連携総括官（併）
地域力創造審議官
EV
EV
EV
EV
EV
EV
行政課
市町村課
地域政策課
行政経営
支援室
自治行政局
地域自立
応援課
身障者用
WC
WC
デジタル
基盤推進室
自治行政局
人材力活性化・
連携交流室
非常EV
住民制度課
マイナンバー制度支援室
外国人住民基本台帳室
地域情報化企画室
マイナポイント施策推進室
地域振興室
過疎対策室

# 総務省　5階

皇居 側
行政不服審査会
【選挙部】
収支公開室
政治資金課
政党助成室
管理課
選挙
課長室
選挙課
選挙制度
調査室
部長室
自治行政局
非常
EV
W C
503会議室
支出情報
開示室
第4
特別会議室
アトリウム
局長室
税務担当
審議官室
企画課長
EV
EV
EV
EV
EV
EV
税務企画官
企画課
総務室
電子化推進室
都道府県税課
自動車税制
企画室
市町村税課
資産評価室
固定資産税課
自治税務局
行政管理局
管理官室
身障者用
W C
W C
非常
EV

# 総務省　6階

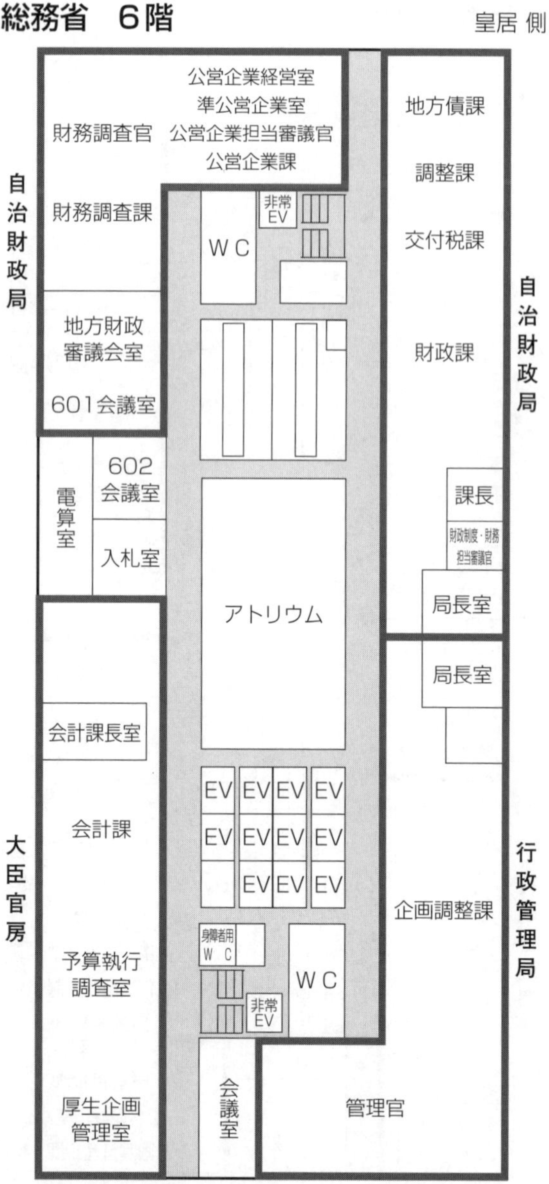
皇居 側
公営企業経営室
準公営企業室
財務調査官
公営企業担当審議官
公営企業課
財務調査課
地方財政
審議会室
601会議室
自治財政局
602
会議室
電算室
入札室
地方債課
調整課
交付税課
財政課
課長
財政制度・財務
担当審議官
局長室
自治財政局
非常
EV
ＷＣ
アトリウム
局長室
会計課長室
会計課
大臣官房
予算執行
調査室
厚生企画
管理室
EV
EV
EV
EV
EV
EV
EV
EV
EV
EV
EV
身障者用
Ｗ Ｃ
ＷＣ
非常
EV
会議室
企画調整課
行政管理局
管理官

# 総務省　7階

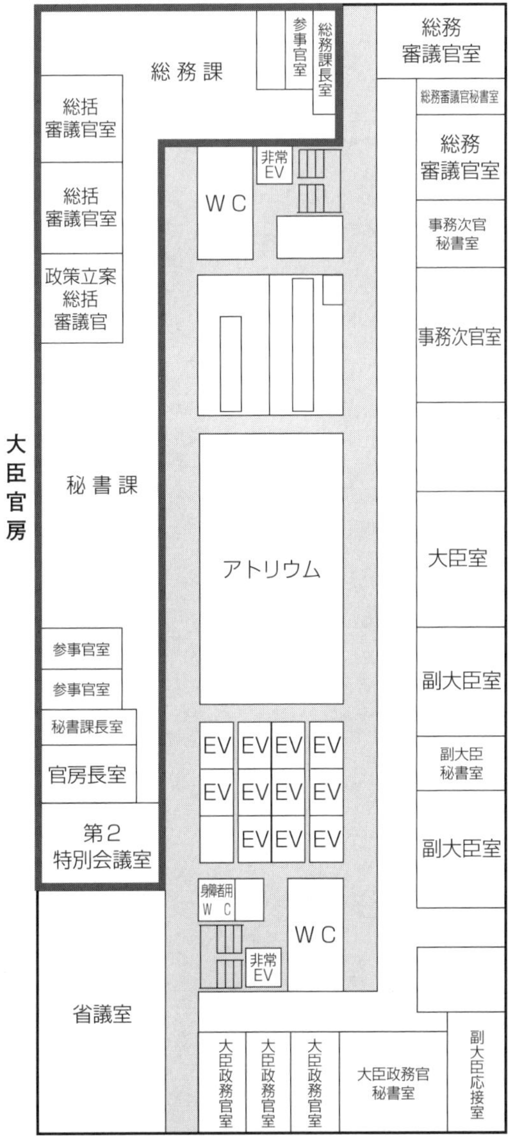
皇居 側
総務課
参事官室
総務課長室
総括審議官室
総括審議官室
政策立案総括審議官
総務審議官室
総務審議官秘書室
総務審議官室
事務次官秘書室
事務次官室
非常EV
WC
大臣官房
秘書課
アトリウム
大臣室
参事官室
参事官室
秘書課長室
官房長室
副大臣室
EV
EV
EV
EV
EV
EV
EV
EV
EV
EV
EV
副大臣秘書室
副大臣室
第2特別会議室
身障者用WC
WC
非常EV
省議室
大臣政務官室
大臣政務官室
大臣政務官室
大臣政務官秘書室
副大臣応接室

# 総務省　8階

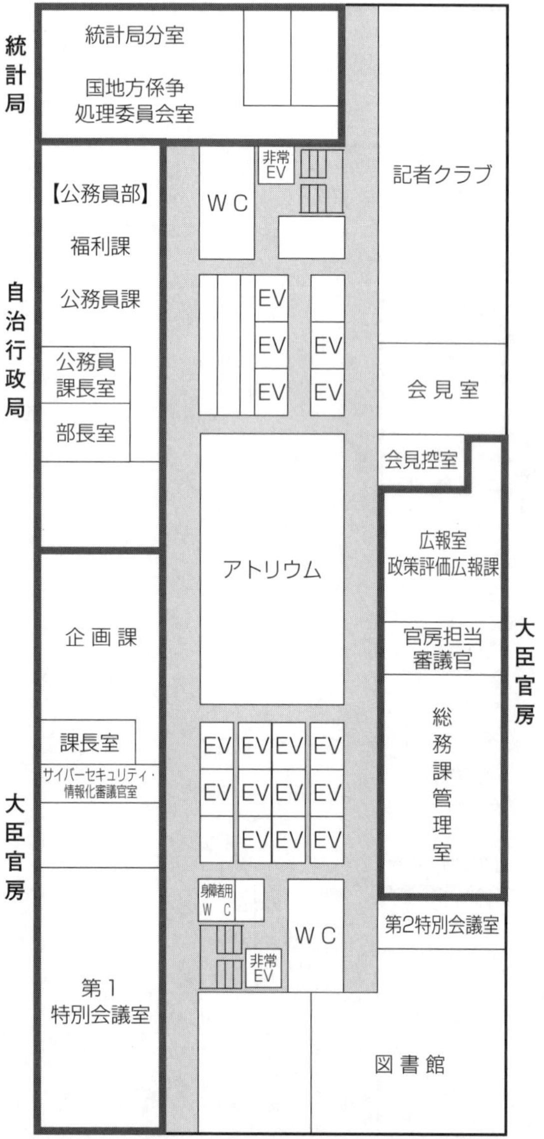
皇居 側
統計局
統計局分室
国地方係争処理委員会室
自治行政局
【公務員部】
福利課
公務員課
公務員課長室
部長室
大臣官房
企画課
課長室
サイバーセキュリティ・情報化審議官室
第1特別会議室
WC
非常EV
EV
EV
EV
EV
EV
EV
アトリウム
EV
EV
EV
EV
EV
EV
EV
EV
EV
EV
EV
身障者用WC
WC
非常EV
記者クラブ
会見室
会見控室
大臣官房
広報室
政策評価広報課
官房担当審議官
総務課管理室
第2特別会議室
図書館

# 総務省　9階

皇居 側

政治資金適正化
委員会事務局
電気通信紛争
処理委員会
事務局
自治行政局
国際室
第3特別会議室
宇宙通信政策課
通信規格課
研究推進室
技術政策課
非常
EV
WC
904
～
906
会議室
EV
EV
EV
EV
EV
国際戦略課
審議官
国際戦略局
アトリウム
901
～
903
会議室
局長室
審議官室
EV
EV
EV
EV
EV
秘書室
次長室
サイバーセキュリティ統括官
参事官
身障者用
WC
非常
EV
WC
国際協力課
国際展開課
国際経済課
多国間経済室
参事官
国際戦略課

# 総務省　10階

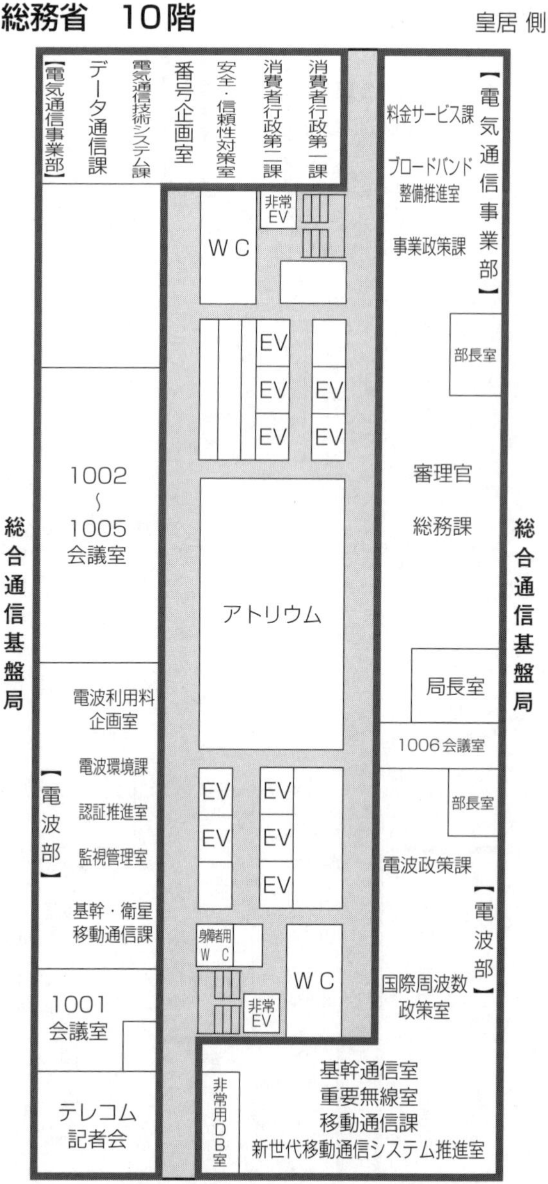
皇居 側
【電気通信事業部】
データ通信課
電気通信技術システム課
番号企画室
安全・信頼性対策室
消費者行政第二課
消費者行政第一課
【電気通信事業部】
料金サービス課
ブロードバンド整備推進室
事業政策課
部長室
審理官
総務課
局長室
1006会議室
部長室
電波政策課
【電波部】
国際周波数政策室
基幹通信室
重要無線室
移動通信課
新世代移動通信システム推進室
非常用DB室
非常EV
WC
EV
EV
EV
EV
EV
アトリウム
EV
EV
EV
EV
EV
身障者用WC
WC
非常EV
総合通信基盤局
1002〜1005会議室
電波利用料企画室
【電波部】
電波環境課
認証推進室
監視管理室
基幹・衛星移動通信課
1001会議室
テレコム記者会
総合通信基盤局

# 総務省　11階

皇居 側

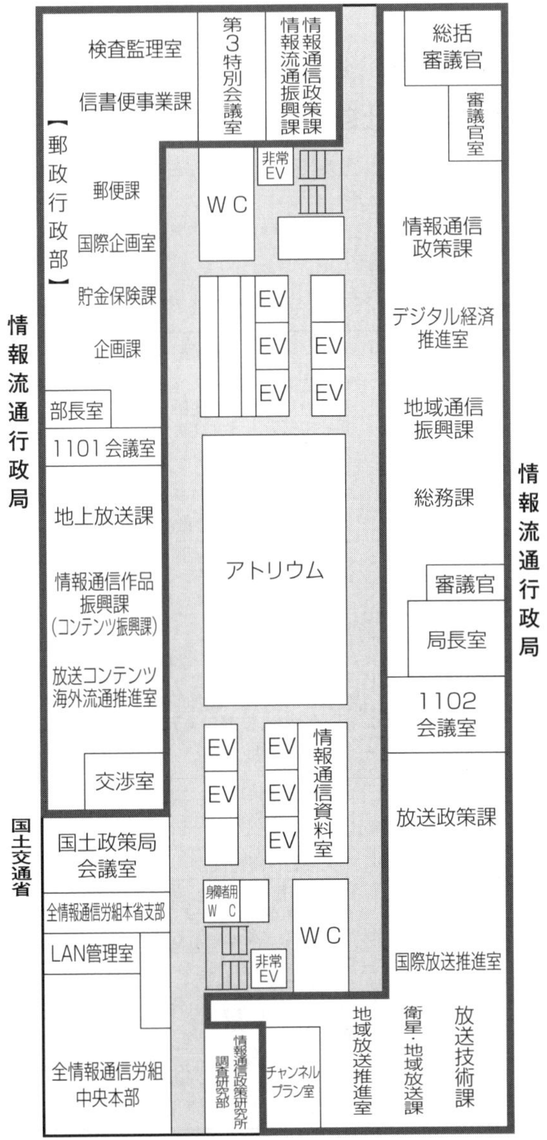
検査監理室
信書便事業課
第3特別会議室
情報通信政策課
情報流通振興課
【郵政行政部】
郵便課
国際企画室
貯金保険課
企画課
部長室
1101会議室
情報流通行政局
地上放送課
情報通信作品振興課(コンテンツ振興課)
放送コンテンツ海外流通推進室
交渉室
国土交通省
国土政策局会議室
全情報通信労組本省支部
LAN管理室
全情報通信労組中央本部
非常EV
WC
EV
アトリウム
情報通信資料室
身障者用WC
情報通信政策研究所調査研究部
チャンネルプラン室
総括審議官
審議官室
情報通信政策課
デジタル経済推進室
地域通信振興課
総務課
審議官
局長室
1102会議室
放送政策課
国際放送推進室
地域放送推進室
衛星・地域放送課
放送技術課

# 法　務　省

## （出入国在留管理庁、公安調査庁）

〒100-8977
千代田区霞が関1-1-1
中央合同庁舎6号館
TEL03（3580）4111

地下鉄：霞ヶ関駅　B1番出口

| 階別 | 局（部）名 | 課（室）名 |
|---|---|---|
| 20 | 大臣官房<br><br>最高検察庁 | 政策立案総括審議官、官房審議官（国際・人権担当）、秘書課、企画再犯防止推進室、犯罪被害者等施策推進室、広報室、国際課<br>大会議室、総務部分室<br><br>法曹記者クラブ室、第１会議室、談話室 |
| 19 | 大臣官房 | 大臣、副大臣、大臣政務官、事務次官<br>官房長、秘書課、特別会議室、記者会見室 |
| 18 | 大臣官房<br>司法試験委員会 | 人事課、厚生管理官 |
| 17 | 大臣官房 | 会計課<br>診療所 |
| 16 | 大臣官房<br>保護局 | 施設課、技術企画室<br>参事官、総務課（精神保健観察企画官室、法規・国際室、情報システム管理室、刑事情報連携室（分室）） |
| 15 | 大臣官房<br>（司法法制部）<br>保護局 | 部長室、司法法制課、審査監督課、参事官室<br>局長室、総務課、更生保護振興課、地域連携・社会復帰支援室、観察課、恩赦管理官、中央更生保護審査会 |
| 14 | 矯正局 | 局長室、官房審議官、参事官室、総務課、成人矯正課、警備対策室、少年矯正課、更生支援管理官、矯正医療管理官 |
| 13 | 刑事局 | 局長室、総務課、国際刑事管理官室、刑事課、公安課、企画調査室、刑事法制管理官室（若年者刑事政策PT)、刑事法制管理官室（分室） |
| 12 | 訟務局<br><br>刑事局 | 局長、官房審議官、訟務企画課、民事訟務課、行政訟務課、訟務支援課<br>官房審議官、刑事法制管理官 |

| 階別 | 局（部）名 | 課（室）名 |
|---|---|---|
| 11 | 民事局 | 局長室、官房審議官、総務課、民事第１課、商事課、民事法制管理官、参事官室 |
| 10 | 人権擁護局<br>出入国在留管理庁<br>（出入国管理部）<br>（在留管理支援部） | 局長室、官房審議官室、参事官室、総務課、調査救済課、人権啓発課<br>部長室、出入国管理課、難民認定室、審判課<br>部長室、在留管理課、在留管理業務室 |
| 9 | 出入国在留管理庁 | 長官、次長、公文書監理官、審議官（総合調整担当）、審議官（国際担当）、総務課、出入国在留監査指導室、政策課、参事官室、外国人施策推進室、警備課、情報分析官 |
| 8 | 公安調査庁<br>（総務部） | 長官、次長<br>総務課、人事課、参事官、公文書監理官 |
| 7 | 公安調査庁<br>（調査第１部）<br>（調査第２部） | 総務部総務課<br>第１課、第２課、公安調査管理官（第３部門）<br>公安調査管理官（第４部門）<br>第１課 |
| 6 | 公安調査庁<br>（調査第２部） | 第１課、第２課、公安調査管理官（第３部門）、公安調査管理官（第４部門）、公安調査管理官（第５部門） |
| 5 | 大臣官房<br>（司法法制部）<br>民事局<br>訟務局<br>矯正局<br>保護局<br>最高検察庁 | 秘書課、企画再犯防止推進室（分室）、国際課<br>司法法制課（総合法律支援推進室）<br>民事第２課、内閣審議官室<br>訟務企画課、訟務調査室、租税訟務課、訟務支援課（予防司法支援室、国際裁判支援対策室）<br>情報通信企画官<br>総務課（刑事情報連携室）<br>刑事IT化推進PT |
| 4 | 東京保護観察所 | 所長、次長、企画調整課（庶務・会計・犯罪被害者等相談室）、民間活動支援専門官室、処遇第一・第二部門、社会復帰調整官室 |
| 3 | 大臣官房<br>民事局<br>最高検察庁<br>東京高等検察庁<br>東京地方検察庁 | サイバーセキュリティ・情報化審議官、秘書課、政策立案・情報管理室、会計課、庁舎管理室<br>総務課登記情報センター室<br>総務部情報システム管理室<br>企画調査課（情報システム管理係）<br>総務部情報システム管理課 |
| 2 | 大臣官房<br>人権擁護局 | 総務課（委員係）、全国人権擁護委員会連合会事務局 |
| 1 | 大臣官房<br>東京保護観察所 | 公文書監理官、秘書課、公文書監理室（文書・情報公開・個人情報保護）、警備室、共用応接室<br>集団処遇室 |
| B1 | | 大会議室、小会議室、運輸事務室 |

# 外　務　省

〒100-8919
千代田区霞が関 2-2-1
TEL03（3580）3311

地下鉄：霞ヶ関駅　A4・A8 出口



## 中央庁舎

| 階別 | 局（部）名 | 課（室）名 |
|---|---|---|
| 8 | 国際協力局<br>（地球規模課題審議官） | 地球環境課、気候変動課 |
| 7 | | G20サミット事務局<br>共用北国際大会議室（760）、共用南国際大会議室（761） |
| 6 | 北米局 | 共用南国際中会議室（666）、共用会議室（669） |
| 5 | 総合外交政策局 | |
| 4 | | 大臣、事務次官、外務審議官<br>政府代表 |
| 3 | 大臣官房<br>（外務報道官・広報文化組織） | 外務報道官、国際文化交流審議官、報道課、広報文化外交戦略課、国内広報室、国際報道官室<br><br>霞クラブ |
| 2 | 大臣官房<br>領事局 | 会計課出納室<br>局長、海外邦人安全課、邦人テロ対策室<br><br>共用応接室（255） |
| 1 | 領事局 | 旅券課<br><br>共用会議室（150/151/152/153/154/155） |

# 北庁舎

| 階別 | 局（部）名 | 課（室）名 |
|---|---|---|
| 8 | 大臣官房 | 福利厚生室<br><br>研修所（大・中・小教室）、内外科診療室、歯科診療室、食堂 |
| 7 | <br>アジア大洋州局<br>（南部アジア部） | 大使室、顧問室 |
| 6 | 経済局 | <br><br>対日直接投資総合案内窓口 |
| 5 | 大臣官房<br>総合外交政策局<br>（軍縮不拡散・科学部）<br>国際法局 | 人事課、総務課和文タイプ室・欧文タイプ室<br><br><br>海洋室 |
| 4 | 大臣官房<br><br><br><br>国際法局 | 官房長、総括審議官、国会担当参事官、危機管理担当参事官、考査・政策評価官、総務課本室、危機管理調整室、地方連携推進室、警備対策室 |
| 3 | 大臣官房<br>（外務報道官・広報文化組織） | 儀典長、在外公館課<br>文化交流・海外広報課、国際文化協力室、人物交流室 |
| 2 | 大臣官房 | 会計課<br><br>入札・開札室 |
| 1 | 大臣官房 | 総務課（ＣＰセンター、印刷所、ワープロ文書編集室）、情報通信課<br><br>外務省図書館 |

## 新庁舎

| 階別 | 局（部）名 | 課（室）名 |
|---|---|---|
| 7 | | 講堂、食堂 |
| 6 | | 研修所分室 |
| 5 | 国際情報統括官組織 | |
| 4 | 大臣官房 | 情報通信課 |
| 3 | 大臣官房 | 情報通信課 |
| 2 | 大臣官房 | 情報通信課 |
| 1 | 大臣官房 | 情報通信課 |

## 南庁舎

| 階別 | 局（部）名 | 課（室）名 |
|---|---|---|
| 8 | 国際協力局 | 民間援助連携室、緊急・人道支援課、国別開発協力第一課、国別開発協力第二課、国別開発協力第三課<br><br>顧問室、共用国際会議室（893） |
| 7 | 大臣官房<br>国際協力局<br><br>（地球規模課題審議官） | ODA評価室<br>局長、政策課、開発協力総括課、開発協力企画室、事業管理室<br>地球規模課題審議官、地球規模課題総括課、専門機関室、国際保健政策室 |
| 6 | 欧州局 | <br>顧問室 |
| 5 | <br>大臣官房<br>中東アフリカ局<br>（アフリカ部） | 査察担当大使<br>監察査察官室 |
| 4 | | 副大臣、大臣政務官 |
| 3 | 中南米局<br>大臣官房<br>（外務報道官・広報文化組織） | <br><br>IT広報室<br><br>記者会見室、共用会議室（392/396）、喫茶室 |

| 階別 | 局（部）名 | 課（室）名 |
|---|---|---|
| 2 | 領事局 | 政策課、領事サービス室<br><br>国際会議室（272）、共用会議室（271/282/287/289/297）、外務精励会、売店 |
| 1 | 大臣官房<br>（外務報道官·広報文化組織）<br>領事局 | 外交記録・情報公開室<br>国内広報課広聴室<br>領事サービス室証明班、旅券課受付審査班、外国人課、海外安全相談センター、日本入国査証相談センター<br><br>共用会議室（180） |

# 財　務　省

## （国税庁）

〒100-8940（財務省）
〒100-8978（国税庁）
千代田区霞が関3-1-1

TEL 03-3581-4111（財務省）
TEL 03-3581-4161（国税庁）
地下鉄：霞ヶ関駅　A13番出口

| 階別 | 局（部）名 | 課（室）名 |
|---|---|---|
| 5 | 国税庁<br>（長官官房） | 長官室、次長室<br>審議官室、参事官室、総務課、総務課長室、総務課文書係、広報広聴室、調整室、監督評価官室、監督評価官室長室、税理士監理室、人事課、人事課長室、人事課秘書係、人事課分室、会計課、会計課長室、企画課、国際業務課、国際業務課分室、国際業務課・調査課別室、国際企画官、国際支援室、国際課税分析室、厚生管理官、首席国税庁監察官室、監察官室、情報公開・個人情報保護室、法人番号管理室、デジタル化・業務改革室、会議室 |
| | （課税部） | 部長室、課税総括課、課税企画官、審理室、消費税室、軽減税率・インボイス制度対応室、個人課税課、個人課税課別室、資産課税課、資産課税課別室、法人課税課、酒税課、輸出促進室、鑑定企画官、資産評価企画官 |
| | （徴収部） | 部長室、管理運営課、管理運営課別室、徴収課、会議室 |
| | （調査査察部） | 部長室、調査課、国際調査管理官、査察課 |
| | 税務大学校 | 校長室、副校長室、事務室 |
| | | 第１・２・４会議室、会議室、国際会議室、潮見坂クラブ、記者クラブ |
| 4 | 大臣官房 | 審議官室、文書課情報管理室 |
| | 関税局 | 事務管理室、税関調査室 |
| | 理財局 | 国庫課、国庫企画官、通貨企画調整室、国有財産企画官、国有財産調整課、国有財産有効活用室、国有財産監査室、管理課、法人等財務分析官、電算システム管理官、応接室 |

| 階別 | 局（部）名 | 課（室）名 |
|---|---|---|
| | 国際局 | 局長室、次長室、審議官室、参事官室、渉外応接室、総務課、調査課、外国為替室、投資企画審査室、為替実査室、国際調整室、国際機構課、資金移転対策室、地域協力課、地域協力企画官、為替市場課、資金管理室、資金管理専門官、開発政策課、開発機関課、開発企画官、会議室 |
| | 財務総合政策研究所 | 名誉所長、所長室、副所長室、総務室、研究部、国際交流課、客員研究員室、特別研究官室、地域経済特別分析官、財政経済計量分析室、調査統計部、資料情報編集室、会議室、図書館閲覧室 |
| | 国税不服審判所 | 所長、次長、部長審判官、管理室、管理室長室、審判部、会議室 |
| | | 財務省顧問、財務省図書館、国際会議室、会議室、第3特別会議室、講堂、特別応接室 |
| 3 | 大臣官房 | 政策立案総括審議官、審議官室、サイバーセキュリティ・情報化審議官、文書課広報室、文書課業務企画室、文書課企画調整室、文書課政策評価室、政策分析調整室 |
| | 関税局 | 局長室、審議官室、参事官室、総務課、総務課長室、政策推進室、管理課、税関考査管理室、関税課、特殊関税調査室、原産地規則室、関税企画調整室、関税課分室、経済連携室、関税地域協力室、監視課、業務課、知的財産調査室、調査課、会議室、応接室 |
| | 理財局 | 局長室、次長室、審議官室、総務課、総務課長室、総務課分室、総務課調査室、たばこ塩事業室、国債企画課、国債企画課分室、国債政策情報室、国債企画官、国債管理分析官、国債業務課、市場分析官、財政投融資総括課、財政投融資企画官、資金企画室、国有財産企画課、国有財産企画課長室、政府出資室、国有財産調整課分室、国有財産業務課、国有財産審理室、国有財産情報室、計画官（内閣・財務係）、地方財務分析官、応接室 |
| | | 税関研修所長、記者会見室、財政研究会、財政クラブ、第2特別会議室、食堂、喫茶 |
| 2 | | 大臣室、秘書官室、副大臣室、大臣政務官室、事務次官室、財務官室、副財務官 |

| 階別 | 局（部）名 | 課（室）名 |
|---|---|---|
| | 大臣官房 | 官房長室、総括審議官室、審議官室、秘書課、秘書課長、調整室、人事企画室、首席監察官、財務官室長、文書課、文書課長、文書課国会係、総合政策課、総合政策課長、政策推進室、総務調整官、経済財政政策調整官、政策調整室、総務・経理係、政策金融課、信用機構課、信用機構課長、機構業務室、第3応接室 |
| | 主計局 | 局長室、次長室、大臣官房参事官、総務課長室、総務課（総務係、調整係、予算総括係、企画係、歳入国債係、文書係、経理第1・2係）、主計官（総務第1・2係、地方財政係、防衛第1～3係、経済産業第1～3係、財務第1・2係、司法・警察係、環境係）、司計課（補助金調査係、司計係）、予算執行調査分析官、司計決算分析官、法規課、調査課、主計企画官室、主計監査官、予算執行企画室、第2・3局議室、第1・2会議室 |
| | 主税局 | 局長室、審議官室、総務課、総務課長室、調査課、税制第1課、税制第1課主税企画官、税制第2課、税制第2課主税企画官、税制第3課、参事官室、国際租税総合調整官 |
| | | 資料室、応接室 |
| 1 | 大臣官房 | 情報公開・個人情報保護室、公文書監理室、会計課長室、会計課（総務係、文書係、企画係、法規係、予算第1～3係、収入支出係、経理総括係、官公需相談窓口、物品管理係、契約第1～3係）、管理室長、管理室（自動車係、管理第1係、営繕係、設備担当、管財係、宿舎係）、監査室（監査1・2係、決算第1・2係）、厚生管理官（厚生係、共済第1～3係）、地方課、地方課長室、地方課広報連絡係、業務調整室、地方課分室、地方課応接室、総合政策課分室、総合政策課会議室、政策金融課分室、文書課文書係文書受付、第1・2会議室 |
| | 主計局 | 総務課、主計事務管理室、主計事務システム分析官、公会計室、給与共済課、給与共済課分室、主計官（農林水産係、文部科学係、厚生労働係、こども家庭係、国土交通第1～6係、公共事業総括第1・2係、内閣第1・2係、外務係、復興係、経済協力係、デジタル |

| 階別 | 局（部）名 | 課（室）名 |
|---|---|---|
| | | 係）、会計監査調整室、面談室、会議室<br><br>全国税労組、全税関労組、税関労組、国税労組、全財務労組、財務省職員組合、発送室、診療所、警備員控室、清掃業者控室 |

## 合同庁舎４号館

| 階別 | 局（部）名 | 課（室）名 |
|---|---|---|
| 3 | 国税庁<br>（長官官房） | 参事官室、相互協議室、主任税務相談官、法人番号管理室 |
| 2 | 関税局 | 貿易統計閲覧室<br><br>共用220会議室、共用第３特別会議室 |

# 財務省　1階

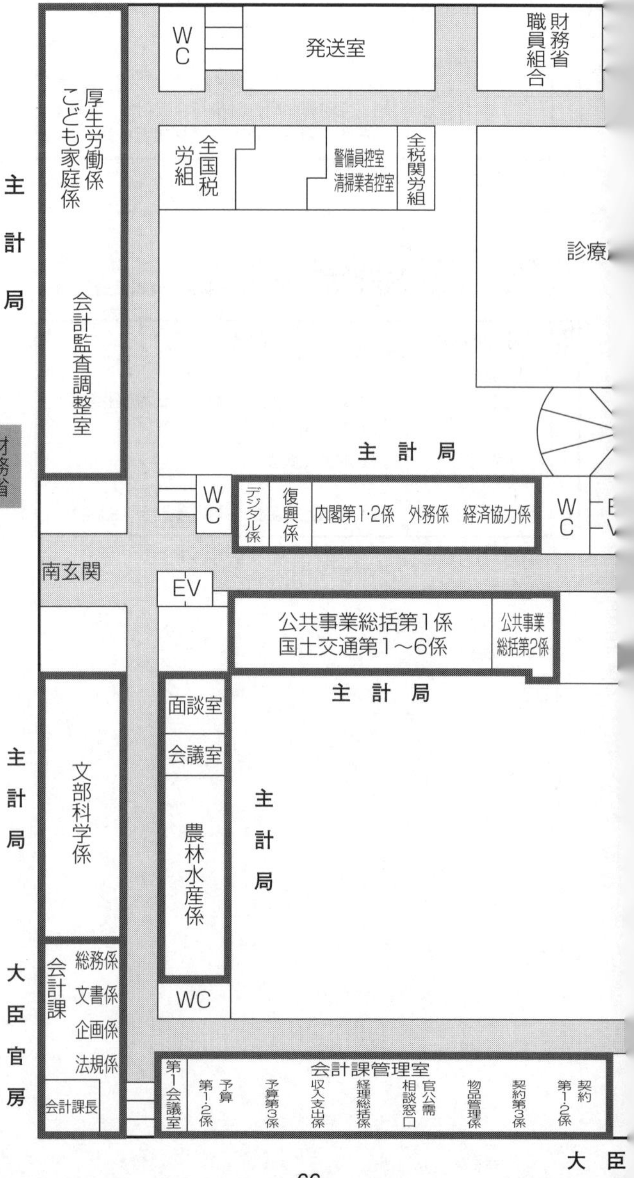

WC
発送室
財務省職員組合
厚生労働係
こども家庭係
全国税労組
警備員控室
清掃業者控室
全税関労組
診療
主計局
会計監査調整室
主計局
WC
デジタル係
復興係
内閣第1･2係　外務係　経済協力係
WC
EV
南玄関
EV
公共事業総括第1係
国土交通第1～6係
公共事業総括第2係
主計局
面談室
会議室
主計局
文部科学係
農林水産係
主計局
WC
会計課
総務係
文書係
企画係
法規係
会計課長
大臣官房
会計課管理室
第1会議室
予算第1･2係
予算第3係
収入支出係
経理総括係
官公需相談窓口
物品管理係
契約第3係
契約第1･2係
大臣

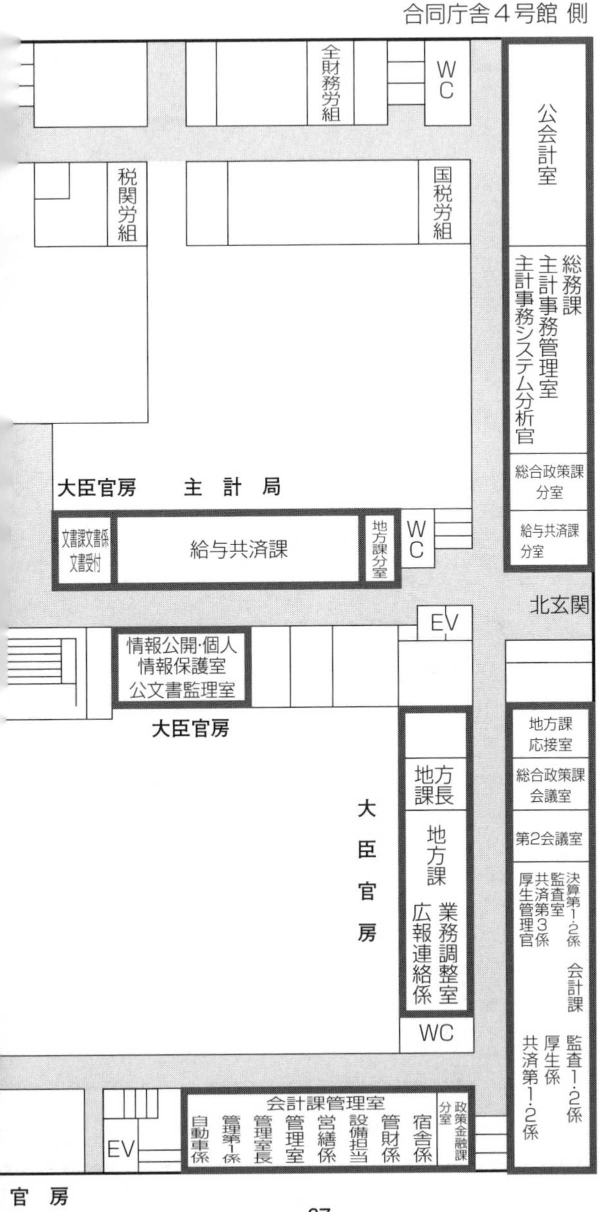

合同庁舎４号館 側
全財務労組
WC
公会計室
税関労組
国税労組
主計局
総務課
主計事務管理室
主計事務システム分析官
総合政策課分室
給与共済課分室
大臣官房
主計局
文書課文書係
文書受付
給与共済課
地方課分室
WC
北玄関
EV
情報公開·個人情報保護室
公文書監理室
大臣官房
地方課応接室
総合政策課会議室
第2会議室
地方課長
地方課
業務調整室
広報連絡係
大臣官房
決算第1·2係
監査室
共済第3係
厚生管理官
会計課
監査1·2係
厚生係
共済第1·2係
大臣官房
WC
会計課管理室
宿舎係
管財係
設備担当
営繕係
管理室
管理室長
管理第1係
自動車係
政策金融課分室
EV
官房

# 財務省　2階

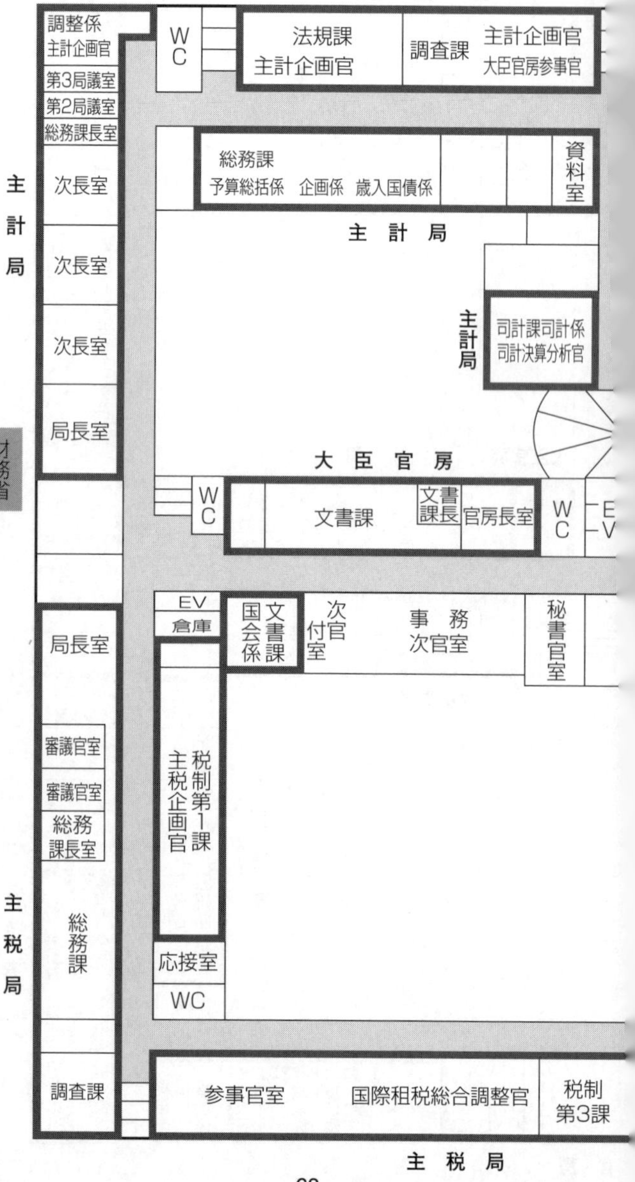
主計局
調整係
主計企画官
WC
法規課
主計企画官
調査課
主計企画官
大臣官房参事官
第3局議室
第2局議室
総務課長室
総務課
予算総括係　企画係　歳入国債係
資料室
主計局
次長室
次長室
次長室
局長室
主計局
司計課司計係
司計決算分析官
主計局
大臣官房
WC
文書課
文書課長
官房長室
WC
EV
EV
倉庫
国会係
文書課
次官付室
事務次官室
秘書官室
局長室
審議官室
審議官室
総務課長室
総務課
税制第1課
主税企画官
応接室
WC
主税局
調査課
参事官室
国際租税総合調整官
税制第3課
主税局

主　計　局
合同庁舎４号館 側
総務課
(総務係、文書係、経理第1・2係)
第2会議室
経済産業第1・2・3係　司法・警察係　環境係
WC
防衛第2・3係
防衛第1係
総務第1・2係
地方財政係
第1会議室
財務第1・2係
【司計課】
主計企画官
主計監査官
補助金調査係
予算執行調査分析官
予算執行企画室
主　計　局
主計局
人事企画室
秘書課
調整室
秘書課長
大臣官房
第3応接室
総合政策課
政策推進室
審議官室
大臣政務官室
応接室
首席監察官
WC
大臣室
大臣個室
副大臣室
WC
EV
総括審議官
総合政策課長
総合政策課
財務官室長
財務官室
副財務官
審議官室
WC
総務調整官
政策調整室
経済財政政策調整官
総務・経理係
税制第2課
主税企画官
EV
政策金融課
機構業務室
信用機構課
信用機構課長
大　臣　官　房

# 財務省　3階

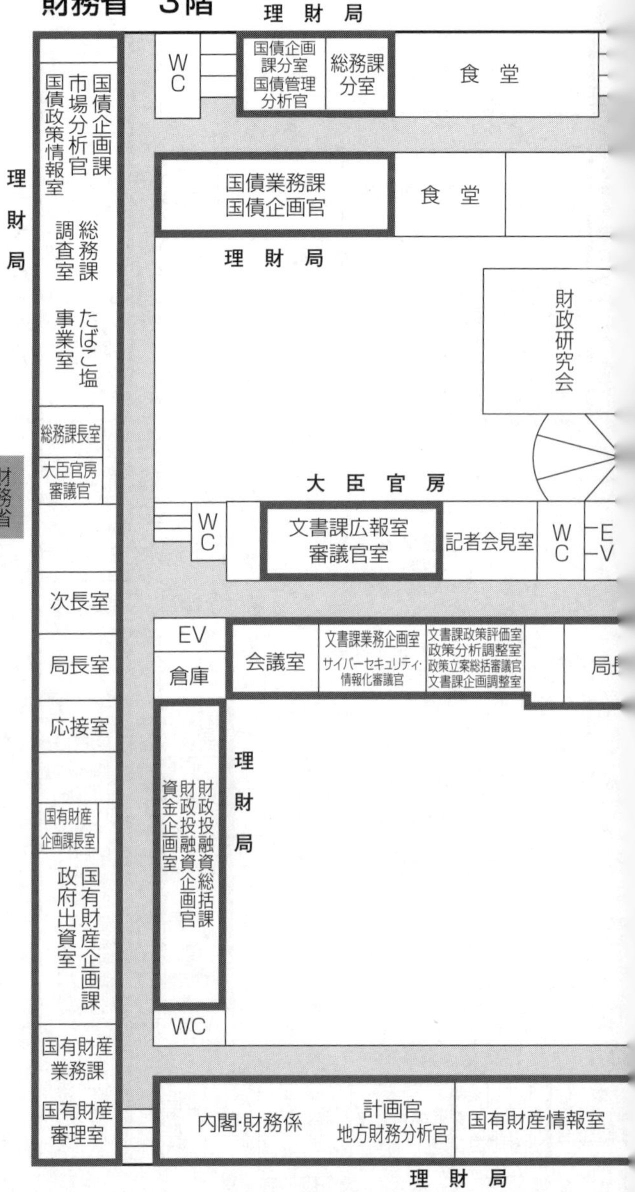

理財局
WC
国債企画課分室
国債管理分析官
総務課分室
食堂
国債企画課
市場分析官
国債政策情報室
総務課
調査室
たばこ塩
事業室
総務課長室
大臣官房審議官
次長室
局長室
応接室
国有財産企画課長室
国有財産企画課
政府出資室
国有財産業務課
国有財産審理室
理
財
局
国債業務課
国債企画官
食堂
理財局
財政研究会
大臣官房
WC
文書課広報室
審議官室
記者会見室
WC
EV
EV
倉庫
会議室
文書課業務企画室
サイバーセキュリティ・情報化審議官
文書課政策評価室
政策分析調整室
政策立案総括審議官
文書課企画調整室
局長
財政投融資総括課
財政投融資企画官
資金企画室
理
財
局
WC
内閣·財務係
計画官
地方財務分析官
国有財産情報室
理財局

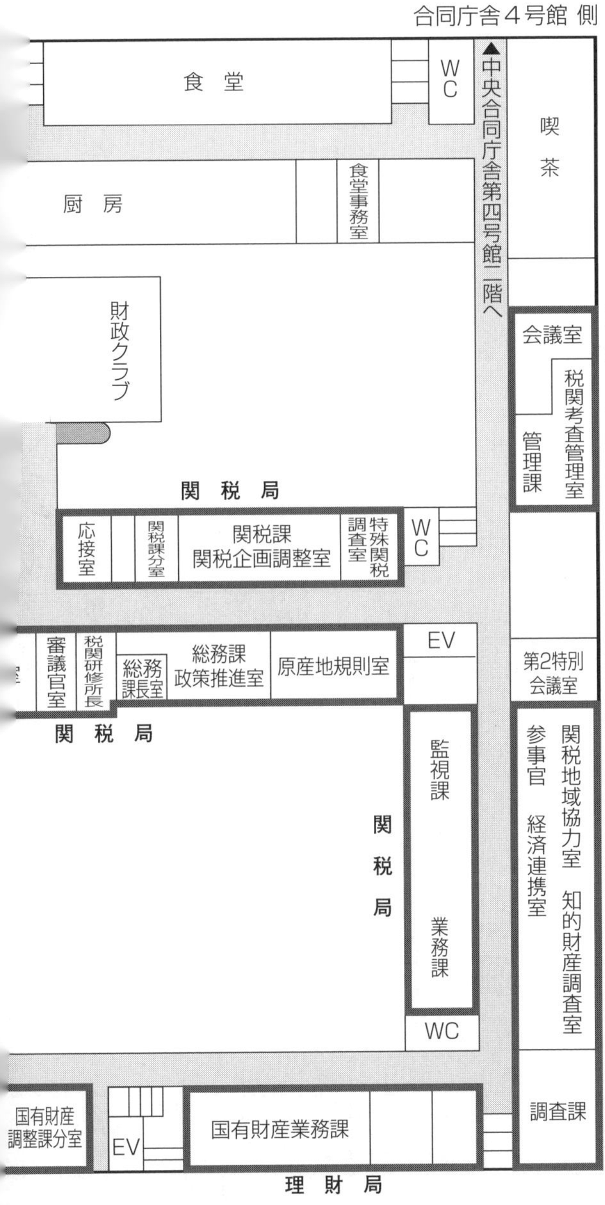
合同庁舎4号館 側
食 堂
WC
▲中央合同庁舎第四号館二階へ
喫茶
厨 房
食堂事務室
財政クラブ
関税局
会議室
税関考査管理室
管理課
関 税 局
応接室
関税課分室
関税課
関税企画調整室
特殊関税調査室
WC
EV
審議官室
税関研修所長
総務課長室
総務課
政策推進室
原産地規則室
第2特別会議室
関 税 局
監視課
業務課
関税局
参事官
関税地域協力室
経済連携室
知的財産調査室
関税局
WC
国有財産調整課分室
EV
国有財産業務課
調査課
理 財 局

# 財務省・国税庁　4階



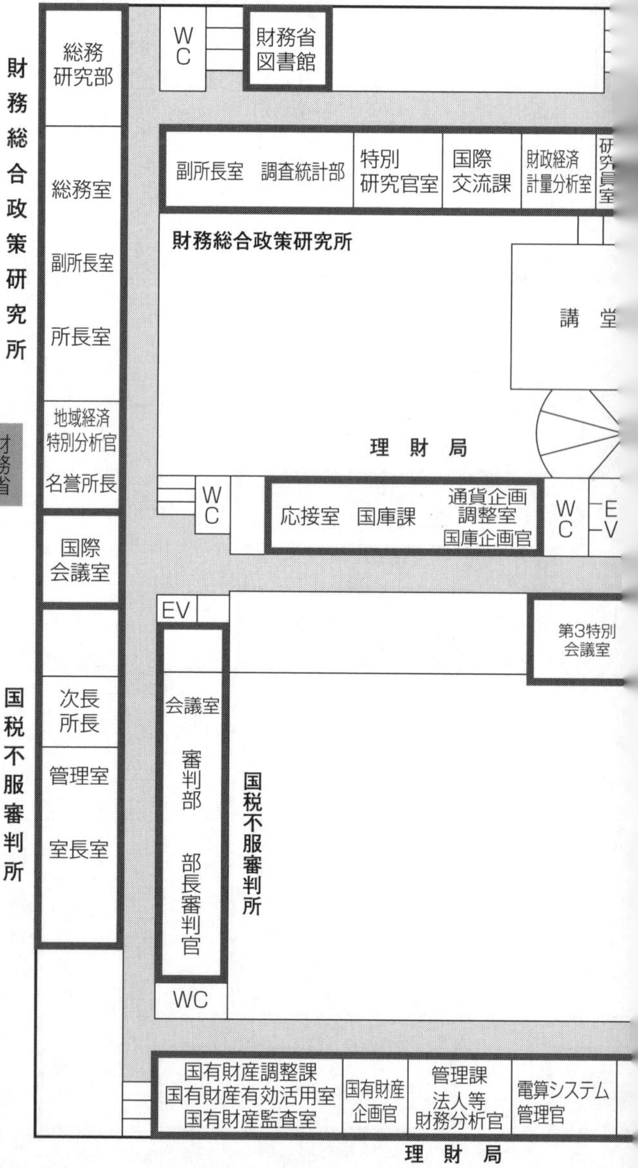
財務総合政策研究所
総務研究部
総務室
副所長室
所長室
地域経済特別分析官
名誉所長
WC
財務省図書館
副所長室　調査統計部
特別研究官室
国際交流課
財政経済計量分析室
研究員室
財務総合政策研究所
講　堂
理　財　局
WC
応接室　国庫課
通貨企画調整室
国庫企画官
WC
EV
国際会議室
EV
第3特別会議室
国税不服審判所
次長所長
管理室
室長室
会議室
審判部
部長審判官
国税不服審判所
WC
国有財産調整課
国有財産有効活用室
国有財産監査室
国有財産企画官
管理課
法人等財務分析官
電算システム管理官
理　財　局

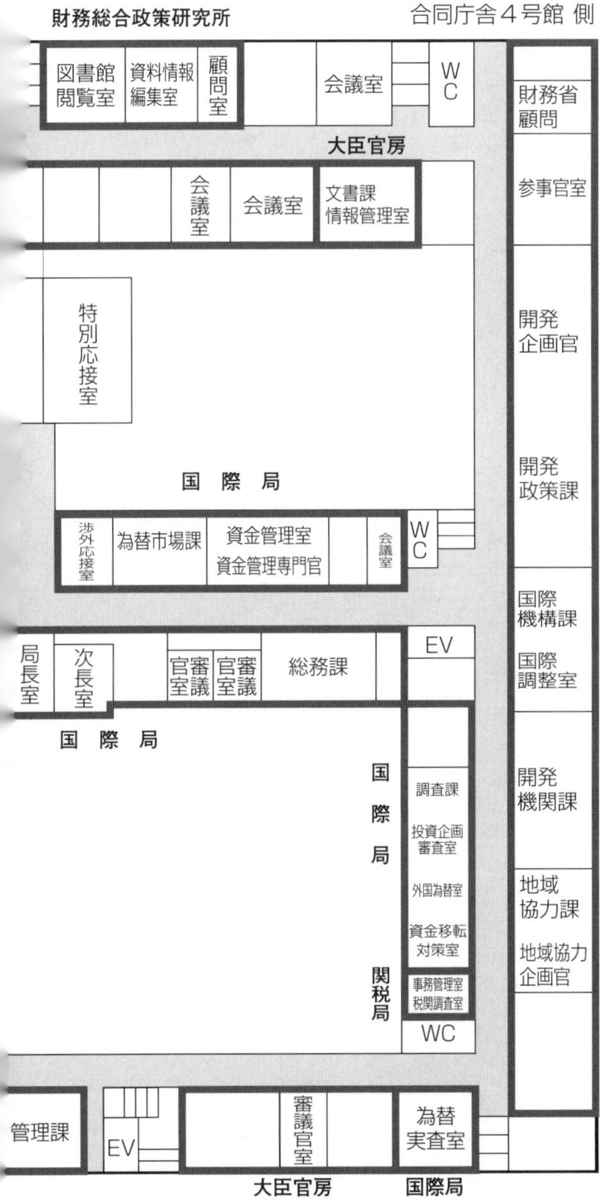
財務総合政策研究所
合同庁舎４号館 側
図書館閲覧室
資料情報編集室
顧問室
会議室
WC
大臣官房
財務省顧問
参事官室
国際局
会議室
会議室
文書課情報管理室
特別応接室
開発企画官
国際局
開発政策課
渉外応接室
為替市場課
資金管理室
資金管理専門官
会議室
WC
国際機構課
国際調整室
局長室
次長室
官審室議
官審室議
総務課
EV
国際局
国際局
調査課
投資企画審査室
外国為替室
資金移転対策室
関税局
事務管理室
税関調査室
WC
開発機関課
地域協力課
地域協力企画官
管理課
EV
審議官室
為替実査室
大臣官房
国際局

# 国税庁　5階

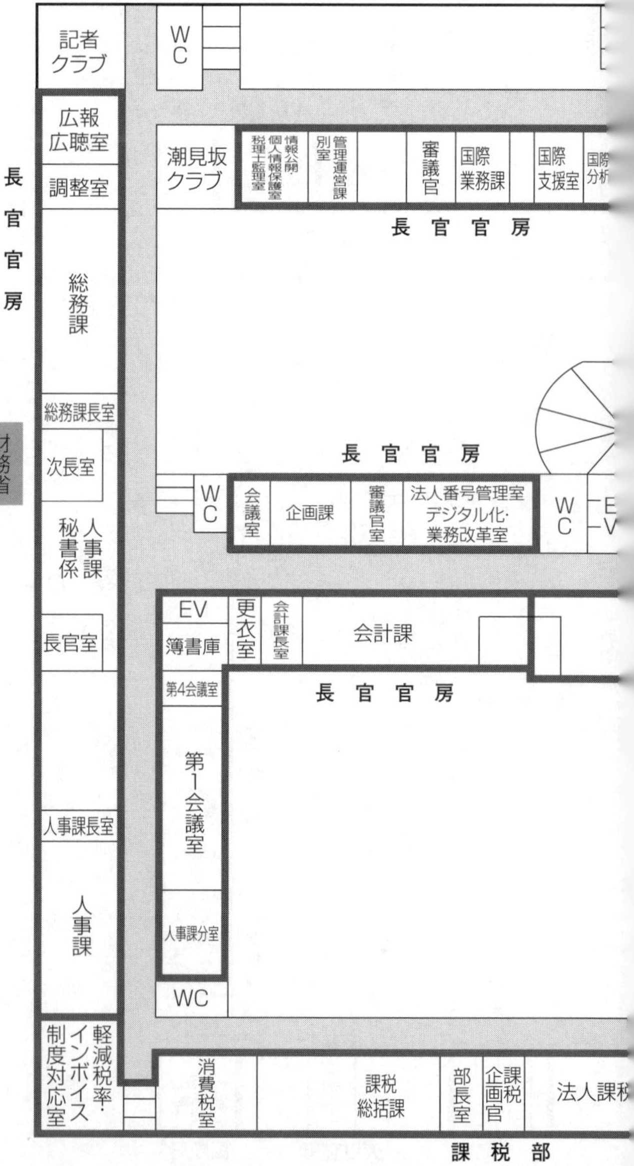

記者クラブ
WC
広報広聴室
調整室
長官官房
総務課
総務課長室
次長室
人事課秘書係
長官室
人事課長室
人事課
軽減税率・インボイス制度対応室
潮見坂クラブ
情報公開・個人情報保護室
税理士監理室
管理運営課別室
審議官
国際業務課
国際支援室
国際分析
長官官房
長官官房
WC
会議室
企画課
審議官室
法人番号管理室
デジタル化・業務改革室
WC
EV
EV
簿書庫
更衣室
会計課長室
会計課
長官官房
第4会議室
第1会議室
人事課分室
WC
消費税室
課税総括課
部長室
課税企画官
法人課税
課税部

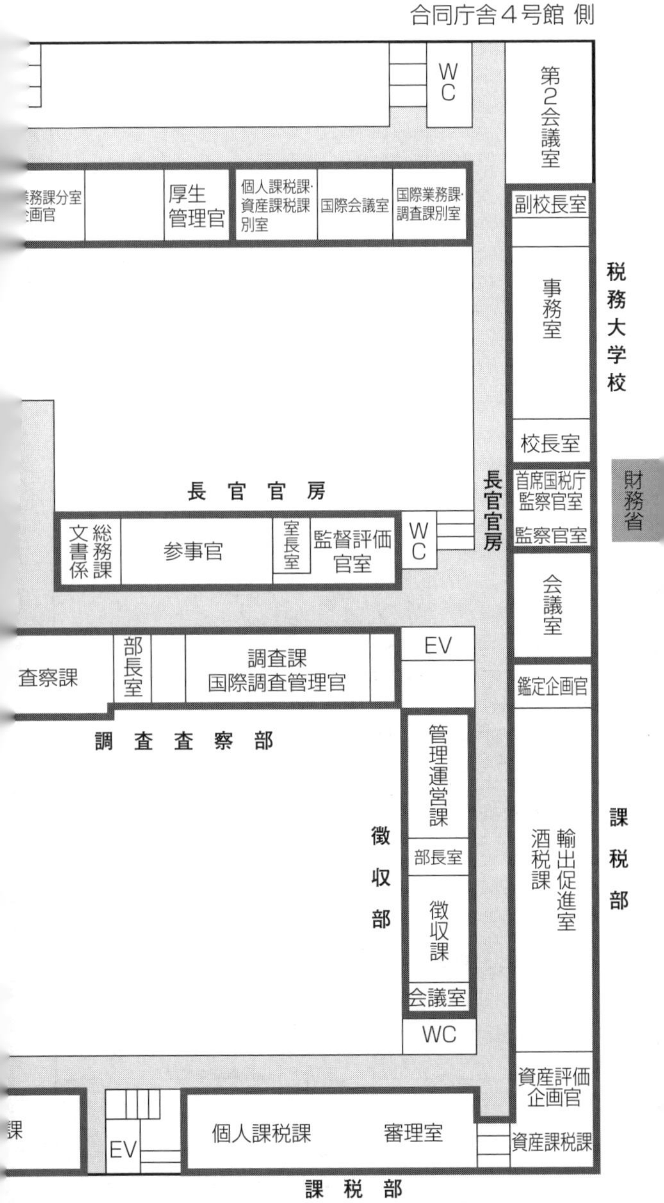
合同庁舎４号館 側
WC
第2会議室
業務課分室
画官
厚生管理官
個人課税課・資産課税課別室
国際会議室
国際業務課・調査課別室
副校長室
税務大学校
事務室
校長室
長官官房
首席国税庁監察官室
監察官室
財務省
総務課文書係
参事官
室長室
監督評価官室
WC
長官官房
会議室
EV
査察課
部長室
調査課
国際調査管理官
鑑定企画官
調査査察部
管理運営課
部長室
徴収課
会議室
徴収部
輸出促進室
酒税課
課税部
WC
資産評価企画官
課
EV
個人課税課
審理室
資産課税課
課税部

## 財務省　4号館2階

合同庁舎7号館 側

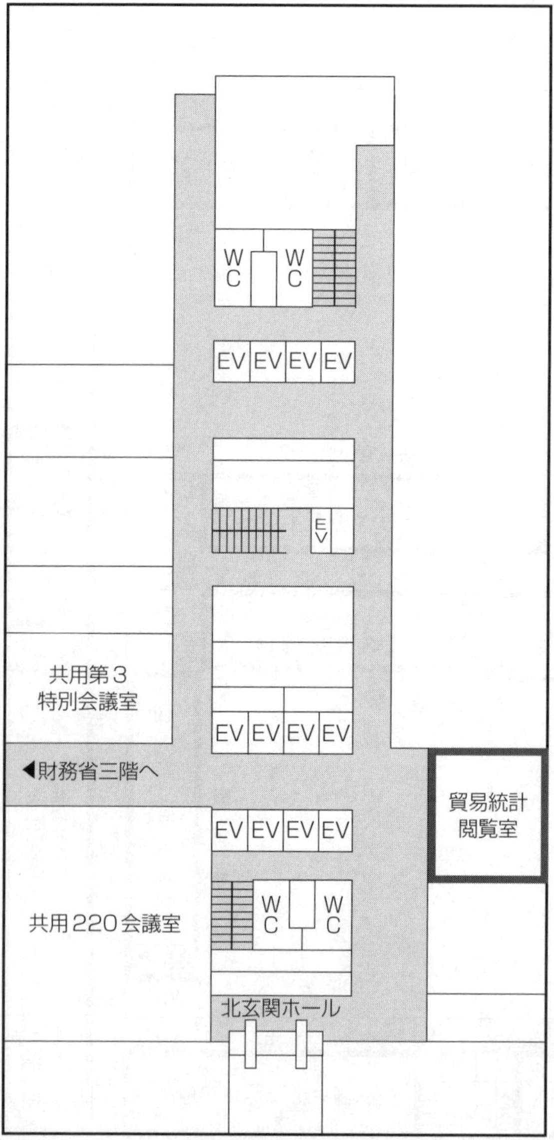
WC
WC
EV EV EV EV
EV
共用第3
特別会議室
EV EV EV EV
◀財務省三階へ
貿易統計
閲覧室
EV EV EV EV
共用220会議室
WC
WC
北玄関ホール

# 国税庁　4号館3階

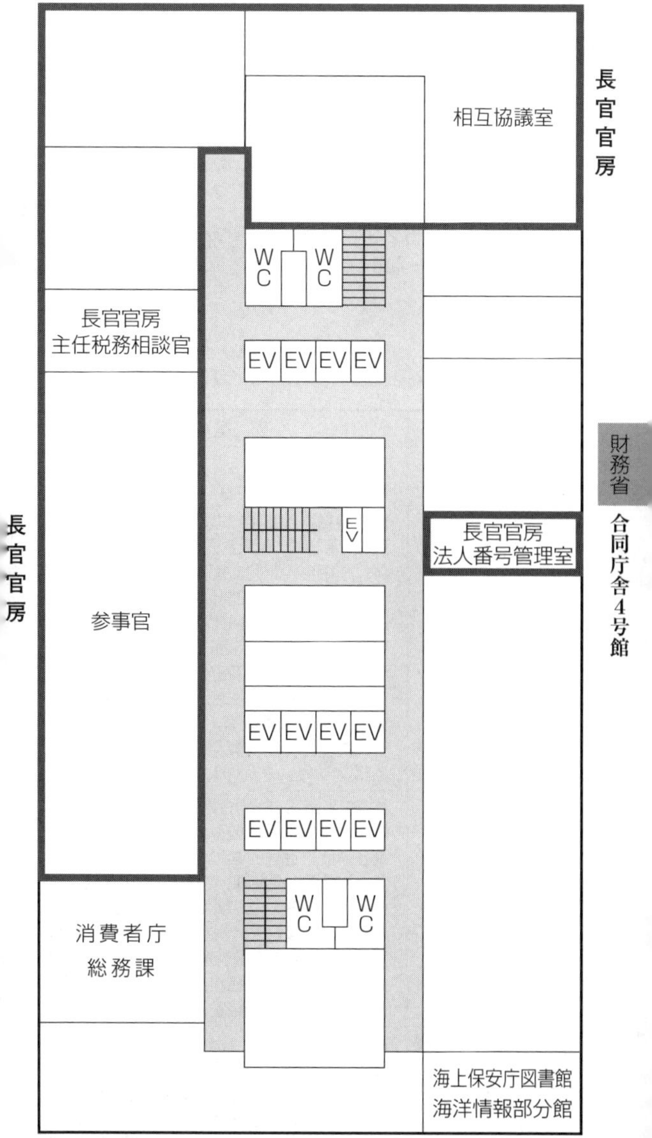
合同庁舎7号館 側
相互協議室
長官官房
WC
WC
長官官房
主任税務相談官
EV EV EV EV
EV
長官官房
法人番号管理室
財務省
合同庁舎4号館
長官官房
参事官
EV EV EV EV
EV EV EV EV
WC
WC
消費者庁
総務課
海上保安庁図書館
海洋情報部分館

# 文部科学省

## （スポーツ庁、文化庁）

〒100-8959
千代田区霞が関3-2-2
TEL03（5253）4111

地下鉄：虎ノ門駅　11番・6番出口
地下鉄：霞ヶ関駅　A13番出口

## 東　館

| 階別 | 局（部）名 | 課（室）名 |
|---|---|---|
| 19 | 国立教育政策研究所 | 文部科学省記録庫<br>教育図書館書庫1・2 |
| 18 | 大臣官房<br>研究開発局 | 官民協働海外留学推進戦略本部<br>局長、審議官、開発企画課、地震・防災研究課、防災科学技術推進室、海洋地球課、環境エネルギー課、宇宙開発利用課、宇宙利用推進室、原子力課、放射性廃棄物企画室、核燃料サイクル室、参事官（原子力損害賠償担当）、原賠法改正準備室、立地地域対策室、研究開発戦略官（核融合・原子力国際協力担当）、研究開発戦略官（核燃料サイクル・廃止措置担当）、研究開発分析官、職員相談室、会議室 |
| 17 | 研究振興局 | 局長、審議官、振興企画課、学術企画室、奨励室、資金運用企画室、基礎・基盤研究課、量子研究推進室、素粒子・原子核研究推進室、学術研究推進課、企画室、大学研究力強化室、ライフサイエンス課、生命倫理・安全対策室、参事官（情報担当）、学術基盤整備室、計算科学技術推進室、参事官（ナノテクノロジー・物質・材料担当）、研究振興戦略官付、会議室、連絡室、職員相談室 |
| 16 | 科学技術・学術政策研究所 | 所長、総務研究官、総務課、企画課、第1～2研究グループ、第1～2調査研究グループ、情報システム担当、2研サブオフィス、科学技術予測・政策基盤調査研究センター、 |

| 階別 | 局（部）名 | 課（室）名 |
|---|---|---|
| | | データ解析政策研究室、電算室<br><br>対話型政策形成室、会議室、記者クラブ（科学技術）、特別応接室 |
| 15 | 科学技術・学術政策局 | 局長、審議官室、科学技術・学術総括官、政策課、資源室、研究開発戦略課、人材政策課、人材政策推進室、研究公正推進室、研究環境課、競争的研究費調整室、産業連携・地域振興課、産業連携推進室、拠点形成・地域振興室、参事官（国際戦略担当）、戦略研究推進室、評価・研究開発法人支援室、会議室、特別会議室、職員相談室<br><br>内閣官房教育未来創造会議担当室 |
| 14 | 高等教育局 | 局長、審議官、戦略官、高等教育企画課、高等教育政策室、大学設置室、大学教育・入試課、大学入試室、専門教育課、専門職大学院室、医学教育課、大学病院支援室、学生支援課、高等教育修学支援室、留学生交流室、国立大学法人支援課、国立大学戦略室、参事官（国際担当）、職員相談室、大学設置相談室、会議室 |
| 13 | 高等教育局<br>（私学部）<br><br>スポーツ庁 | <br>部長、私学行政課、私学共済室、私学助成課、私学経営支援企画室、参事官、学校法人経営指導室<br>長官、次長室、審議官室、スポーツ総括官、政策課、企画調整室、健康スポーツ課、障害者スポーツ振興室、地域スポーツ課、競技スポーツ課、参事官（国際担当）、参事官（地域振興担当）、参事官（民間スポーツ担当）、会議室、職員相談室 |
| 12 | 大臣官房<br><br>国際統括官 | 総務課会議室、行政改革推進室、広報室、広報室分室、官房企画官、国会連絡調整室、公文書監理室、国際課、国際課長、国際協力企画室、国際戦略企画室、国際課応接室、省改革推進・コンプライアンス室、職員相談室、行政相談室<br>国際統括官<br><br>G7富山・金沢教育大臣会合準備室、日本ユネスコ国内委員会事務局、記者会見室、文部科学記者会、記者休憩室、記者控室 |

| 階別 | 局（部）名 | 課（室）名 |
|---|---|---|
| 11 | 大臣官房 | 大臣、副大臣、大臣政務官、事務次官、文部科学審議官、大臣秘書官室、大臣応接室、副大臣応接室、副大臣事務室、大臣政務官応接室、大臣政務官事務室、事務次官応接室、事務次官事務室<br>官房長、総括審議官、サイバーセキュリティ・政策立案総括審議官、審議官秘書室、総務課長、総務班、法令審議室<br><br>省議室 |
| 10 | 大臣官房 | 参事官、人事課（総務班、計画調整班、任用班、給与班、栄典班）、人事課長、福利厚生室、人事調整室、人事課打ち合わせ室、人事課会議室、政策課、政策課長、政策推進室、サイバーセキュリティ・情報化推進室、政策課・国際課会議室、電算室、調査・研究室、職員相談室、特別応接室、会議室 |
| 9 | 総合教育政策局 | 局長、審議官、社会教育振興総括官、政策課、調査企画課、学力調査室、教育人材政策課、教員免許企画室、教員養成企画室、国際教育課、生涯学習推進課、民間教育事業振興室、専修学校教育振興室、障害者学習支援推進室、地域学習推進課、地域学校協働活動推進室、青少年教育室、家庭教育支援室、男女共同参画共生社会学習・安全課、男女共同参画学習室、安全教育推進室、地域政策室、会議室、高等学校卒業程度認定試験受付、職員相談室 |
| 8 | 初等中等教育局 | 局長、審議官、教育改革特別分析官、初等中等教育企画課、教育制度改革室、国際企画調整室、財務課、児童生徒課、生徒指導室、幼児教育課、産業教育振興室、修学支援・教材課、健康教育・食育課、参事官（高等学校担当）、高校修学支援室、高等学校改革推進室、学校デジタル化PT、職員相談室 |
| 7 | 初等中等教育局 | 視学官、視学委員連絡室、教育課程課、教育課程企画室、特別支援教育課、外国語教育推進室、教科書課、第一教科書調査官室、第二教科書調査官室、検定連絡室、教科書情報システム室、職員相談室、会議室、特別会議室 |
| 6 | 国立教育政策研究所 | 所長、総務課、会計課、研究支援課、研究企画開発部、情報支援課、教育政策・評価研究 |

| 階別 | 局（部）名 | 課（室）名 |
| --- | --- | --- |
| | | 部、生涯学習政策研究部、初等中等教育研究部、高等教育研究部、国際研究・協力部、文教施設研究センター、幼児教育研究センター、国際共同研究室、調査・研究室、第１・２共同研究室、第１･２印刷室、第１･２特別会議室、電子計算機室（NIER・NICER)、教育図書館 |
| 5 | 国立教育政策研究所 | 教育課程研究センター、教育課程研究センター長、教育課程研究センター基礎研究部、基礎研究部長、総合研究官、研究開発部、研究開発部長、研究開発課、教育課程調査官、学力調査官、学力調査課、生徒指導・進路指導研究センター長、生徒指導・進路指導研究センター企画課、第３・４・５・６会議室、第３共同研究室、職員相談室<br><br>会議室 |
| 4 | 大臣官房 | 会計課（総務班、総括予算班、第一予算班、第二予算班、第三予算班、財務企画班、監査班、経理班、管理班、用度班)、会計課長、地方財政室、会計課会議室、会計課電算室、入札室、職員相談室、ADAMS室<br><br>印刷室、来庁者控室 |
| 3 | 大臣官房 | 人事課分室<br><br>試写室、映写室、スタジオ、スタジオ調整室、非常災害対策センター、通信機器室、講堂、特別会議室 |
| 2 | | 受付、第２応接室、情報公開等請求窓口、喫茶 |
| 1 | | 守衛室、職員食堂、文部科学省運転手控室 |

# 旧文部省庁舎

| 階別 | 局（部）名 | 課（室）名 |
|---|---|---|
| 6 | 文化庁 | 文化庁審議官、文化財鑑査官、文化資源活用課、文化財総合調整室、文化遺産国際協力室、文化財第一課、文化財第二課、古墳壁画室<br><br>第2講堂 |
| 5 | 文化庁 | 長官室、次長室、秘書室、応接室、審議官、政策課、会計室、企画調整課、独立行政法人連絡室・博物館振興室、文化経済・国際課、国際文化交流室、国語課、地域日本語教育推進室、著作権課、著作物流通推進室、国際著作権室、参事官（芸術文化担当）、参事官（文化観光担当）、文化戦略官室、文化経済戦略特別チーム副チーム長、入札室 |
| 4 | 大臣官房<br>（文教施設企画・防災部） | <br>部長、技術参事官、施設企画課、契約情報室、施設助成課、計画課、整備計画室、参事官（施設防災担当）、参事官分室2、分析官、入札室、会議室、第3会議室、職員相談室 |
| 3 | <br><br><br>文化庁 | 大臣室（復元）、秘書室（復元）、展示ホール、美術品・文化財展示室、図書館、図書館事務室<br>文化財保管庫 |
| 2 | 大臣官房<br>文化庁 | 情報システム企画室分室<br>特別会議室<br><br>文部科学省健康管理室・診療所、電算室、通信機器室、レクリエーション室、仮眠室（男性・女性）、男性休養室、女性休養室、会議室 |
| 1 | | 電話交換室、応接室、ラウンジ、運転手控室 |

# 文部科学省　東館１階

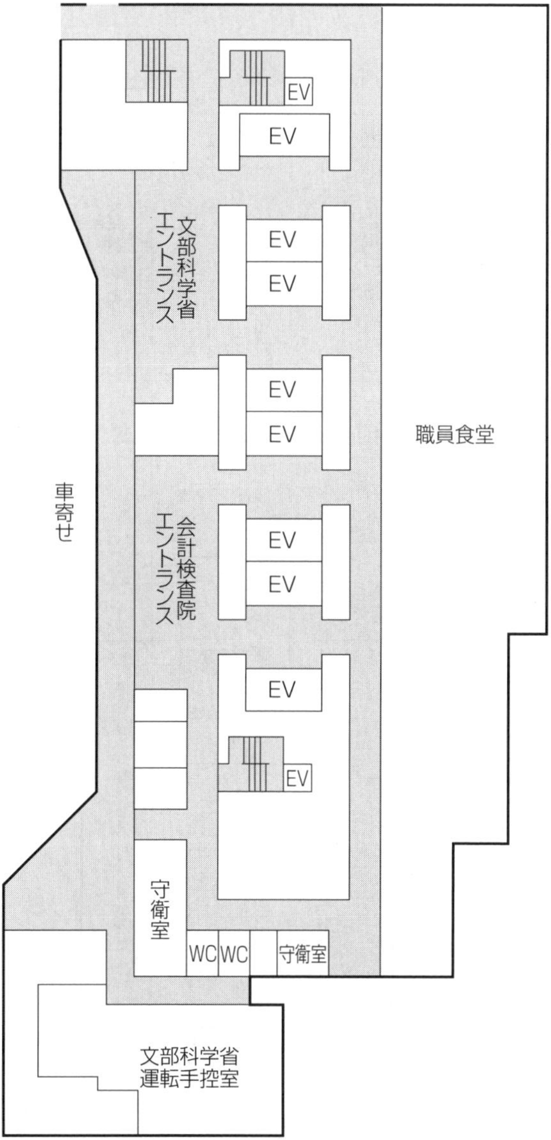

財務省 側
EV
EV
文部科学省エントランス
EV
EV
EV
EV
会計検査院エントランス
EV
EV
EV
EV
車寄せ
職員食堂
守衛室
WC
WC
守衛室
文部科学省
運転手控室

# 文部科学省　東館2階

財務省 側

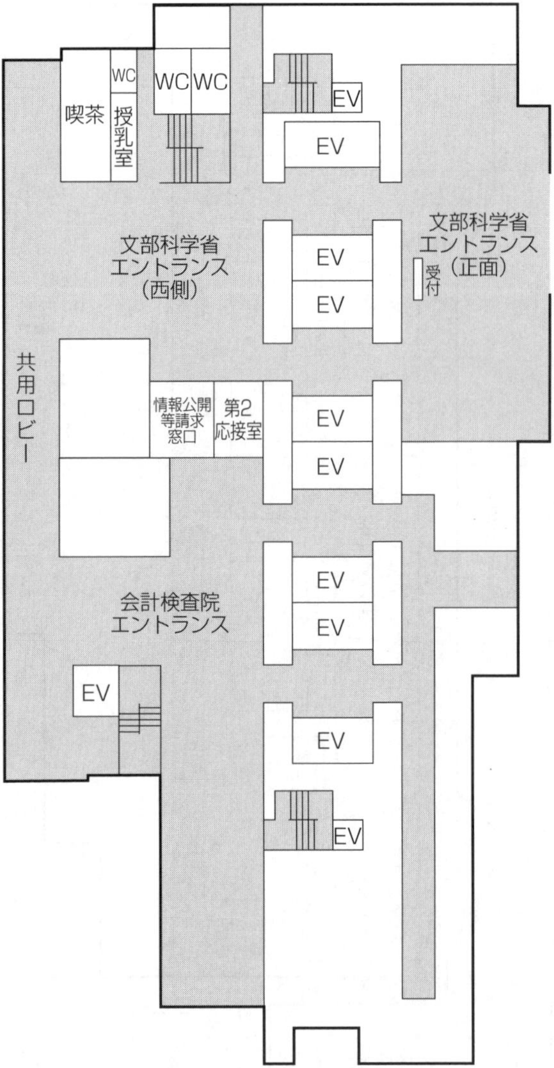

# 文部科学省　東館３階

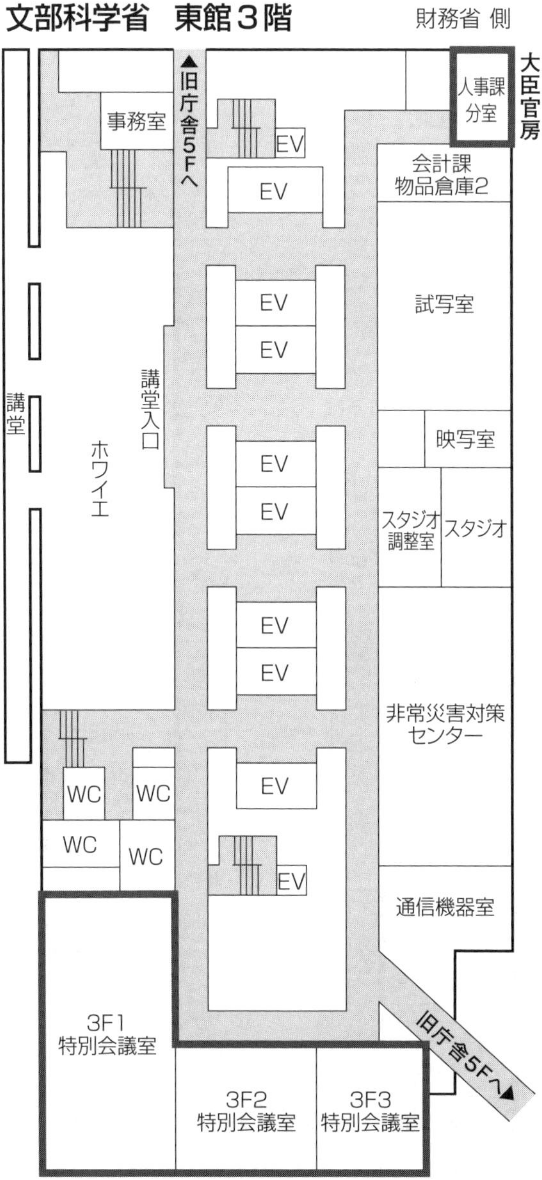
財務省 側
大臣官房
人事課
分室
旧庁舎5Fへ
事務室
EV
EV
EV
EV
EV
EV
EV
EV
EV
EV
会計課
物品倉庫2
試写室
映写室
講堂
講堂入口
ホワイエ
スタジオ
調整室
スタジオ
非常災害対策
センター
WC
WC
WC
WC
通信機器室
3F1
特別会議室
3F2
特別会議室
3F3
特別会議室
旧庁舎5Fへ

# 文部科学省　東館４階

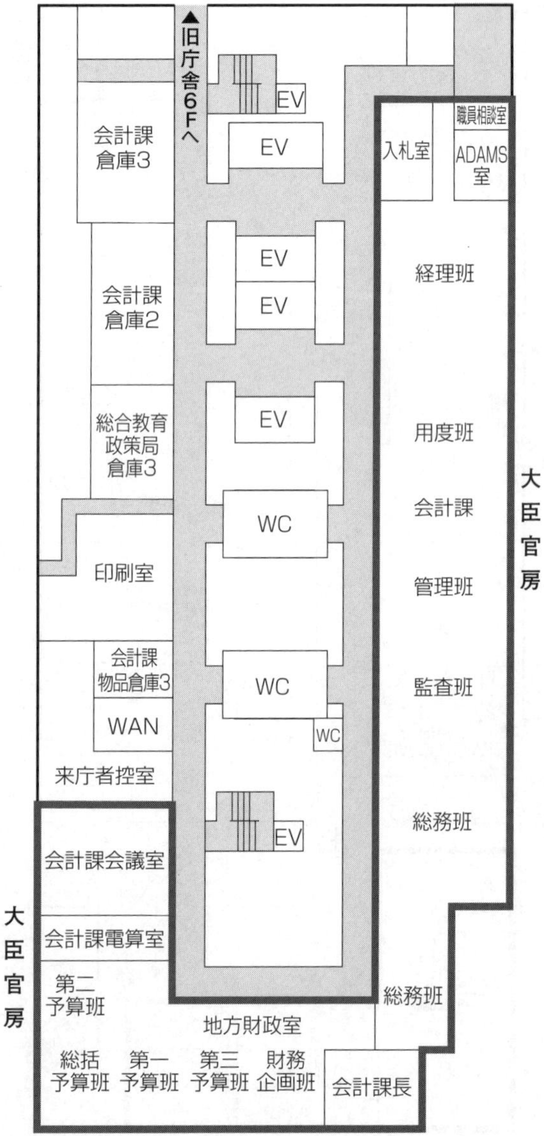
財務省 側
▲旧庁舎6Fへ
EV
EV
会計課
倉庫3
職員相談室
入札室
ADAMS
室
EV
EV
会計課
倉庫2
経理班
総合教育
政策局
倉庫3
EV
用度班
大臣官房
会計課
WC
印刷室
管理班
会計課
物品倉庫3
WC
監査班
WAN
WC
来庁者控室
EV
総務班
会計課会議室
大臣官房
会計課電算室
第二
予算班
総務班
地方財政室
総括
予算班
第一
予算班
第三
予算班
財務
企画班
会計課長

# 文部科学省　東館５階

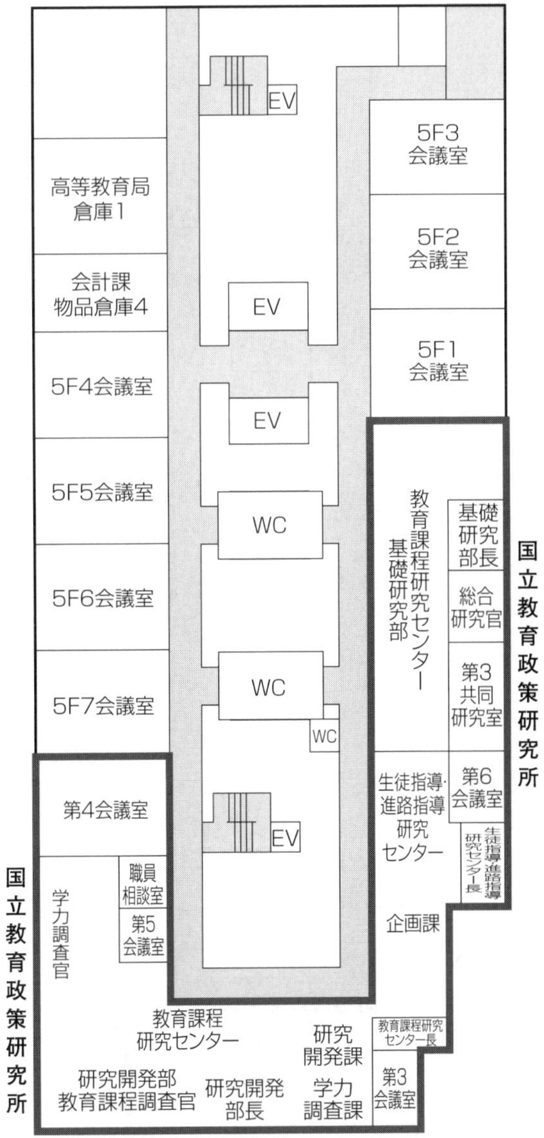
財務省 側
EV
5F3
会議室
高等教育局
倉庫1
5F2
会議室
会計課
物品倉庫4
EV
5F1
会議室
5F4会議室
EV
5F5会議室
WC
教育課程研究センター
基礎研究部
基礎
研究
部長
総合
研究官
5F6会議室
第3
共同
研究室
WC
5F7会議室
WC
国立教育政策研究所
生徒指導・
進路指導
研究
センター
第6
会議室
第4会議室
EV
生徒指導・進路指導
研究センター長
職員
相談室
学力
調査官
第5
会議室
企画課
国立教育政策研究所
教育課程
研究センター
教育課程研究
センター長
研究
開発課
研究開発部
教育課程調査官
研究開発
部長
学力
調査課
第3
会議室

# 文部科学省　東館6階

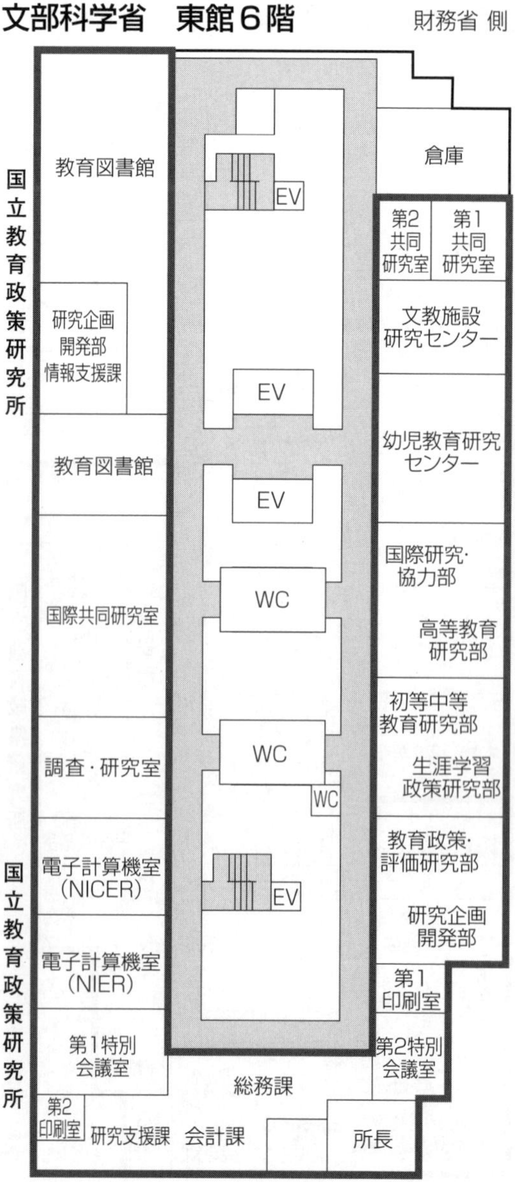
財務省 側
国立教育政策研究所
教育図書館
研究企画
開発部
情報支援課
教育図書館
国際共同研究室
調査・研究室
電子計算機室
(NICER)
電子計算機室
(NIER)
第1特別
会議室
第2
印刷室
研究支援課
会計課
総務課
所長
EV
EV
EV
WC
WC
WC
EV
倉庫
第2
共同
研究室
第1
共同
研究室
文教施設
研究センター
幼児教育研究
センター
国際研究・
協力部
高等教育
研究部
初等中等
教育研究部
生涯学習
政策研究部
教育政策・
評価研究部
研究企画
開発部
第1
印刷室
第2特別
会議室
国立教育政策研究所
国立教育政策研究所

# 文部科学省　東館７階

財務省 側

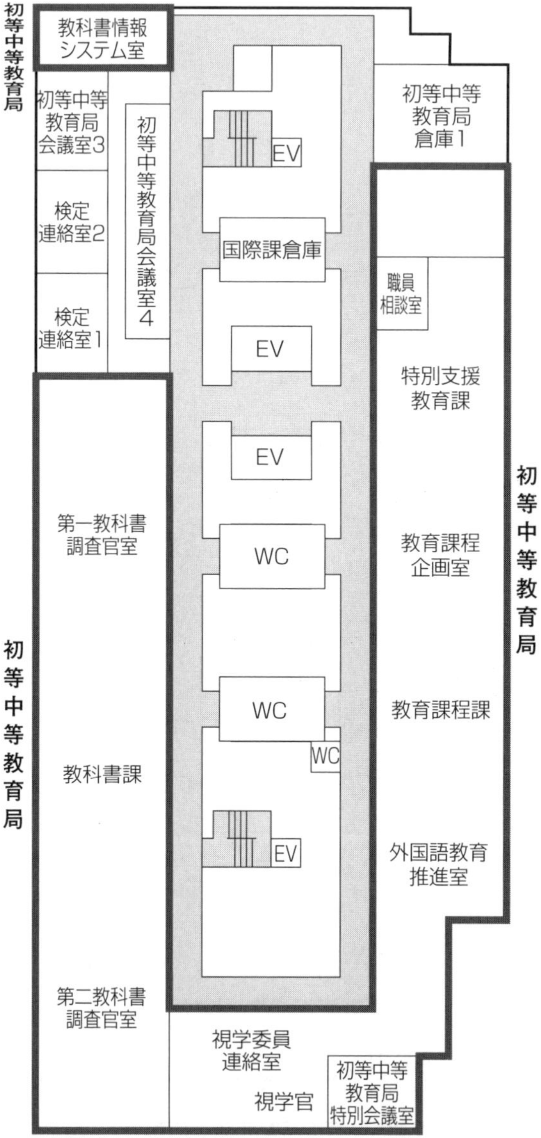

初等中等教育局
教科書情報システム室
初等中等教育局会議室3
検定連絡室2
検定連絡室1
初等中等教育局会議室4
EV
国際課倉庫
EV
EV
WC
WC
WC
EV
初等中等教育局倉庫1
職員相談室
特別支援教育課
教育課程企画室
教育課程課
外国語教育推進室
初等中等教育局
第一教科書調査官室
教科書課
第二教科書調査官室
初等中等教育局
視学委員連絡室
視学官
初等中等教育局特別会議室

## 文部科学省　東館８階

財務省 側

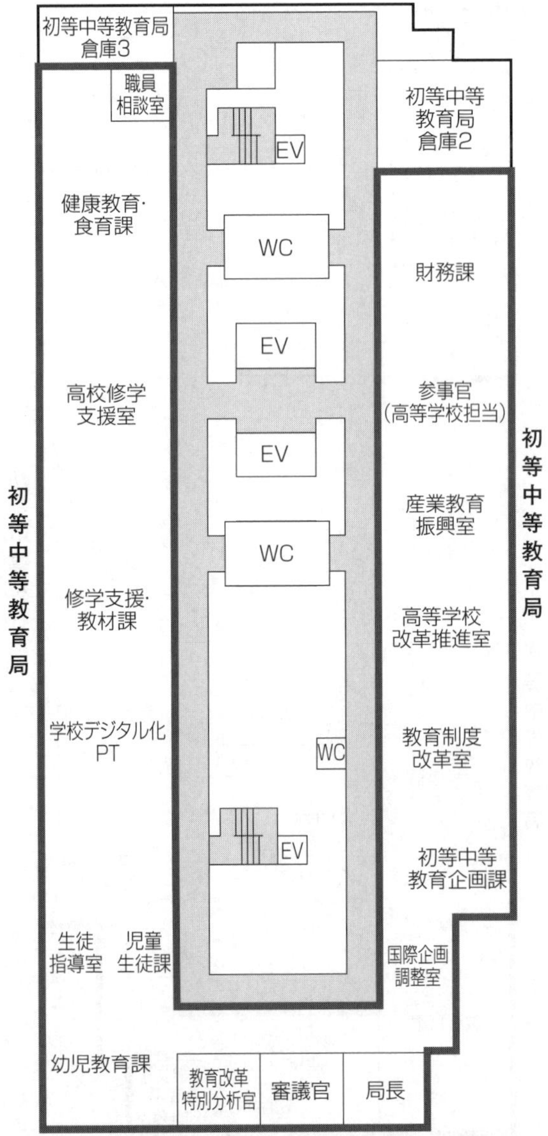
初等中等教育局
倉庫3
職員
相談室
健康教育·
食育課
高校修学
支援室
初等中等教育局
修学支援·
教材課
学校デジタル化
PT
生徒
指導室
児童
生徒課
幼児教育課
教育改革
特別分析官
審議官
局長
EV
WC
EV
EV
WC
WC
EV
初等中等
教育局
倉庫2
財務課
参事官
(高等学校担当)
産業教育
振興室
高等学校
改革推進室
教育制度
改革室
初等中等
教育企画課
国際企画
調整室
初等中等教育局

# 文部科学省　東館9階

財務省 側

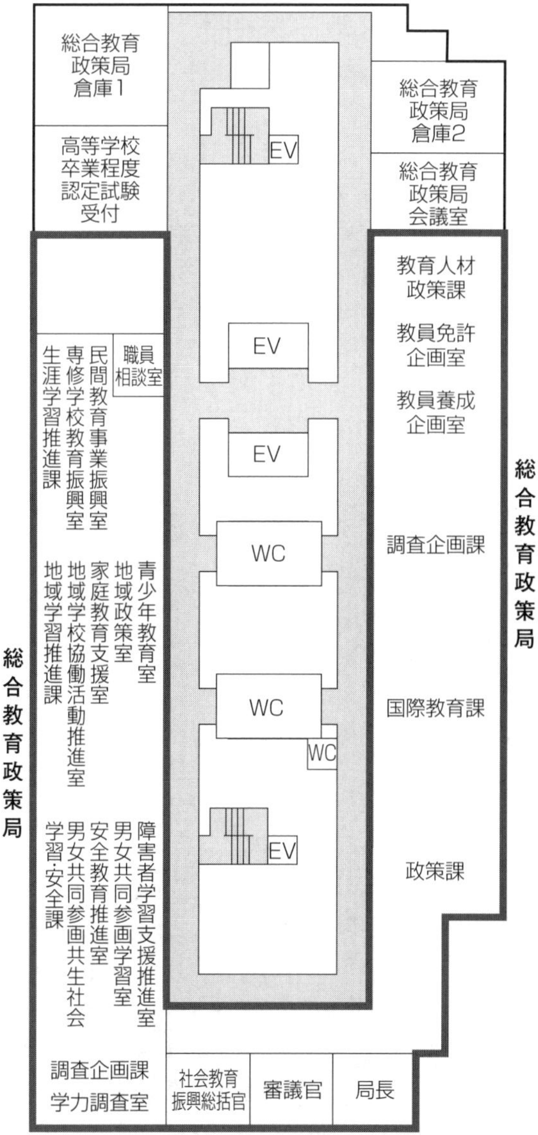

総合教育政策局倉庫1
高等学校卒業程度認定試験受付
総合教育政策局倉庫2
総合教育政策局会議室
EV
EV
EV
EV
WC
WC
WC
職員相談室
民間教育事業振興室
専修学校教育振興室
生涯学習推進課
青少年教育室
地域政策室
家庭教育支援室
地域学校協働活動推進室
地域学習推進課
障害者学習支援推進室
男女共同参画学習室
安全教育推進室
男女共同参画共生社会
学習・安全課
総合教育政策局
調査企画課
学力調査室
社会教育振興総括官
審議官
局長
教育人材政策課
教員免許企画室
教員養成企画室
調査企画課
国際教育課
政策課
総合教育政策局

# 文部科学省　東館10階

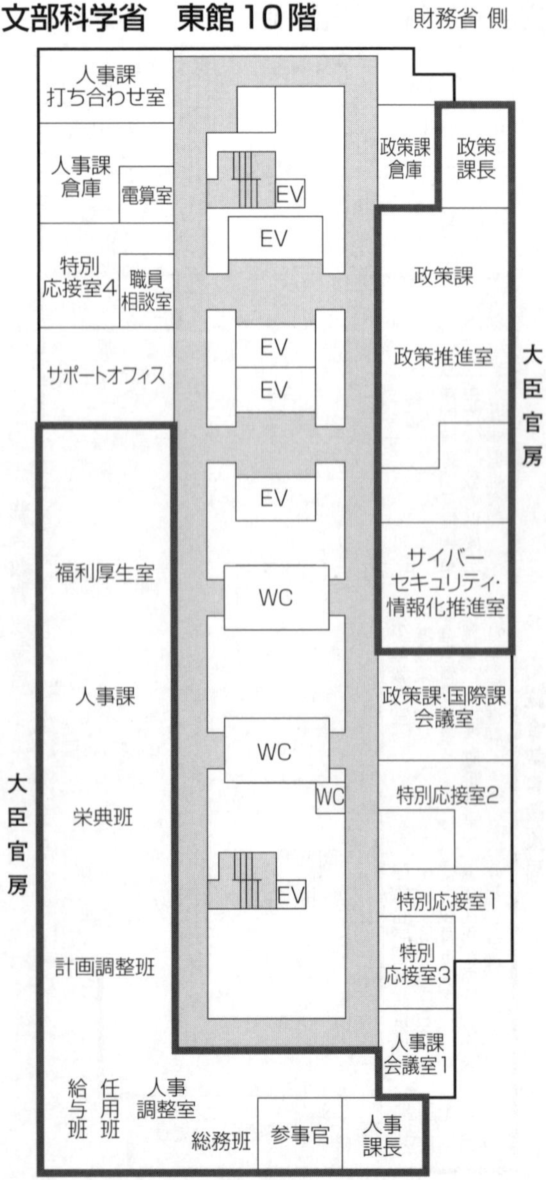
財務省 側
人事課
打ち合わせ室
人事課
倉庫
電算室
特別
応接室4
職員
相談室
サポートオフィス
福利厚生室
人事課
栄典班
計画調整班
大臣官房
給与班
任用班
人事
調整室
総務班
参事官
人事
課長
EV
EV
EV
EV
EV
WC
WC
WC
EV
政策課
倉庫
政策
課長
政策課
政策推進室
サイバー
セキュリティ・
情報化推進室
大臣官房
政策課・国際課
会議室
特別応接室2
特別応接室1
特別
応接室3
人事課
会議室1

# 文部科学省　東館11階

財務省 側

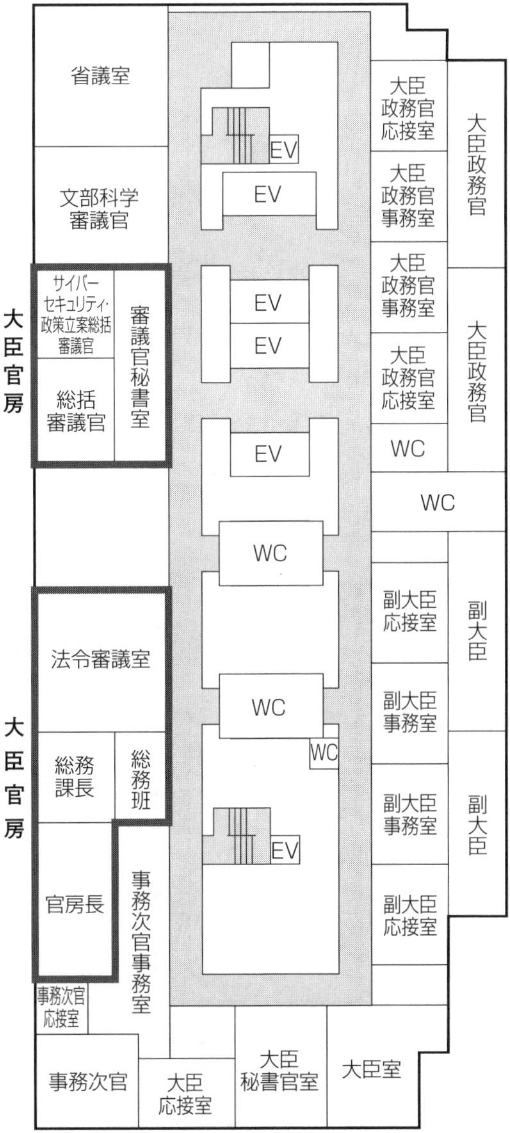

# 文部科学省　東館12階

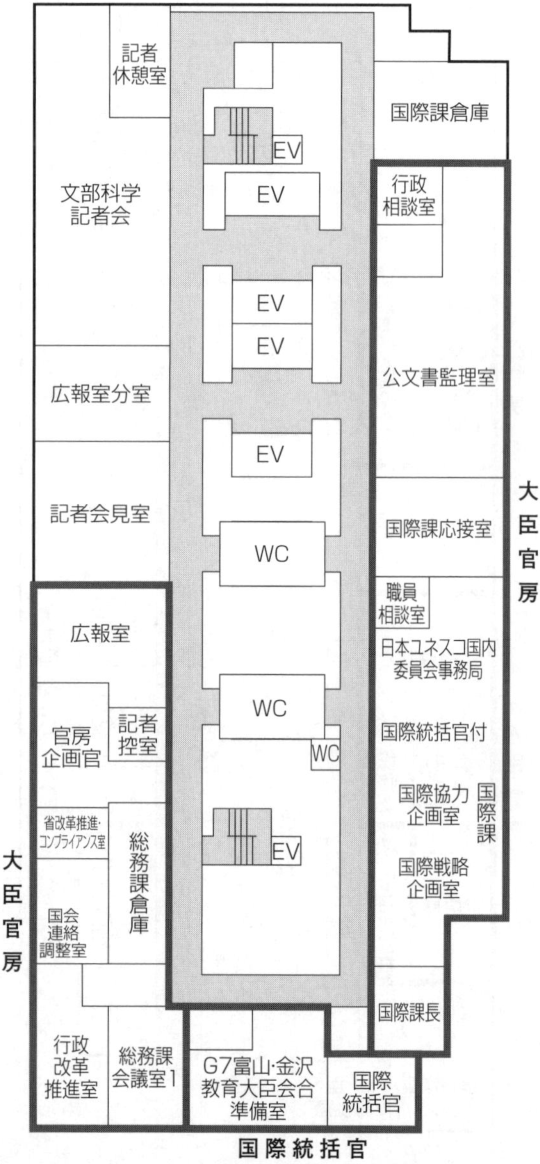
財務省 側
記者
休憩室
文部科学
記者会
広報室分室
記者会見室
EV
EV
EV
EV
EV
WC
WC
WC
EV
国際課倉庫
行政
相談室
公文書監理室
国際課応接室
職員
相談室
日本ユネスコ国内
委員会事務局
国際統括官付
国際協力
企画室
国際戦略
企画室
国際課
国際課長
大臣官房
広報室
官房
企画官
記者
控室
省改革推進・
コンプライアンス室
総務課倉庫
国会
連絡
調整室
大臣官房
行政
改革
推進室
総務課
会議室1
G7富山・金沢
教育大臣会合
準備室
国際
統括官
国際統括官

## 文部科学省・スポーツ庁　東館13階　財務省 側

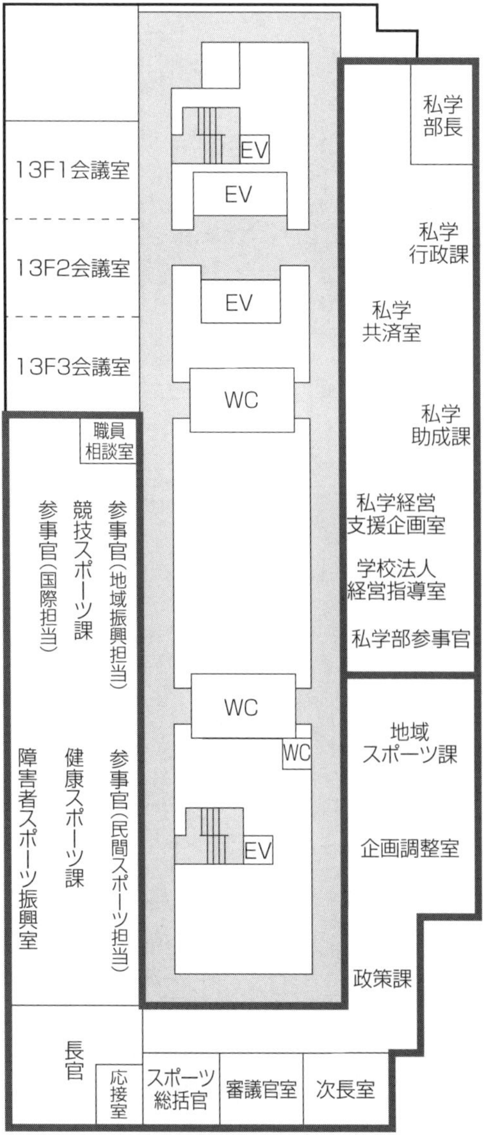

13F1会議室
13F2会議室
13F3会議室
EV
EV
EV
WC
WC
WC
EV
私学部長
私学行政課
私学共済室
私学助成課
私学経営支援企画室
学校法人経営指導室
私学部参事官
高等教育局私学部
職員相談室
参事官（地域振興担当）
競技スポーツ課
参事官（国際担当）
参事官（民間スポーツ担当）
健康スポーツ課
障害者スポーツ振興室
スポーツ庁
地域スポーツ課
企画調整室
政策課
スポーツ庁
長官
応接室
スポーツ総括官
審議官室
次長室

# 文部科学省　東館14階

財務省 側

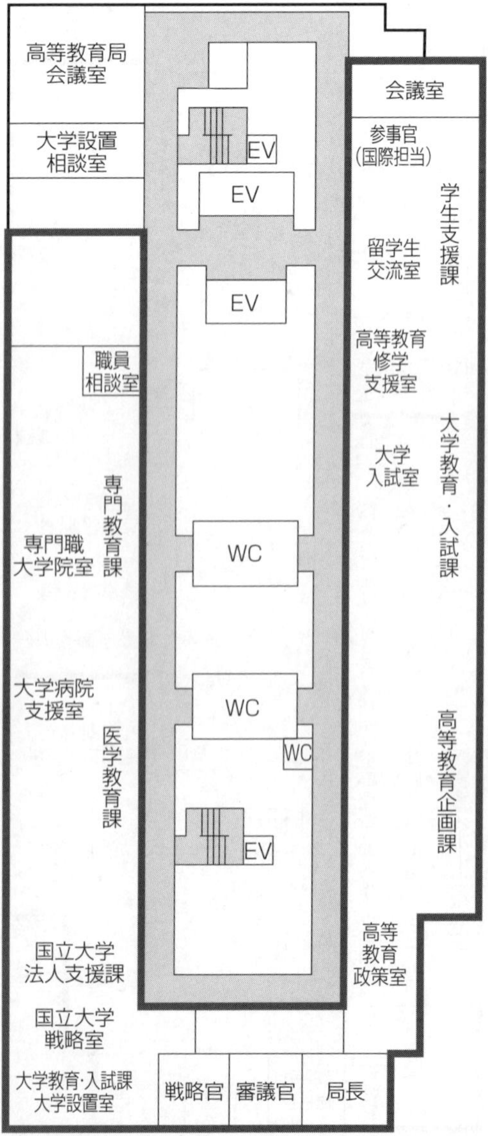
高等教育局
会議室
大学設置
相談室
EV
EV
EV
職員
相談室
専門教育課
専門職
大学院室
WC
WC
WC
大学病院
支援室
医学教育課
EV
国立大学
法人支援課
国立大学
戦略室
大学教育·入試課
大学設置室
戦略官
審議官
局長
会議室
参事官
（国際担当）
学生支援課
留学生
交流室
高等教育
修学
支援室
大学
入試室
大学教育・入試課
高等教育局
高等教育企画課
高等
教育
政策室
高等教育局

# 文部科学省　東館15階

財務省 側

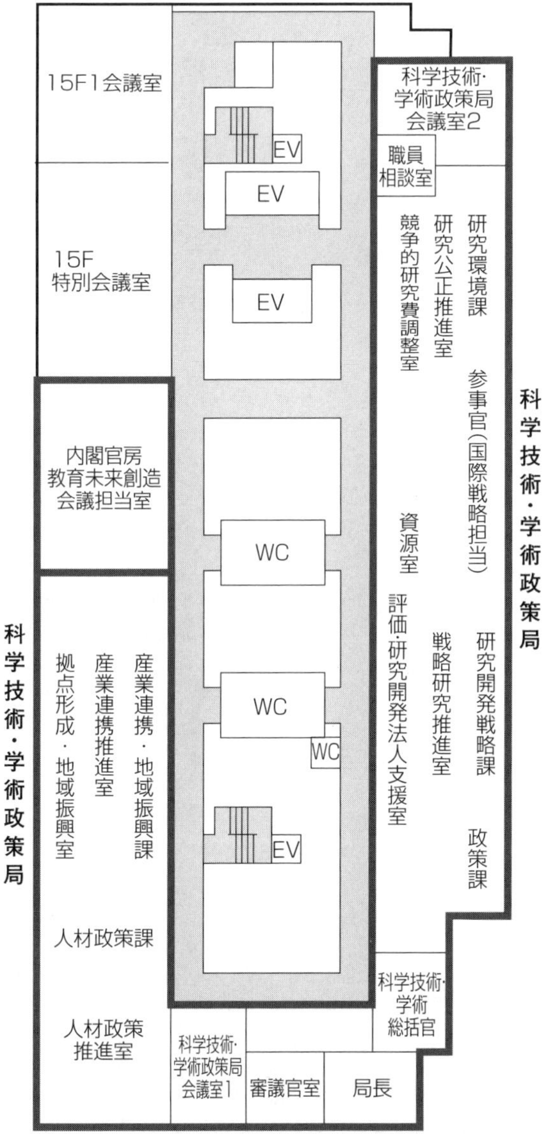

15F1会議室
15F
特別会議室
内閣官房
教育未来創造
会議担当室
科学技術・学術政策局
拠点形成・地域振興室
産業連携推進室
産業連携・地域振興課
人材政策課
人材政策
推進室
EV
EV
EV
WC
WC
WC
EV
科学技術・
学術政策局
会議室2
職員
相談室
研究環境課
研究公正推進室
競争的研究費調整室
参事官(国際戦略担当)
資源室
研究開発戦略課
戦略研究推進室
評価・研究開発法人支援室
政策課
科学技術・学術政策局
科学技術・
学術
総括官
科学技術・
学術政策局
会議室1
審議官室
局長

# 文部科学省　東館16階

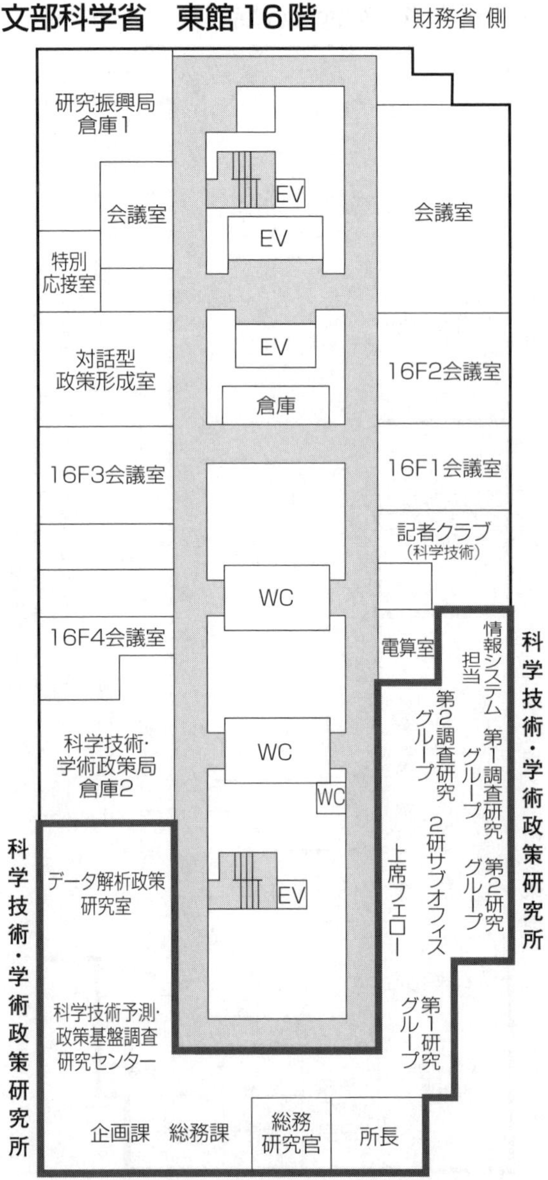
財務省 側
研究振興局
倉庫1
会議室
特別
応接室
EV
EV
会議室
EV
対話型
政策形成室
倉庫
16F2会議室
16F3会議室
16F1会議室
記者クラブ
(科学技術)
WC
16F4会議室
電算室
情報システム担当
第1調査研究グループ
第2研究グループ
第2調査研究グループ
2研サブオフィス
上席フェロー
科学技術・学術政策研究所
WC
科学技術・
学術政策局
倉庫2
WC
EV
科学技術・学術政策研究所
データ解析政策
研究室
科学技術予測・
政策基盤調査
研究センター
第1研究グループ
企画課
総務課
総務
研究官
所長

# 文部科学省　東館 17 階

財務省 側

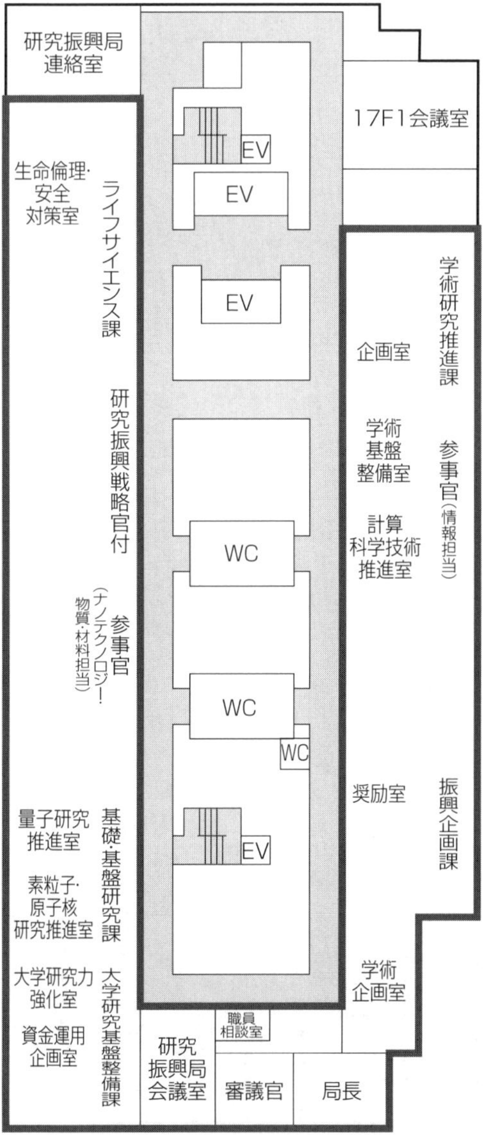
研究振興局連絡室
17F1会議室
EV
EV
EV
EV
WC
WC
WC
生命倫理·安全対策室
ライフサイエンス課
研究振興戦略官付
参事官(ナノテクノロジー·物質·材料担当)
量子研究推進室
素粒子·原子核研究推進室
基礎·基盤研究課
大学研究力強化室
資金運用企画室
大学研究基盤整備課
研究振興局
企画室
学術研究推進課
学術基盤整備室
計算科学技術推進室
参事官(情報担当)
研究振興局
奨励室
振興企画課
学術企画室
職員相談室
研究振興局会議室
審議官
局長

# 文部科学省　東館18階

財務省 側

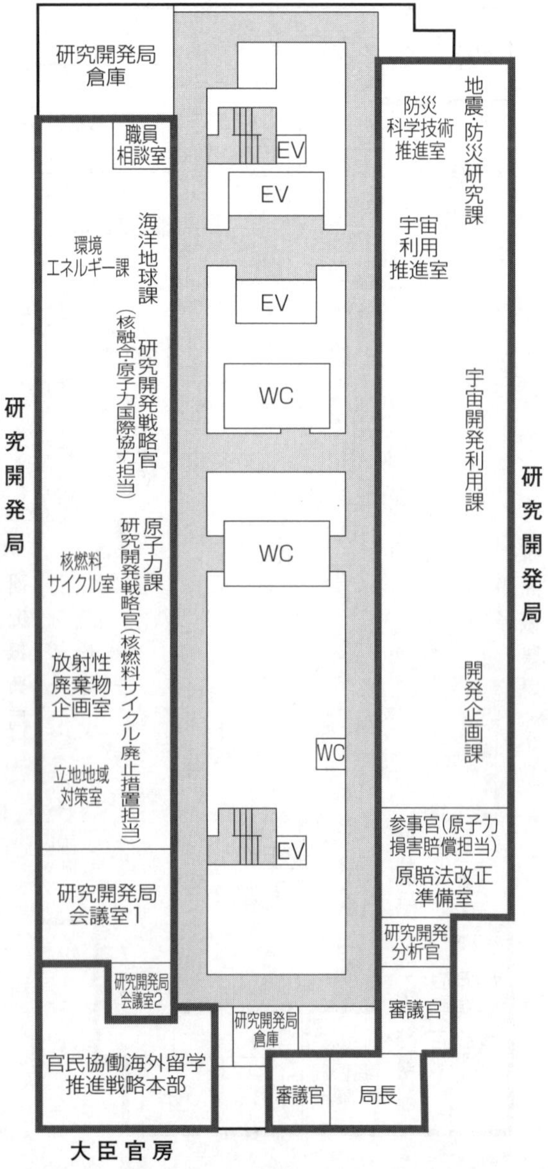
研究開発局倉庫
職員相談室
EV
EV
EV
WC
WC
WC
EV
環境エネルギー課
海洋地球課
研究開発戦略官（核融合・原子力国際協力担当）
核燃料サイクル室
原子力課
研究開発戦略官（核燃料サイクル・廃止措置担当）
放射性廃棄物企画室
立地地域対策室
研究開発局会議室1
研究開発局会議室2
官民協働海外留学推進戦略本部
研究開発局倉庫
審議官
局長
防災科学技術推進室
地震・防災研究課
宇宙利用推進室
宇宙開発利用課
開発企画課
参事官（原子力損害賠償担当）
原賠法改正準備室
研究開発分析官
審議官
研究開発局
研究開発局
大臣官房

# 文部科学省　東館19階

財務省 側

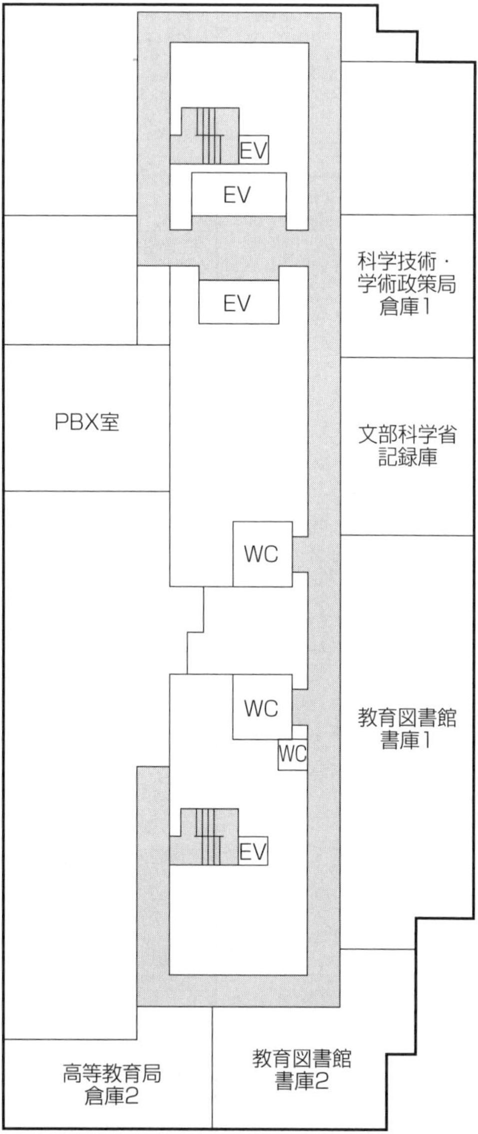
EV
EV
EV
科学技術・
学術政策局
倉庫1
PBX室
文部科学省
記録庫
WC
WC
WC
教育図書館
書庫1
EV
高等教育局
倉庫2
教育図書館
書庫2

# 文部科学省　旧庁舎１階

財務省 側

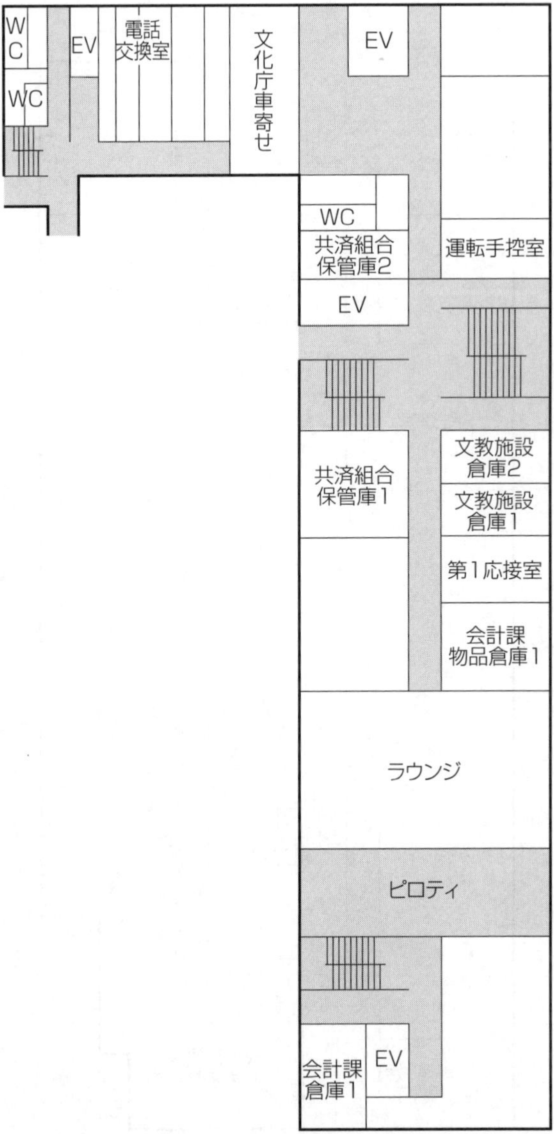

# 文部科学省　旧庁舎2階

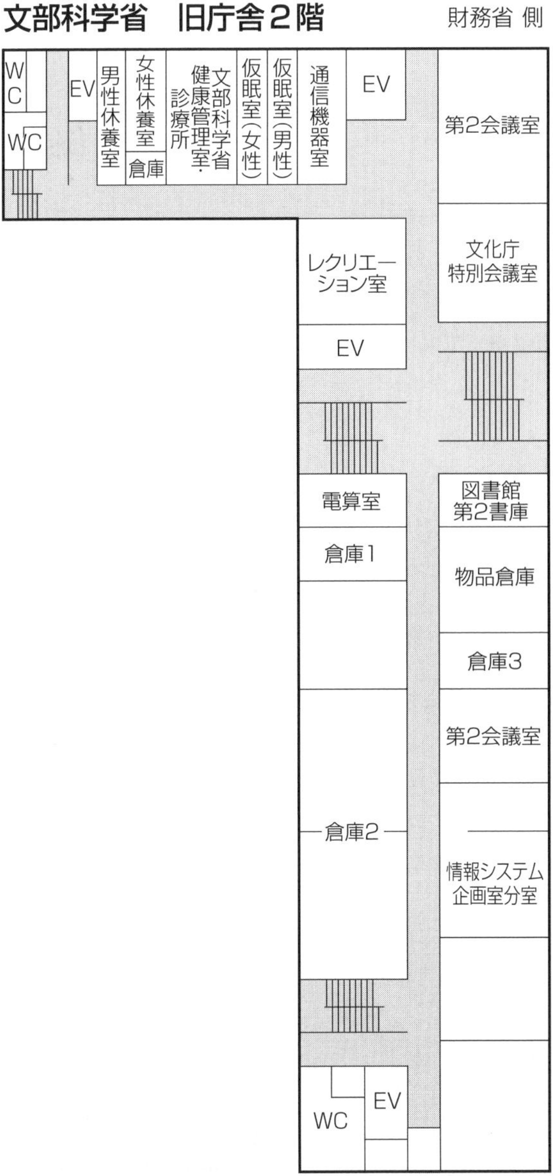
財務省 側
WC
WC
EV
男性休養室
女性休養室
倉庫
文部科学省健康管理室・診療所
仮眠室(女性)
仮眠室(男性)
通信機器室
EV
第2会議室
レクリエーション室
文化庁特別会議室
EV
電算室
図書館第2書庫
倉庫1
物品倉庫
倉庫3
第2会議室
倉庫2
情報システム企画室分室
WC
EV

# 文部科学省　旧庁舎３階

財務省 側

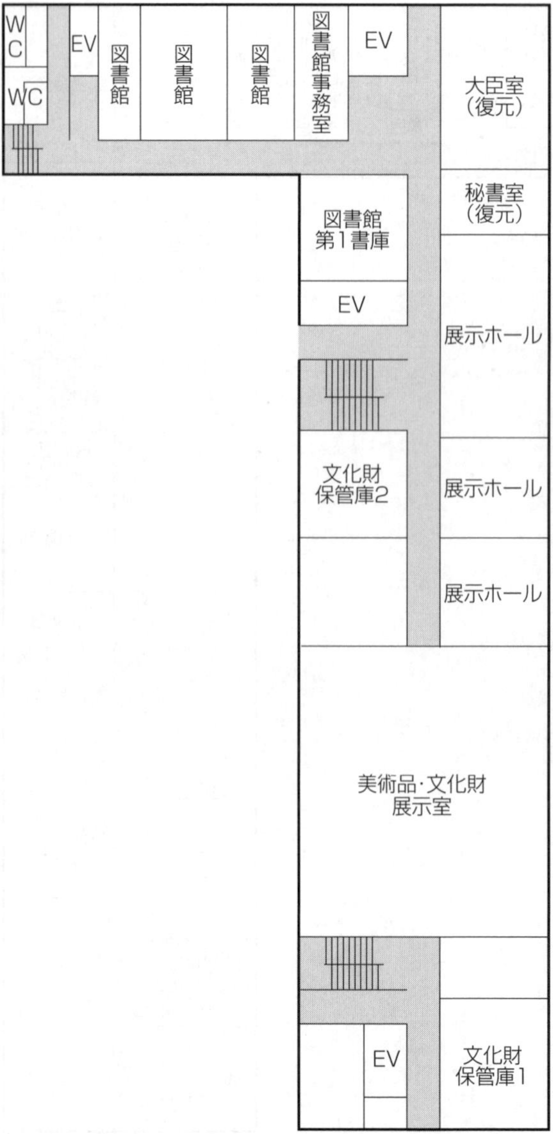
WC
WC
EV
図書館
図書館
図書館
図書館事務室
EV
大臣室
（復元）
秘書室
（復元）
図書館
第1書庫
EV
展示ホール
文化財
保管庫2
展示ホール
展示ホール
美術品・文化財
展示室
EV
文化財
保管庫1

## 文部科学省　旧庁舎４階

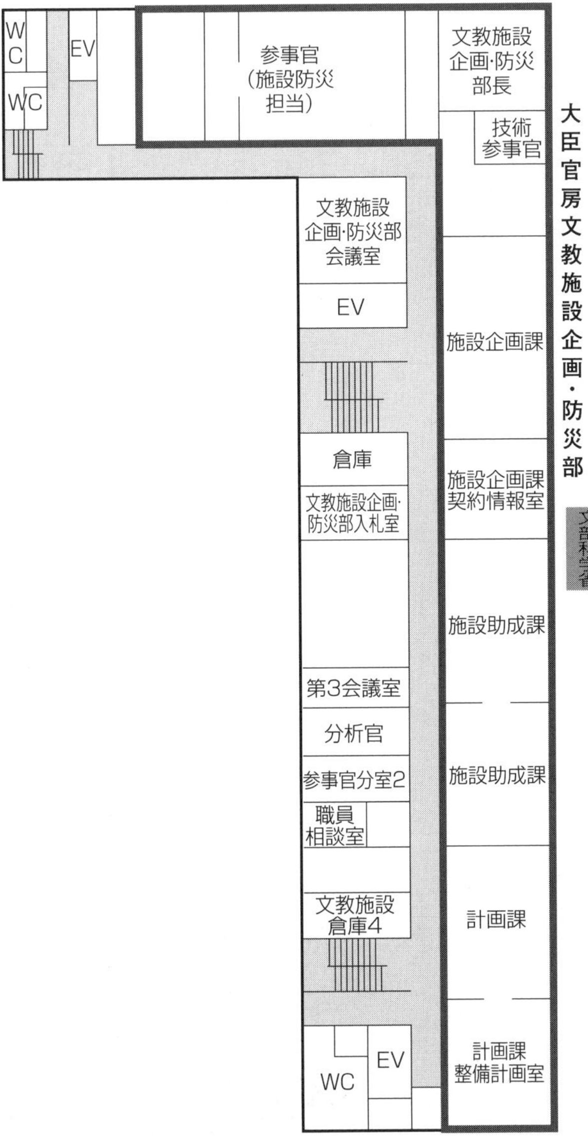

財務省 側
WC
WC
EV
参事官
(施設防災
担当)
文教施設
企画・防災
部長
技術
参事官
大臣官房文教施設企画・防災部
文教施設
企画・防災部
会議室
EV
施設企画課
倉庫
文教施設企画・
防災部入札室
施設企画課
契約情報室
施設助成課
第3会議室
分析官
施設助成課
参事官分室2
職員
相談室
文教施設
倉庫4
計画課
WC
EV
計画課
整備計画室

## 文化庁　旧庁舎５階

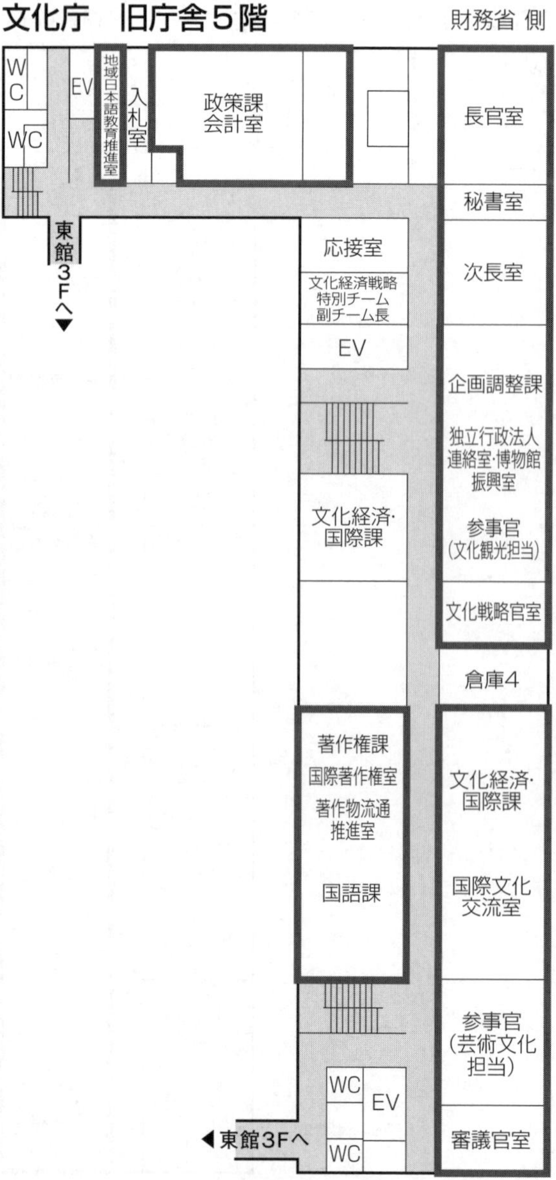
財務省 側
WC
WC
EV
地域日本語教育推進室
入札室
政策課
会計室
長官室
秘書室
東館3Fへ
応接室
文化経済戦略
特別チーム
副チーム長
EV
次長室
企画調整課
独立行政法人
連絡室·博物館
振興室
参事官
(文化観光担当)
文化経済·
国際課
文化戦略官室
倉庫4
著作権課
国際著作権室
著作物流通
推進室
国語課
文化経済·
国際課
国際文化
交流室
参事官
(芸術文化
担当)
WC
EV
WC
東館3Fへ
審議官室

# 文化庁　旧庁舎6階

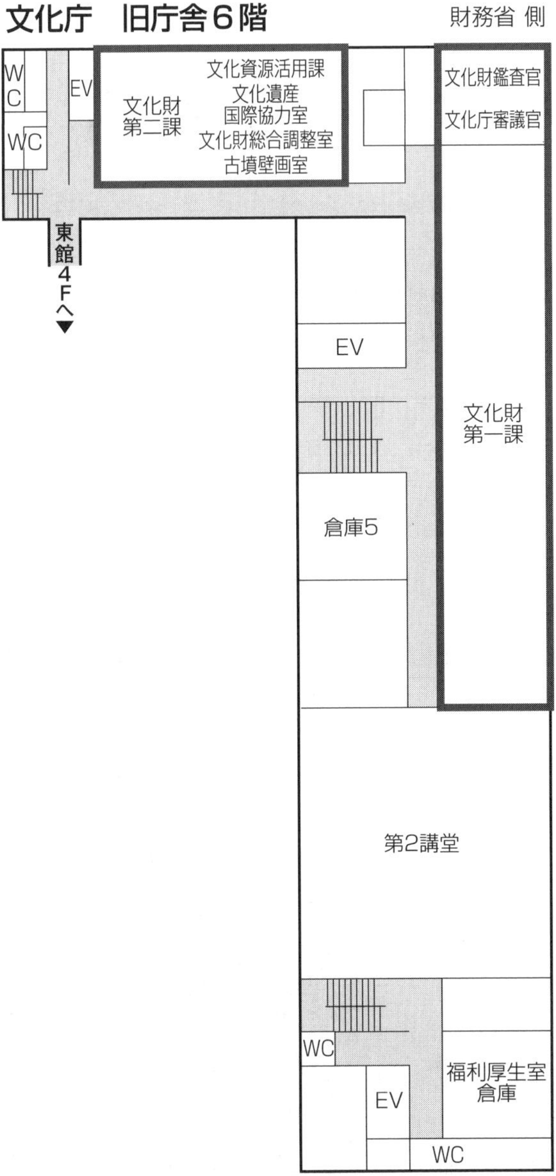
財務省 側
WC
WC
EV
文化財
第二課
文化資源活用課
文化遺産
国際協力室
文化財総合調整室
古墳壁画室
文化財鑑査官
文化庁審議官
東館4Fへ
EV
文化財
第一課
倉庫5
第2講堂
WC
EV
福利厚生室
倉庫
WC

# 厚生労働省

〒100-8916
千代田区霞が関1-2-2
中央合同庁舎5号館本館
TEL03（5253）1111

地下鉄：霞ヶ関駅　B3b番出口

| 階別 | 局（部）名 | 課（室）名 |
|---|---|---|
| 22 | 政策統括官 | 人口動態・保健社会統計室、世帯統計室、行政報告統計室、雇用・賃金福祉統計室、賃金福祉統計室、調査票・作業室、研修室 |
| 21 | 政策統括官 | 政策統括官、審議官、統計・情報総務室、国際分類情報管理室、統計企画調整室、審査解析室、保健統計室、社会統計室、情報化担当参事官、サイバーセキュリティ担当参事官室、情報システム管理室、会議室 |
| 20 | 医政局<br><br>政策統括官 | 局長室、審議官室、書記室、総務課、医療国際展開推進室、医療安全推進・医務指導室、国立ハンセン病療養所対策室、職員厚生室、地域医療計画課、医師確保等地域医療対策室、外来・在宅医療推進室、医療関連サービス室、医療経営支援課、医療法人支援室、医療独立行政法人支援室、医事課、試験免許室、医師臨床研修推進室、歯科保健課、歯科口腔保健推進室、看護課、看護サービス推進室<br><br>政策立案・評価担当参事官室 |
| 19 | 大臣官房<br>医政局<br><br>健康局 | 総務課公文班、人事課分室、業務改革推進室<br>研究開発政策課、医療イノベーション推進室、治験推進室、医薬品開発室、特定医薬品開発支援・医療情報担当参事官、医療経理室<br><br>難病対策課、肝炎対策推進室<br><br>厚生労働省図書館、労政記者クラブ、会見室、厚生日比谷クラブ、専用第24会議室 |
| 18 | 医政局 | 医薬産業振興・医療情報企画課、流通指導 |

| 階別 | 局（部）名 | 課（室）名 |
|---|---|---|
| | 老健局 | 室、医療機器政策室、医療用物資等確保対策推進室<br>局長室、審議官室、書記室、総務課、介護保険指導室、介護保険計画課、高齢者支援課、認知症施策・地域介護推進課、老人保健課、会議室<br><br>全労働省労働組合本部、専用第22～24会議室 |
| 17 | 保険局 | 局長室、審議官室、書記室、総務課、保険データ企画室、医療費適正化対策推進室、保険課、国民健康保険課、高齢者医療課、医療介護連携政策課、医療課、医療指導監査室、保険医療企画調査室、調査課、会議室<br><br>専用第21会議室、共用第9会議室 |
| 16 | 労働基準局 | 局長室、審議官室、審議官室（労災担当）、書記室、総務課、労働条件政策課、労働条件確保改善対策室、監督課、労働関係法課、賃金課、労災管理課、中央労災補償監察官室、労災保険財政数理室、補償課、職業病認定対策室、労災保険審理室、会議室 |
| 15 | 労働基準局（安全衛生部）<br><br><br><br>人材開発統括官 | 労働保険徴収課、会議室<br>部長室、計画課、機構・団体管理室、安全課、建設安全対策室、労働衛生課、電離放射線労働者健康対策室、化学物質対策課、化学物質評価室、環境改善・ばく露対策室、会議室<br>人材開発統括官室、審議官室、参事官（人材開発総務担当）、参事官（人材開発政策担当）、参事官（若年者・キャリア形成支援担当）、参事官（能力評価担当）、参事官（海外人材育成担当）、訓練企画室、特別支援室、政策企画室、キャリア形成支援室、企業内人材開発支援室、技能実習業務指導室、海外協力室 |
| 14 | 職業安定局 | 局長室、審議官室、書記室、総務課、中央職業安定監察官、人道調査室、訓練受講支援室、公共職業安定所運営企画室、職業指導技法研究官、首席職業指導官室、ハローワークサービス推進室、雇用政策課、民間人材サービス推進室、雇用保険課、需給調整事業課、中央需給調整事業指導官室、外国人雇用対策課、海外人材受入就労対策室、経済連携協定受入対策室、労働市場センター業務室、高齢・障害者雇用開発審議官、雇用開発企画 |

| 階別 | 局（部）名 | 課（室）名 |
|---|---|---|
| | | 課、労働移動支援室、建設・港湾対策室、介護労働対策室、高齢者雇用対策課、障害者雇用対策課、地域就労支援室、地域雇用対策課、会議室、特別会議室 |
| 13 | 雇用環境・均等局 | 局長室、審議官室、書記室、総務課、労働紛争処理業務室、雇用機会均等課、ハラスメント防止対策室、有期・短時間労働課、多様な働き方推進室、職業生活両立課、在宅労働課、会議室 |
| | | 全労働省労働組合本省支部、厚生労働省電話交換室 |
| 12 | 大臣官房 | 地域保健福祉施策特別分析官、参事官室、会計課監査指導室、会計企画調整室、厚生管理室、地方課、地方課課長室、地方支分部局法令遵守室、地方厚生局管理室、会議室 |
| | 職業安定局 | 雇用保険課中央雇用保険監察官室、雇用開発企画課、就労支援室、農山村雇用対策室、第1·2会議室 |
| | 雇用環境・均等局 | 勤労者生活課、労働者協同組合業務室、労働金庫業務室 |
| | | 専用第14・15会議室 |
| 11 | 大臣官房 | 会計課長室、会計課（地方財政班、予算第1・2班、予算総括班、庶務班）、会計管理官室、経理室（出納班、契約班、管財班）、会議室 |
| | 政策統括官 | 政策統括官室（総合政策担当）、審議官室、政策立案総括審議官、参事官室（労働政策担当、労使関係担当）、労働経済特別研究官 |
| 10 | | 大臣室、副大臣室、大臣政務官室、秘書官室、事務次官室、厚生労働審議官室、秘書室、応接室 |
| | 大臣官房 | 官房長室、総括審議官室、総務課、総務課長室、情報管理システム室（人事·給与システム）、人事課、人事課長室、参事官室、法令審査室 |
| 9 | 大臣官房 | 総括審議官室（国際担当）、審議官室、国際保健福祉交渉官、国際労働交渉官、総務課広報室、人事課分室、国際課、国際保健・協力室、国際労働・協力室、厚生科学課長室、厚生科学課、健康危機管理・災害対策室、省議室、会議室 |
| | | 厚生労働記者会、会見室 |

| 階別 | 局（部）名 | 課（室）名 |
|---|---|---|
| 8 | 年金局 | 局長室、年金管理審議官室、審議官室、書記室、総務課、基金数理室、年金課、国際年金課、資金運用課、企業年金・個人年金課、数理課、数理調整管理室、事業企画課、システム室、監査室、会計室、事業管理課、年金記録審査室、日本年金機構控室、会議室 |
| 7 | 健康局 | 局長室、審議官室、書記室、総務課、指導調査室、健康課、予防接種室、がん・疾病対策課、肝炎対策推進室、B型肝炎訴訟対策室、結核感染症課、感染症情報管理室、エイズ対策推進室、新型インフルエンザ対策推進室、移植医療対策推進室、会議室 |
| | 医薬・生活衛生局 | 生活衛生課、水道課、水道計画指導室、水道水質管理室 |
| 6 | 健康局 | 地域保健室、保健指導室、栄養指導室 |
| | 医薬・生活衛生局 | 局長室、審議官室、書記室、総務課、医薬情報室、化学物質安全対策室、医薬安全対策課、監視指導・麻薬対策課、生活衛生・食品安全審議官、生活衛生・食品安全企画課、国際食品室、食品基準審査課、新開発食品保健対策室、食品監視安全課、輸入食品安全対策室、検疫所業務課、食中毒被害情報管理室、会議室 |
| 5 | 医薬・生活衛生局 | 医薬品副作用被害対策室、医薬品審査管理課、国際薬事規制室、医療機器審査管理課、再生医療等製品審査管理室、血液対策課、食品基準審査課、残留農薬等基準審査室 |
| | 社会・援護局 | 総務課、女性支援室、自殺対策推進室、援護・業務課調査資料室 |
| | （障害保健福祉部） | 部長室、企画課、障害保健福祉改革推進室、自立支援振興室、施設管理室、障害福祉課、精神・障害保健課、医療観察法医療体制整備推進室、心の健康支援室、会議室 |
| 4 | 社会・援護局 | 局長室、書記室、審議官室、総務課、保護課、自立推進・指導監査室、地域福祉課、消費生活協同組合業務室、生活困窮者自立支援室、福祉基盤課、福祉人材確保対策室、援護企画課、中国残留邦人等支援室、援護・業務課、事業課、事業推進室、戦没者遺骨調査室、会議室 |
| 1 | | 会計課入札室、共用第1～5会議室、庁舎管理室、談話室、喫茶店 |

# 厚生労働省　5号館1階

経済産業省 側

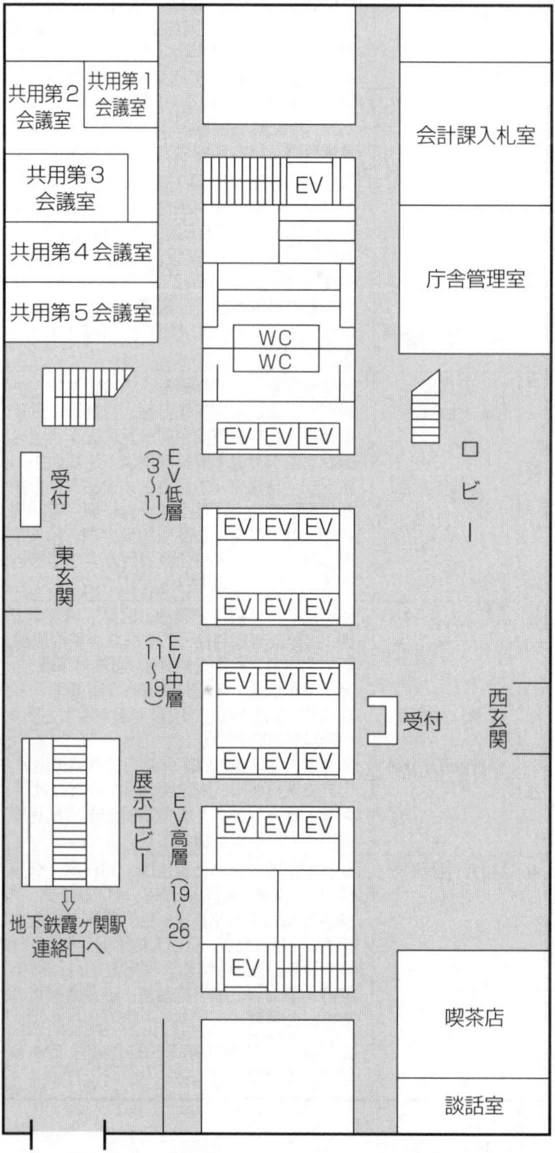
共用第2会議室
共用第1会議室
共用第3会議室
共用第4会議室
共用第5会議室
EV
WC
WC
EV EV EV
会計課入札室
庁舎管理室
受付
EV低層（3～11）
EV EV EV
EV EV EV
東玄関
ロビー
EV中層（11～19）
EV EV EV
EV EV EV
受付
西玄関
展示ロビー
EV高層（19～26）
EV EV EV
EV
地下鉄霞ヶ関駅連絡口へ
喫茶店
談話室

喫煙所

# 厚生労働省　5号館4階

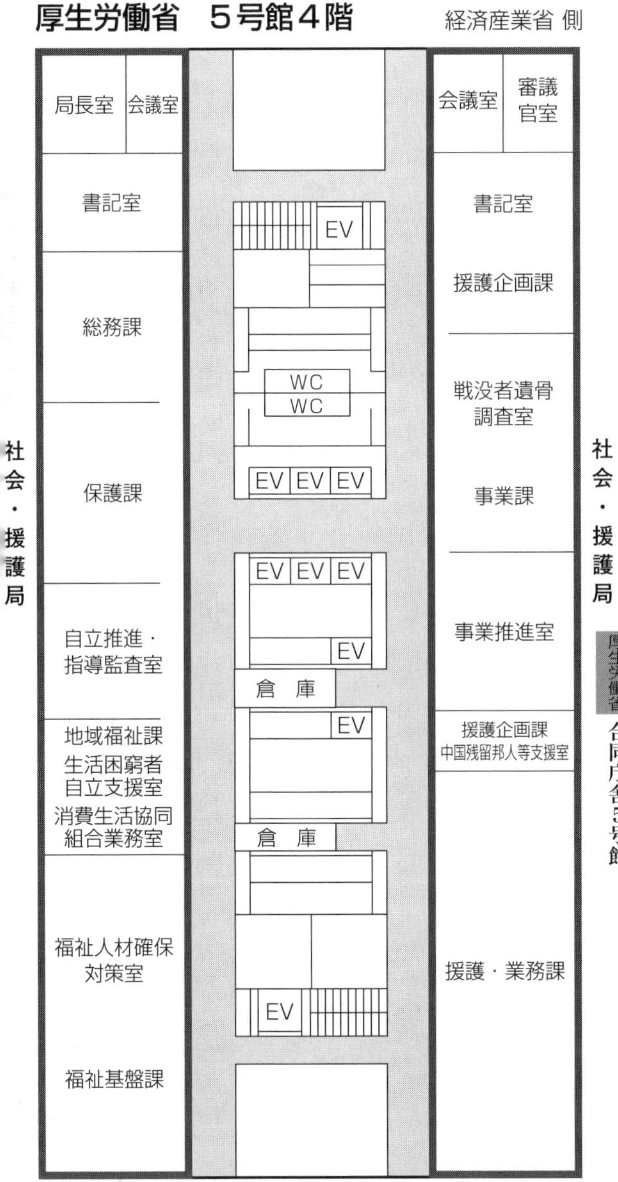
経済産業省 側
局長室
会議室
書記室
総務課
保護課
自立推進・
指導監査室
地域福祉課
生活困窮者
自立支援室
消費生活協同
組合業務室
福祉人材確保
対策室
福祉基盤課
EV
WC
WC
EV EV EV
EV EV EV
EV
倉　庫
EV
倉　庫
EV
会議室
審議
官室
書記室
援護企画課
戦没者遺骨
調査室
事業課
事業推進室
援護企画課
中国残留邦人等支援室
援護・業務課
社会・援護局
社会・援護局

## 厚生労働省　5号館5階

経済産業省 側

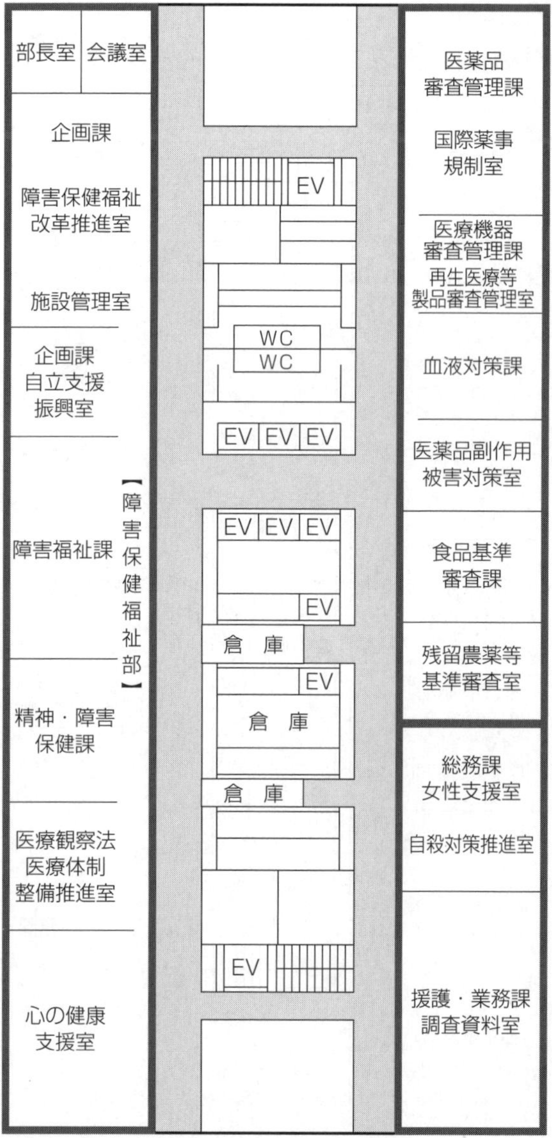
部長室
会議室
企画課
障害保健福祉改革推進室
施設管理室
企画課自立支援振興室
障害福祉課
【障害保健福祉部】
精神・障害保健課
医療観察法医療体制整備推進室
心の健康支援室
EV
WC
WC
EV EV EV
EV EV EV
EV
倉　庫
EV
倉　庫
倉　庫
EV
医薬品審査管理課
国際薬事規制室
医療機器審査管理課
再生医療等製品審査管理室
血液対策課
医薬品副作用被害対策室
食品基準審査課
残留農薬等基準審査室
総務課女性支援室
自殺対策推進室
援護・業務課調査資料室

社会・援護局

医薬・生活衛生局

社会・援護局

# 厚生労働省　5号館6階

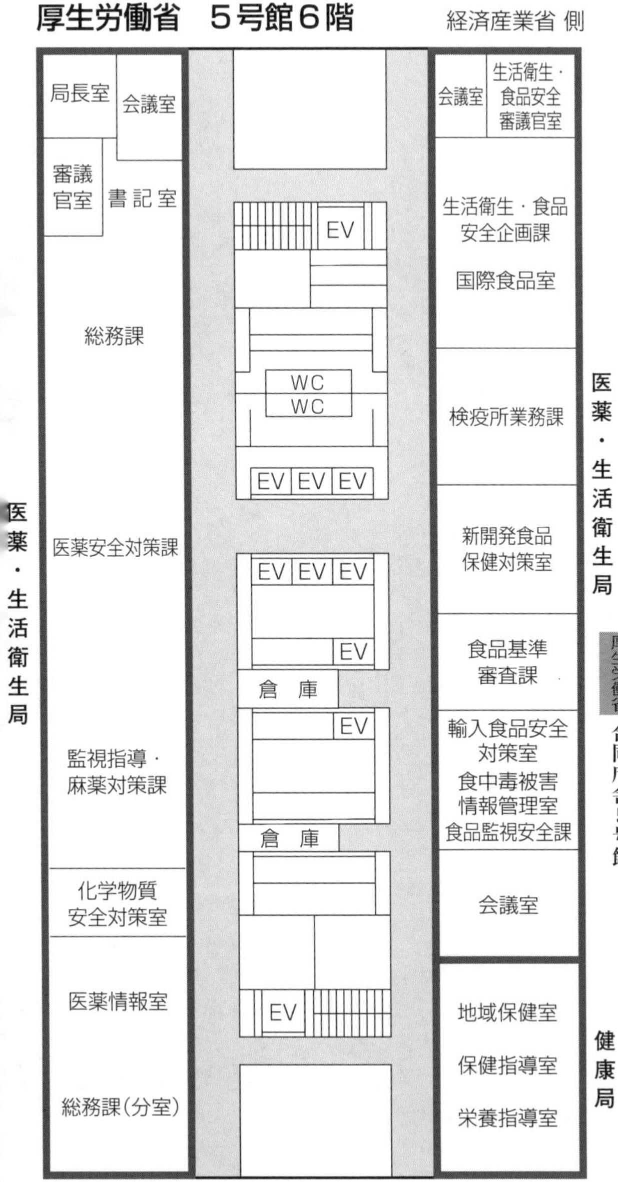
経済産業省 側
局長室
会議室
審議官室
書記室
総務課
医薬安全対策課
監視指導・麻薬対策課
化学物質安全対策室
医薬情報室
総務課（分室）
医薬・生活衛生局
EV
WC
WC
EV EV EV
EV EV EV
EV
倉庫
EV
倉庫
EV
会議室
生活衛生・食品安全審議官室
生活衛生・食品安全企画課
国際食品室
検疫所業務課
新開発食品保健対策室
食品基準審査課
輸入食品安全対策室
食中毒被害情報管理室
食品監視安全課
会議室
地域保健室
保健指導室
栄養指導室
医薬・生活衛生局
健康局

# 厚生労働省　５号館７階

経済産業省 側

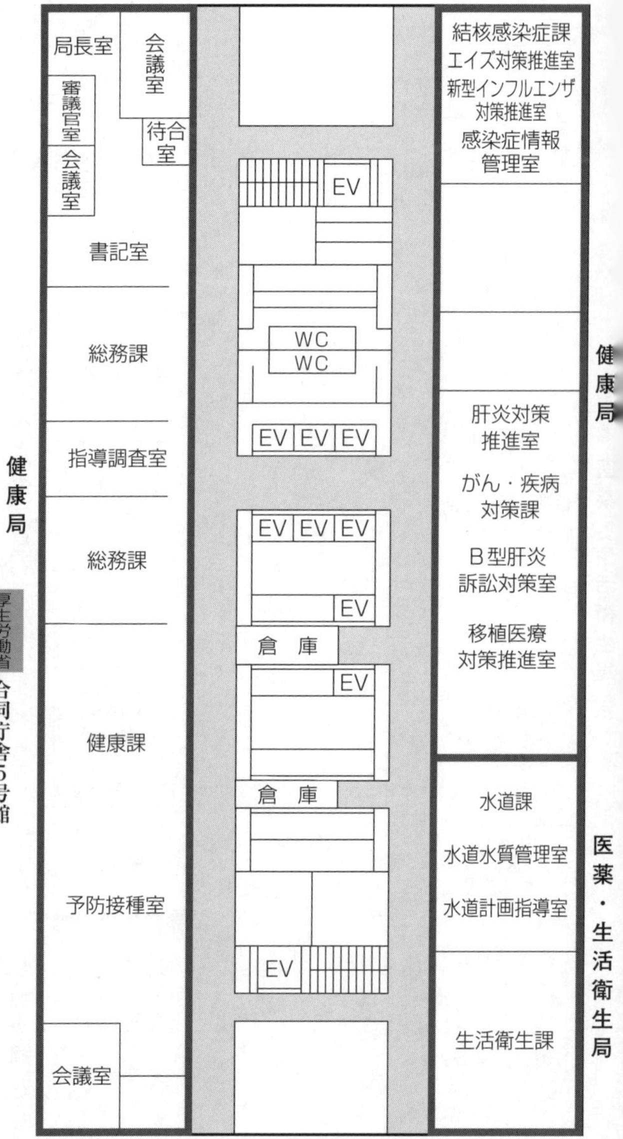
局長室
会議室
審議官室
会議室
待合室
書記室
総務課
指導調査室
総務課
健康課
予防接種室
会議室
健康局
EV
WC
WC
EV EV EV
EV EV EV
EV
倉　庫
EV
倉　庫
EV
結核感染症課
エイズ対策推進室
新型インフルエンザ対策推進室
感染症情報管理室
肝炎対策推進室
がん・疾病対策課
B型肝炎訴訟対策室
移植医療対策推進室
健康局
水道課
水道水質管理室
水道計画指導室
生活衛生課
医薬・生活衛生局

# 厚生労働省　5号館8階

経済産業省 側

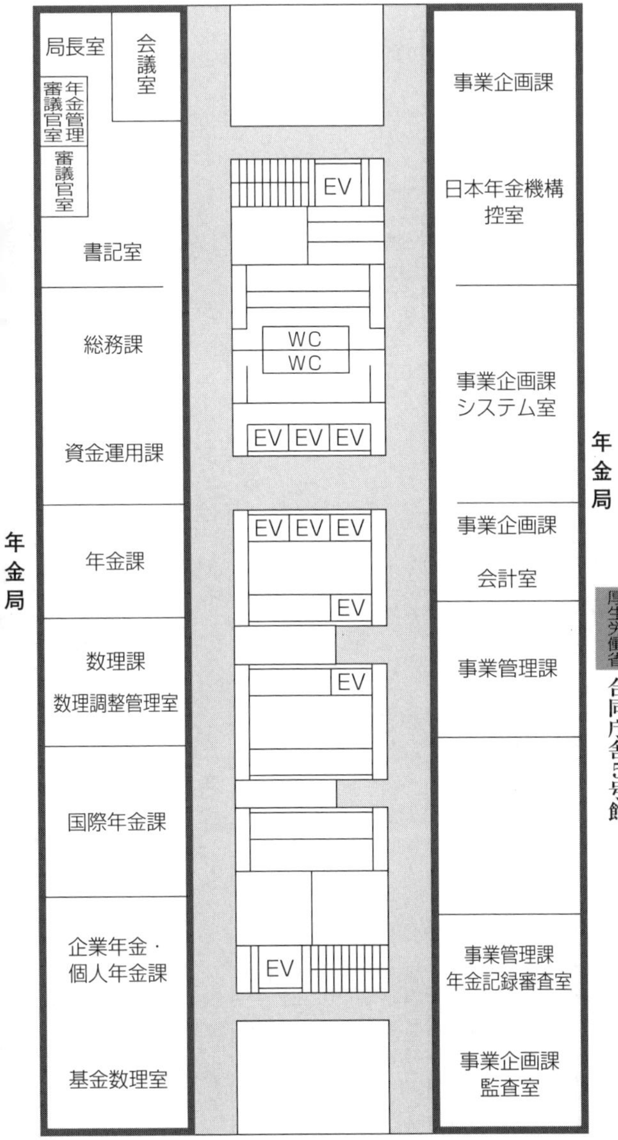
局長室
会議室
年金管理審議官室
審議官室
書記室
総務課
資金運用課
年金課
数理課
数理調整管理室
国際年金課
企業年金・
個人年金課
基金数理室
年金局
EV
WC
WC
EV EV EV
EV EV EV
EV
EV
EV
事業企画課
日本年金機構
控室
事業企画課
システム室
事業企画課
会計室
事業管理課
事業管理課
年金記録審査室
事業企画課
監査室
年金局

# 厚生労働省　5号館9階

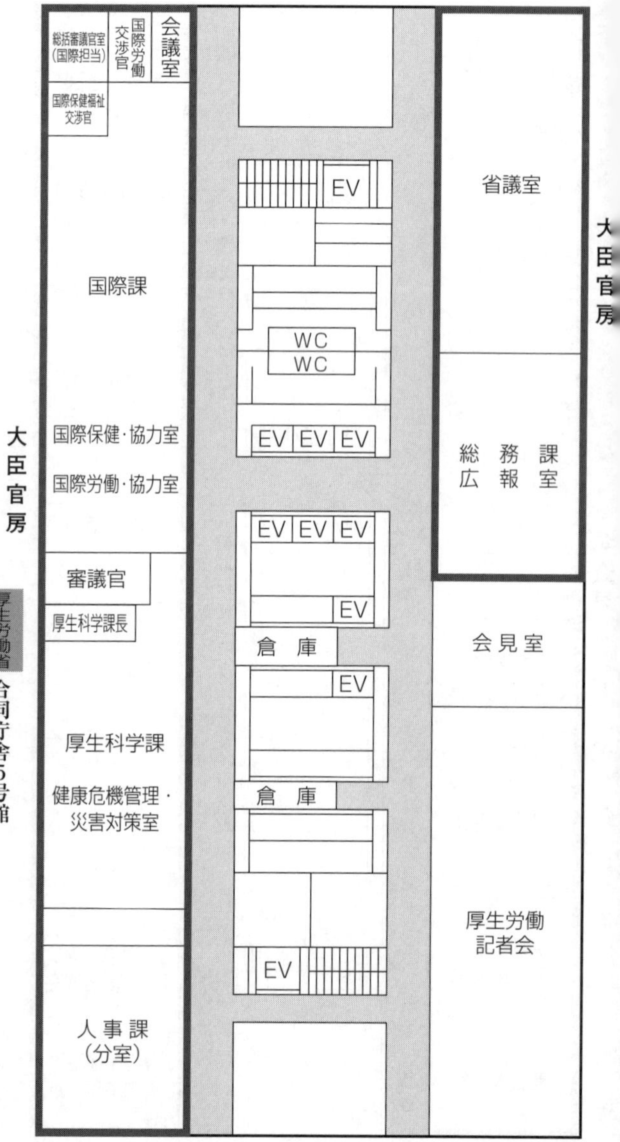
経済産業省 側
総括審議官室(国際担当)
国際労働交渉官
会議室
国際保健福祉交渉官
国際課
国際保健・協力室
国際労働・協力室
審議官
厚生科学課長
厚生科学課
健康危機管理・災害対策室
人事課(分室)
大臣官房
EV
WC
WC
EV
EV
EV
EV
EV
EV
EV
倉庫
EV
倉庫
EV
省議室
大臣官房
総務課
広報室
会見室
厚生労働記者会

# 厚生労働省　5号館10階

経済産業省 側

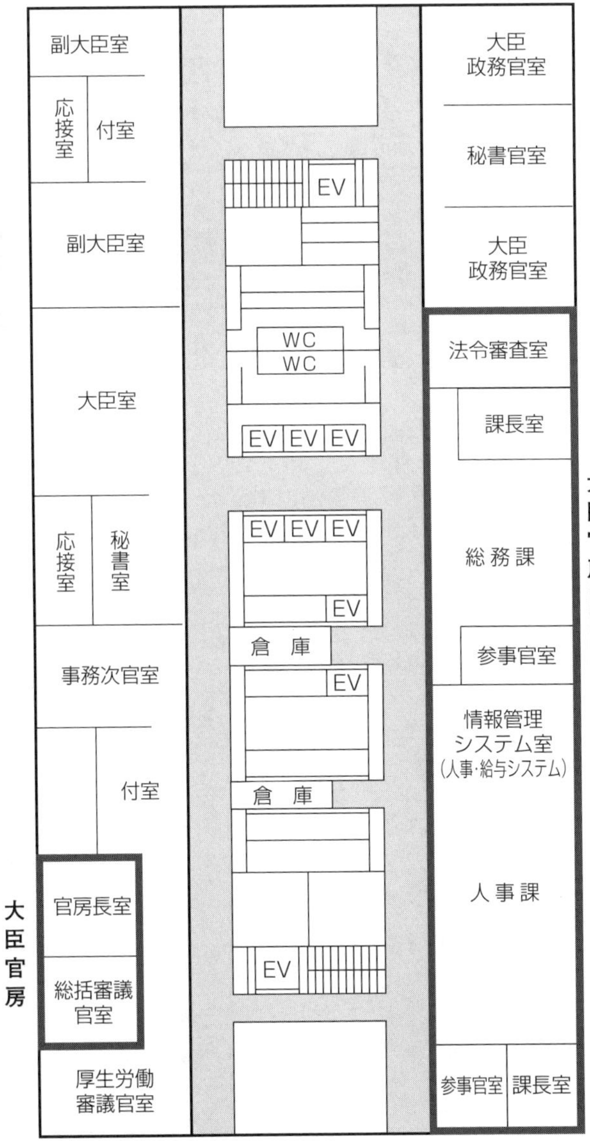
副大臣室
応接室
付室
副大臣室
大臣室
応接室
秘書室
事務次官室
付室
大臣官房
官房長室
総括審議官室
厚生労働審議官室
EV
WC
WC
EV
EV
EV
EV
EV
EV
EV
倉　庫
EV
倉　庫
EV
大臣政務官室
秘書官室
大臣政務官室
法令審査室
課長室
大臣官房
総 務 課
参事官室
情報管理システム室
(人事·給与システム)
人 事 課
参事官室
課長室

# 厚生労働省　5号館11階

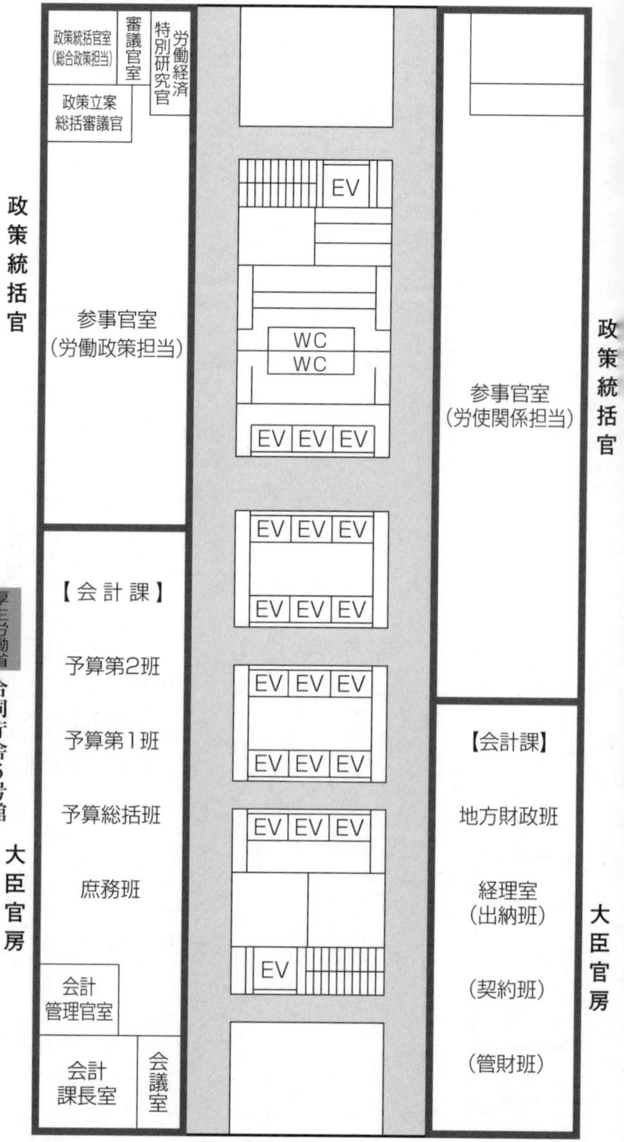
経済産業省 側
政策統括官室
(総合政策担当)
審議官室
特別研究官
労働経済
政策立案
総括審議官
政策統括官
参事官室
(労働政策担当)
EV
WC
WC
EV EV EV
EV EV EV
EV EV EV
EV EV EV
EV EV EV
EV EV EV
EV
政策統括官
参事官室
(労使関係担当)
【会計課】
予算第2班
予算第1班
予算総括班
庶務班
会計
管理官室
会計
課長室
会議室
大臣官房
【会計課】
地方財政班
経理室
(出納班)
(契約班)
(管財班)
大臣官房

# 厚生労働省　5号館12階

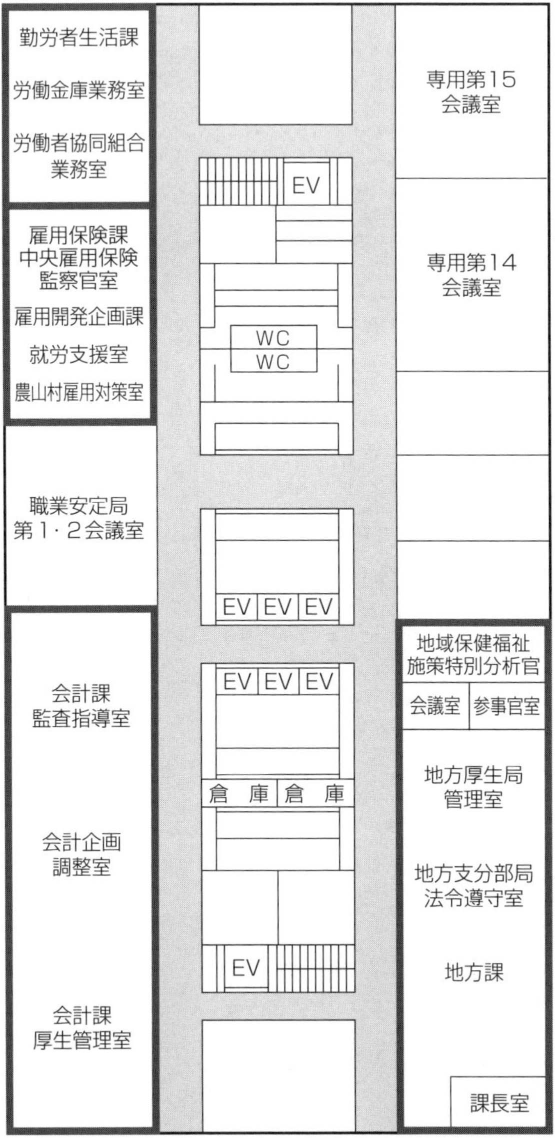
経済産業省 側
勤労者生活課
労働金庫業務室
労働者協同組合
業務室
雇用保険課
中央雇用保険
監察官室
雇用開発企画課
就労支援室
農山村雇用対策室
職業安定局
第1・2会議室
会計課
監査指導室
会計企画
調整室
会計課
厚生管理室
EV
WC
WC
EV EV EV
EV EV EV
倉　庫 倉　庫
EV
専用第15
会議室
専用第14
会議室
地域保健福祉
施策特別分析官
会議室
参事官室
地方厚生局
管理室
地方支分部局
法令遵守室
地方課
課長室

# 厚生労働省　5号館13階

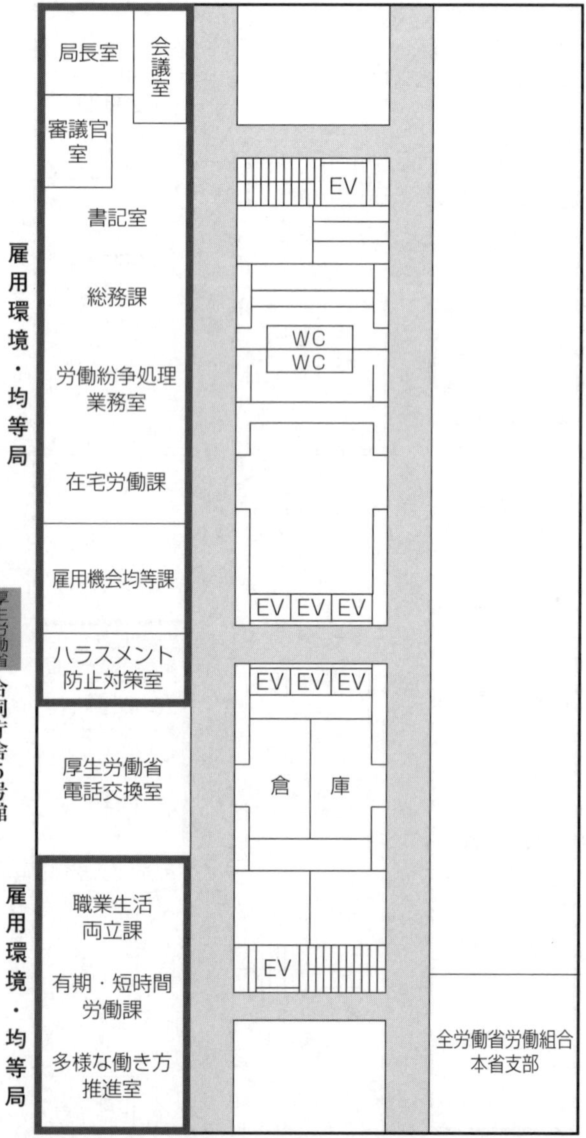
経済産業省 側
雇用環境・均等局
局長室
会議室
審議官室
書記室
総務課
労働紛争処理業務室
在宅労働課
雇用機会均等課
ハラスメント防止対策室
厚生労働省電話交換室
雇用環境・均等局
職業生活両立課
有期・短時間労働課
多様な働き方推進室
EV
WC
WC
EV EV EV
EV EV EV
倉庫
EV
全労働省労働組合本省支部

# 厚生労働省　５号館１４階

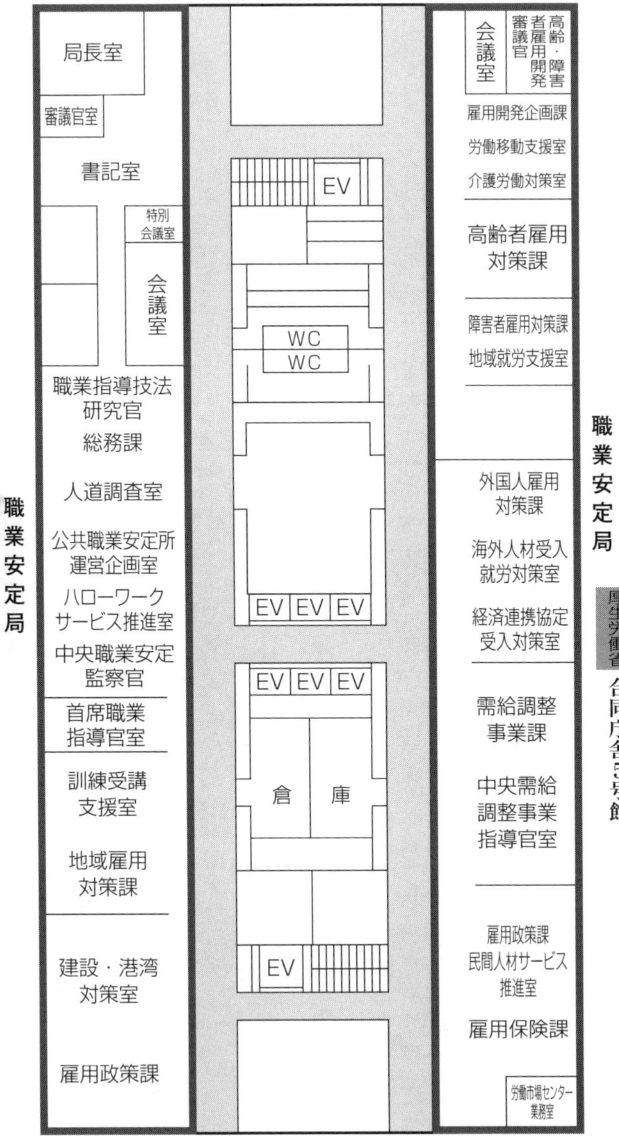

経済産業省 側
局長室
審議官室
書記室
特別会議室
会議室
職業指導技法研究官
総務課
人道調査室
公共職業安定所運営企画室
ハローワークサービス推進室
中央職業安定監察官
首席職業指導官室
訓練受講支援室
地域雇用対策課
建設・港湾対策室
雇用政策課
EV
WC
WC
EV
EV
EV
EV
EV
EV
倉庫
EV
会議室
高齢・障害者雇用開発審議官
雇用開発企画課
労働移動支援室
介護労働対策室
高齢者雇用対策課
障害者雇用対策課
地域就労支援室
外国人雇用対策課
海外人材受入就労対策室
経済連携協定受入対策室
需給調整事業課
中央需給調整事業指導官室
雇用政策課
民間人材サービス推進室
雇用保険課
労働市場センター業務室
職業安定局
職業安定局

## 厚生労働省　5号館15階

経済産業省 側

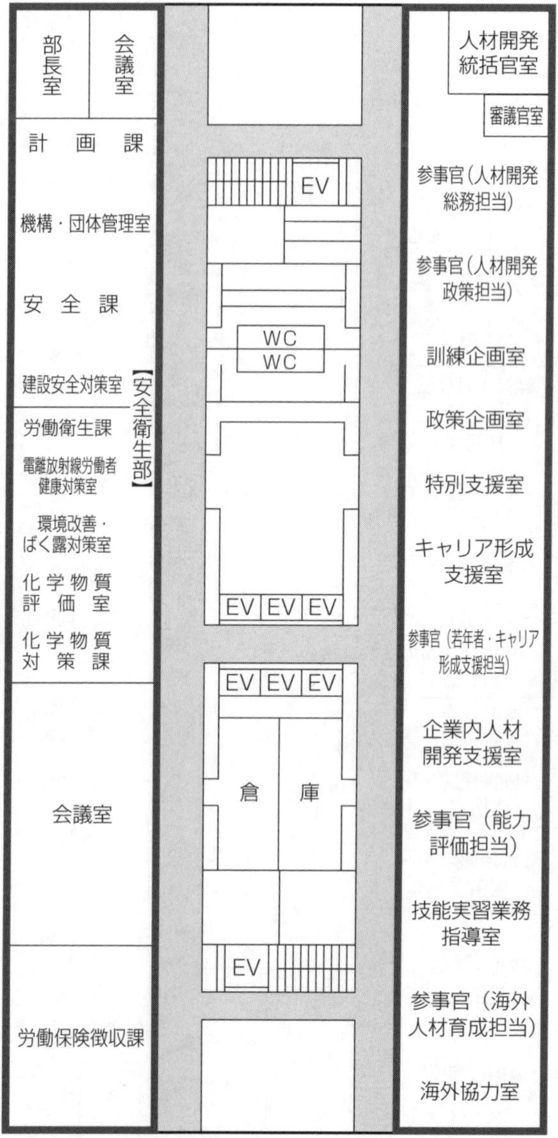
部長室
会議室
計画課
機構・団体管理室
安全課
建設安全対策室
【安全衛生部】
労働衛生課
電離放射線労働者健康対策室
環境改善・ばく露対策室
化学物質評価室
化学物質対策課
会議室
労働保険徴収課
EV
WC
WC
EV
EV
EV
EV
EV
EV
倉
庫
EV
人材開発統括官室
審議官室
参事官（人材開発総務担当）
参事官（人材開発政策担当）
訓練企画室
政策企画室
特別支援室
キャリア形成支援室
参事官（若年者・キャリア形成支援担当）
企業内人材開発支援室
参事官（能力評価担当）
技能実習業務指導室
参事官（海外人材育成担当）
海外協力室

労働基準局

人材開発統括官

# 厚生労働省　5号館16階

経済産業省 側

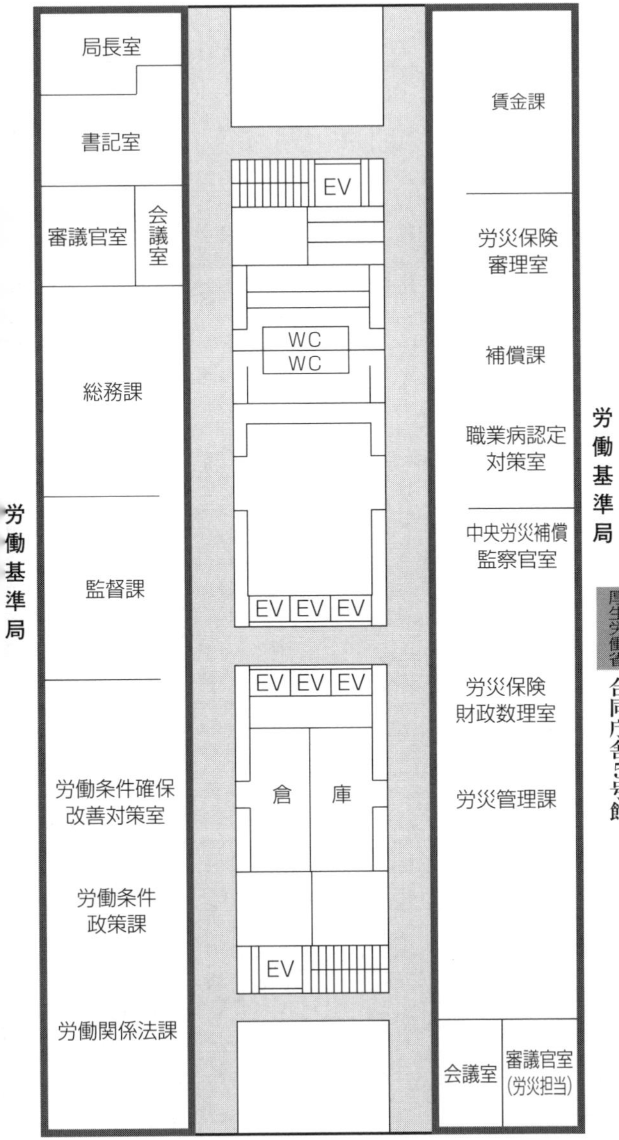
局長室
書記室
審議官室
会議室
総務課
監督課
労働条件確保
改善対策室
労働条件
政策課
労働関係法課
労働基準局
EV
WC
WC
EV EV EV
EV EV EV
倉
庫
EV
賃金課
労災保険
審理室
補償課
職業病認定
対策室
中央労災補償
監察官室
労災保険
財政数理室
労災管理課
会議室
審議官室
(労災担当)
労働基準局

# 厚生労働省　5号館17階

経済産業省 側

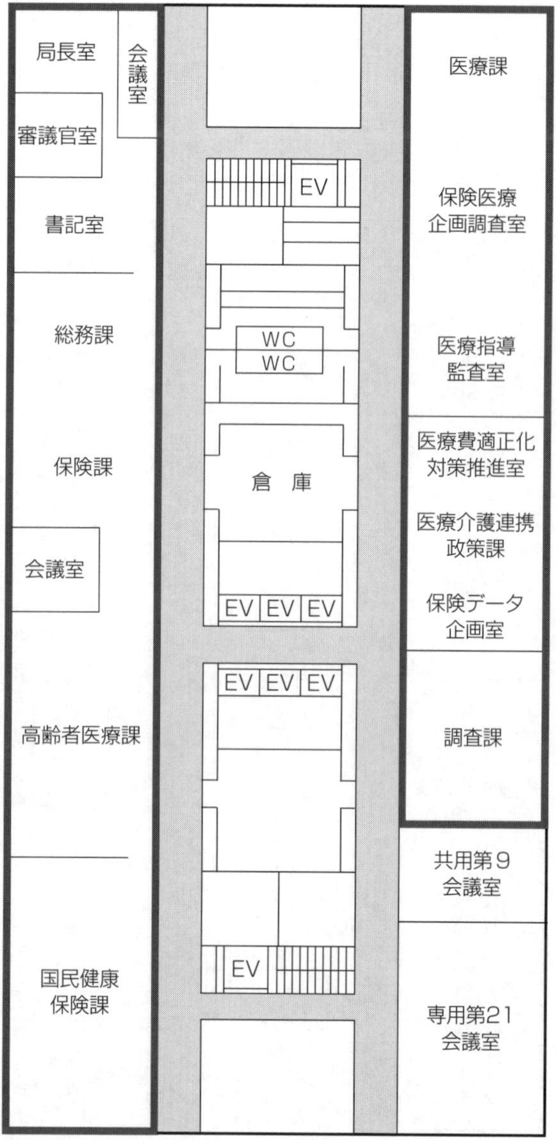
局長室
会議室
審議官室
書記室
総務課
保険課
保険局
会議室
高齢者医療課
国民健康
保険課
EV
WC
WC
倉　庫
EV EV EV
EV EV EV
EV
医療課
保険医療
企画調査室
保険局
医療指導
監査室
医療費適正化
対策推進室
医療介護連携
政策課
保険データ
企画室
調査課
共用第9
会議室
専用第21
会議室

# 厚生労働省　5号館18階

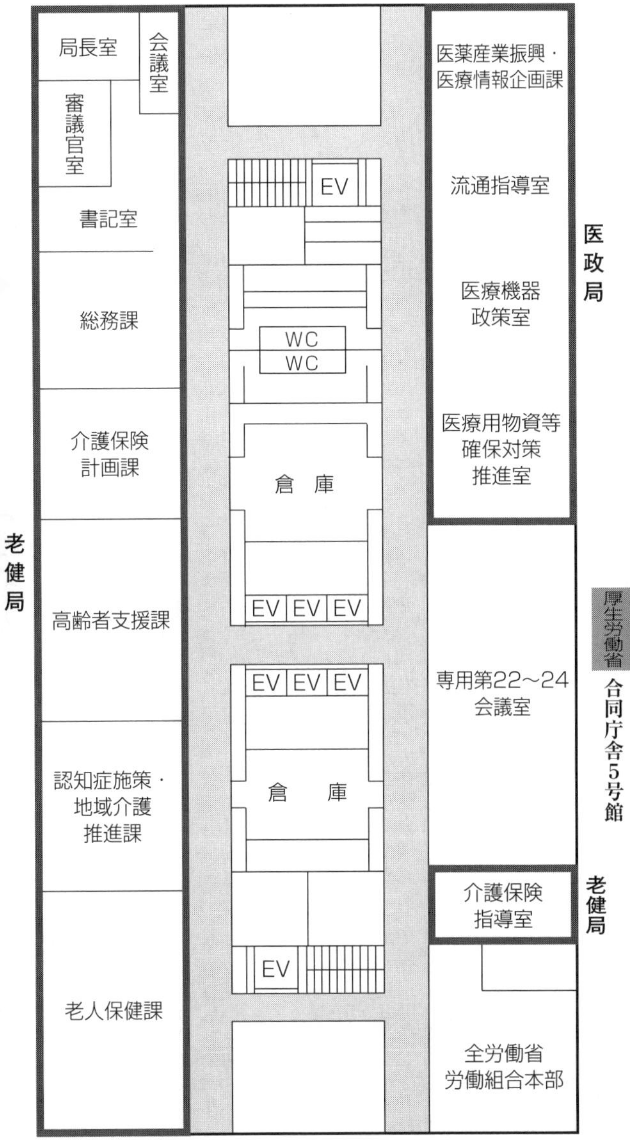
経済産業省 側
局長室
会議室
審議官室
書記室
総務課
介護保険計画課
高齢者支援課
認知症施策・地域介護推進課
老人保健課
老健局
EV
WC
WC
倉　庫
EV EV EV
EV EV EV
倉　庫
EV
医薬産業振興・医療情報企画課
流通指導室
医療機器政策室
医療用物資等確保対策推進室
医政局
専用第22～24会議室
介護保険指導室
老健局
全労働省労働組合本部
合同庁舎5号館

# 厚生労働省　5号館19階

経済産業省 側

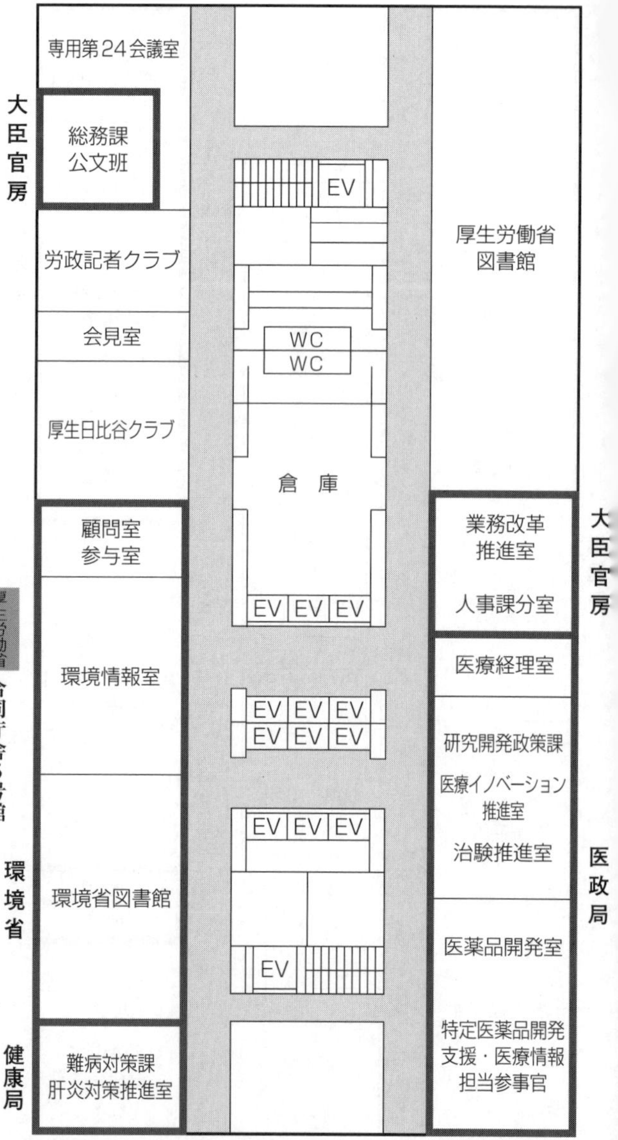

専用第24会議室
大臣官房
総務課
公文班
労政記者クラブ
会見室
厚生日比谷クラブ
顧問室
参与室
環境情報室
環境省図書館
環境省
難病対策課
肝炎対策推進室
健康局
EV
WC
WC
倉　庫
EV EV EV
EV EV EV
EV EV EV
EV EV EV
EV
厚生労働省
図書館
業務改革
推進室
人事課分室
大臣官房
医療経理室
研究開発政策課
医療イノベーション
推進室
治験推進室
医薬品開発室
特定医薬品開発
支援・医療情報
担当参事官
医政局

# 厚生労働省　5号館20階

経済産業省 側

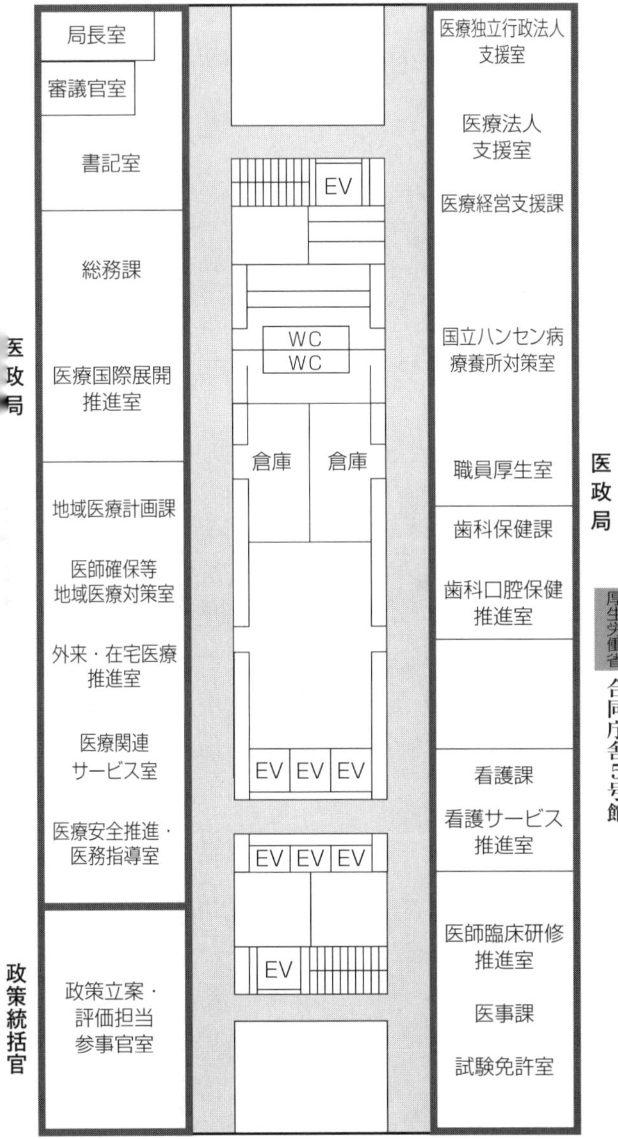
局長室
審議官室
書記室
総務課
医療国際展開
推進室
地域医療計画課
医師確保等
地域医療対策室
外来・在宅医療
推進室
医療関連
サービス室
医療安全推進・
医務指導室
医政局
政策立案・
評価担当
参事官室
政策統括官
EV
WC
WC
倉庫
倉庫
EV
EV
EV
EV
EV
EV
EV
医療独立行政法人
支援室
医療法人
支援室
医療経営支援課
国立ハンセン病
療養所対策室
職員厚生室
歯科保健課
歯科口腔保健
推進室
看護課
看護サービス
推進室
医師臨床研修
推進室
医事課
試験免許室
医政局

# 厚生労働省　5号館21階

経済産業省 側

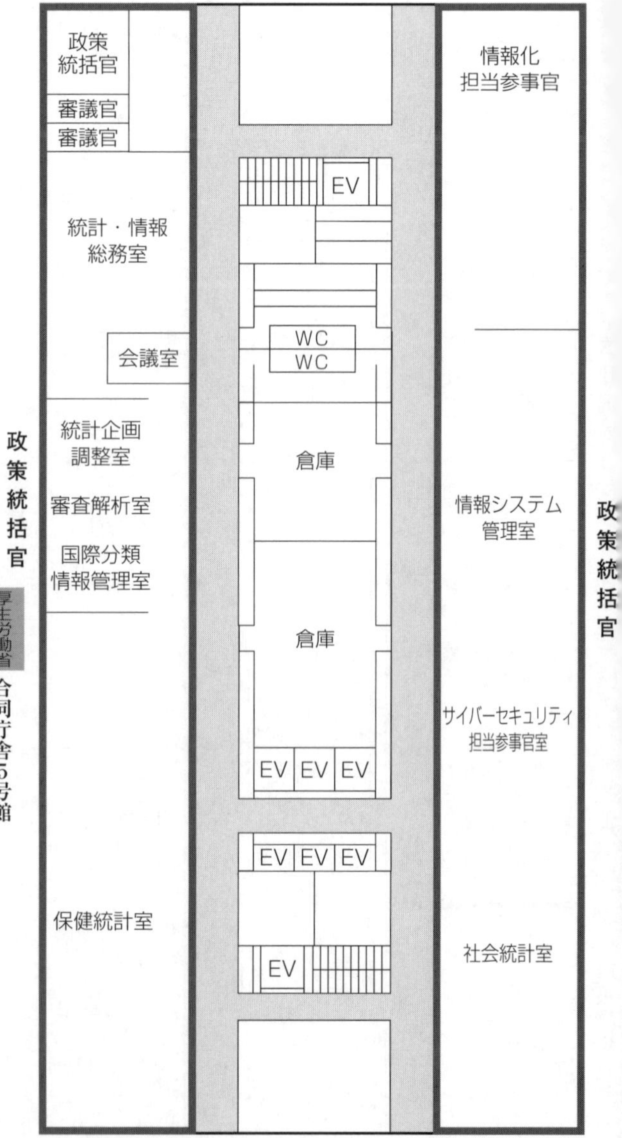
政策
統括官
審議官
審議官
統計・情報
総務室
会議室
統計企画
調整室
審査解析室
国際分類
情報管理室
保健統計室
政策統括官
EV
WC
WC
倉庫
倉庫
EV EV EV
EV EV EV
EV
情報化
担当参事官
情報システム
管理室
サイバーセキュリティ
担当参事官室
社会統計室
政策統括官

# 厚生労働省　5号館22階

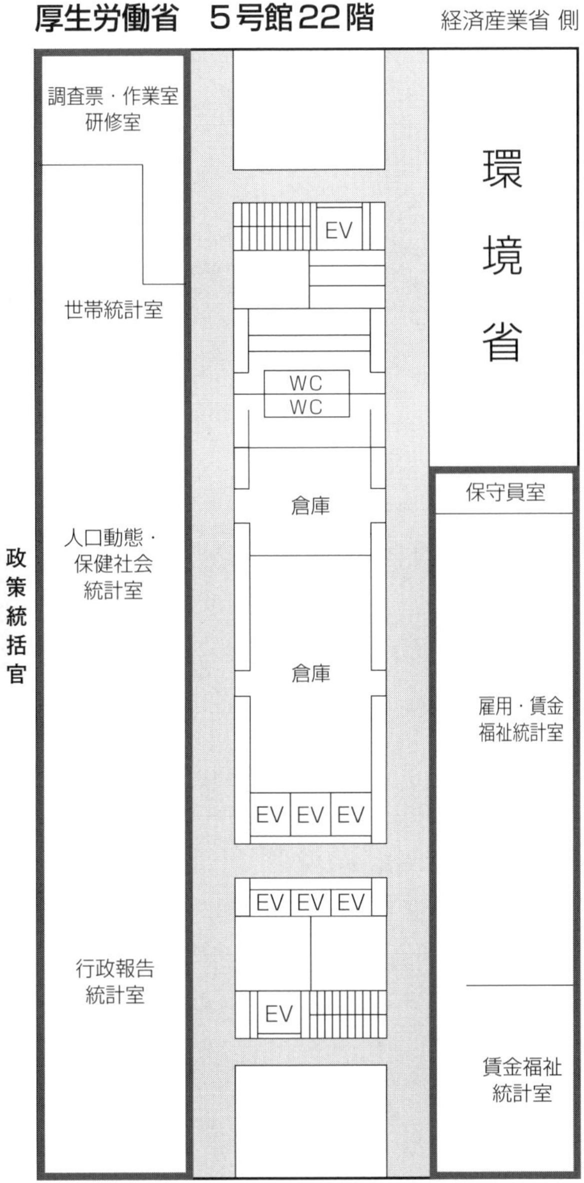
経済産業省 側
調査票・作業室
研修室
世帯統計室
人口動態・
保健社会
統計室
行政報告
統計室
政策統括官
EV
WC
WC
倉庫
倉庫
EV EV EV
EV EV EV
EV
環境省
保守員室
雇用・賃金
福祉統計室
賃金福祉
統計室
政策統括官

# 農林水産省

## （林野庁、水産庁）

〒100-8950（農林水産省）
〒100-8952（林　野　庁）
〒100-8907（水　産　庁）

千代田区霞が関1-2-1
中央合同庁舎1号館
TEL 03（3502）8111

地下鉄：霞ヶ関駅　A5～7
A9～10、C1番出口

## 本　館

| 階別 | 局（部）名 | 課（室）名 |
|---|---|---|
| 8 | 水産庁 | 長官室、次長室、秘書室兼控室、中央会議室、印刷室、図書資料室 |
| | （漁政部） | 部長室、漁政課、船舶管理室、予算事務室、企画課、水産業体質強化推進室、加工流通課、水産物貿易対策室 |
| | （資源管理部） | 部長室、審議官室、農林水産省国際顧問室、管理調整課、資源管理推進室、沿岸・遊漁室、国際課、海外漁業協力室、捕鯨室、かつお・まぐろ漁業室、漁業取締課、第1・2会議室 |
| | （漁港漁場整備部） | 部長室、計画課、整備課、第1・2会議室 |
| | | 水産庁記者クラブ、外国人応接室 |
| 7 | 大臣官房 | 秘書課研修室 |
| | 新事業・食品産業部 | 第1会議室 |
| | 消費・安全局 | 第6会議室 |
| | 輸出・国際局 | 第4・5会議室 |
| | 林野庁 | 長官室、次長室、秘書室、印刷室、入札室、第3特別会議室、共用第1会議室 |
| | （林政部） | 部長室、林政課、監査室、林政課広報室、林政課文書室、企画課、企画課分析官室、経営課、特用林産対策室、林業労働対策室、木材産業課、木材製品技術室、木材利用課、木材貿易対策室、図書資料室、第1・2会議室 |
| | （森林整備部） | 治山課、山地災害対策室 |

| 階別 | 局（部）名 | 課（室）名 |
|---|---|---|
| | | 講堂 |
| 6 | 大臣官房 | 技術総括審議官、政策課、技術政策室 |
| | 新事業・食品産業部 | 第4・5・6会議室 |
| | 消費・安全局 | 局長室、審議官室、秘書室、総務課、消費者行政・食育課、米穀流通・食品表示監視室、食品安全政策課、食品安全科学室、農産安全管理課、農薬対策室、会議室、第1・3会議室、印刷室、面談室 |
| | 農村振興局 | |
| | （農村政策部） | 鳥獣対策・農村環境課、鳥獣対策室、農村環境対策室 |
| | 農林水産技術会議 | 会長室、技術会議委員室、事務局長室、研究総務官室、研究調整課、研究企画課、イノベーション戦略室、研究推進課、産学連携室、国際研究官室、事務機器室 |
| 5 | 大臣官房 | 秘書課、環境バイオマス政策課 |
| | 輸出・国際局 | 第3会議室 |
| | 経営局 | 就農・女性課、女性活躍推進室、協同組織課、経営・組織対策室、保険課、農業経営収入保険室、保険監理官室、第2・4・5会議室 |
| | 農村振興局 | 局長室、次長室、審議官室、総務課 |
| | （農村政策部） | 部長室、農村計画課、農村政策推進室、地域振興課、中山間地域・日本型直接支払室、都市農村交流課、農泊推進室、農福連携推進室 |
| | （整備部） | 部長室、設計課、施工企画調整室、計画調整室、海外土地改良技術室、地域整備課 |
| | | コピー室 |
| 4 | | 農林水産審議官室 |
| | 大臣官房 | 輸出促進審議官、審議官（技術・環境）、審議官、環境バイオマス政策課、みどりの食料システム戦略グループ、地球環境対策室 |
| | 輸出・国際局 | 局長室、審議官室、参事官室、総務課、国際政策室、輸出企画課、輸出支援課、輸出産地形成室、輸出環境整備室、国際経済課、国際地域課、知的財産課、種苗室、国際会議オペレーションルーム、予算事務室、第2会議室 |
| | 統計部 | 生産流通消費統計課、消費統計室 |
| | | 事務機器室、第2特別会議室 |

| 階別 | 局（部）名 | 課（室）名 |
|---|---|---|
| 3 | | 大臣室、副大臣室、大臣政務官室、事務次官室 |
| | 大臣官房 | 官房長室、総括審議官室、報道官室、秘書課、秘書課長室、文書課、文書課長室、報道室、予算課、予算課長室、予算第１・２事務室、政策課、食料安全保障室、政策課会議室、官房会議室、事務機器室 |
| | | 第１特別会議室、記者会見室、農政クラブ |
| 2 | 大臣官房 | 秘書課、秘書課応接室 |
| | 農産局 | 局長室、審議官室、総務課、園芸作物課、園芸流通加工対策室、花き産業・施設園芸振興室、地域作物課、果樹・茶グループ、地域対策官、第1・2会議室 |
| | （農産政策部） | 部長、企画課、米穀貿易企画室、水田農業対策室、農業環境対策課、予算事務室、第１・２会議室、事務機器室 |
| | 畜産局 | 局長室、審議官室、総務課、畜産総合推進室、企画課、畜産経営安定対策室、牛乳乳製品課、第1・2・3会議室 |
| | | 電話交換台室、電話交換器室、郵便局、ICカード発行室 |
| 1 | 大臣官房 | 予算課、入札室、広報評価課、会議室、第2・3会議室 |
| | 統計部 | 管理課・林野庁企画課（図書館資料事務室） |
| | | 図書館、電子・映像情報室、閲覧室、全農林東京都地方本部、文書保存庫、守衛室（防災センター）、運転手控室、郵便局 |

# 北別館

| 階別 | 局（部）名 | 課（室）名 |
|---|---|---|
| 8 | 林野庁<br>（国有林野部）<br><br>水産庁<br>（漁港漁場整備部） | A・B会議室<br>部長室、経営企画課、国有林野総合利用推進室、国有林野生態系保全室、業務課、国有林野管理室<br><br>防災漁村課、水産施設災害対策室<br><br>第3会議室 |
| 7 | 大臣官房<br>林野庁<br>（国有林野部） | 秘書課<br>シルバープラン室、会議室、C会議室<br>管理課、福利厚生室<br><br>全林野中央本部、農産局会議室、消費・安全局第6会議室 |
| 6 | 消費・安全局 | 消費者行政・食育課、食品表示調整室、畜水産安全管理課、水産安全室、植物防疫課、防疫対策室、国際室、動物衛生課、家畜防疫対策室、国際衛生対策室 |
| 5 | 農村振興局<br>（農村政策部）<br>（整備部） | 計画情報室<br>土地改良企画課、水資源課、農業用水対策室、施設保全管理室、農地資源課、経営体育成基盤整備推進室、多面的機能支払推進室、防災課、防災・減災対策室、災害対策室、設計課ＯＡ室 |
| 4 | 統計部 | 経営・構造統計課、センサス統計室、生産流通消費統計課、ＯＡ機器室、第5会議室<br><br>全農林 |
| 3 | 大臣官房<br>統計部 | 予算課、参事官（経理）<br>部長室、管理課、統計企画管理官、第1会議室、予算事務室、女子休養室 |
| 2 | 大臣官房<br>畜産局 | 参事官（厚生・人事業務）<br>畜産振興課、畜産技術室、家畜遺伝資源管理保護室、飼料課、流通飼料対策室、食肉鶏卵課、食肉需給対策室、競馬監督課、第4会議室 |
| 1 | 大臣官房<br>消費・安全局<br>統計部 | 予算課、第1会議室<br>消費者の部屋（相談室）<br>第2・3・4会議室<br><br>食堂 |

## 南別館

| 階別 | 局（部）名 | 課（室）名 |
|---|---|---|
| 8 | 水産庁<br>（漁政部）<br><br>（増殖推進部） | 休養室<br>水産経営課、指導室、漁業保険管理官、第1～3会議室<br>部長室、研究指導課、海洋技術室、漁場資源課、生態系保全室、栽培養殖課、内水面漁業振興室、第2会議室 |
| 7 | 林野庁<br>（森林整備部） | <br>部長室、計画課、施工企画調整室、海外林業協力室、森林利用課、森林集積推進室、山村振興・緑化推進室、整備課、造林間伐対策室、研究指導課、技術開発推進室、森林保護対策室、資料室、データベース室、印刷室、会議室<br><br>記者室（林政記者クラブ）、農村振興局会議室 |
| 6 | 大臣官房<br>（検査・監察部）<br><br>農林水産技術会議 | <br>部長室、調整・監察課、審査室、行政監察室、会計監査室、検査課、第2A・B会議室<br>研究統括官室（生産技術）、研究開発官室（基礎・基盤・環境）、農研機構東京連絡室、会議室<br><br>経営局第6・7会議室 |
| 5 | 経営局 | 局長室、審議官室、総務課、調整室、予算事務室、経営政策課、担い手総合対策室、農地政策課、農地集積・集約化促進室、金融調整課、事務機器室、第1・3会議室 |
| 4 | 新事業・食品産業部 | 部長室、総括審議官室、審議官室、新事業・食品安全政策課、ファイナンス室、企画グループ、商品取引グループ、食品流通課、食品製造課、食品企業行動室、基準認証室、外食・食文化課、食品ロス・リサイクル対策室、休養室、事務機器室 |
| 3 | 大臣官房 | サイバーセキュリティ・情報化審議官室、危機管理・政策立案総括審議官室、システム支援室、秘書課、文書課、広報評価課課長室、広報室、デジタル戦略グループ、情報分析室、地方課災害総合対策室、最高情報セキュリティ・アドバイザー室、法務支援室、法令審査事務室、事務機械室<br><br>経営局資料室、農林記者会、診療所 |
| 2 | 農産局<br><br>（農産政策部） | 総務課会計室、穀物課、経営安定対策室、打合せ室、米麦流通加工対策室、検定室<br>貿易業務課、米麦品質保証室、技術普及課、生産資材対策室、資格試験事務室、事務機器室、第3・4・5会議室 |
| 1 | 大臣官房<br>（検査・監察部） | 地方課、地方課長、地方提案推進室<br>検査課<br><br>DX共用室1·2、警備員室 |

# 農林水産省　1階

厚生労働省 側

北別館
(統)倉庫
【統計部】
(統)第2会議室
玄関ホール
(統)第3会議室
(統)第4会議室
EV
予算課
大臣官房
消費・安全局
消費者の部屋
(相談室)
WC
食堂
(官)第1会議室
本館
吹抜
文書保存庫
運転手控室
本館北側
文書保存庫
予算課
全農林東京都地方本部
大臣官房
WC
WC
(共)倉庫
広報評価課
予算課
(共)倉庫
EV
EV
EV
玄関
(予)倉庫
予算課
守衛室(防災センター)
郵便局
大臣官房
玄関ホ

## 南別館

DX共用室2
(共)倉庫
DX共用室1
大臣官房
地方課
地方課長
地方課
玄関ホール
EV
WC
警備員室
地方提案推進室
地方課
(生)倉庫
(検)倉庫
【検査・監察部】
検査課
【検査・監察部】
検査課
沸所
(共)倉庫
ール
大臣官房
予算課
(官)第2・3会議室
(予)入札室
図書館電子・映像情報室
図書館書庫
湯沸所
本館南側
図書館閲覧室
WC
EV
EV
玄関
(広)会議室
保守員室
(統)管理課・林野庁企画課
(図書館資料事務室)

## 農林水産省　2階

厚生労働省 側
北別館
飼料課（流通飼料対策室）
畜産振興課（畜産技術室）（家畜遺伝資源管理保護室）
畜産局
(畜)第4会議室
参事官（厚生・人事業務）
大臣官房
EV
WC
競馬監督課
畜産局
食肉鶏卵課（食肉需給対策室）
本館
電話交換器室
大臣官房
秘書課応接室
WC
畜産局
企画課（畜産経営安定対策室）
本館北側
(畜)第2会議室
牛乳乳製品課
畜産局
畜産局
湯沸所
倉庫
EV
事務機器室
(農)第2会議室
(畜)第1会議室
総務課（畜産総合推進室）
審議官室（畜産）
EV
WC
EV
郵便局倉庫
(畜)第3会議室
農業環境対策課
畜産局長室
郵便局
ICカード発行室
秘書課
農産局

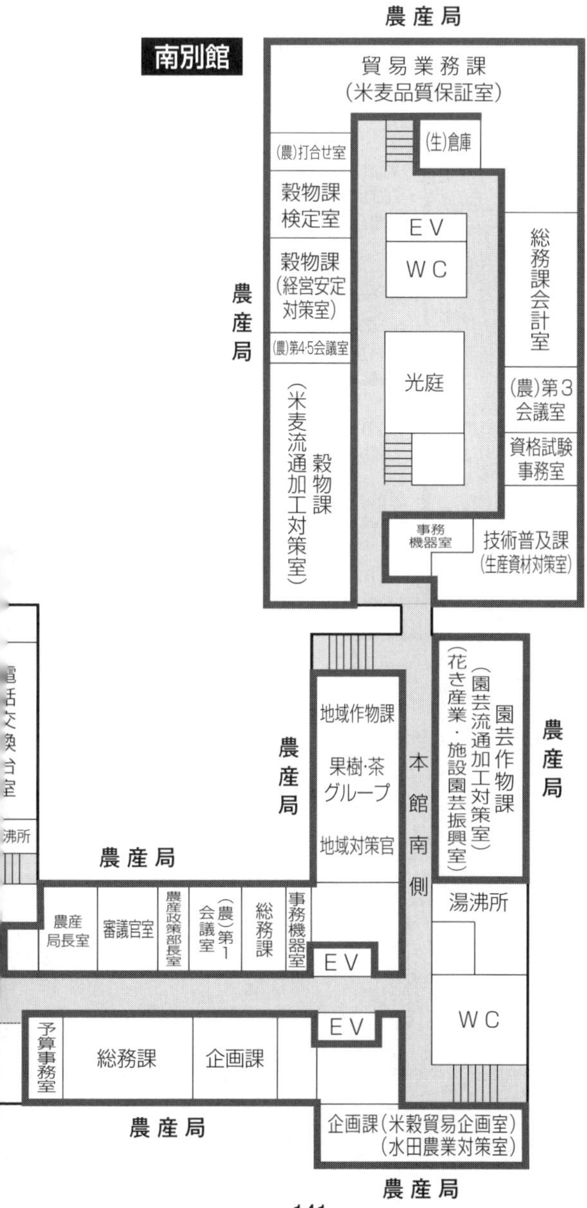
南別館
農産局
貿易業務課
(米麦品質保証室)
(農)打合せ室
(生)倉庫
穀物課
検定室
EV
WC
穀物課
(経営安定
対策室)
総務課会計室
(農)第4·5会議室
光庭
(農)第3
会議室
穀物課
(米麦流通加工対策室)
資格試験
事務室
事務
機器室
技術普及課
(生産資材対策室)
地域作物課
果樹·茶
グループ
地域対策官
本館南側
園芸作物課
(園芸流通加工対策室)
(花き産業·施設園芸振興室)
湯沸所
WC
農産局長室
審議官室
農産政策部長室
(農)第1
会議室
総務課
事務機器室
EV
EV
予算事務室
総務課
企画課
企画課(米穀貿易企画室)
(水田農業対策室)
農産局
農産局
農産局
農産局
農産局
農産局
農産局

# 農林水産省　3階

厚生労働省 側

北別館
(統)女子休養室
管理課
(官)統計部
統計企画管理官
(官)統計部
E V
統計部長室
(統)予算事務室
(統)第1会議室
W C
大臣官房
予算課
参事官(経理)
予算課
参事官(経理)
大臣官房
本 館
予算第1事務室
予算第2事務室
予算課
政策課会議室
本館北側
予算課
大臣官房
予算課長室
大 臣
W C
湯沸所
事務機器室
E V
政策課
(参)副大臣室
(衆)副大臣室
(文)倉庫
E V
W C
E V
(企)倉庫
政策課
(参)大臣政務官室
(衆)大臣政務官室
第1特
政策課(食料安全保障室)
大臣官房

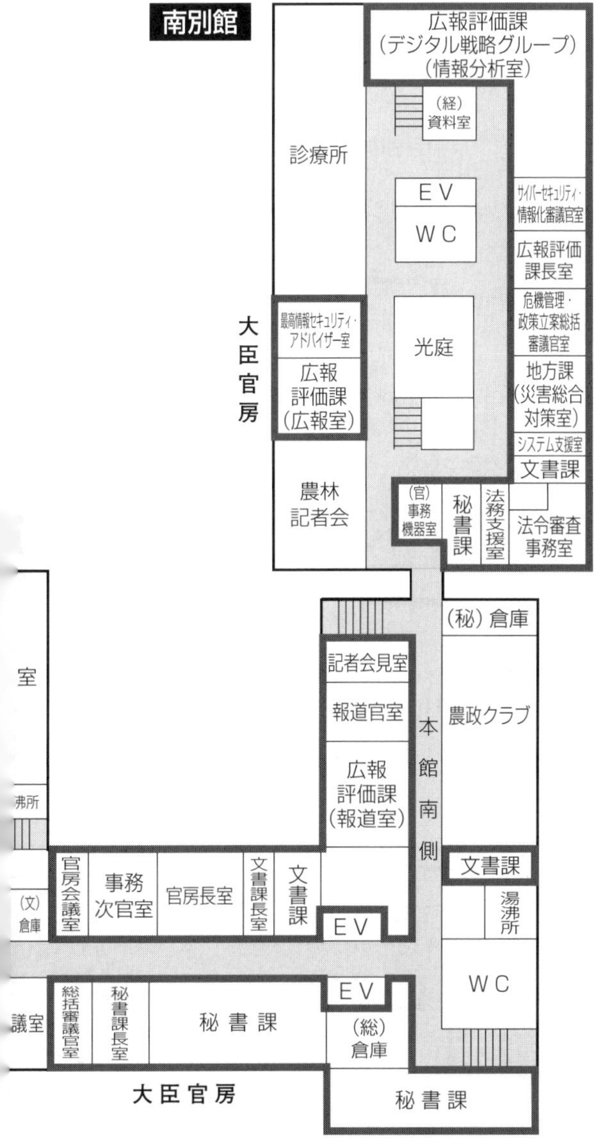

南別館
広報評価課
（デジタル戦略グループ）
（情報分析室）
（経）
資料室
診療所
EV
WC
サイバーセキュリティ・
情報化審議官室
広報評価
課長室
大臣官房
危機管理・
政策立案総括
審議官室
最高情報セキュリティ・
アドバイザー室
広報
評価課
（広報室）
大臣官房
光庭
地方課
（災害総合
対策室）
システム支援室
文書課
農林
記者会
（官）
事務
機器室
秘書課
法務支援室
法令審査
事務室
（秘）倉庫
室
記者会見室
報道官室
農政クラブ
本館南側
広報
評価課
（報道室）
沸所
文書課
（文）
倉庫
官房会議室
事務
次官室
官房長室
文書課長室
文書課
EV
湯沸所
EV
WC
議室
総括審議官室
秘書課長室
秘書課
（総）
倉庫
大臣官房
秘書課

# 農林水産省　4階

厚生労働省 側

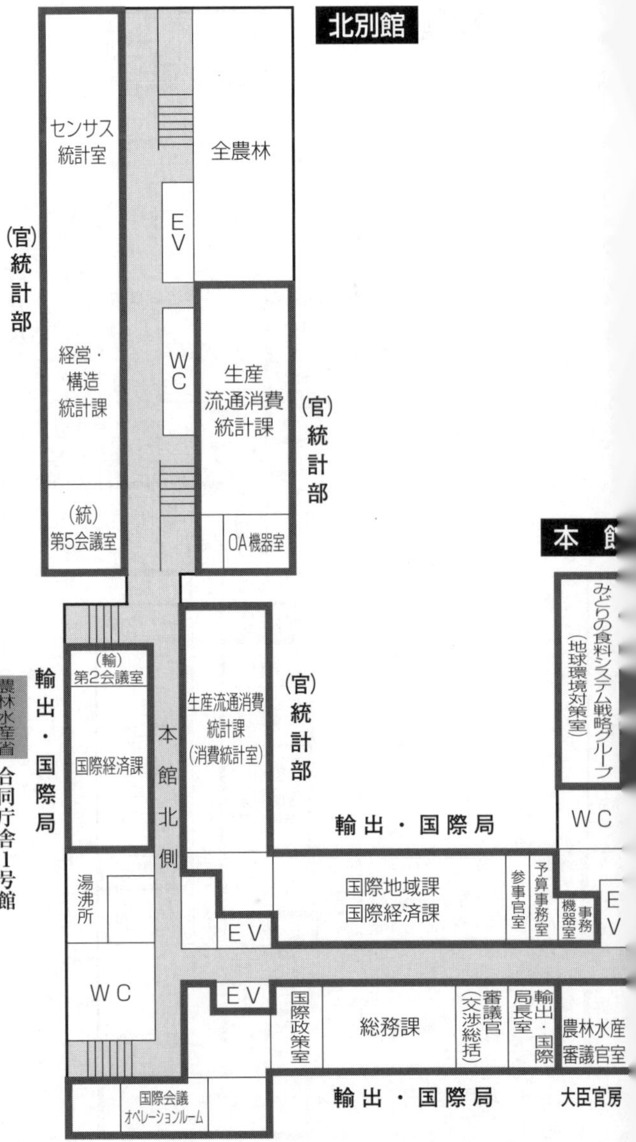
北別館
センサス統計室
全農林
EV
(官)統計部
経営・構造統計課
WC
生産流通消費統計課
(官)統計部
(統)第5会議室
OA機器室
本館
みどりの食料システム戦略グループ(地球環境対策室)
(輸)第2会議室
輸出・国際局
国際経済課
本館北側
生産流通消費統計課(消費統計室)
(官)統計部
輸出・国際局
WC
湯沸所
国際地域課
国際経済課
参事官室
予算事務室
機器室
事務
EV
EV
WC
EV
国際政策室
総務課
審議官(交渉総括)
局長室
輸出・国際
農林水産審議官室
国際会議オペレーションルーム
輸出・国際局
大臣官房

南別館
商品取引グループ
企画グループ
ファイナンス室
食品製造課（基準認証室）（食品企業行動室）
新事業・食品産業部
EV
WC
新事業・食品産業政策課
新事業・食品産業部
光庭
部長室
審議官
総括審議官室
外食・食文化課（食品ロス・リサイクル対策室）
事務機器室
休養室
食品流通課
環境バイオ
審議官
大臣官房
予算事務室
輸出・国際局
知的財産課（種苗室）
本館南側
知的財産課
（輸）第1会議室
輸出・国際局
湯沸所
輸出促進審議官
審議官
国際地域課
EV
EV
WC
会議室
輸出支援課（輸出産地形成室）（輸出環境整備室）
輸出企画課
輸出・国際局
第2特別会議室

# 農林水産省　5階

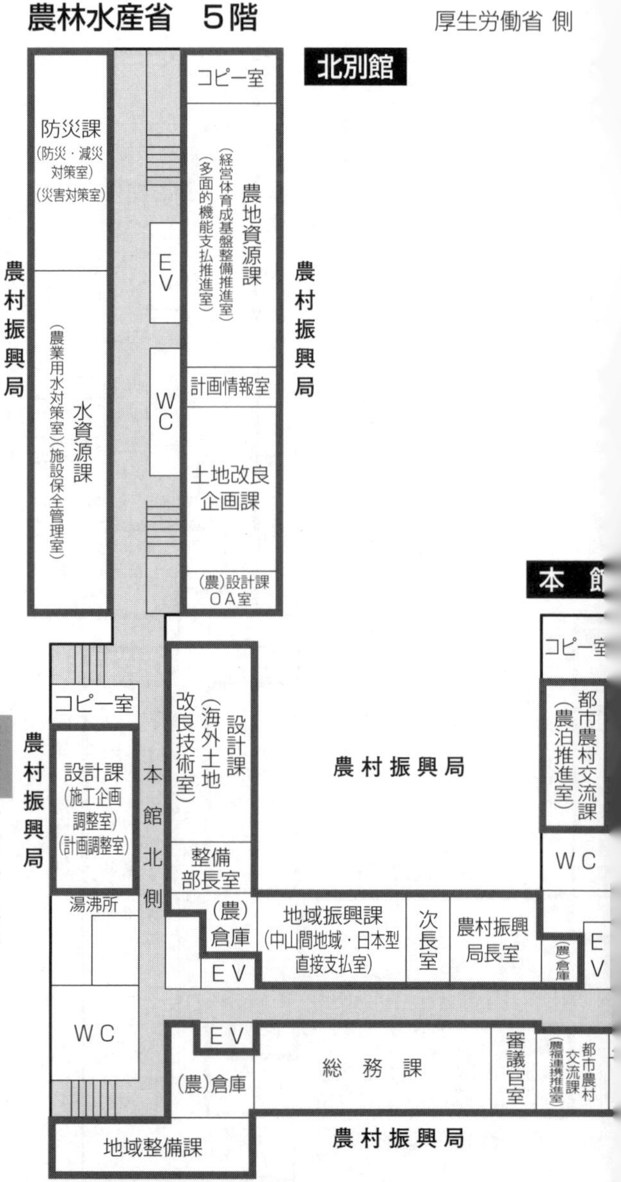
厚生労働省 側
北別館
コピー室
防災課
(防災・減災対策室)
(災害対策室)
農地資源課
(経営体育成基盤整備推進室)
(多面的機能支払推進室)
EV
WC
農村振興局
計画情報室
水資源課
(農業用水対策室)(施設保全管理室)
土地改良企画課
(農)設計課OA室
本館
コピー室
都市農村交流課
(農泊推進室)
WC
コピー室
設計課
(海外土地改良技術室)
農村振興局
設計課
(施工企画調整室)
(計画調整室)
本館北側
整備部長室
湯沸所
(農)倉庫
地域振興課
(中山間地域・日本型直接支払室)
次長室
農村振興局長室
(農)倉庫
EV
EV
WC
EV
総務課
(農)倉庫
審議官室
都市農村交流課
(農福連携推進室)
地域整備課
農村振興局

南別館
(経)第1会議室
経営政策課
(担い手総合対策室)
農地政策課
(農地集積・集約化促進室)
EV
WC
経営局長室
審議官室
審議官室
経営局
経営局
光庭
金融調整課
総務課
事務機器室
倉庫
(経)第3会議室
予算事務室
(調整室)
(経)第1倉庫
農村振興局
(経)第3倉庫
(経)第4会議室
経営局
就農・女性課
(女性活躍推進室)
本館南側
協同組織課
(経営・組織対策室)
経営局
湯沸所
(輸)第3会議室
保険課
(農業経営収入保険室)
物品庫
EV
(農)倉庫
WC
EV
秘書課
環境バイオマス政策課
保険監理官
(経)第4倉庫
大臣官房
経営局
(経)第2会議室
(経)第4会議室
(経)第5会議室

# 農林水産省　6階

厚生労働省 側

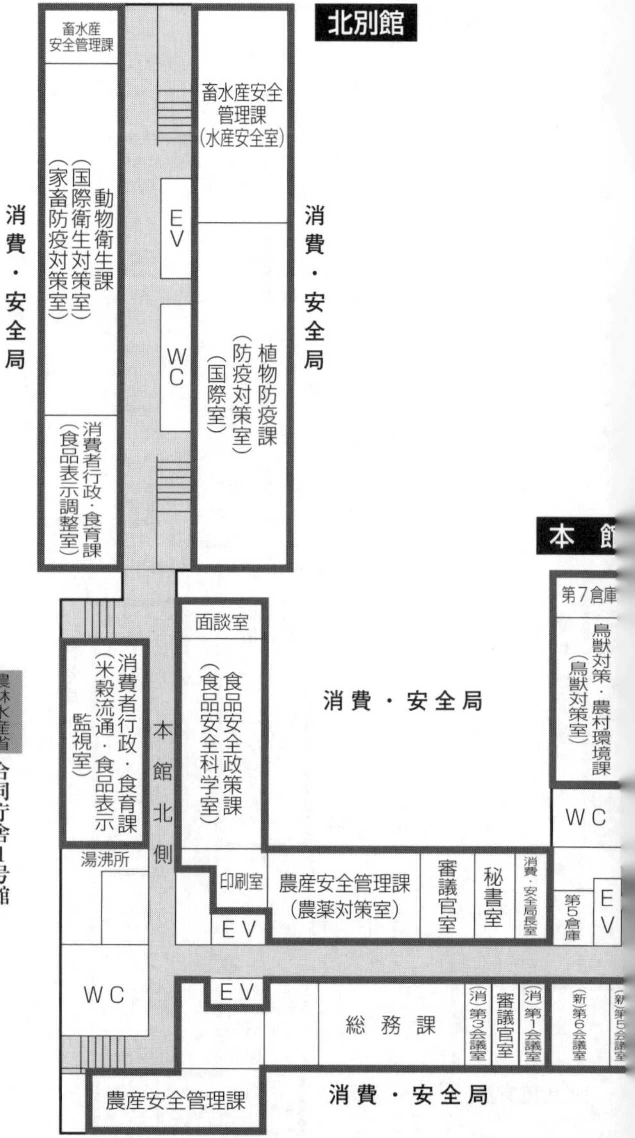
北別館
畜水産安全管理課
動物衛生課（国際衛生対策室）（家畜防疫対策室）
消費・安全局
畜水産安全管理課（水産安全室）
EV
WC
植物防疫課（防疫対策室）（国際室）
消費・安全局
消費者行政・食育課（食品表示調整室）
本館
第7倉庫
鳥獣対策・農村環境課（鳥獣対策室）
面談室
消費者行政・食育課（米穀流通・食品表示監視室）
本館北側
食品安全政策課（食品安全科学室）
消費・安全局
WC
湯沸所
印刷室
農産安全管理課（農薬対策室）
審議官室
秘書室
消費・安全局長室
第5倉庫
EV
EV
WC
EV
総務課
(消)第3会議室
審議官室
(消)第1会議室
(新)第6会議室
(新)第5会議室
農産安全管理課
消費・安全局

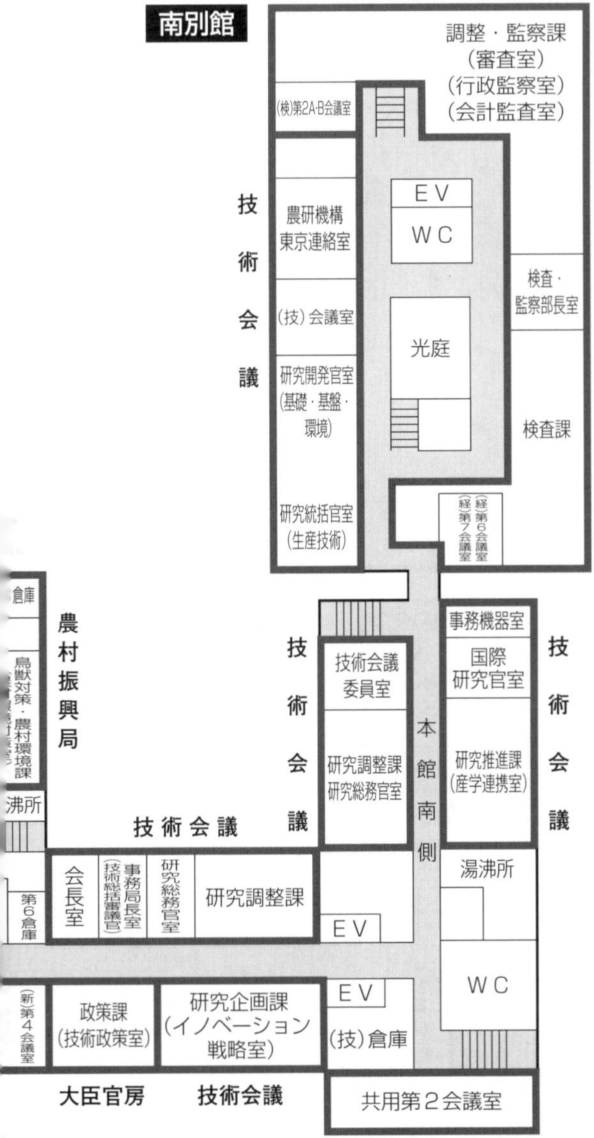
南別館
調整・監察課
（審査室）
（行政監察室）
（会計監査室）
(検)第2A·B会議室
EV
WC
（官）検査・監察部
検査·
監察部長室
光庭
検査課
(経)第6会議室
(経)第7会議室
技術会議
農研機構
東京連絡室
（技）会議室
研究開発官室
(基礎·基盤·
環境)
研究統括官室
(生産技術)
倉庫
農村振興局
鳥獣対策・農村環境課
沸所
事務機器室
国際
研究官室
技術会議
委員室
研究調整課
研究総務官室
本館南側
研究推進課
(産学連携室)
技術会議
技術会議
湯沸所
会長室
事務局長室
（技術総括審議官）
研究総務官室
研究調整課
第6倉庫
EV
WC
(新)第4会議室
政策課
（技術政策室）
研究企画課
（イノベーション
戦略室）
EV
（技）倉庫
大臣官房
技術会議
共用第２会議室

## 農林水産省・林野庁　7階

厚生労働省 側

北別館
秘書課
(林)C会議室
(林)会議室
全林野中央本部
(消)第6会議室
シルバープラン室
EV
管理課(福利厚生室)
WC
管理課
林野庁
林野庁
(農)会議室
大臣官房
秘書課
本館
(林)倉庫
(消)第6会議室
林政課(監査室)
企画課分析官室
木材貿易対策室
経営課(特用林産対策室)
林野庁
本館北側
経営課(林業労働対策室)
講
WC
林野庁
湯沸所
(共)倉庫
EV
図書資料室
企画課
林政部第1・第2会議室
(林)印刷室
EV
WC
EV
(林)倉庫
木材利用課
木材産業課(木材製品技術室)
資料室
林政課文書室
(輸)第4会議室
会議室
第3特別会議室
林野庁

農林水産省

合同庁舎1号館

南別館
森林利用課
(森林集積推進室)
(山村振興・緑化推進室)
(データベース室)
会議室
記者室(林政記者クラブ)
(森林保護対策室)
研究指導課
(技術開発推進室)
印刷室
(林)倉庫
(施工企画調整室)
(海外林業協力室)
EV
WC
光庭
計画課
森林整備部長室
(農)会議室
(造林間伐対策室)
資料室
整備課
林野庁
林野庁
講師控室
研修室
大臣官房
本館南側
治山課
(山地災害対策室)
林野庁
(新)第1会議室
湯沸所
EV
WC
林野庁
(林)倉庫
林野庁長官室
秘書室
次長室
林政課
林政課(広報室)
部長室 林政
林政課
入札室
EV
(林)倉庫
林野庁
(共)第1会議室

## 農林水産省・林野庁・水産庁　8階　厚生労働省 側

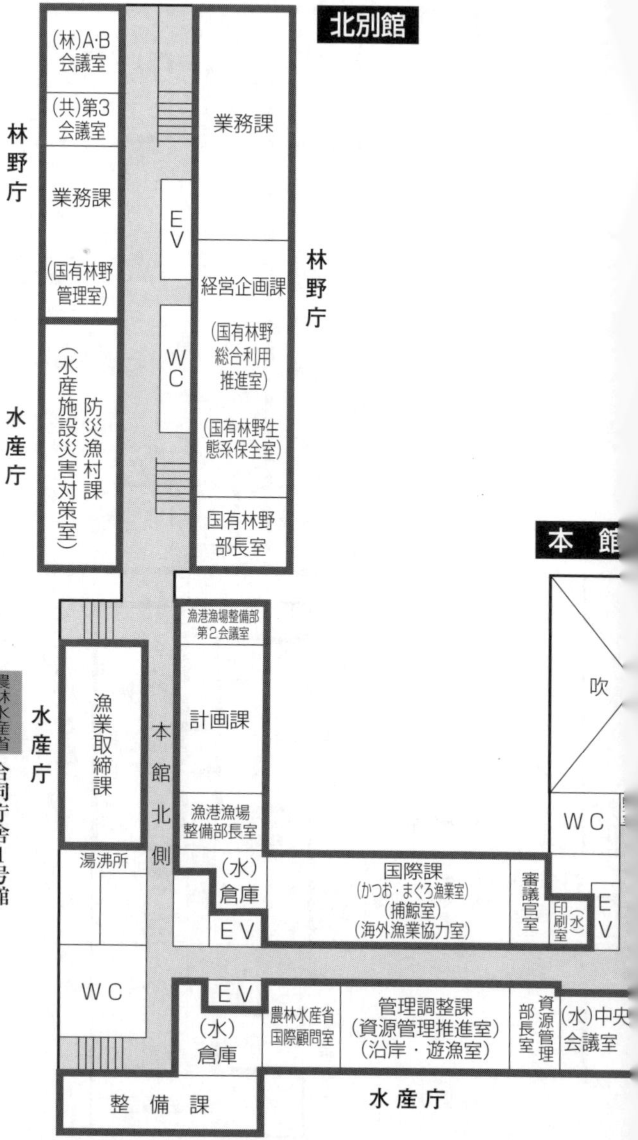
北別館
(林)A·B会議室
(共)第3会議室
業務課
(国有林野管理室)
林野庁
業務課
E V
W C
経営企画課
(国有林野総合利用推進室)
(国有林野生態系保全室)
林野庁
国有林野部長室
防災漁村課
(水産施設災害対策室)
水産庁
本館
漁港漁場整備部第2会議室
計画課
漁港漁場整備部長室
漁業取締課
水産庁
本館北側
吹
W C
湯沸所
(水)倉庫
E V
国際課
(かつお・まぐろ漁業室)
(捕鯨室)
(海外漁業協力室)
審議官室
印刷室(水)
E V
W C
E V
(水)倉庫
農林水産省国際顧問室
管理調整課
(資源管理推進室)
(沿岸・遊漁室)
資源管理部長室
(水)中央会議室
整備課
水産庁

農林水産省
合同庁舎1号館

南別館
研究
指導課
(海洋技術室)
栽培養殖課
(内水面漁業振興室)
増殖推進部
第2会議室
水産
経営課
(指導室)
EV
WC
増殖推進
部長室
漁政部
第3会議室
(水)漁政部
第2会議室
水産庁
水産庁
休養室
光庭
漁業
保険
管理官
漁場資源課
(生態系保全室)
(水)漁政部
第1会議室
図書
資料室
水産庁
記者クラブ
漁港漁場管理部
第1会議室
資源管理部
第1会議室
資源管理部
第2会議室
加工流通課
加工流通課
(水産物貿易
対策室)
本館南側
外国人応接室
湯沸所
水産庁
沸所
水産庁長官室
秘書室兼控室
次長室
漁政課
(船舶管理室)
予算事務室
EV
WC
漁政部長室
漁政課
EV
(水)倉庫
水産庁
企画課
(水産業体質強化推進室)

# 経済産業省

## （資源エネルギー庁、中小企業庁）

〒100-8901（経済産業省）　千代田区霞が関1-3-1
〒100-8931（資源エネルギー庁）　TEL03（3501）1511
〒100-8912（中小企業庁）

地下鉄：霞ヶ関駅　A11b番出口

## 本　館

| 階別 | 局（部）名 | 課（室）名 |
| --- | --- | --- |
| 17 | | 秘書課会議室、国際会議室、特別会議室（第1～3）、共用会議室（第1～5）、談話室<br><br>官房共用会議室 |
| 16 | 通商政策局<br><br><br><br><br>（通商機構部）<br><br><br><br>通商政策局・貿易経済協力局 | 審議官（通商戦略担当）、通商法務官、通商交渉官、経済連携課、米州課、中南米室、欧州課ロシア・中央アジア・コーカサス室中東アフリカ課、アフリカ室、アジア太平洋地域協力推進室<br>部長、参事官（ＡＤ・補助金・ＳＧ担当）、参事官（総括担当）、参事官（関税・非農産品市場アクセス担当）、国際経済紛争対策室、国際法務室、会議室<br>業務管理官室 |
| 15 | <br>通商政策局 | 経済産業審議官室<br>局長室、審議官（通商政策局担当）、総務課、通商戦略室、企画調査室、国際経済課、アジア大洋州課、南西アジア室、北東アジア課、韓国室、会議室 |
| 14 | 貿易経済協力局<br>（貿易管理部） | <br>部長、貿易管理課、原産地証明室、貿易審査課、野生動植物貿易審査室、農水産室、特殊関税等調査室、安全保障貿易管理政策課、技術調査室、国際投資管理室、安全保障貿易管 |

| 階別 | 局（部）名 | 課（室）名 |
| --- | --- | --- |
| | | 理課、安全保障貿易検査官室、安全保障貿易国際室、会議室 |
| 13 | 貿易経済協力局 | 局長室、審議官（貿易経済協力局・国際技術戦略担当）、審議官（貿易経済協力局）、審議官（貿易経済協力局・農林水産品輸出担当）、総務課、通商金融課、資金協力室、技術・人材協力課、貿易振興課、国際金融交渉室、戦略輸出交渉官、投資促進課、安全保障貿易審査課 |
| 12 | 大臣官房 | 大臣政務官室<br>顧問、技術総括・保安審議官室、審議官室(政策総合調整担当)、審議官室(大臣官房担当)、参事官室(技術・高度人材戦略担当)、秘書課、特別会議室 |
| 11 | 大臣官房 | 大臣室、副大臣室、秘書官、事務次官室<br>官房長室、総括審議官室、秘書課長室、総務課、総務課長室、政策企画官、政策審議室、国会業務室 |
| 10 | 大臣官房 | 会計課、会計課長室、監査室、広報室、広報室長室、経済産業相談所、会議室<br><br>記者会見室、経済産業記者会（社会部分室）、経済産業記者会 |
| 9 | 産業保安グループ | 産業保安グループ長、審議官（産業保安担当）、業務管理室、保安課、産業保安企画室、高圧ガス保安室、ガス安全室、電力安全課、電気保安室、鉱山・火薬類監理官室、石炭保安室 、製品安全課、製品事故対策室<br><br>ビデオルーム、経済産業省ペンクラブ |
| 8 | 大臣官房<br><br><br>経済産業政策局 | 総務課（業務管理官）、文書室、公文書監理室、グローバル産業室、会計課（調達調整担当、給与担当）、厚生企画室、業務改革課<br>業務管理官室<br><br>会議室、共済組合本部 |
| 7 | 経済産業政策局 | 局長室、審議官（経済産業政策局担当）、スタートアップ創出推進政策統括調整官、総務課、調査課、企業財務室、産業構造課、経済社会政策室、産業組織課、競争環境整備室、知的財産政策室、産業創造課、新事業創造推 |

| 階別 | 局（部）名 | 課（室）名 |
|---|---|---|
| | | 進室、産業資金課、企業行動課、企業会計室、産業人材課、企業人材室、アジア新産業共創政策室 |
| 6 | 製造産業局<br>電力・ガス取引監視等委員会 | 化学物質管理課、化学物質安全室、化学兵器・麻薬原料等規制対策室、化学物質リスク評価室、オゾン層保護等推進室<br>委員長、委員、事務局長、業務管理室、総務課、取引監視課、取引制度企画室、ネットワーク事業監視課、ネットワーク事業制度企画室、会議室 |
| 5 | 製造産業局 | 業務管理官室、金属課、金属技術室、素材産業課、革新素材室、アルコール室、素形材産業室、生活製品課、住宅産業室、伝統的工芸品産業室、車両室、会議室 |
| 4 | 製造産業局 | 局長室、審議官室（製造産業局担当）、首席通商政策統括調整官、総務課、通商室、国際プラント・インフラシステム・水ビジネス推進室、ものづくり政策審議室、産業機械課、ロボット政策室、自動車課、ITS・自動走行推進室、自動車部品・ソフトウェア産業室、次世代モビリティ政策室、自動車戦略企画室、航空機武器宇宙産業課、航空機部品・素材産業室、宇宙産業室、生活物資等供給確保戦略室、製造産業戦略企画室 |
| 3 | 商務情報政策局 | 局長室、審議官（商務情報政策局担当）、審議官(IT戦略担当)、サイバーセキュリティ・情報化審議官、業務管理官室、総務課、情報プロジェクト室、国際室、情報経済課、サイバーセキュリティ課、情報技術利用促進課（ITイノベーション課)、情報産業課、コンテンツ産業課、デジタル取引環境整備室、アーキテクチャ戦略企画室、国際戦略情報分析官、ソフトウェア・情報サービス戦略室、電池産業室、デバイス・半導体戦略推進室、高度情報通信技術産業戦略室 |
| 2 | 大臣官房<br>貿易経済協力局 | 大臣官房付室、災害対策業務室、労働保健統括医、労働保健医<br>貿易審査会議室<br><br>会議室、未来対話ルーム |
| 1 | | 運行管理室、防災センター |

経済産業省

# 別　館

| 階別 | 局（部）名 | 課（室）名 |
|---|---|---|
| 11 | 独立行政法人<br>経済産業研究所 | 所長、副所長、理事長、理事、監事、国際·広報グループ、研究グループ、総務グループ、資料閲覧室、国際セミナー室１・２<br><br>各省庁共用会議室、経済産業省診療所、健康支援センター、休養室、共用会議室、応接室 |
| 10 | 特許庁<br>独立行政法人<br>産業技術総合研究所 | 審判部<br>理事長、副理事長、理事、監事、企画本部、会議室、大会議室 |
| 9 | 大臣官房<br>（調査統計グループ） | 審議官室、総合調整室、統計情報システム室、データマネジメント推進室、統計企画室、業務管理室、会議コーナー、経済解析室、サービス動態統計室、構造・企業統計室、鉱工業動態統計室、調査統計分会室、STATS業務室<br><br>会議室 |
| 8 | 特許庁 | 審判部、審判課、審判部訟務室、首席審判長室、審判課・侵害業務室<br><br>会議室、中小企業庁ペンクラブ、分会 |
| 7 | 大臣官房<br>経済産業政策局<br>（地域経済産業グループ） | 地域経済産業審議官<br>地域経済産業グループ長、地域経済産業政策統括調整官、業務管理官室、地域経済産業政策課、地方調整室、沖縄振興室、地域未来企業投資促進T、地域企業高度化推進課、地域産業基盤整備課、中心市街地活性化室 |
| | 中小企業庁 | 長官室、次長室 |
| | （長官官房） | 総務課、業務管理官室、広報相談室 |
| | （事業環境部） | 部長室、企画課、調査室、経営安定対策室、金融課、中小企業金融検査室、財務課、会議室 |
| | （経営支援部） | 部長室、経営支援課、小規模企業振興課、技術・経営革新課（イノベーション課）、商業課、創業・新事業促進課、海外展開支援室、国際協力室 |

| 階別 | 局（部）名 | 課（室）名 |
|---|---|---|
| 6 | 産業技術環境局 | 局長室、審議官（産業技術・基準認証担当）、審議官（環境問題担当）、産業技術環境政策統括調整官、業務管理官室、総務課、技術政策企画室、成果普及・連携推進室、国際室、技術振興・大学連携推進課、新エネルギー・産業技術総合開発機構室、大学連携推進室、研究開発課、技術評価室、産業技術プロジェクト推進室、基準認証政策課、製品評価技術基盤機構室、基準認証広報室、認証企画室、基準認証経済連携室、基準認証政策課会議室、国際標準課、国際電気標準課、環境政策課、エネルギー・環境イノベーション戦略室、地球環境対策室、地球環境連携室、環境経済室、資源循環経済課、環境管理推進室、会議室 |
| 5 | 大臣官房 | |
| | （福島復興推進グループ） | 業務管理室、福島相双復興推進機構担当室、福島新産業・雇用創出推進室 |
| | 資源エネルギー庁 | 首席国際カーボンニュートラル政策統括調整官 |
| | （省エネルギー・新エネルギー部） | 部長室、政策課、新エネルギーシステム課、制度審議室、省エネルギー課、再生可能エネルギー推進室、新エネルギー課 |
| | （電力・ガス事業部） | 部長室、政策課、熱供給産業室、ガス市場整備室、電力基盤整備課、電力需給・流通政策室、電源地域整備室、電力供給室、電力流通室、電力産業・市場室、原子力政策課、原子力国際協力推進室、原子力損害対応室、原子力発電所事故収束対応室、原子力立地・核燃料サイクル産業課、核燃料サイクル産業立地対策室、原子力基盤室、放射性廃棄物対策課、放射性廃棄物対策広報室、原子力広報室 |
| | | 資源記者クラブ、資源エネルギー庁分会 |
| 4 | 資源エネルギー庁<br>（長官官房） | 長官、次長、資源エネルギー政策統括調整官<br>業務管理官室、総務課、戦略企画室、国際室、需給政策室、調査広報室、会計室、国際課、国際資源エネルギー戦略統括調整官、会議室 |
| | （資源・燃料部） | 部長室、政策課、燃料政策企画室、石油・天 |

| 階別 | 局（部）名 | 課（室）名 |
| --- | --- | --- |
| | <br><br>中小企業庁<br>（事業環境部） | 然ガス課、石油精製備蓄課、石油流通課、石炭課、鉱物資源課<br><br>取引課、取引調査室、会議室 |
| 3 | 大臣官房<br><br>商務・サービスグループ | 情報システム室、デジタル・トランスフォーメーション室<br>商務・サービス審議官、審議官室（商務・サービス担当）、業務管理官室、参事官室、消費・流通政策課、消費経済企画室、物流企画室、キャッシュレス推進室、商取引監督課、商品取引検査室、商品市場整備室、サービス政策課、教育産業室、スポーツ産業室、サービス産業室、クールジャパン政策課、博覧会推進室、ヘルスケア産業課、医療・福祉機器産業室、生物化学産業課、生物多様性・生物兵器対策室、消費者相談室 |
| 2 | 大臣官房 | 基盤情報システムサービスデスク<br><br>全経済産業労働組合本省支部 |
| 1 | | 経済産業省図書館、経済産業保育室、経済産業省行政情報センター、閲覧窓口、情報公開窓口、行政機関個人情報保護法窓口、消費者相談室 |

## 経済産業省　1階

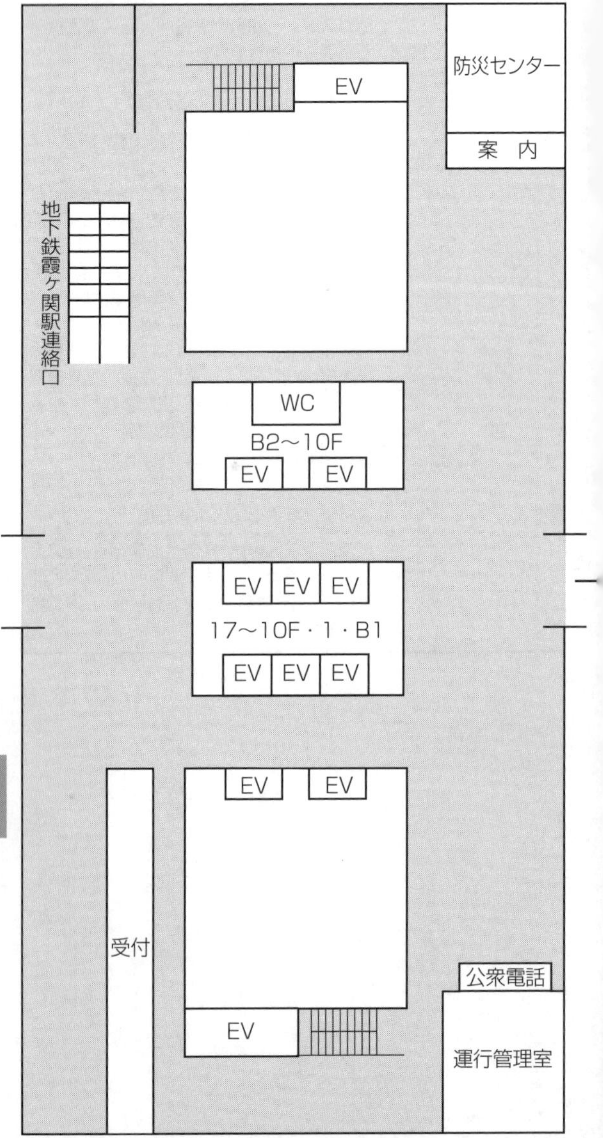
農水省 側
防災センター
案内
EV
地下鉄霞ケ関駅連絡口
WC
B2〜10F
EV
EV
EV
EV
EV
17〜10F・1・B1
EV
EV
EV
EV
EV
受付
公衆電話
EV
運行管理室

# 経済産業省　2階

農水省 側

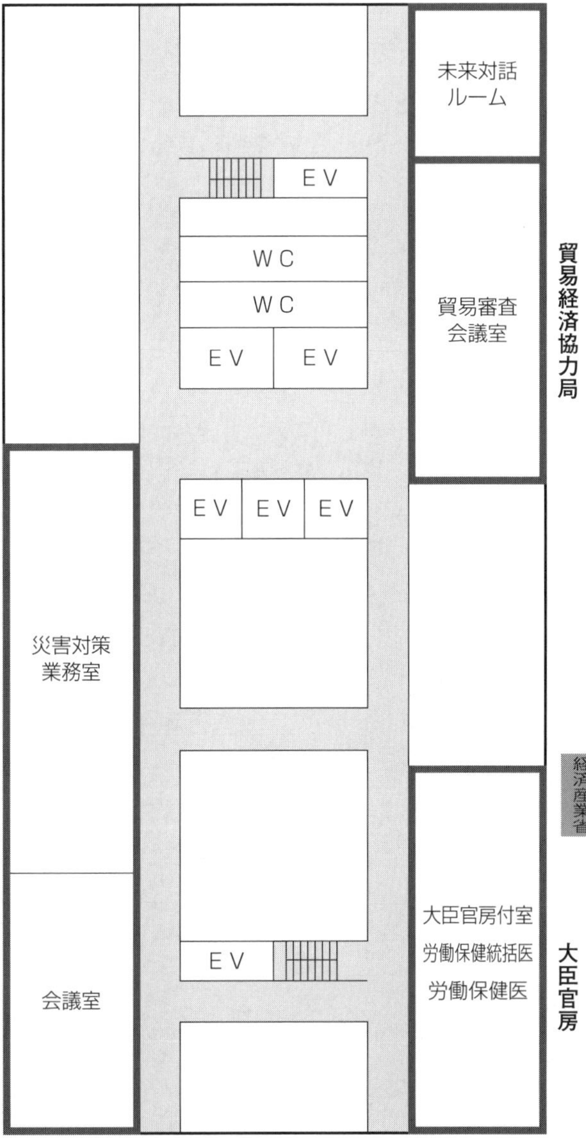
未来対話ルーム
EV
WC
WC
EV
EV
貿易審査会議室
貿易経済協力局
EV
EV
EV
災害対策業務室
EV
会議室
大臣官房付室
労働保健統括医
労働保健医
大臣官房

## 経済産業省　3階

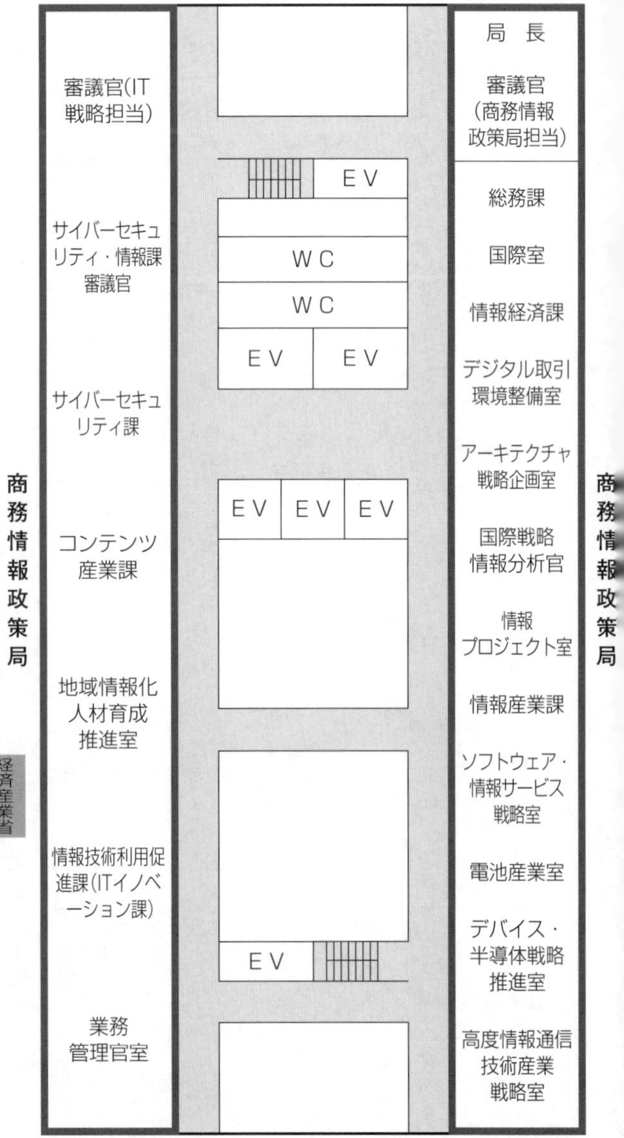
農水省 側
商務情報政策局
審議官(IT戦略担当)
サイバーセキュリティ・情報課審議官
サイバーセキュリティ課
コンテンツ産業課
地域情報化人材育成推進室
情報技術利用促進課(ITイノベーション課)
業務管理官室
EV
WC
WC
EV
EV
EV
EV
EV
EV
局長
審議官(商務情報政策局担当)
総務課
国際室
情報経済課
デジタル取引環境整備室
アーキテクチャ戦略企画室
国際戦略情報分析官
情報プロジェクト室
情報産業課
ソフトウェア・情報サービス戦略室
電池産業室
デバイス・半導体戦略推進室
高度情報通信技術産業戦略室
商務情報政策局

# 経済産業省　4階

農水省 側

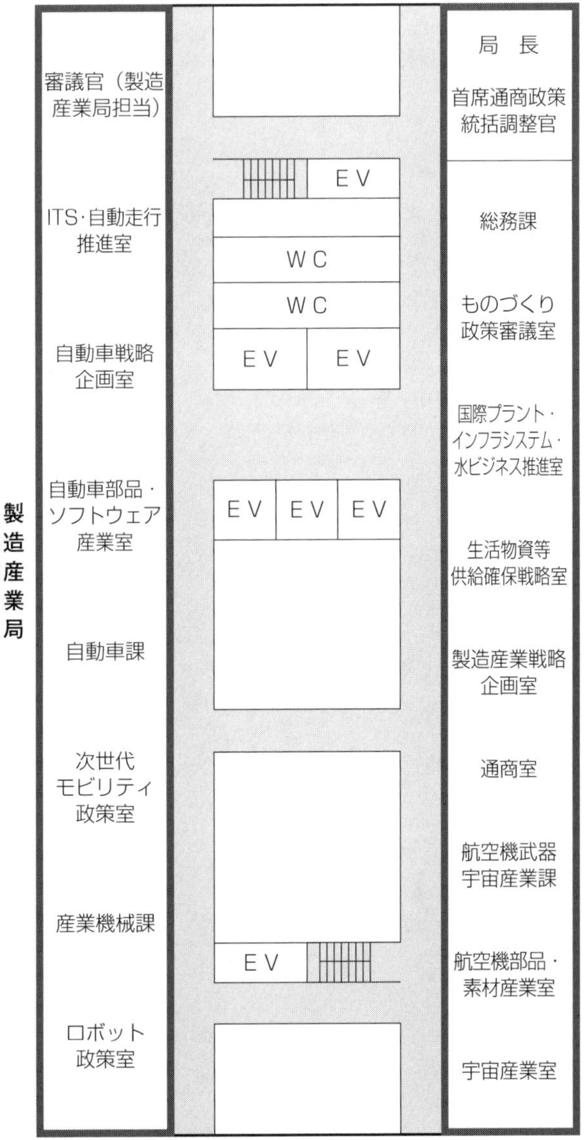

製造産業局
審議官（製造産業局担当）
ITS·自動走行推進室
自動車戦略企画室
自動車部品・ソフトウェア産業室
自動車課
次世代モビリティ政策室
産業機械課
ロボット政策室
EV
WC
WC
EV
EV
EV
EV
EV
EV
局　長
首席通商政策統括調整官
総務課
ものづくり政策審議室
国際プラント・インフラシステム・水ビジネス推進室
生活物資等供給確保戦略室
製造産業戦略企画室
通商室
航空機武器宇宙産業課
航空機部品・素材産業室
宇宙産業室
製造産業局

# 経済産業省　5階

農水省 側
製造産業局
会議室
金属技術室
金属課
アルコール室
革新素材室
素材産業課
EV
WC
WC
EV
EV
EV
EV
EV
EV
製造産業局
会議室
業務管理官室
車両室
素形材産業室
生活製品課
住宅産業室
伝統的工芸品産業室

# 経済産業省　6階

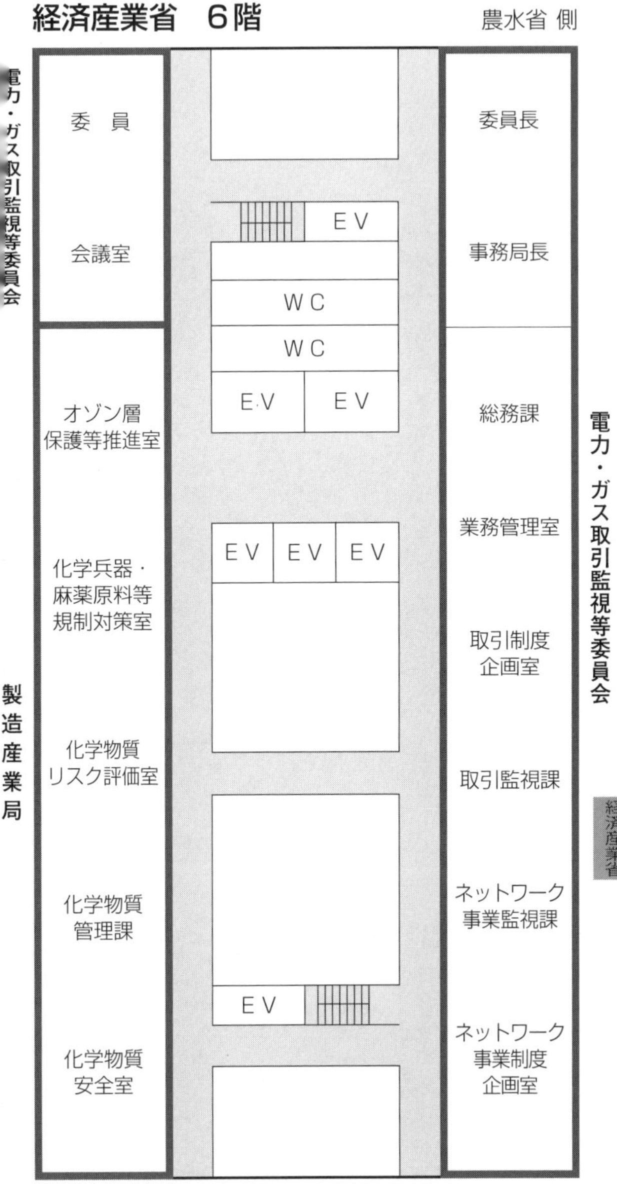

農水省 側
電力・ガス取引監視等委員会
委　員
会議室
委員長
事務局長
EV
WC
WC
EV
EV
オゾン層
保護等推進室
総務課
業務管理室
EV
EV
EV
化学兵器・
麻薬原料等
規制対策室
取引制度
企画室
電力・ガス取引監視等委員会
製造産業局
化学物質
リスク評価室
取引監視課
化学物質
管理課
ネットワーク
事業監視課
EV
化学物質
安全室
ネットワーク
事業制度
企画室


経済産業省

# 経済産業省　7階

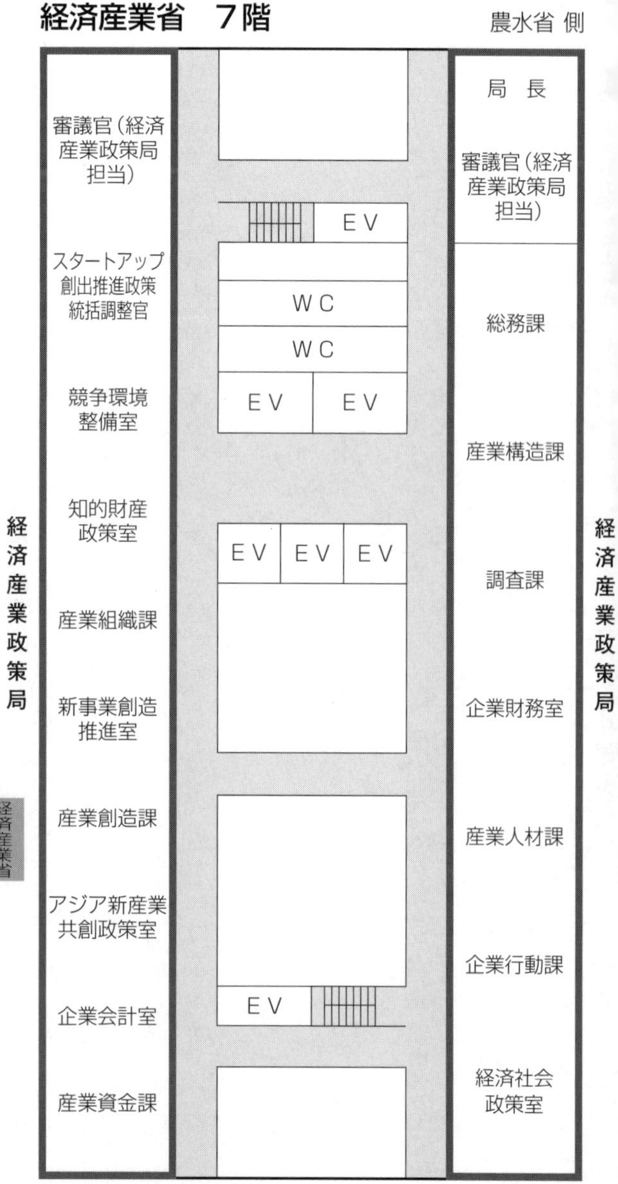
農水省 側
経済産業政策局
審議官（経済産業政策局担当）
スタートアップ創出推進政策統括調整官
競争環境整備室
知的財産政策室
産業組織課
新事業創造推進室
産業創造課
アジア新産業共創政策室
企業会計室
産業資金課
EV
WC
WC
EV
EV
EV
EV
EV
EV
局長
審議官（経済産業政策局担当）
総務課
産業構造課
調査課
企業財務室
産業人材課
企業行動課
経済社会政策室
経済産業政策局

# 経済産業省　8階

農水省 側

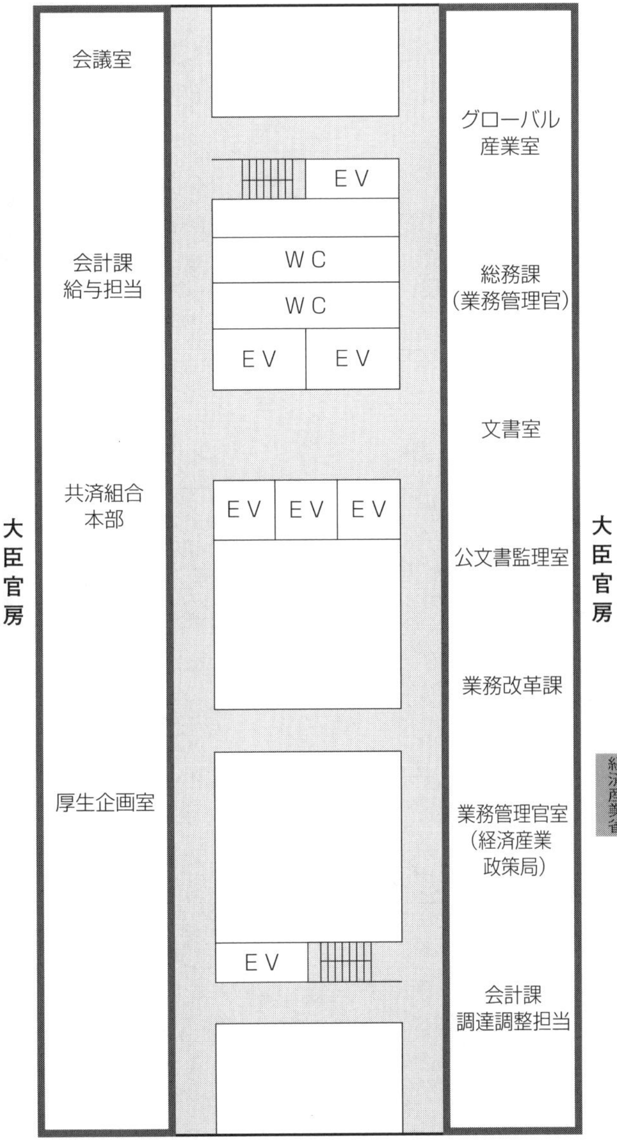
大臣官房
会議室
会計課
給与担当
共済組合
本部
厚生企画室
EV
WC
WC
EV
EV
EV
EV
EV
EV
大臣官房
グローバル
産業室
総務課
（業務管理官）
文書室
公文書監理室
業務改革課
業務管理官室
（経済産業
政策局）
会計課
調達調整担当

# 経済産業省　9階

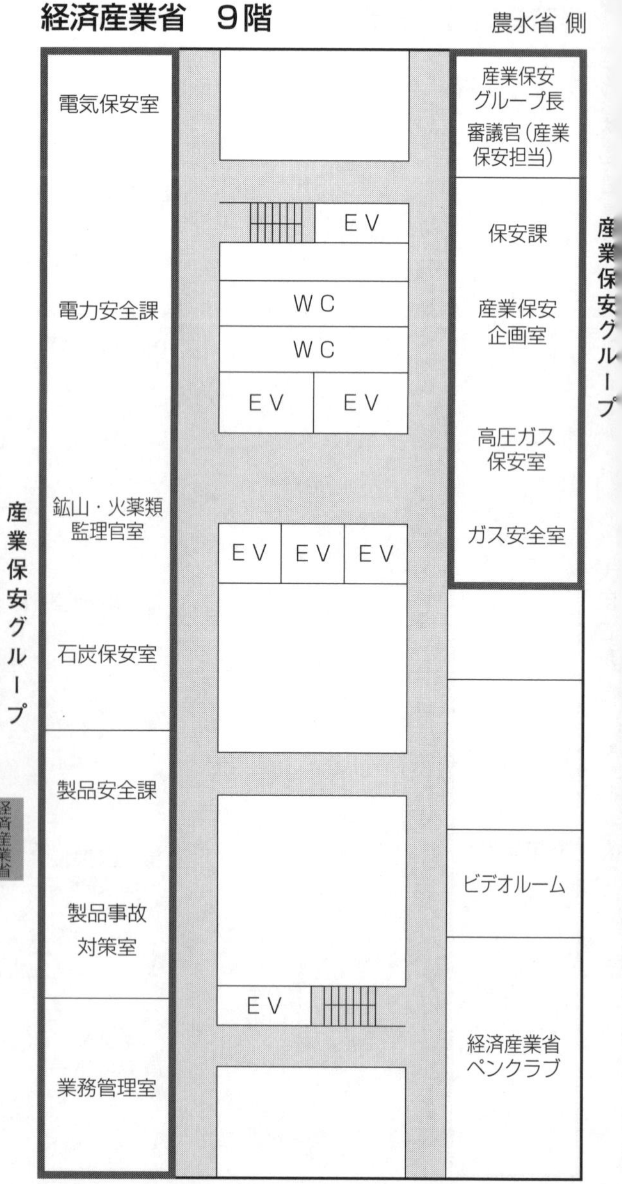
農水省 側
電気保安室
電力安全課
鉱山・火薬類
監理官室
石炭保安室
製品安全課
製品事故
対策室
業務管理室
産業保安グループ
EV
WC
WC
EV
EV
EV
EV
EV
EV
産業保安
グループ長
審議官（産業
保安担当）
保安課
産業保安
企画室
高圧ガス
保安室
ガス安全室
産業保安グループ
ビデオルーム
経済産業省
ペンクラブ

# 経済産業省　10階

農水省 側

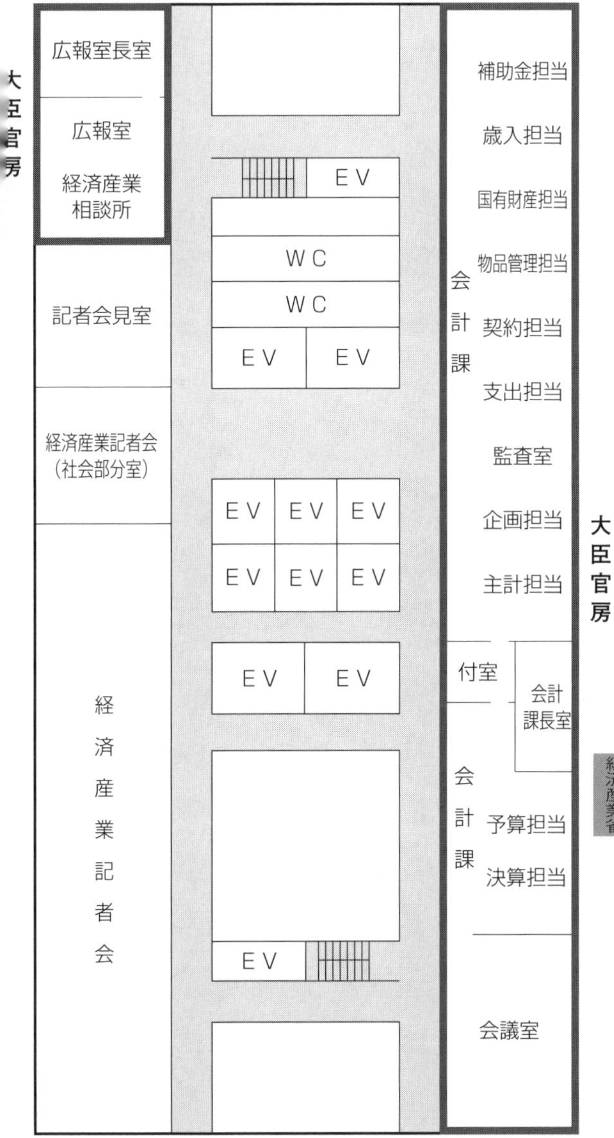
大臣官房
広報室長室
広報室
経済産業相談所
記者会見室
経済産業記者会（社会部分室）
経済産業記者会
EV
WC
WC
EV
EV
EV
EV
EV
EV
EV
EV
EV
EV
EV
補助金担当
歳入担当
国有財産担当
物品管理担当
会計課
契約担当
支出担当
監査室
企画担当
主計担当
大臣官房
付室
会計課長室
会計課
予算担当
決算担当
会議室

# 経済産業省　11階

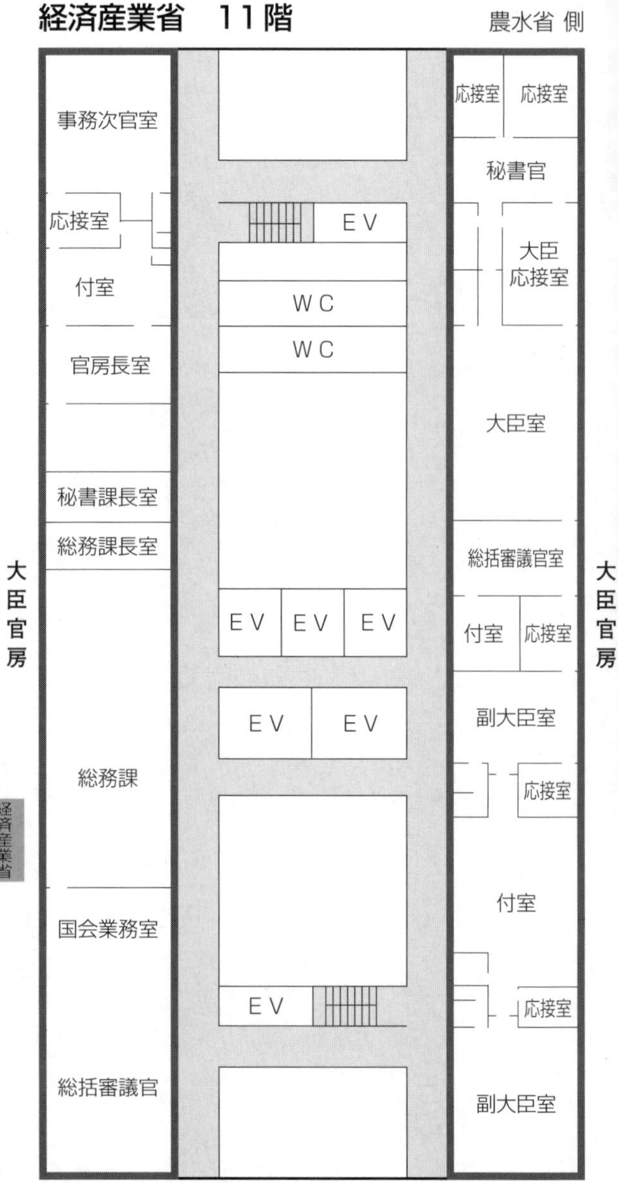
農水省 側
大臣官房
事務次官室
応接室
付室
官房長室
秘書課長室
総務課長室
総務課
国会業務室
総括審議官
EV
WC
WC
EV
EV
EV
EV
EV
EV
応接室
応接室
秘書官
大臣
応接室
大臣室
総括審議官室
付室
応接室
副大臣室
応接室
付室
応接室
副大臣室
大臣官房

# 経済産業省　12階

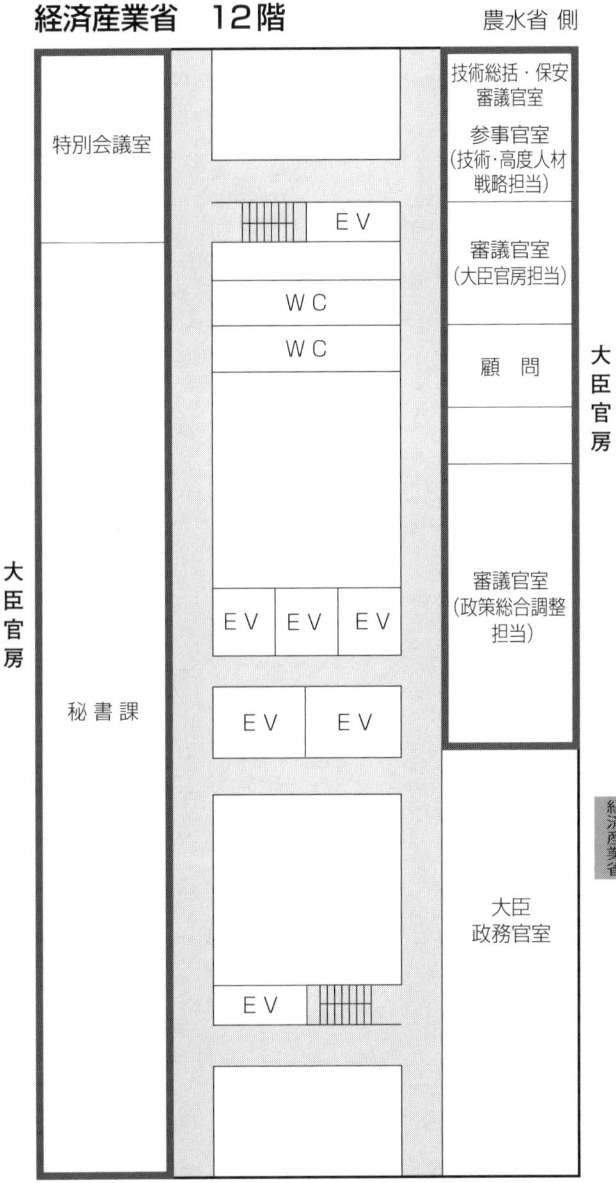
農水省 側
特別会議室
秘書課
大臣官房
EV
WC
WC
EV
EV
EV
EV
EV
EV
技術総括・保安審議官室
参事官室（技術・高度人材戦略担当）
審議官室（大臣官房担当）
顧　問
審議官室（政策総合調整担当）
大臣官房
大臣政務官室

# 経済産業省　13階

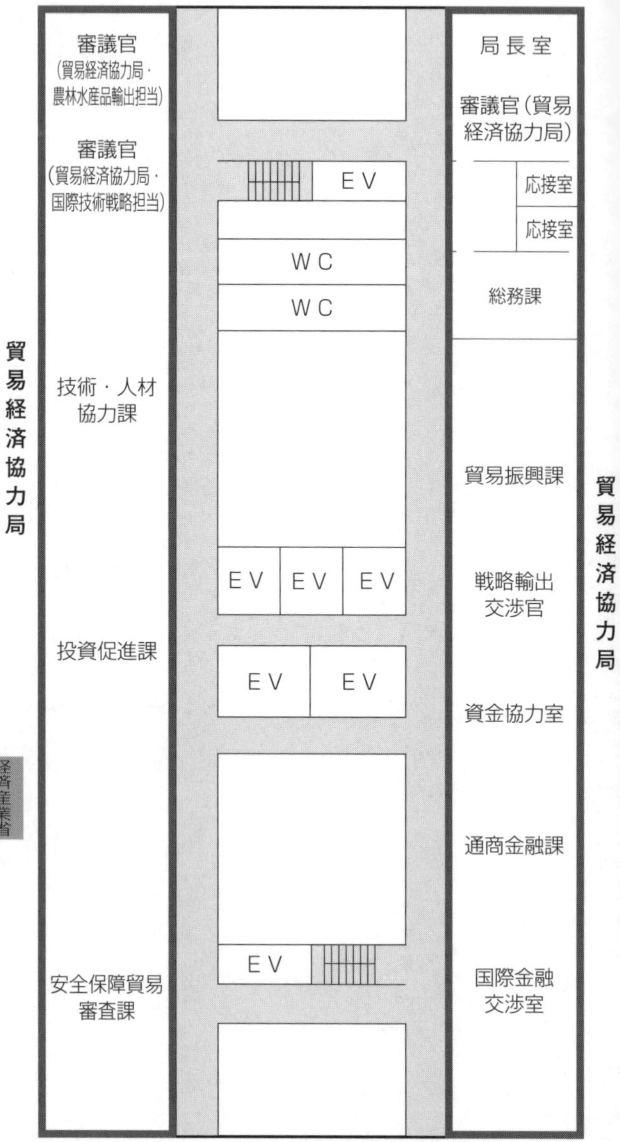
農水省 側
審議官
(貿易経済協力局・農林水産品輸出担当)
審議官
(貿易経済協力局・国際技術戦略担当)
技術・人材協力課
投資促進課
安全保障貿易審査課
貿易経済協力局
局長室
審議官(貿易経済協力局)
応接室
応接室
総務課
貿易振興課
戦略輸出交渉官
資金協力室
通商金融課
国際金融交渉室
貿易経済協力局
EV
WC
WC
EV
EV
EV
EV
EV
EV

# 経済産業省　14階

農水省 側

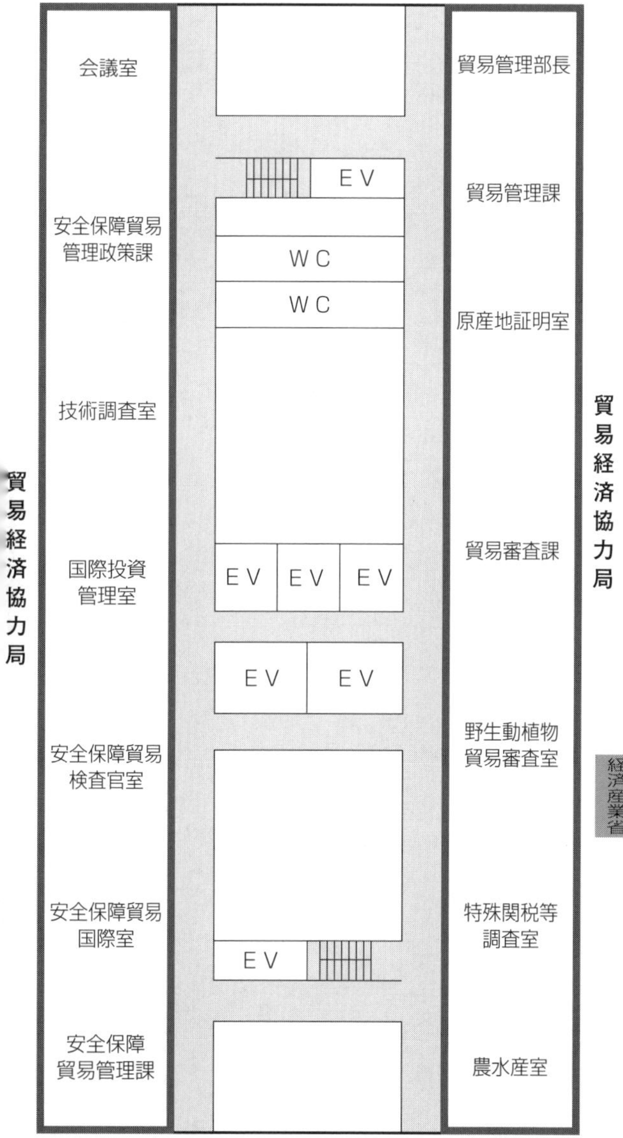

会議室
安全保障貿易
管理政策課
技術調査室
国際投資
管理室
安全保障貿易
検査官室
安全保障貿易
国際室
安全保障
貿易管理課
貿易経済協力局
EV
WC
WC
EV
EV
EV
EV
EV
EV
貿易管理部長
貿易管理課
原産地証明室
貿易審査課
野生動植物
貿易審査室
特殊関税等
調査室
農水産室
貿易経済協力局

## 経済産業省　15階

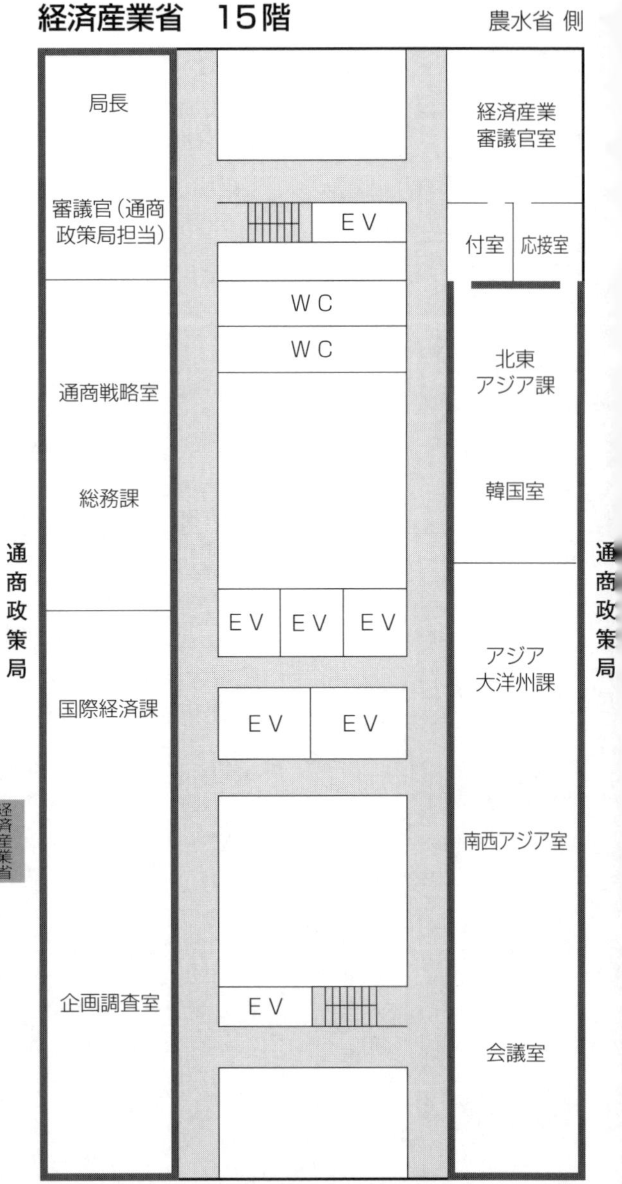
農水省 側
局長
審議官（通商政策局担当）
通商戦略室
総務課
国際経済課
企画調査室
EV
WC
WC
EV
EV
EV
EV
EV
EV
経済産業審議官室
付室
応接室
北東アジア課
韓国室
アジア大洋州課
南西アジア室
会議室
通商政策局
通商政策局

## 経済産業省　16階

農水省 側

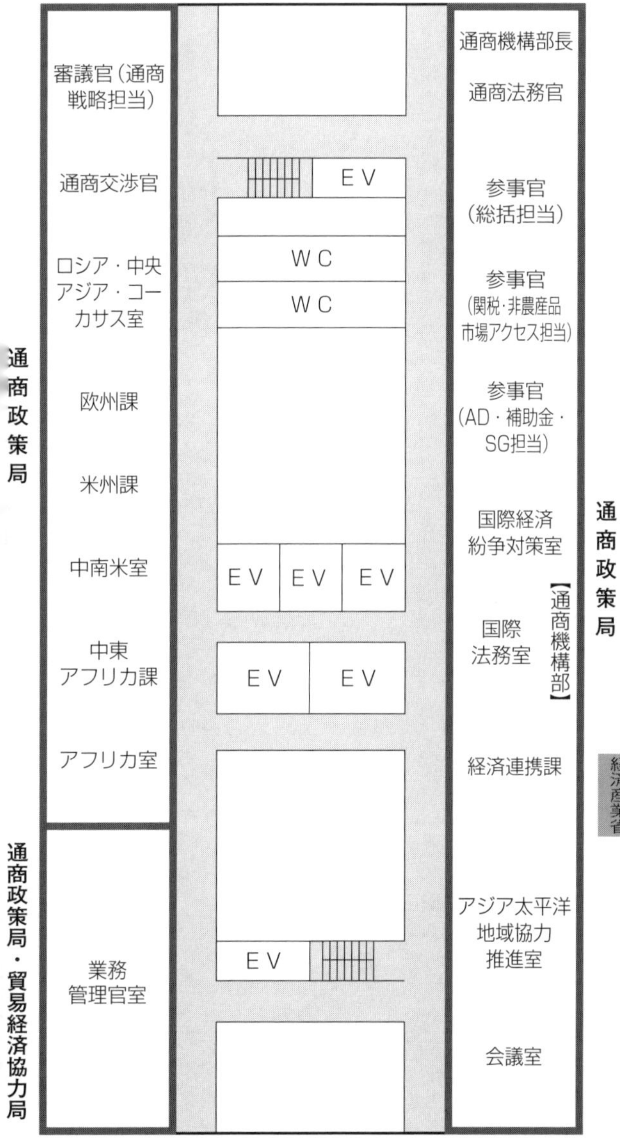
審議官（通商戦略担当）
通商交渉官
ロシア・中央アジア・コーカサス室
欧州課
米州課
中南米室
中東アフリカ課
アフリカ室
業務管理官室
通商政策局
通商政策局・貿易経済協力局
EV
WC
WC
EV
EV
EV
EV
EV
EV
通商機構部長
通商法務官
参事官（総括担当）
参事官（関税・非農産品市場アクセス担当）
参事官（AD・補助金・SG担当）
国際経済紛争対策室
国際法務室
【通商機構部】
経済連携課
アジア太平洋地域協力推進室
会議室
通商政策局

# 経済産業省　17階

農水省 側

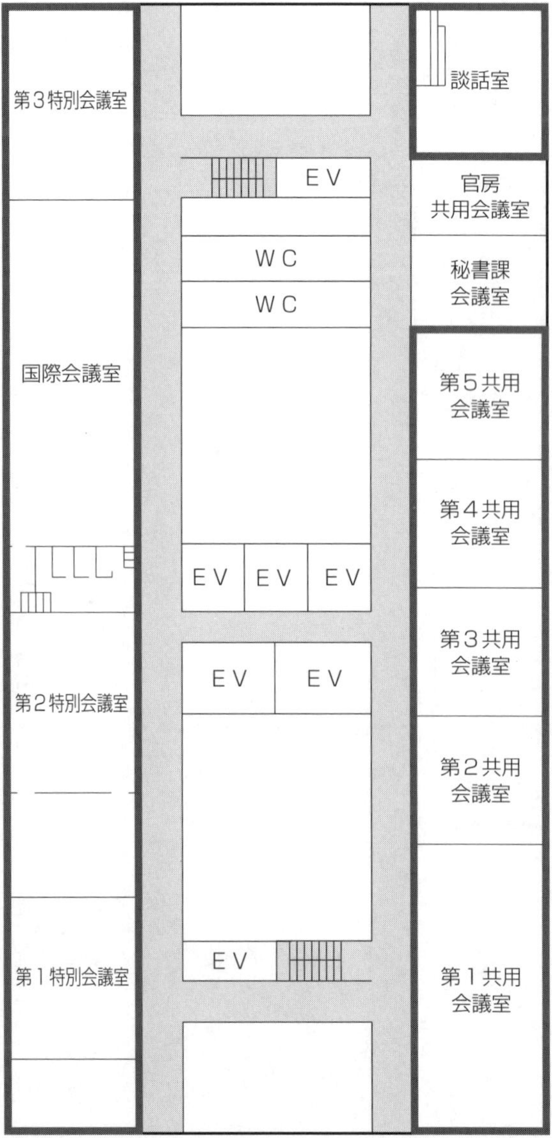
第3特別会議室
国際会議室
第2特別会議室
第1特別会議室
EV
WC
WC
EV
EV
EV
EV
EV
EV
談話室
官房
共用会議室
秘書課
会議室
第5共用
会議室
第4共用
会議室
第3共用
会議室
第2共用
会議室
第1共用
会議室

## 経済産業省　別館1階

農水省 側

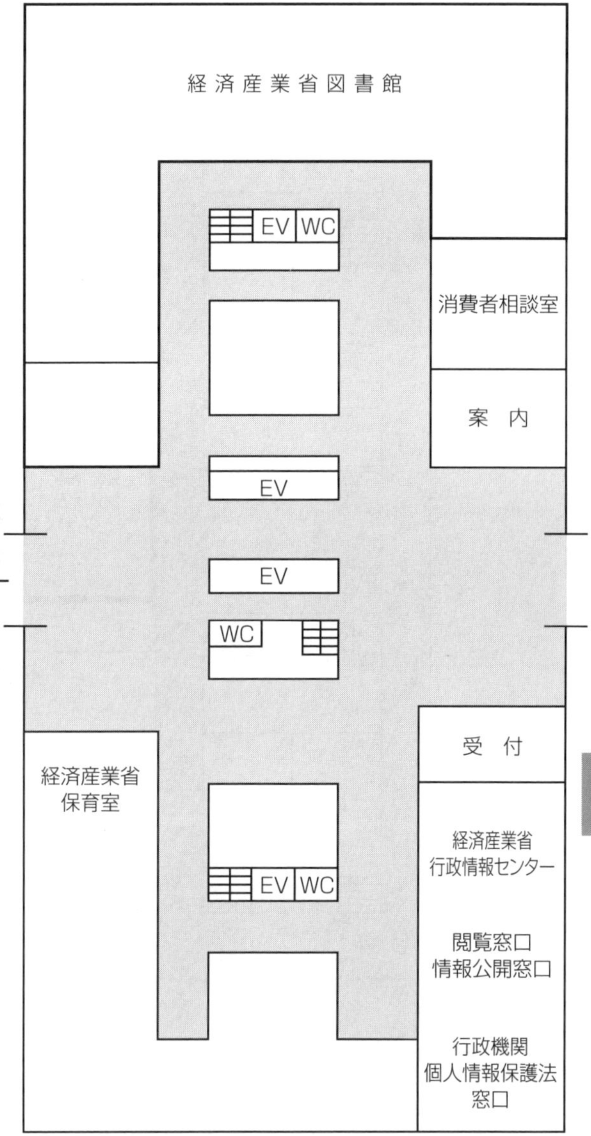
経済産業省図書館
EV
WC
消費者相談室
案　内
EV
EV
WC
受　付
経済産業省
保育室
EV
WC
経済産業省
行政情報センター
閲覧窓口
情報公開窓口
行政機関
個人情報保護法
窓口

# 経済産業省　別館２階

農水省 側

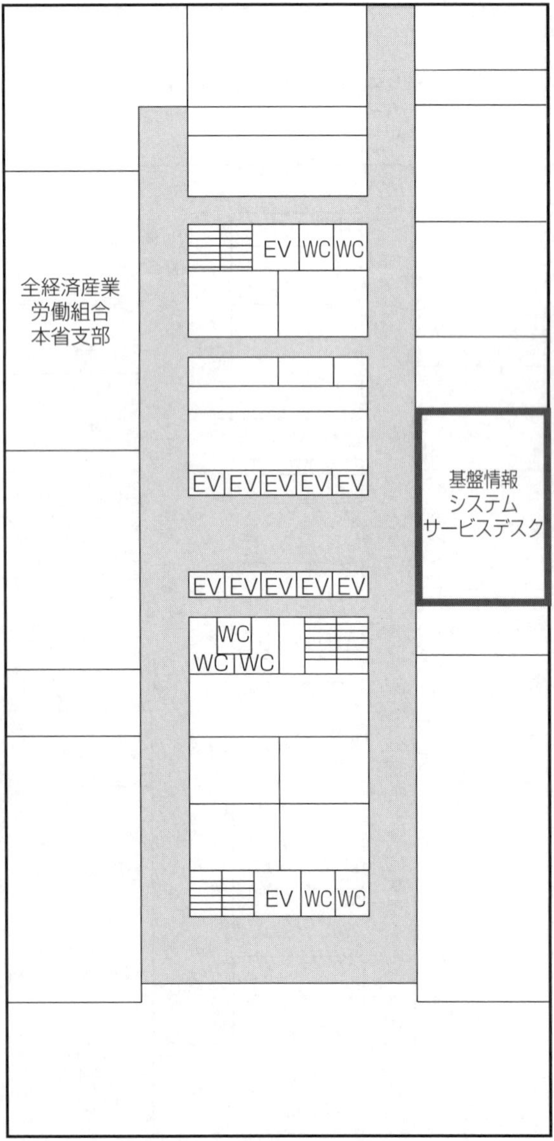
EV
WC
WC
全経済産業
労働組合
本省支部
EV
EV
EV
EV
EV
基盤情報
システム
サービスデスク
EV
EV
EV
EV
EV
WC
WC
WC
EV
WC
WC

# 経済産業省　別館3階

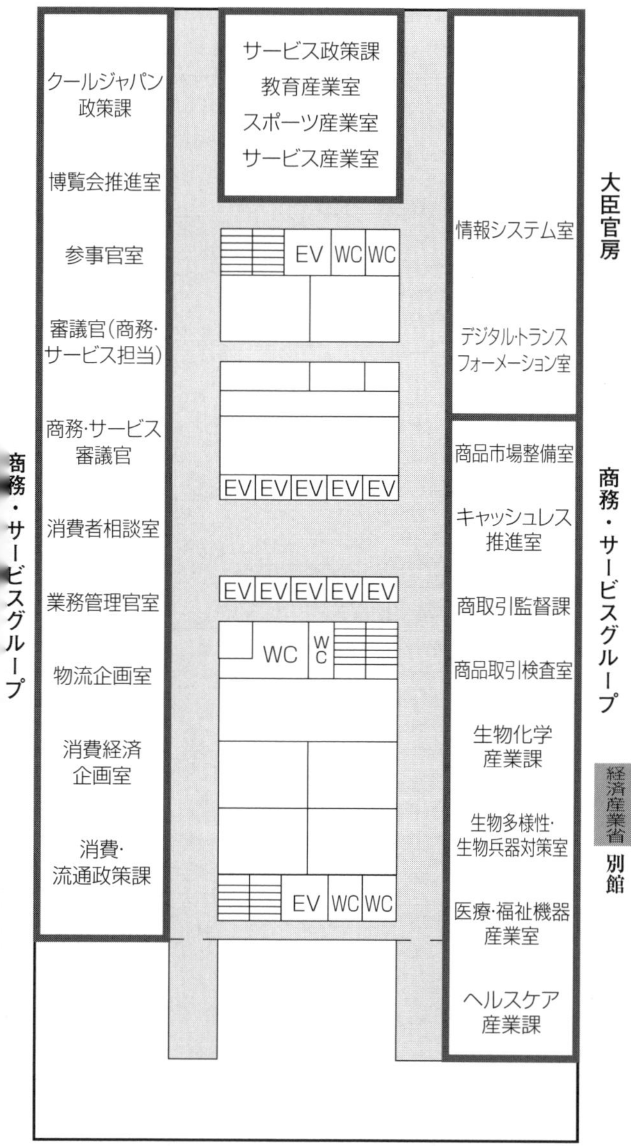
農水省 側
サービス政策課
教育産業室
スポーツ産業室
サービス産業室
クールジャパン政策課
博覧会推進室
参事官室
審議官(商務・サービス担当)
商務・サービス審議官
消費者相談室
業務管理官室
物流企画室
消費経済企画室
消費・流通政策課
商務・サービスグループ
EV
WC
大臣官房
情報システム室
デジタル・トランスフォーメーション室
商務・サービスグループ
商品市場整備室
キャッシュレス推進室
商取引監督課
商品取引検査室
生物化学産業課
生物多様性・生物兵器対策室
医療・福祉機器産業室
ヘルスケア産業課

# 資源エネルギー庁・中小企業庁　別館４階　農水省 側

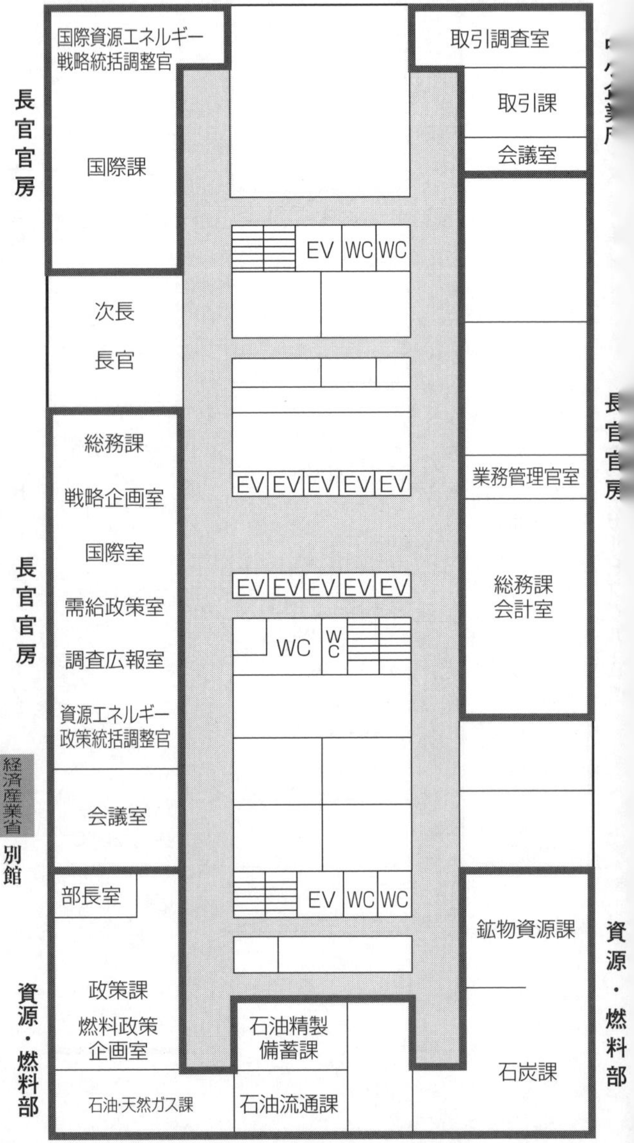

国際資源エネルギー
戦略統括調整官
国際課
長官官房
次長
長官
総務課
戦略企画室
国際室
需給政策室
調査広報室
資源エネルギー
政策統括調整官
長官官房
会議室
経済産業省
別館
部長室
政策課
燃料政策
企画室
資源・燃料部
石油・天然ガス課
石油精製
備蓄課
石油流通課
取引調査室
取引課
会議室
長官官房
業務管理官室
総務課
会計室
鉱物資源課
石炭課
資源・燃料部
EV
WC

# 資源エネルギー庁　別館５階

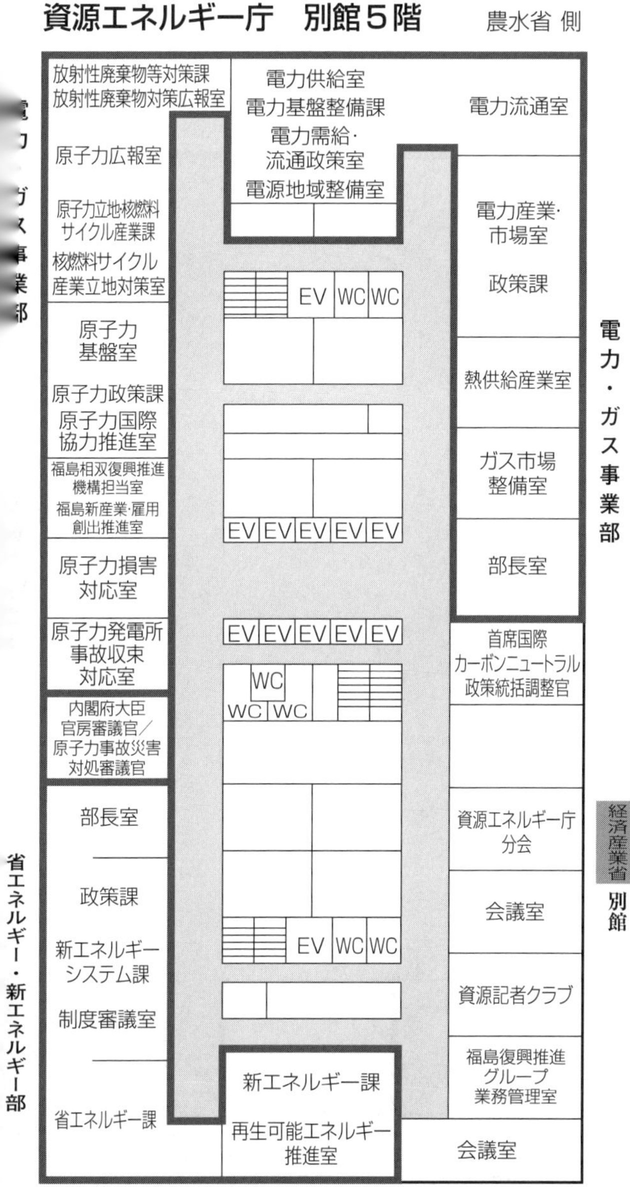
農水省 側
放射性廃棄物等対策課
放射性廃棄物対策広報室
原子力広報室
原子力立地核燃料サイクル産業課
核燃料サイクル産業立地対策室
原子力基盤室
原子力政策課
原子力国際協力推進室
福島相双復興推進機構担当室
福島新産業･雇用創出推進室
原子力損害対応室
原子力発電所事故収束対応室
内閣府大臣官房審議官／原子力事故災害対処審議官
部長室
政策課
新エネルギーシステム課
制度審議室
省エネルギー課
省エネルギー・新エネルギー部
電力供給室
電力基盤整備課
電力需給･流通政策室
電源地域整備室
EV
WC
WC
EV
EV
EV
EV
EV
EV
EV
EV
EV
EV
WC
WC
WC
EV
WC
WC
新エネルギー課
再生可能エネルギー推進室
電力流通室
電力産業･市場室
政策課
熱供給産業室
ガス市場整備室
部長室
電力・ガス事業部
首席国際カーボンニュートラル政策統括調整官
資源エネルギー庁分会
会議室
資源記者クラブ
福島復興推進グループ業務管理室
会議室

# 経済産業省　別館６階

農水省 側

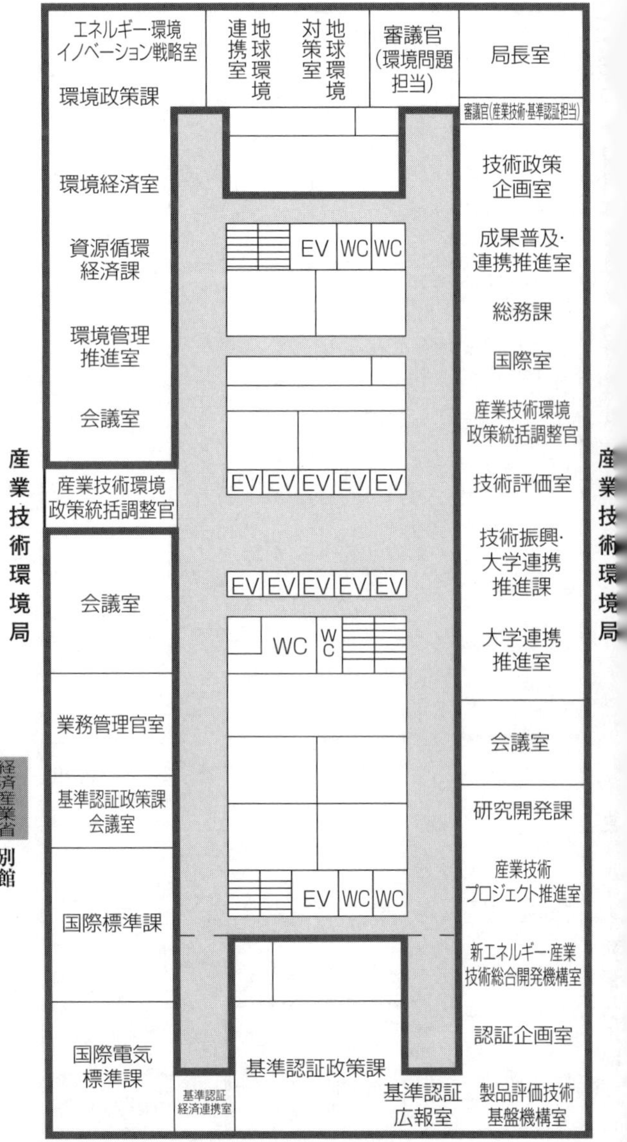

エネルギー・環境イノベーション戦略室
環境政策課
地球環境連携室
地球環境対策室
審議官（環境問題担当）
局長室
審議官(産業技術・基準認証担当)
環境経済室
資源循環経済課
環境管理推進室
会議室
産業技術環境政策統括調整官
会議室
業務管理官室
基準認証政策課会議室
国際標準課
国際電気標準課
基準認証経済連携室
基準認証政策課
基準認証広報室
技術政策企画室
成果普及・連携推進室
総務課
国際室
産業技術環境政策統括調整官
技術評価室
技術振興・大学連携推進課
大学連携推進室
会議室
研究開発課
産業技術プロジェクト推進室
新エネルギー・産業技術総合開発機構室
認証企画室
製品評価技術基盤機構室
EV
WC
WC
EV
EV
EV
EV
EV
EV
EV
EV
EV
EV
WC
WC
EV
WC
WC
産業技術環境局
産業技術環境局

## 経済産業省・中小企業庁　別館７階　農水省 側

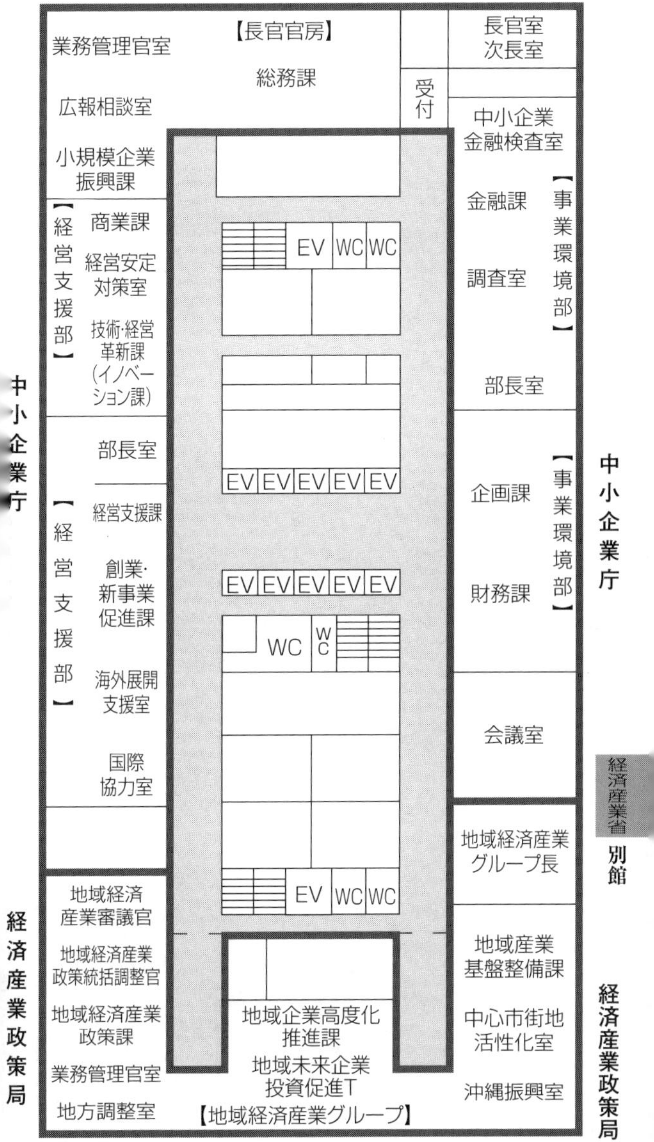
【長官官房】
業務管理官室
総務課
広報相談室
長官室
次長室
受付
中小企業
金融検査室
小規模企業
振興課
【経営支援部】
商業課
経営安定
対策室
技術･経営
革新課
（イノベー
ション課）
金融課
調査室
【事業環境部】
部長室
部長室
経営支援課
創業･
新事業
促進課
海外展開
支援室
国際
協力室
企画課
財務課
【事業環境部】
会議室
中小企業庁
中小企業庁
EV
WC
地域経済
産業審議官
地域経済産業
政策統括調整官
地域経済産業
政策課
業務管理官室
地方調整室
地域企業高度化
推進課
地域未来企業
投資促進T
【地域経済産業グループ】
地域経済産業
グループ長
地域産業
基盤整備課
中心市街地
活性化室
沖縄振興室
経済産業政策局
経済産業政策局
経済産業省
別館

# 特許庁　別館8階

農水省 側

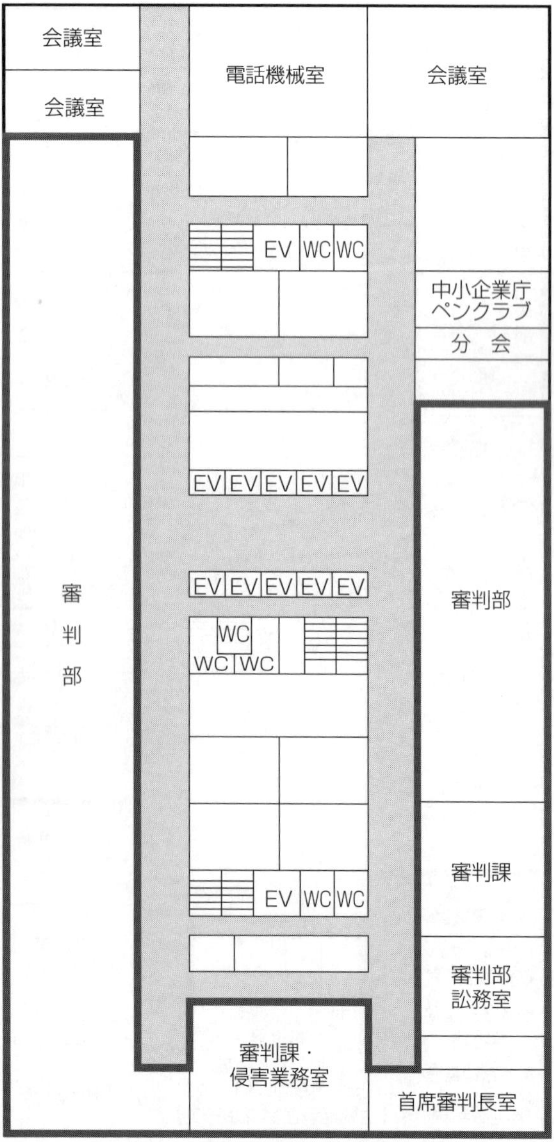

# 経済産業省　別館９階

農水省 側

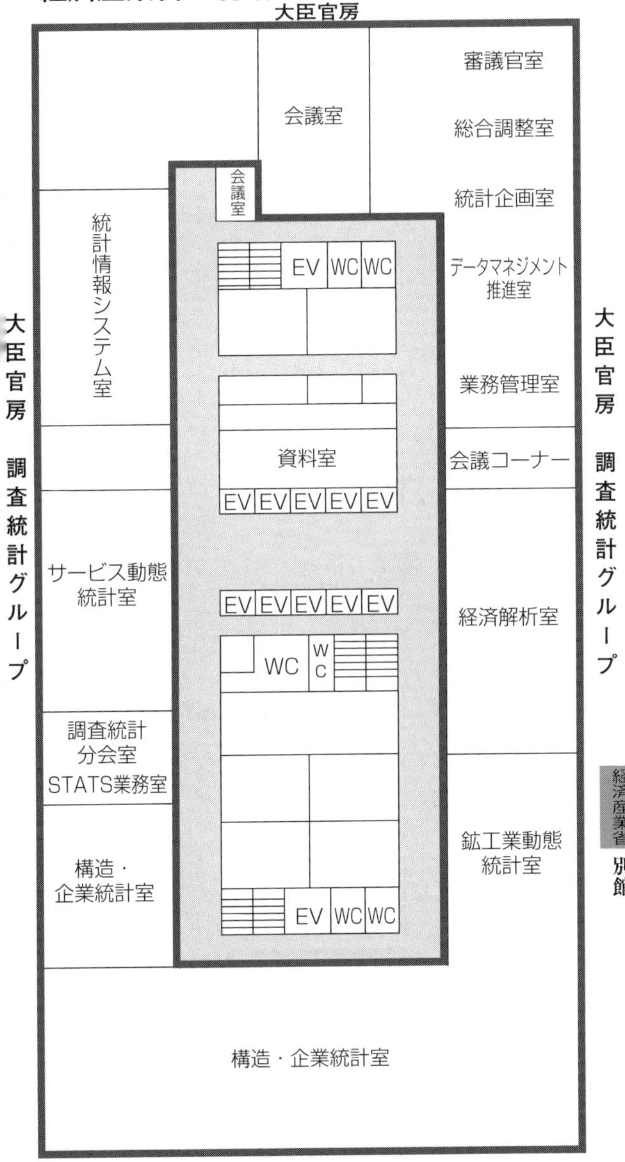
大臣官房
審議官室
総合調整室
統計企画室
会議室
会議室
統計情報システム室
EV
WC
WC
データマネジメント推進室
大臣官房
調査統計グループ
業務管理室
資料室
会議コーナー
EV EV EV EV EV
大臣官房
調査統計グループ
サービス動態統計室
EV EV EV EV EV
経済解析室
WC
WC
調査統計分会室
STATS業務室
鉱工業動態統計室
構造・企業統計室
EV
WC
WC
構造・企業統計室

## 経済産業省・特許庁　別館10階

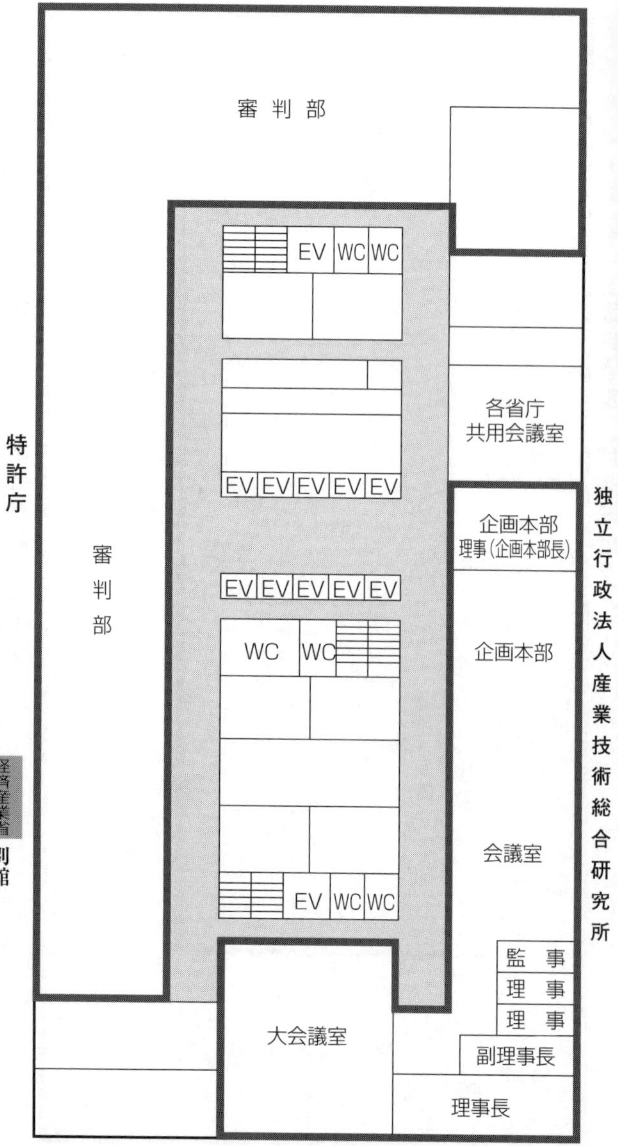
農水省 側
審判部
EV WC WC
EV EV EV EV EV
EV EV EV EV EV
WC WC
EV WC WC
特許庁
審判部
各省庁
共用会議室
企画本部
理事(企画本部長)
企画本部
会議室
監　事
理　事
理　事
副理事長
理事長
大会議室
独立行政法人産業技術総合研究所

# 経済産業省　別館11階

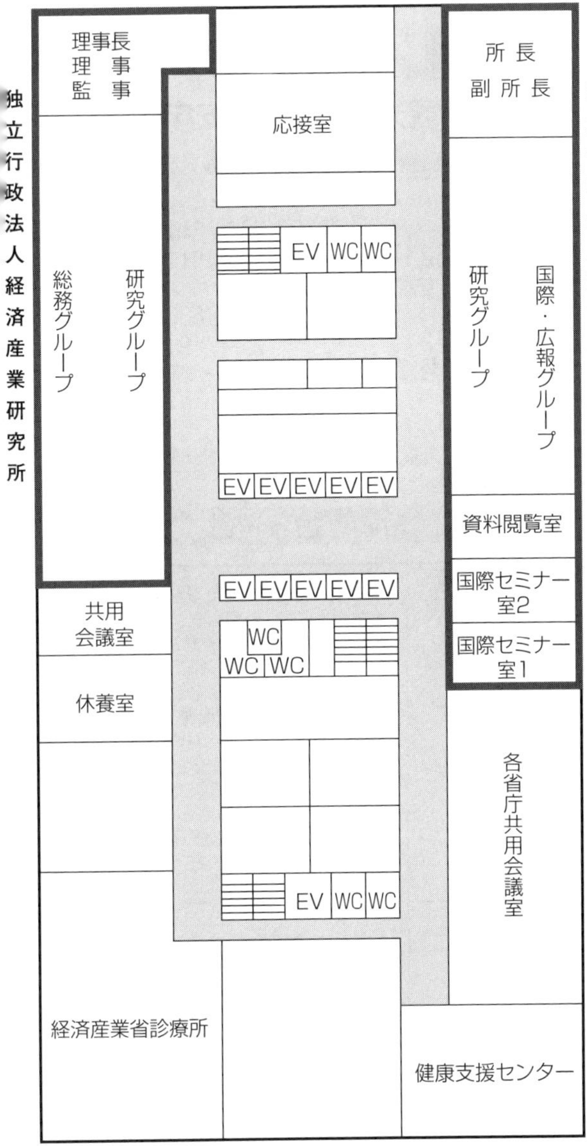

農水省 側
理事長
理　事
監　事
総務グループ
研究グループ
独立行政法人経済産業研究所
応接室
EV
WC
WC
EV EV EV EV EV
EV EV EV EV EV
WC
WC WC
EV
WC
WC
所長
副所長
研究グループ
国際・広報グループ
独立行政法人経済産業研究所
資料閲覧室
国際セミナー室2
国際セミナー室1
共用会議室
休養室
各省庁共用会議室
経済産業省診療所
健康支援センター

# 国土交通省

## （観光庁、海上保安庁）

〒100-8918
千代田区霞が関2-1-3
中央合同庁舎3号館
TEL 03(5253)8111(国土交通省)
TEL 03(5253)8111(観　光　庁)

〒100-8918
千代田区霞が関2-1-2
中央合同庁舎2号館
TEL 03(3591)6361(海上保安庁)
地下鉄：桜田門駅　2番出口
地下鉄：霞ヶ関駅　A2～3番出口

〒100-8932
千代田区霞が関3-1-1
中央合同庁舎4号館
地下鉄：霞ヶ関駅　A13番出口

## 合同庁舎３号館

| 階別 | 局（部）名 | 課（室）名 |
|---|---|---|
| 11 | 海上保安庁 | 首席監察官室、監察官室 |
| | （総務部） | 総務部参事官室、情報通信課、システム整備室、情報セキュリティ対策室、政策評価広報室、危機管理官、総務部政策課資料室 |
| | （装備技術部） | 部長室、管理課、航空機課、船舶課、施設補給課 |
| | （交通部） | 部長室、企画課、航行安全課、航行指導室、交通管理室、安全対策課、整備課 |
| | | 国労組、国労組本省支部、会見室、会議室、特別会議室、記者クラブ、ペンクラブ、電話交換室 |
| 10 | 大臣官房 | 調査官 |
| | 海上保安庁 | 長官室、次長室、海上保安監、秘書室、庁議室 |
| | （総務部） | 部長室、政務課、予算執行管理室、情報公開窓口、文書閲覧窓口、秘書課、人事課、教育訓練管理官、主計管理官、国際戦略官、入札室、職員相談室、情報公開法令審査室、応接室 |
| | （警備救難部） | 刑事課、国際刑事課、警備課、警備情報課 |

| 階別 | 局（部）名 | 課（室）名 |
|---|---|---|
| | | 中央建設工事紛争審査会事務局、中央建設工事紛争審査会審理室、中央建設工事紛争審査会控室、顧問室、鉄道局資料室、共用大会議室 |
| 9 | 海事局 | 局長室、次長室、審議官、技術審議官室、安全技術調査官、船舶検査官、総務課、国際企画調整室、外国船舶監督業務調整室、安全政策課、海洋・環境政策課、海洋開発戦略室、環境渉外室、技術企画室、船員政策課、外航課、海運渉外室、内航課、旅客航路活性化推進室、船舶産業課、国際業務室、舟艇室、検査測度課、登録測度室、危険物輸送対策室、海技課、船員教育室、首席海技試験官 |
| | 海上保安庁 | 海洋情報システム機械室、通信電力室、電池室、システム室、MCC電算機室、保安庁会議室 |
| | （装備技術部） | 管理課 |
| | （警備救難部） | 救難課、環境防災課 |
| | （交通部） | 安全情報提供センター |
| | （危機管理センター） | 運用司令室・通信統括室、災害対策室、対策本部室 |
| | | 資料室 |
| 8 | 自動車局 | 局長室、次長室、審議官室、総務課、企画室、安全政策課、安全監理室、技術・環境政策課、自動車情報課、自動車登録管理室、旅客課、バス産業活性化対策室、旅客運送適正化推進室、地域交通室、貨物課、トラック事業適正化対策室、保障制度参事官室、保障事業室、車両基準・国際課、審査・リコール課、整備課、電算室、文書閲覧室、会議室 |
| | 港湾局 | 局長室、審議官室、技術参事官室、総務課、港湾経済課、計画課、企画室、産業港湾課、技術企画課、技術監理室、海洋・環境課、海洋利用開発室、港湾環境政策室、海岸・防災課 |
| | | 国土交通省交通運輸記者会、資料室 |
| 7 | 航空局 | 局長室、次長室、審議官室、技術審議官室、参事官室（安全企画担当）、参事官室（航空安全推進担当）、秘書、総務課、職員管理室、予算・管財室、会議室 |
| | （航空ネットワーク部） | 部長室、航空ネットワーク企画課、空港経 |

| 階別 | 局（部）名 | 課（室）名 |
|---|---|---|
| | | 営改革推進室、国際航空課、航空事業課、空港計画課、空港技術課、国際業務推進室、空港業務課、首都圏空港課、近畿圏・中部圏空港課 |
| | （安全部） | 部長室、安全政策課、航空機安全課、無人航空機安全課、危機管理対策室、航空交通管制安全室 |
| | （交通管制部） | 部長室、交通管制企画課、管制情報処理システム室、航空灯火・電気技術室、管制課、空域調整整備室、運用課、管制技術課 |
| | | 入札室、文書閲覧室 |
| 6 | 都市局 | 局長室、審議官室、技術審議官室、総務課、国際室、都市政策課、都市環境政策室、都市安全課、参事官（宅地・盛土防災）、まちづくり推進課、都市計画課、都市計画調査室、都市機能誘導調整室、市街地整備課、市街地整備制度調整室、街路交通施設課、公園・緑地景観課、局議室 |
| | 鉄道局 | 局長室、次長室、審議官室、技術審議官室、参事官室（海外高速鉄道プロジェクト）、参事官、総務課、車両工業企画室、危機管理室、幹線鉄道課、都市鉄道政策課、鉄道事業課、国際課、技術企画課、技術開発室、施設課、企画室（鉄道サービス政策室）、安全監理官、会議室 |
| | | 資料室、建設専門紙記者会 |
| 5 | 大臣官房 | 人事課、人事課長室、人事課資料室、広報課、会計課、会計課長室、公共事業予算執行管理室、契約制度管理室、監査室、入札室、予算決算調整室、会計課資料室、地方室、公共工事契約指導室、技術調査課、建設システム管理企画室、技術調査官室、参事官室（人事担当）、参事官室（会計担当）、参事官室（労務管理担当）、電気通信室 |
| | 不動産・建設経済局 | 地籍整備課、地価調査課、土地鑑定委員会 |
| | | 資料室、国土交通記者会、会見室、面談室 |
| 4 | | 大臣室、副大臣室、大臣政務官室、事務次官室、技監室、国土交通審議官室、秘書官室、秘書室 |
| | 大臣官房 | 官房長室、総括審議官室、技術総括審議官室、技術審議官室、審議官室、秘書室、政策評価 |

| 階別 | 局（部）名 | 課（室）名 |
| --- | --- | --- |
| | | 審議官・秘書室長室、総務課、総務課長室、法令審査室 |
| | 不動産・建設経済局 | 次長室、審議官室、情報活用推進課、土地政策課 |
| | | 政策統括官総務課資料室、特別会議室、会議室 |
| 3 | 大臣官房 | 公共交通・物流政策審議官室、危機管理・運輸安全政策審議官、運輸安全監理官、首席運輸安全調査官、危機管理室、参事官（税制担当）、参事官（運輸安全防災） |
| | 総合政策局 | 局長室、次長室、審議官室、総務課、政策課、社会資本整備政策課、バリアフリー政策課、環境政策課、地球環境政策企画官、海洋政策課、交通政策課、地域交通課、モビリティサービス推進課、物流政策課、公共事業企画調整課、技術政策課 |
| | 不動産・建設経済局 | 局長室、審議官室、総務課、国際市場課、不動産業課、不動産市場整備課、建設業課、建設市場整備課、土地収用管理室、会議室 |
| | | 資料室、運輸安全会議室 |
| 2 | 水管理・国土保全局 | 審議官室、防災課、災害対策室 |
| | （水資源部） | 部長室、水資源政策課、水資源計画課 |
| | （下水道部） | 部長室、下水道企画課、下水道事業課 |
| | （砂防部） | 部長室、砂防計画課、地震・火山砂防室、砂防管理支援室、保全課、海岸室 |
| | 道路局 | 高速道路課、有料道路調整室 |
| | 住宅局 | 局長室、審議官室、総務課、国際室、住宅経済・法制課、住宅金融室、住宅総合整備課、住環境整備室、参事官（マンション賃貸住宅担当）、安心居住推進課、住宅生産課、木造住宅振興室、参事官（住宅瑕疵担保対策担当）、参事官（建築企画担当）、建築指導課、建築物事故調査・防災対策室、建築安全調査室、市街地建築課、市街地住宅整備室、景観建築企画官、住宅企画官、会議室、資料室 |
| | | 会議室、電話交換室、放送室 |
| 1 | 水管理・国土保全局 | 局長室、次長室、総務課、水政課、水利調整室、河川計画課、河川計画調整室、河川情報企画室、国際室、河川環境課、流水管理室、河川保全企画室、水防企画室、治水課、事業監理室、流域減災推進室、局議室、会議室 |

| 階別 | 局（部）名 | 課（室）名 |
|---|---|---|
| | 道路局 | 局長室、次長室、審議官室、総務課、高速道路経営管理室、路政課、道路利用調整室、道路交通管理課、高度道路交通システム推進室、車両通行対策室、企画課、国際室、道路経済調査室、評価室、国道･技術課、道路メンテナンス企画室、環境安全・防災課、道路防災対策室、道路交通安全対策室<br><br>個人情報保護・情報公開窓口、共用会議室、会議室 |

## 合同庁舎2号館

| 階別 | 局（部）名 | 課（室）名 |
|---|---|---|
| 15 | 大臣官房<br>観光庁<br><br><br><br>（国際観光部）<br>（観光地域振興部） | 福利厚生課<br>長官、次長、審議官、総務課、調整室、観光戦略課、観光産業課、アジア市場推進室、欧米豪市場推進室、参事官（旅行振興、外客受入、国際関係・観光人材政策、MICE推進）<br>部長、国際観光課<br>部長、観光地域振興課、観光資源課 |
| 14 | 大臣官房<br><br>総合政策局 | サイバーセキュリティ・情報化審議官、総括監察官室、監察官室<br>合理的根拠政策立案推進・情報政策本部長、情報政策課、サイバーセキュリティ対策室、行政情報化推進課、交通経済統計調査室、建設経済統計調査室<br><br>情報政策本部会議室、国土交通省防災センター、国土交通省図書室、電子計算機室、サーバー室、事務室 |
| 13 | 大臣官房<br>（官庁営繕部）<br><br><br><br><br>北海道局 | <br>部長室、審議官室、管理課、計画課、保全指導室、営繕積算企画調整室、整備課、特別整備室、施設評価室、木材利用推進室、建築技術調整室、設備・環境課、営繕環境対策室、入札室、会議室<br>局長室、審議官室、参事官、総務課、予算課、地政課、水政課、港政課、農林水産課、アイヌ政策室、会議室、特別会議室 |

| 階別 | 局（部）名 | 課（室）名 |
|---|---|---|
| 12 | 総合政策局 | 審議官、国際交通特別交渉官、総務課政策企画官、国際政策課、海外プロジェクト推進課 |
| | 国土政策局 | 局長室、審議官室、総務課、総合計画課、国土管理企画室、広域地方政策課、広域制度企画室、調整室、地方振興課、半島振興室、離島振興課、特別地域振興官 |
| | 政策統括官 | 政策統括官 |
| | 国際統括官 | 国際統括官 |
| | 国土地理院 | 東京オフィス |
| | | 国際会議室、内閣府国会等移転審議会事務局 |

## 合同庁舎4号館

| | 局（部）名 | 課（室）名 |
|---|---|---|
| 5 | 海上保安庁 | |
| | （総務部） | 参事官 |
| | （海洋情報部） | 部長、企画課、海洋調査運用室、技術・国際課、海洋研究室、国際業務室、海洋情報技術調整室、沿岸調査課、海洋防災調査室、情報管理課、情報利用推進課、水路通報室、海洋空間情報室、海洋情報業務室2 |
| | | 幹部連絡室、船員待機室 |
| 4 | 海上保安庁 | |
| | （海洋情報部） | 大洋調査課、海洋汚染調査室、情報利用推進課、図誌審査室、海洋情報業務室3 |
| | | 共用408・419・443会議室、共用第2・4特別会議室 |

# 国土交通省　3号館1階

皇居側
水管理・国土保全局
局議室
総務課
水政課
水利調整室
治水課
事業監理室
流域減災推進室
次長室
局長室
河川計画課
河川計画調整室
河川情報企画室
国際室
河川保全企画室
流水管理室
水防企画室
河川環境課
資料室
WC
WC
EV
空調室
空調室
河川局倉庫
EV
EV
EV
EV
EV
EV
会議室
共用会議室
正面玄関
EV
EV
EV
EV
EV
EV
道路局倉庫
個人情報保護・情報公開窓口
道路局
道路経済調査室
評価室
空調室
空調室
国道・技術課
企画課
国際室
EV
WC
WC
道路メンテナンス企画室
局長室
会議室
次長室
道路防災対策室
審議官室
総務課
高速道路経営管理室
道路利用調整室
路政課
高度道路交通システム推進室
車両通行対策室
道路交通管理課
環境安全・防災課
道路交通安全対策室

# 国土交通省　３号館２階

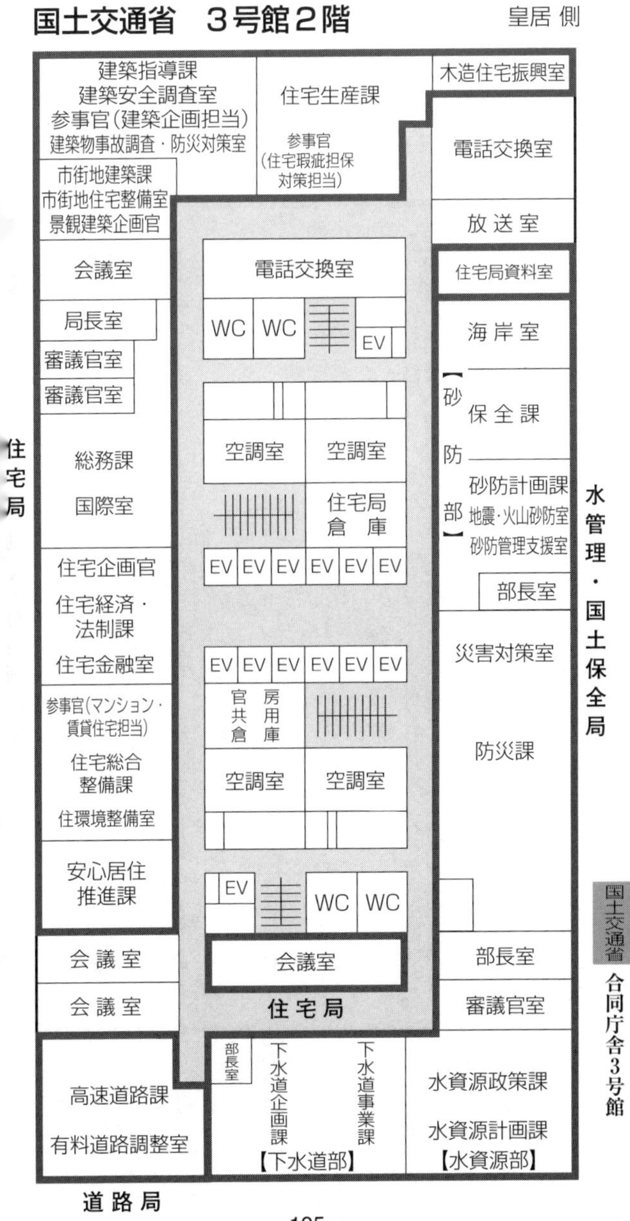

皇居 側
建築指導課
建築安全調査室
参事官(建築企画担当)
建築物事故調査・防災対策室
住宅生産課
参事官
(住宅瑕疵担保
対策担当)
木造住宅振興室
電話交換室
放 送 室
市街地建築課
市街地住宅整備室
景観建築企画官
会議室
局長室
審議官室
審議官室
総務課
国際室
住宅企画官
住宅経済・
法制課
住宅金融室
参事官(マンション・
賃貸住宅担当)
住宅総合
整備課
住環境整備室
安心居住
推進課
会 議 室
会 議 室
住宅局
電話交換室
WC
WC
EV
空調室
空調室
住宅局
倉　庫
EV
EV
EV
EV
EV
EV
EV
EV
EV
EV
EV
EV
官　房
共　用
倉　庫
空調室
空調室
EV
WC
WC
会議室
住 宅 局
住宅局資料室
海 岸 室
【砂防部】
保 全 課
砂防計画課
地震・火山砂防室
砂防管理支援室
部長室
災害対策室
防災課
部長室
審議官室
水管理・国土保全局
高速道路課
有料道路調整室
道 路 局
部長室
下水道企画課
下水道事業課
【下水道部】
水資源政策課
水資源計画課
【水資源部】

# 国土交通省　3号館3階

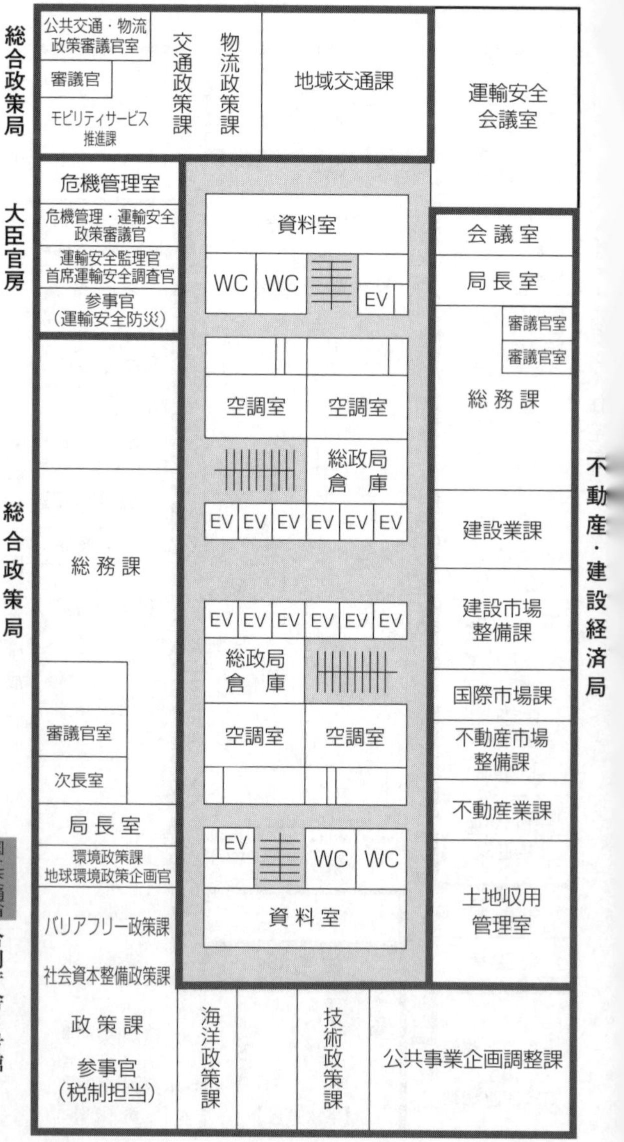
皇居 側
総合政策局
公共交通・物流政策審議官室
審議官
モビリティサービス推進課
交通政策課
物流政策課
地域交通課
運輸安全会議室
大臣官房
危機管理室
危機管理・運輸安全政策審議官
運輸安全監理官
首席運輸安全調査官
参事官（運輸安全防災）
資料室
WC
WC
EV
空調室
空調室
総政局倉庫
EV
EV
EV
EV
EV
EV
会議室
局長室
審議官室
審議官室
総務課
総合政策局
総務課
EV
EV
EV
EV
EV
EV
総政局倉庫
空調室
空調室
審議官室
次長室
局長室
環境政策課
地球環境政策企画官
EV
WC
WC
資料室
バリアフリー政策課
社会資本整備政策課
不動産・建設経済局
建設業課
建設市場整備課
国際市場課
不動産市場整備課
不動産業課
土地収用管理室
政策課
参事官（税制担当）
海洋政策課
技術政策課
公共事業企画調整課

国土交通省

合同庁舎3号館

# 国土交通省　３号館４階

皇居 側

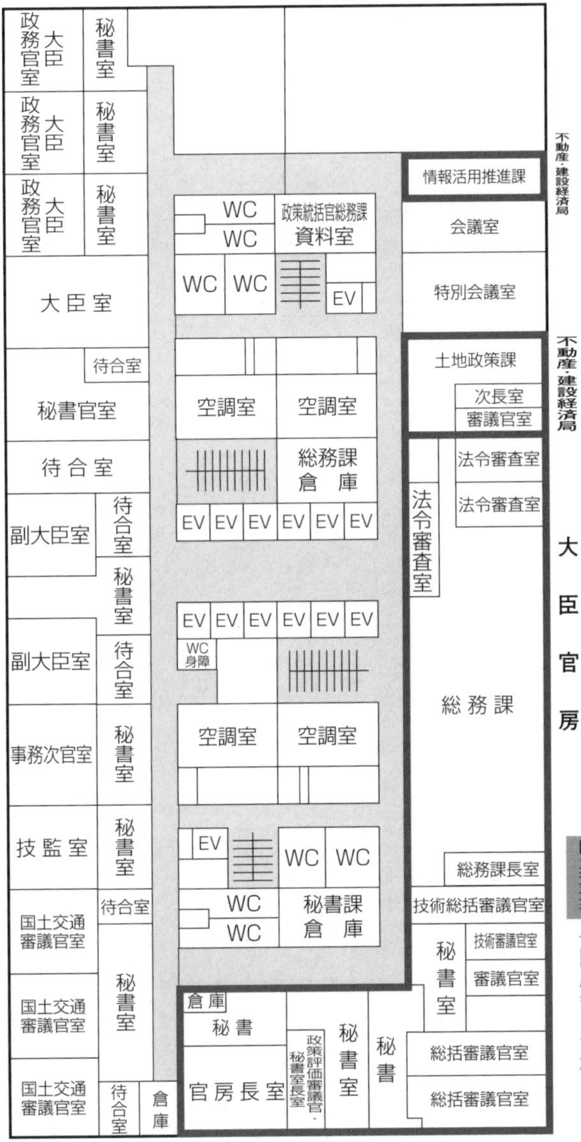

政務官室
大臣
秘書室
政務官室
大臣
秘書室
政務官室
大臣
秘書室
大臣室
待合室
秘書官室
待合室
副大臣室
待合室
秘書室
副大臣室
待合室
事務次官室
秘書室
技監室
秘書室
国土交通審議官室
待合室
国土交通審議官室
秘書室
国土交通審議官室
待合室
倉庫
WC
WC
政策統括官総務課資料室
WC
WC
EV
空調室
空調室
総務課倉庫
EV
EV
EV
EV
EV
EV
EV
EV
EV
EV
EV
EV
WC身障
空調室
空調室
EV
WC
WC
WC
WC
秘書課倉庫
倉庫
秘書
官房長室
政策評価審議官・秘書室長
秘書室
秘書
情報活用推進課
会議室
特別会議室
不動産・建設経済局
土地政策課
次長室
審議官室
不動産・建設経済局
法令審査室
法令審査室
法令審査室
総務課
大臣官房
総務課長室
技術総括審議官室
秘書室
技術審議官室
審議官室
総括審議官室
総括審議官室

## 国土交通省　3号館5階

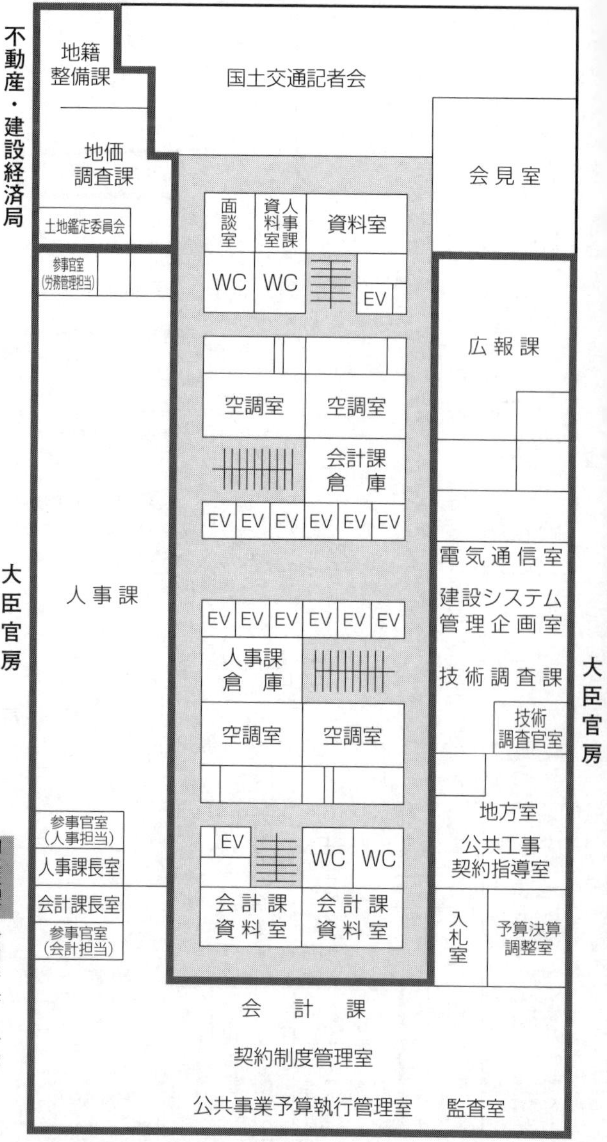
皇居側
不動産・建設経済局
地籍整備課
地価調査課
土地鑑定委員会
国土交通記者会
会見室
面談室
人事課資料室
資料室
WC
WC
EV
広報課
空調室
空調室
会計課倉庫
EV EV EV EV EV EV
参事官室（労務管理担当）
大臣官房
人事課
電気通信室
建設システム管理企画室
EV EV EV EV EV EV
人事課倉庫
技術調査課
大臣官房
技術調査官室
空調室
空調室
地方室
公共工事契約指導室
参事官室（人事担当）
人事課長室
会計課長室
参事官室（会計担当）
EV
WC
WC
会計課資料室
会計課資料室
入札室
予算決算調整室
会計課
契約制度管理室
公共事業予算執行管理室
監査室

# 国土交通省　3号館6階

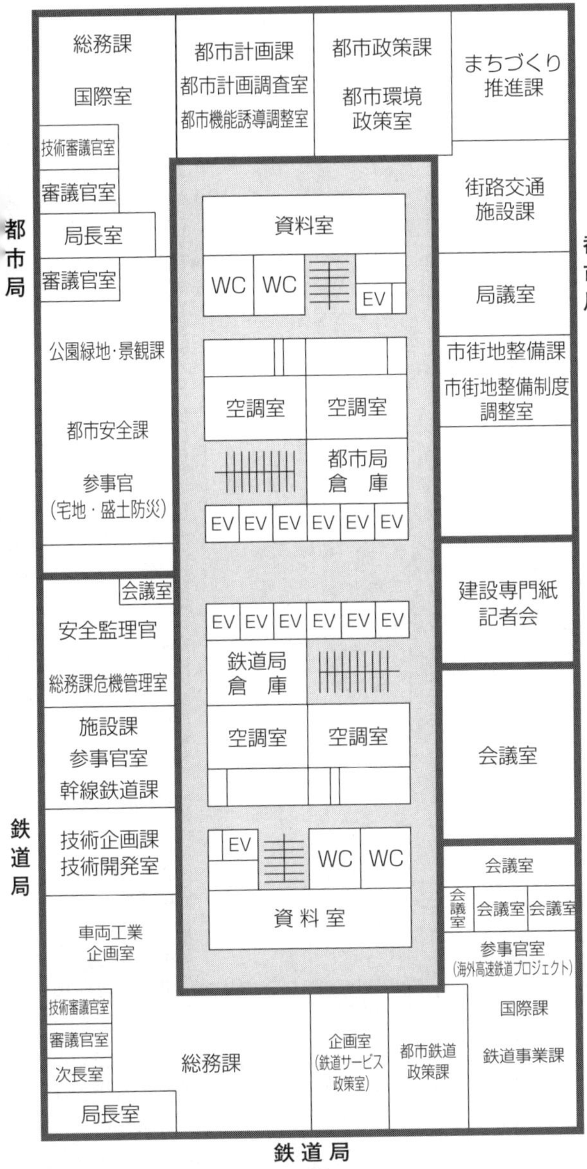
皇居 側
都市局
都市局
鉄道局
鉄道局
鉄道局
総務課
国際室
技術審議官室
審議官室
局長室
審議官室
公園緑地・景観課
都市安全課
参事官
(宅地・盛土防災)
都市計画課
都市計画調査室
都市機能誘導調整室
都市政策課
都市環境
政策室
まちづくり
推進課
街路交通
施設課
局議室
市街地整備課
市街地整備制度
調整室
資料室
WC
WC
EV
空調室
空調室
都市局
倉　庫
EV
EV
EV
EV
EV
EV
会議室
安全監理官
総務課危機管理室
EV
EV
EV
EV
EV
EV
鉄道局
倉　庫
空調室
空調室
建設専門紙
記者会
施設課
参事官室
幹線鉄道課
技術企画課
技術開発室
EV
WC
WC
資 料 室
会議室
会議室
会議室
会議室
会議室
車両工業
企画室
参事官室
(海外高速鉄道プロジェクト)
技術審議官室
審議官室
次長室
局長室
総務課
企画室
(鉄道サービス
政策室)
都市鉄道
政策課
国際課
鉄道事業課

# 国土交通省　3号館7階

皇居 側
【安全部】
参事官（航空安全推進担当）
参事官（安全企画担当）
安全政策課
航空機安全課
無人航空機安全課
航空交通管制安全室
航空灯火・電気技術室
倉庫
更衣室
計算機室
WC
WC
EV
運用課
会議室
会議室
空域調整整備室
【交通管制部】
空港経営改革推進室
空調室
空調室
管制課
航空局倉庫
EV EV EV EV EV EV
技術審議官室
航空局
航空局
交通管制企画課
審議官室
航空ネットワーク部長室
EV EV EV EV EV EV
管制情報処理システム室
航空局倉庫
次長室
秘書
局長室
空調室
空調室
航空事業課
安全部長室
国際航空課
【航空ネットワーク部】
交通管制部長室
EV
WC
WC
空港技術課（国際業務推進室）
文書閲覧室
入札室
総務課
空港技術課空港計画課
会議室
会議室
会議室
職員管理室
予算・管財室
近畿圏中部圏空港課
航空ネットワーク企画課
空港業務課首都圏空港課

# 国土交通省　3号館8階

皇居 側
総務課
計画課
企画室
港湾経済課
海岸・防災課
港湾局
技術参事官室
審議官室
局長室
産業港湾課
資料室
WC
WC
EV
国土交通省交通運輸記者会
港湾局
技術監理室
技術企画課
空調室
空調室
審査・リコール課
車両基準・国際課
技術・環境政策課
倉　庫
海洋・環境課
海洋利用開発室
港湾環境政策室
EV EV EV EV EV EV
整備課
自動車局
自動車情報課
自動車登録管理室
EV EV EV EV EV EV
自交局倉庫
空調室
空調室
文書閲覧室
応接室
会議室
会議室
貨物課
トラック事業適正化対策室
EV
WC
WC
局長室
安全政策課
安全監理室
資料室
次長室
審議官室
自動車局
保障制度参事官室
保障事業室
電算室
旅客課
バス産業活性化対策室
地域交通室
旅客運送適正化推進室
総務課
企画室

# 国土交通省・海上保安庁　3号館9階

皇居側

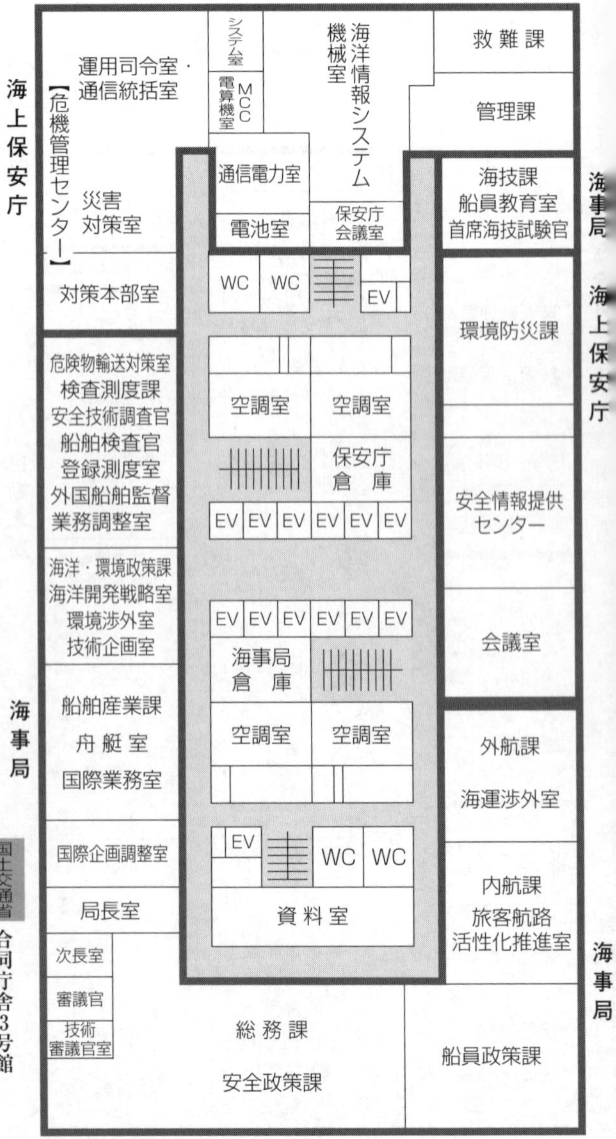
海上保安庁
運用司令室・通信統括室
【危機管理センター】
災害対策室
対策本部室
システム室
MCC電算機室
海洋情報システム機械室
通信電力室
電池室
保安庁会議室
救難課
管理課
海技課
船員教育室
首席海技試験官
海事局
WC
WC
EV
環境防災課
海上保安庁
危険物輸送対策室
検査測度課
安全技術調査官
船舶検査官
登録測度室
外国船舶監督業務調整室
空調室
空調室
保安庁倉庫
EV
EV
EV
EV
EV
EV
安全情報提供センター
海洋・環境政策課
海洋開発戦略室
環境渉外室
技術企画室
EV
EV
EV
EV
EV
EV
海事局倉庫
会議室
海事局
船舶産業課
舟艇室
国際業務室
空調室
空調室
外航課
海運渉外室
国際企画調整室
EV
WC
WC
局長室
資料室
内航課
旅客航路活性化推進室
次長室
審議官
技術審議官室
総務課
安全政策課
船員政策課
海事局

# 国土交通省・海上保安庁　3号館10階　皇居側

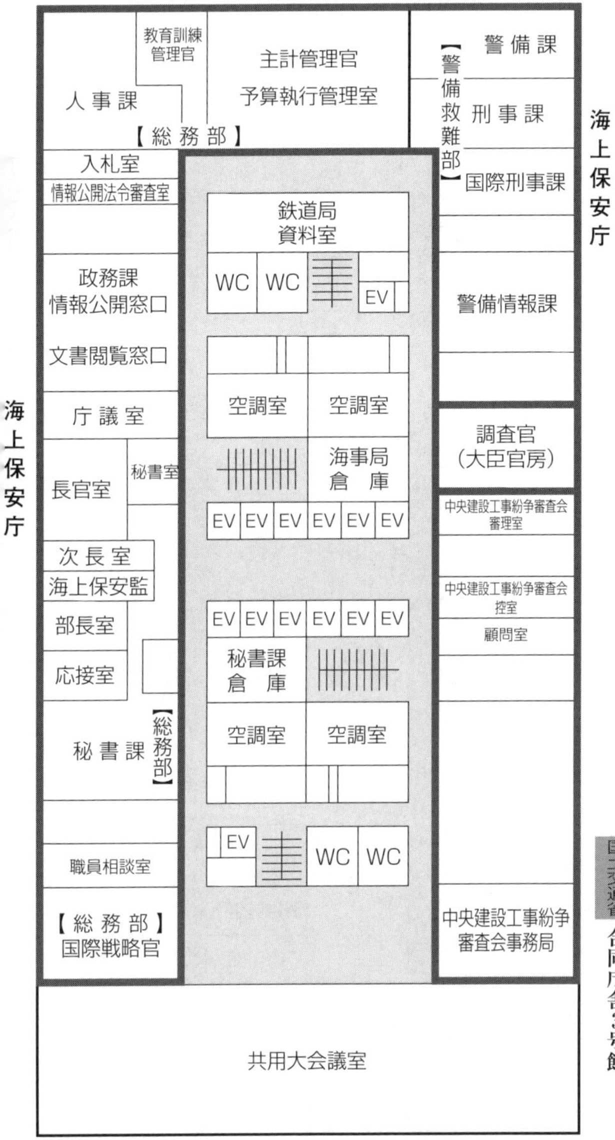

# 海上保安庁　3号館11階

皇居 側

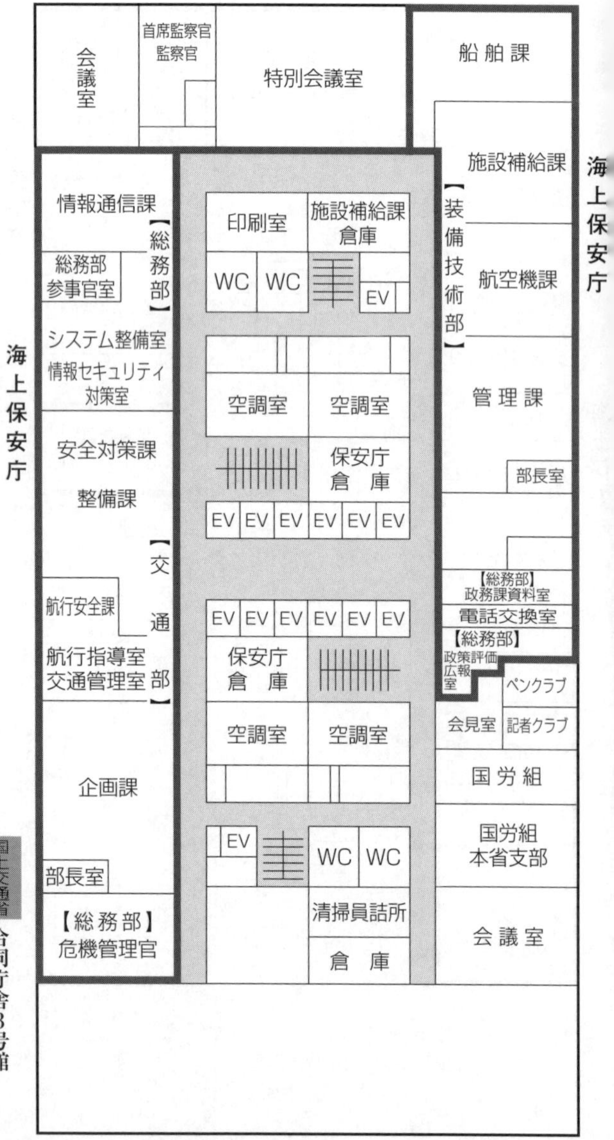
会議室
首席監察官
監察官
特別会議室
船舶課
施設補給課
【装備技術部】
航空機課
管理課
部長室
【総務部】
政務課資料室
電話交換室
【総務部】
政策評価
広報
室
ペンクラブ
会見室
記者クラブ
国労組
国労組
本省支部
会議室
海上保安庁
情報通信課
【総務部】
総務部
参事官室
システム整備室
情報セキュリティ
対策室
安全対策課
整備課
【交通部】
航行安全課
航行指導室
交通管理室
企画課
部長室
【総務部】
危機管理官
海上保安庁
印刷室
施設補給課
倉庫
WC
WC
EV
空調室
空調室
保安庁
倉　庫
EV
EV
EV
EV
EV
EV
EV
EV
EV
EV
EV
EV
保安庁
倉　庫
空調室
空調室
EV
WC
WC
清掃員詰所
倉　庫

# 国土交通省　2号館12階

皇居 側

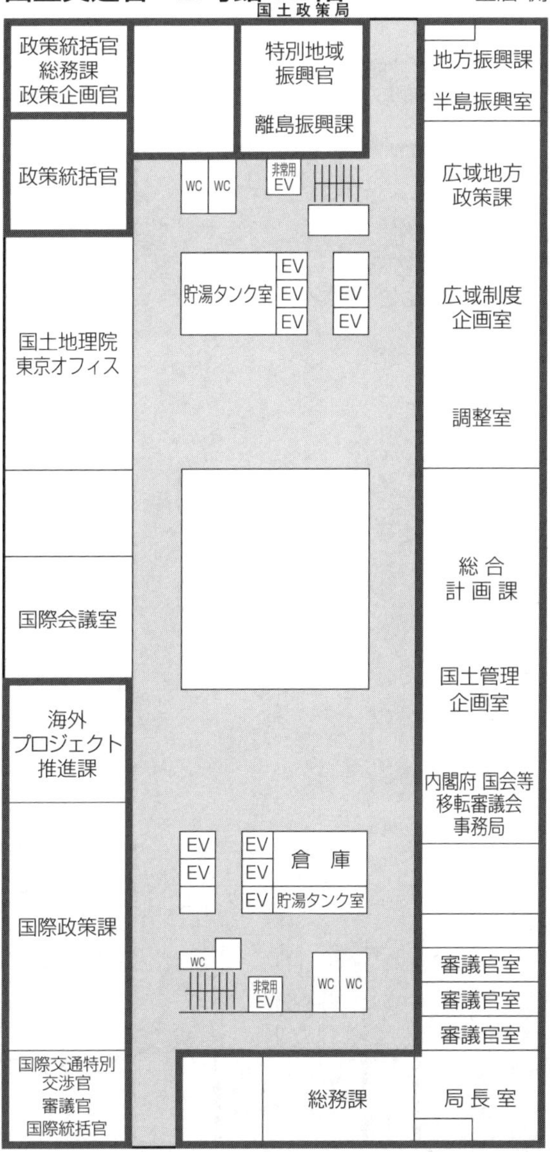
国土政策局
政策統括官
総務課
政策企画官
特別地域
振興官
離島振興課
地方振興課
半島振興室
政策統括官
WC
WC
非常用
EV
広域地方
政策課
貯湯タンク室
EV
EV
EV
EV
EV
広域制度
企画室
国土地理院
東京オフィス
調整室
総合
計画課
国際会議室
国土管理
企画室
海外
プロジェクト
推進課
内閣府 国会等
移転審議会
事務局
EV
EV
EV
EV
倉　庫
EV
貯湯タンク室
国際政策課
WC
非常用
EV
WC
WC
審議官室
審議官室
審議官室
国際交通特別
交渉官
審議官
国際統括官
総務課
局長室

国土政策局

総合政策局

# 国土交通省　2号館13階

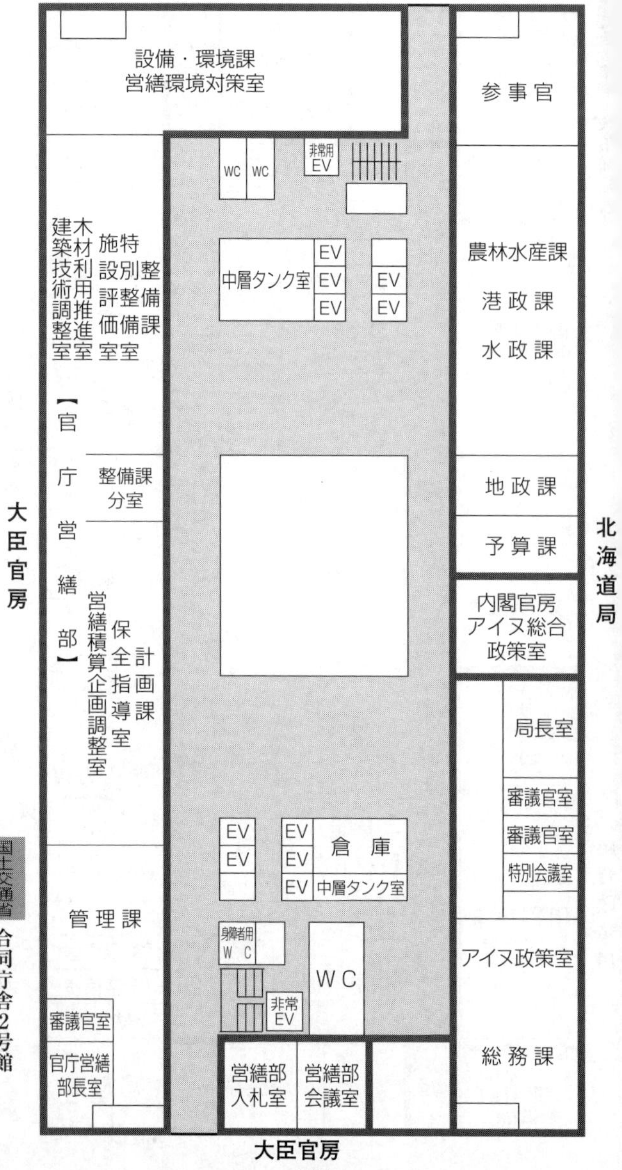
皇居側
設備・環境課
営繕環境対策室
参事官
WC
WC
非常用EV
整備課
特別整備室
施設評価室
木材利用推進室
建築技術調整室
中層タンク室
EV
EV
EV
EV
EV
農林水産課
港政課
水政課
【官庁営繕部】
整備課分室
地政課
予算課
内閣官房アイヌ総合政策室
計画課
保全指導室
営繕積算企画調整室
局長室
審議官室
審議官室
特別会議室
EV
EV
EV
EV
EV
倉庫
中層タンク室
管理課
身障者用WC
WC
非常EV
アイヌ政策室
審議官室
官庁営繕部長室
営繕部入札室
営繕部会議室
総務課
大臣官房
北海道局
大臣官房

# 国土交通省　2号館14階

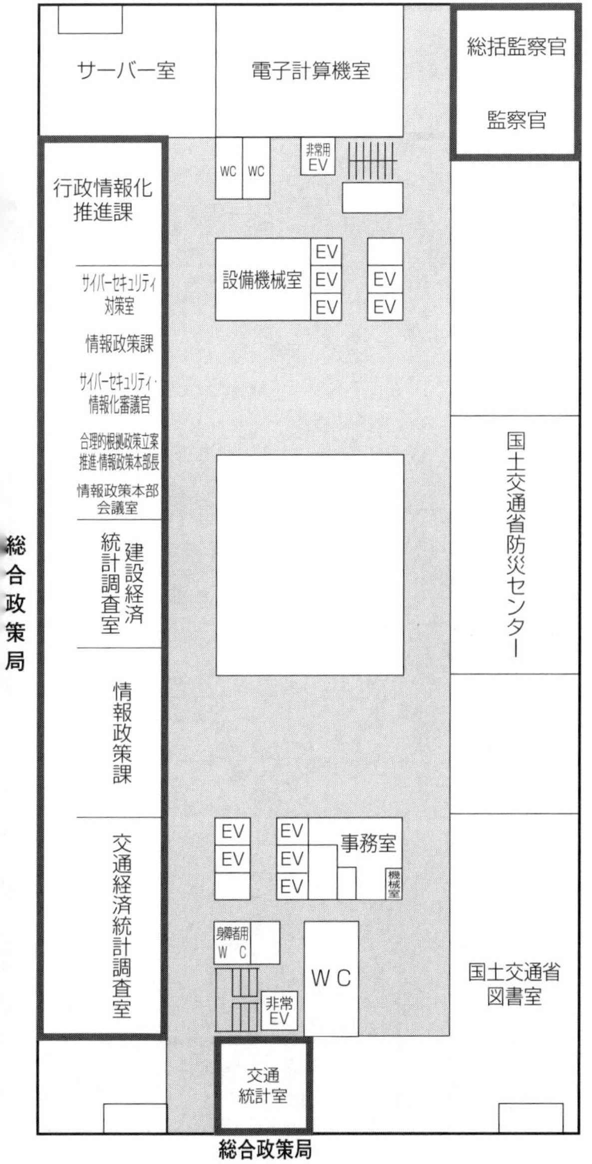

皇居 側
大臣官房
総合政策局
サーバー室
電子計算機室
総括監察官
監察官
WC
WC
非常用EV
行政情報化推進課
サイバーセキュリティ対策室
情報政策課
サイバーセキュリティ・情報化審議官
合理的根拠政策立案推進・情報政策本部長
情報政策本部会議室
建設経済統計調査室
情報政策課
交通経済統計調査室
設備機械室
EV
EV
EV
EV
EV
国土交通省防災センター
EV
EV
EV
EV
EV
事務室
機械室
身障者用WC
WC
非常EV
国土交通省図書室
交通統計室
総合政策局

# 国土交通省・観光庁　2号館15階

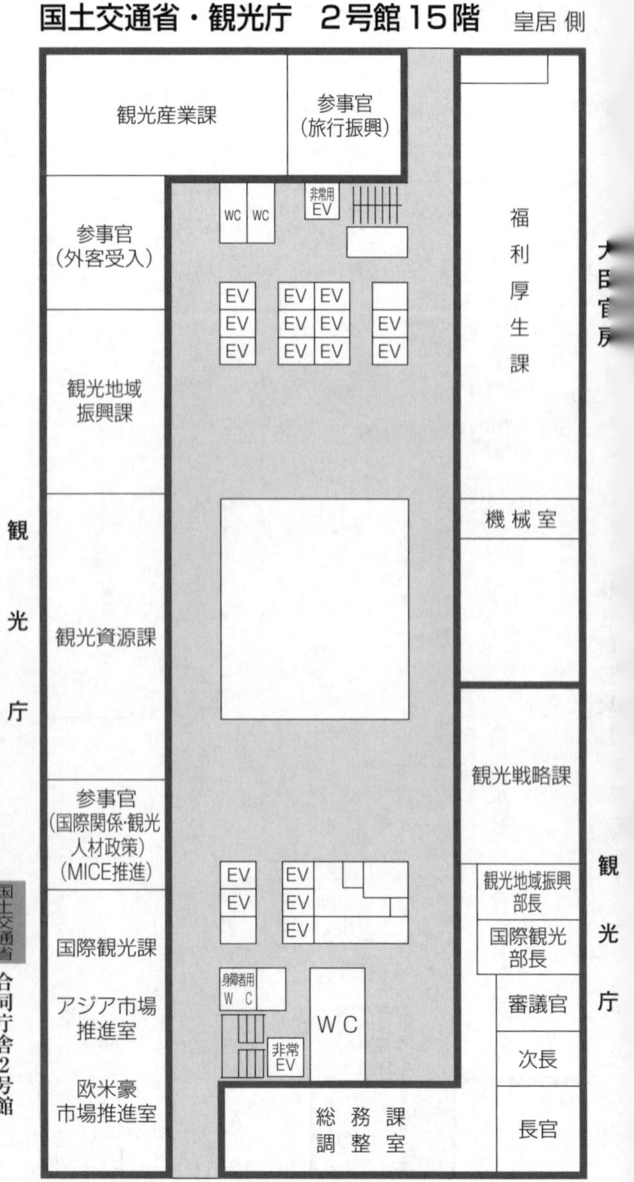
皇居側
観光産業課
参事官
(旅行振興)
WC
WC
非常用
EV
参事官
(外客受入)
EV
福
利
厚
生
課
観光地域
振興課
機械室
観
光
庁
観光資源課
観光戦略課
参事官
(国際関係・観光
人材政策)
(MICE推進)
観光地域振興
部長
国際観光
部長
観
光
庁
国際観光課
身障者用
W C
W C
非常
EV
審議官
アジア市場
推進室
次長
欧米豪
市場推進室
総務課
調整室
長官

# 海上保安庁　4号館4階

合同庁舎7号館 側

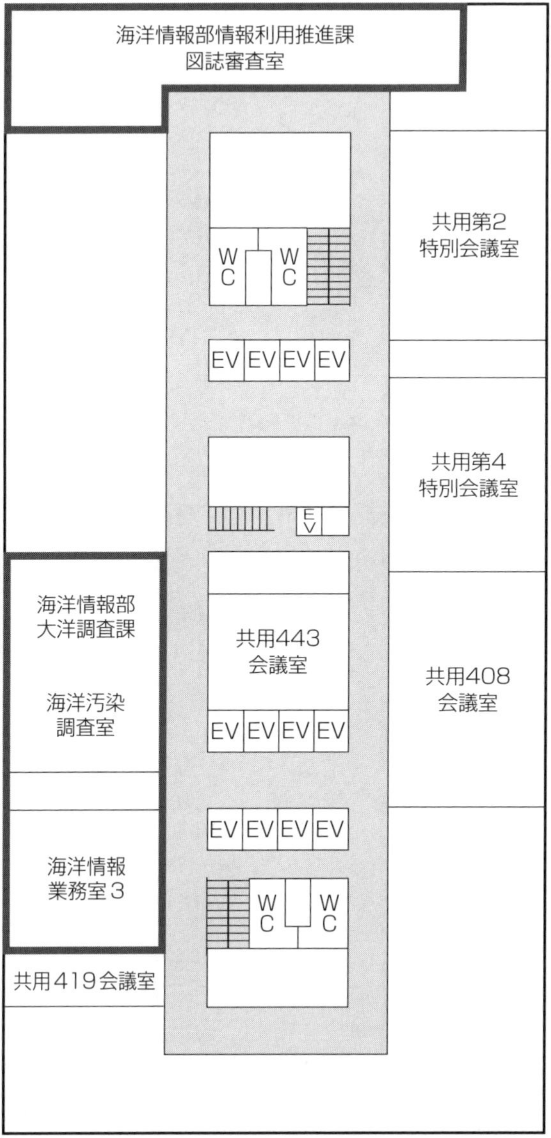

海洋情報部情報利用推進課
図誌審査室
共用第2
特別会議室
WC
WC
EV
EV
EV
EV
共用第4
特別会議室
EV
海洋情報部
大洋調査課
海洋汚染
調査室
共用443
会議室
EV
EV
EV
EV
共用408
会議室
EV
EV
EV
EV
海洋情報
業務室3
WC
WC
共用419会議室

# 海上保安庁　４号館５階

合同庁舎７号館 側

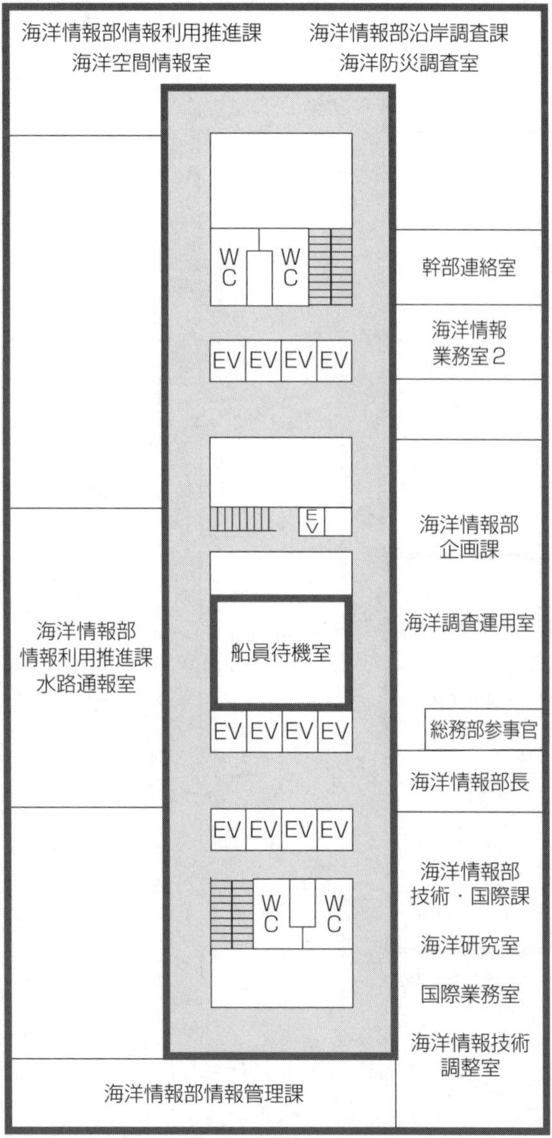
海洋情報部情報利用推進課
海洋空間情報室
海洋情報部沿岸調査課
海洋防災調査室
WC
WC
EV EV EV EV
幹部連絡室
海洋情報業務室２
EV
海洋情報部企画課
海洋調査運用室
船員待機室
海洋情報部情報利用推進課水路通報室
EV EV EV EV
総務部参事官
海洋情報部長
EV EV EV EV
WC
WC
海洋情報部技術・国際課
海洋研究室
国際業務室
海洋情報技術調整室
海洋情報部情報管理課

海上保安庁

# 環　境　省

〒100-8975
千代田区霞が関1-2-2
中央合同庁舎5号館本館
TEL03（3581）3351

地下鉄：霞ヶ関駅　B3b番出口

| 階別 | 局（部）名 | 課（室）名 |
|---|---|---|
| 26 | 大臣官房 | サイバーセキュリティ・情報化審議官、総務課危機管理・災害対策室 |
| | 水・大気環境局 | 審議官室、水環境課、海洋環境室、閉鎖性海域対策室、土壌環境課、農薬環境管理室、地下水・地盤環境室 |
| | 自然環境局 | 局長室、審議官室、総務課、動物愛護管理室、自然環境計画課、生物多様性戦略推進室、生物多様性主流化室、国立公園課、国立公園利用推進室、自然環境整備課、温泉地保護利用推進室、野生生物課、鳥獣保護管理室、希少種保全推進室、外来生物対策室 |
| | | 食堂 |
| 25 | 大臣官房 | 総務課広報室 |
| | 総合環境政策統括官グループ | 総合環境政策統括官室、審議官室、総合政策課、企画評価・政策プロモーション室、環境研究技術室、環境教育推進室、環境経済課、環境影響評価課 |
| | 地域脱炭素推進審議官グループ | 地域脱炭素推進審議官、地域政策課、地域脱炭素事業推進課 |
| | 水・大気環境局 | 局長室、審議官室、総務課、環境管理技術室、大気環境課、大気生活環境室、自動車環境対策課 |
| | | 第5会議室、環境記者会室、記者クラブ、記者会見室 |

| 階別 | 局（部）名 | 課（室）名 |
|---|---|---|
| 24 | 大臣官房 | 大臣室、副大臣室、大臣政務官室、事務次官室、秘書室、応接室、省議室、顧問室<br>官房長室、審議官室、秘書課、秘書課長室、総務課、総務課長室、会計課、会計課長室、監査指導室、庁舎管理室 |
| 23 | 大臣官房<br>（環境保健部）<br><br>環境再生・資源循環局 | 部長室、環境保健企画管理課、保健業務室、特殊疾病対策室、化学物質審査室、水銀対策推進室、環境安全課、環境リスク評価室、放射線健康管理担当参事官<br>局長室、次長室、審議官室、総務課、循環型社会推進室、リサイクル推進室、廃棄物適正処理推進課、浄化槽推進室、廃棄物規制課、災害廃棄物対策室、特定廃棄物対策担当参事官、環境再生施設整備担当参事官、放射性物質汚染対処技術担当参事官、環境再生事業担当参事官 |
| 22 | | サーバー室、電話交換室、第１会議室 |
| 3 | 大臣官房<br>地球環境局 | 地方環境室<br>局長室、審議官室、総務課、脱炭素社会移行推進室、気候変動観測研究戦略室、気候変動適応室、気候変動適応室、気候変動国際交渉室、地球温暖化対策事業監理室、地球温暖化対策課、地球温暖化対策事業室、フロン対策室、脱炭素ライフスタイル推進室、国際連携課、国際脱炭素移行推進・環境インフラ担当参事官室、低炭素物流推進室<br><br>会議室、集団療法室、診療室（内科・歯科） |

# 環境省　5号館3階

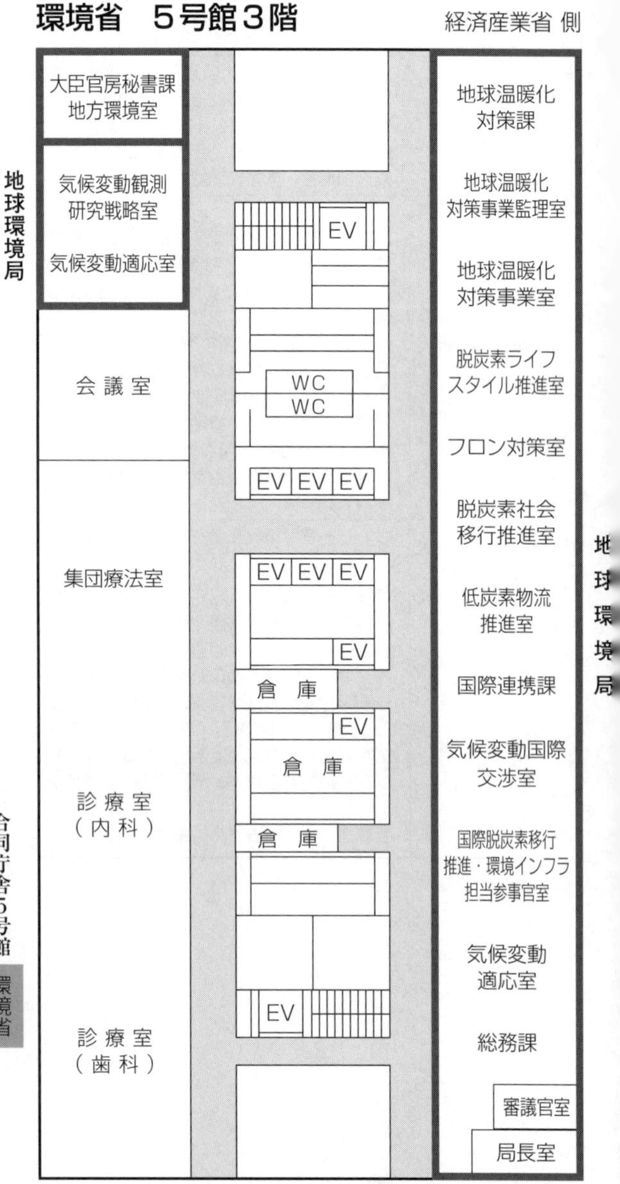
経済産業省 側
大臣官房秘書課
地方環境室
気候変動観測
研究戦略室
気候変動適応室
地球環境局
会 議 室
集団療法室
診 療 室
（ 内 科 ）
診 療 室
（ 歯 科 ）
EV
WC
WC
EV EV EV
EV EV EV
EV
倉　庫
EV
倉　庫
倉　庫
EV
地球温暖化
対策課
地球温暖化
対策事業監理室
地球温暖化
対策事業室
脱炭素ライフ
スタイル推進室
フロン対策室
脱炭素社会
移行推進室
低炭素物流
推進室
国際連携課
気候変動国際
交渉室
国際脱炭素移行
推進・環境インフラ
担当参事官室
気候変動
適応室
総務課
審議官室
局長室
地球環境局

# 環境省　5号館22階

経済産業省 側

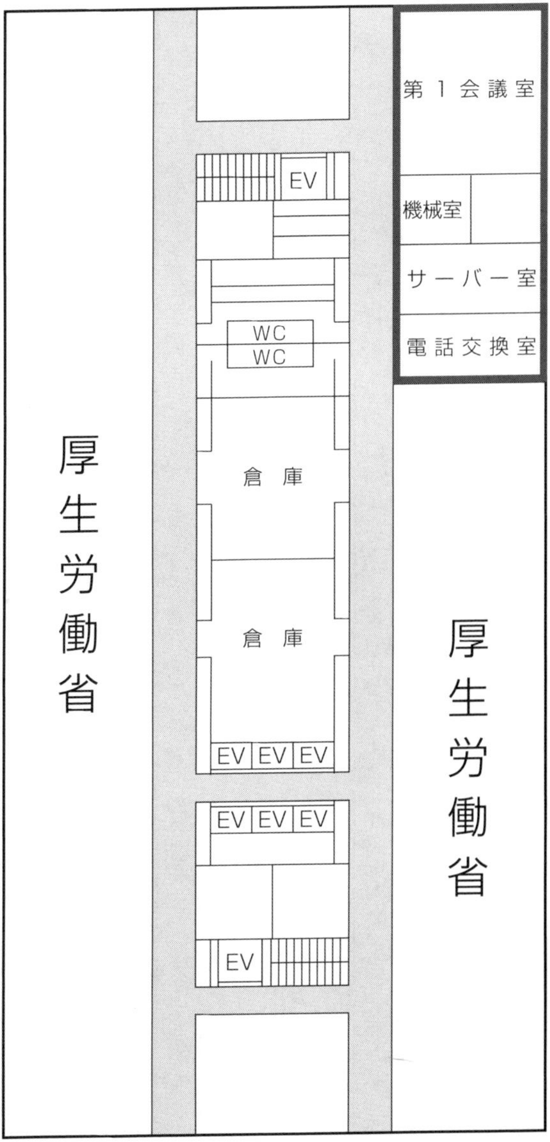

第1会議室
機械室
サーバー室
電話交換室
EV
WC
WC
倉庫
倉庫
EV EV EV
EV EV EV
EV
厚生労働省
厚生労働省

# 環境省　5号館23階

経済産業省 側

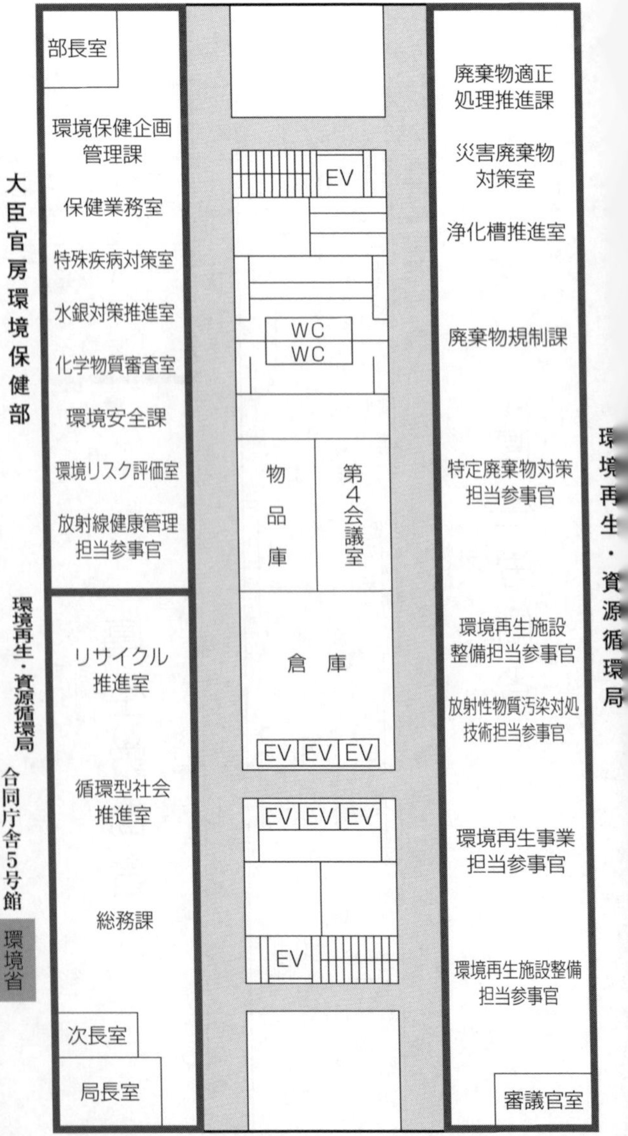
大臣官房環境保健部
部長室
環境保健企画管理課
保健業務室
特殊疾病対策室
水銀対策推進室
化学物質審査室
環境安全課
環境リスク評価室
放射線健康管理担当参事官
環境再生・資源循環局
リサイクル推進室
循環型社会推進室
総務課
次長室
局長室
合同庁舎5号館
環境省
EV
WC
WC
物品庫
第4会議室
倉庫
EV
EV
EV
EV
EV
EV
EV
廃棄物適正処理推進課
災害廃棄物対策室
浄化槽推進室
廃棄物規制課
特定廃棄物対策担当参事官
環境再生施設整備担当参事官
放射性物質汚染対処技術担当参事官
環境再生事業担当参事官
環境再生施設整備担当参事官
審議官室
環境再生・資源循環局

## 環境省　5号館24階

経済産業省 側

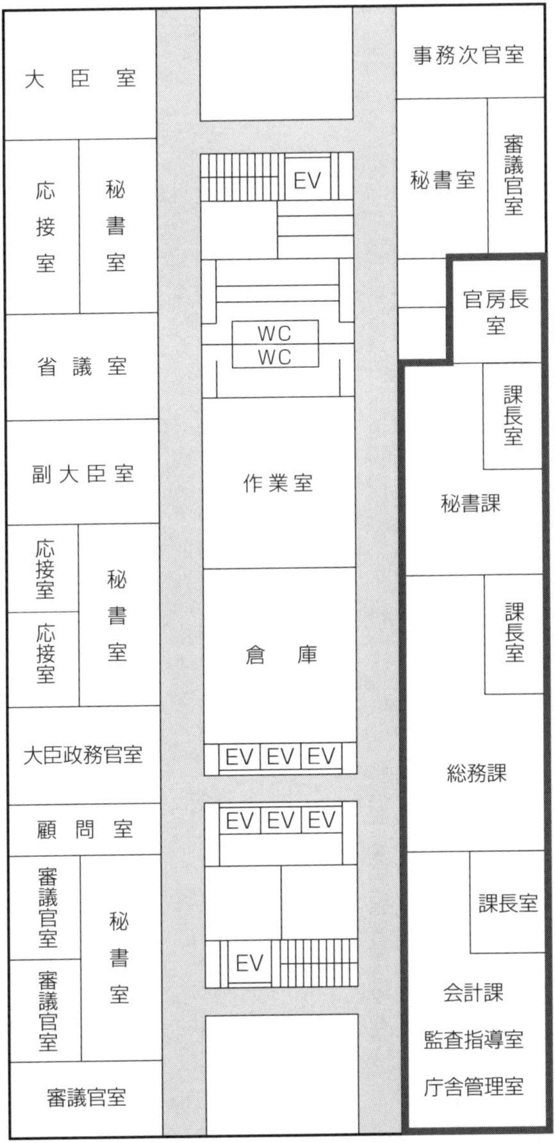
大臣室
応接室
秘書室
省議室
副大臣室
応接室
応接室
秘書室
大臣政務官室
顧問室
審議官室
審議官室
秘書室
審議官室
EV
WC
WC
作業室
倉庫
EV EV EV
EV EV EV
EV
事務次官室
秘書室
審議官室
官房長室
課長室
秘書課
課長室
総務課
課長室
会計課
監査指導室
庁舎管理室

# 環境省　5号館25階

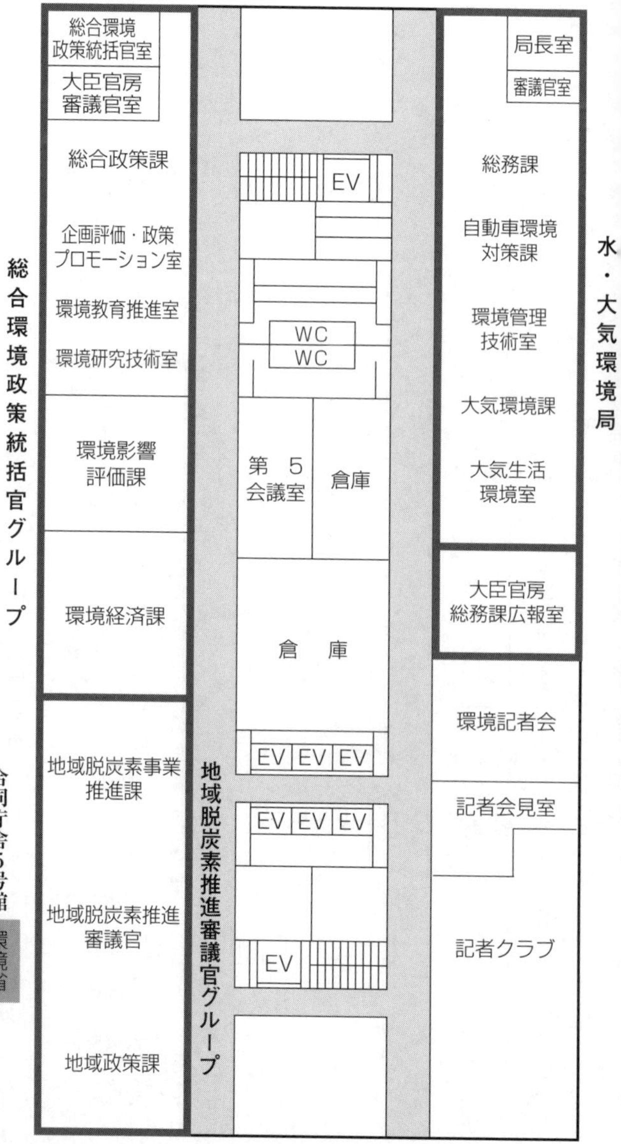
経済産業省 側
総合環境政策統括官グループ
総合環境政策統括官室
大臣官房審議官室
総合政策課
企画評価・政策プロモーション室
環境教育推進室
環境研究技術室
環境影響評価課
環境経済課
地域脱炭素事業推進課
地域脱炭素推進審議官
地域政策課
地域脱炭素推進審議官グループ
EV
WC
WC
第5会議室
倉庫
倉庫
EV EV EV
EV EV EV
EV
水・大気環境局
局長室
審議官室
総務課
自動車環境対策課
環境管理技術室
大気環境課
大気生活環境室
大臣官房総務課広報室
環境記者会
記者会見室
記者クラブ

# 環境省　5号館26階

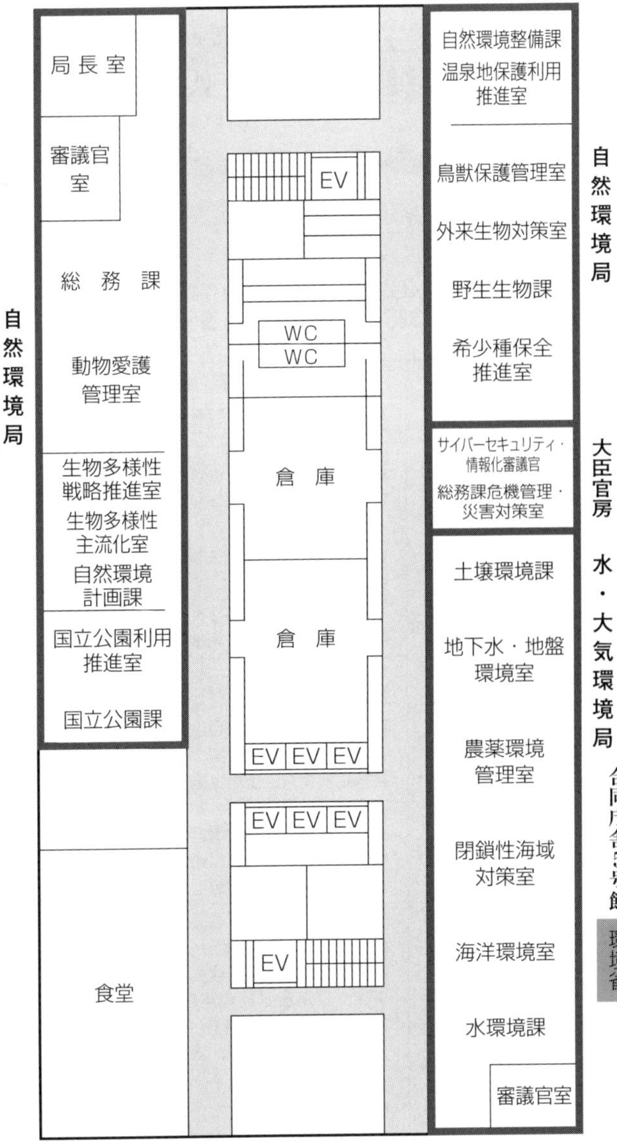
経済産業省 側
局長室
審議官室
総務課
動物愛護管理室
生物多様性戦略推進室
生物多様性主流化室
自然環境計画課
国立公園利用推進室
国立公園課
自然環境局
食堂
EV
WC
WC
倉庫
倉庫
EV EV EV
EV EV EV
EV
自然環境整備課
温泉地保護利用推進室
鳥獣保護管理室
外来生物対策室
野生生物課
希少種保全推進室
自然環境局
サイバーセキュリティ・情報化審議官
総務課危機管理・災害対策室
大臣官房
土壌環境課
地下水・地盤環境室
農薬環境管理室
閉鎖性海域対策室
海洋環境室
水環境課
審議官室
水・大気環境局

# 会計検査院

〒100-8941
千代田区霞が関3-2-2
TEL03（3581）3251

地下鉄：虎ノ門駅　11番・6番出口
地下鉄：霞ヶ関駅　A13番出口

| 階別 | 局（部）名 | 課（室）名 |
| --- | --- | --- |
| 32 | 事務総長官房 | 能力開発官、公会計監査連携室、大会議室 |
| 31 | 事務総長官房 | 調査課、国際業務室、上席情報システム調査官、能力開発官付資料情報管理室、広報別室<br><br>国立国会図書館支部会計検査院図書館 |
| 30 | 検査官会議<br>事務総長官房 | 院長、検査官<br>事務総長、事務総局次長、総務課、渉外広報室、企画調整室、人事課 |
| 29 | 事務総長官房<br><br>第5局 | 総括審議官、サイバーセキュリティ・情報化審議官、審議官（検査総括担当）、審議官（検査支援・国際担当）、法規課、情報公開・個人情報保護室、公文書監理室、上席検定調査官、上席企画調査官、検査支援室、会計検査院情報公開・個人情報保護審査会事務室、技術参事官<br>デジタル検査課、情報通信検査室、上席調査官（情報通信・郵政担当） |
| 28 | 第5局 | 第5局長、審議官（通信・郵政担当）、審議官（経済・融資担当）、審議官（特別検査担当）、第5局監理官、経済産業検査第1課、経済産業検査第2課、上席調査官（融資機関担当）、特別検査課、上席調査官（特別検査担当）、法人財務検査室 |
| 27 | 事務総長官房 | 会計課、入札室、厚生管理官、法規課情報公開・個人情報保護室文書第2係 |

| 階別 | 局（部）名 | 課（室）名 |
| --- | --- | --- |
| | 第４局 | 文部科学検査第１課、文部科学統括検査室、文部科学検査第２課、上席調査官（文部科学担当） |
| 26 | 第４局 | 第４局長、審議官（文部科学担当）、審議官（農林水産担当）、第４局監理官、農林水産検査第１課、農林水産統括検査室、農林水産検査第２課、農林水産検査第３課、農林水産検査第４課 |
| 25 | 第３局 | 第３局長、審議官（国土・環境担当）、審議官（交通担当）、第３局監理官、国土交通検査第１課、国土交通統括検査室、国土交通検査第２課、国土交通検査第３課、国土交通検査第４課、国土交通検査第５課 |
| 24 | 第２局<br>第３局 | 厚生労働検査第２課、厚生労働検査第３課、防衛検査第１課、原価検査室、防衛検査第２課、防衛検査第３課<br>環境検査課、上席調査官（道路担当） |
| 23 | 事務総長官房<br>第１局<br>第２局 | 上席企画調査官付検査情報分析官<br>外務検査課、経済協力検査室<br>第２局長、審議官（厚生担当）、審議官（防衛・労働担当）、第2局監理官、厚生労働検査第1課、厚生労働統括検査室、厚生労働検査第4課、上席調査官（医療機関担当） |
| 22 | 第１局 | 第1局長、審議官（財務・総務担当）、審議官（司法・外務・租税担当）、第1局監理官、財務検査第1課、決算監理室、金融検査室、公会計検査室、財務検査第2課、総務検査課、復興検査室、租税検査第1課、租税統括検査室、租税検査第2課 |
| 21 | 事務総長官房<br>第１局 | 法規課情報公開・個人情報保護室文書第３係、第４係<br>司法検査課 |
| 2 | 事務総長官房 | 広報コーナー、情報公開・個人情報保護窓口<br>エントランスホール、守衛室 |

# TEL・FAX
# ガイド

# 内　閣　府

〒100-8914 千代田区永田町1-6-1
〒100-8914 千代田区永田町1-6-1
中央合同庁舎8号館
〒100-8970 千代田区霞が関3-1-1
中央合同庁舎4号館（分館）
（下記以外の代表電話）03-5253-2111
（原子力損害賠償・廃炉等支援機構）03-3501-1511
（金融）03-3506-6000

| 局　課 | 直通電話 | FAX番号 |
|---|---|---|
| 内閣総理大臣 | | |
| 内閣官房長官 | | |
| 内閣府特命担当大臣 | | |
| 金融 | | |
| 原子力損害賠償・廃炉等支援機構 | | |
| 原子力防災 | | |
| デジタル改革、消費者及び食品安全 | | |
| 防災、海洋政策 | | |
| こども政策、少子化対策、若者活躍、男女共同参画 | | |
| 経済財政政策 | | |
| 知的財産戦略、科学技術政策、宇宙政策、経済安全保障 | | |
| 沖縄及び北方対策、地方創生、規制改革、クールジャパン戦略、アイヌ施策 | | |
| 副大臣 | | |
| 副大臣 | | |
| 副大臣 | | |
| 大臣政務官 | | |

| 局　課 | 直通電話 | FAX番号 |
|---|---|---|
| 大臣政務官 | | |
| 大臣政務官 | | |
| 事務次官 | | |
| 内閣府審議官 | | |
| 内閣府審議官 | | |
| **大臣官房** | | |
| 官房長 | | |
| 官房政策立案総括審議官 | | |
| 官房審議官（官房） | | |
| 総務課 | | |
| 人事課 | 03-6257-1282 | 03-3581-0210 |
| 会計課 | 03-3581-2740 | 03-3581-2267 |
| 企画調整課 | 03-6257-1390 | 03-3581-4839 |
| 政策評価広報課 | 03-6257-1295 | 03-3581-0275 |
| 公文書管理課 | 03-6257-1376 | 03-5512-2914 |
| 政府広報室 | 03-3581-0409 | 03-3581-5769 |
| 厚生管理官 | 03-3581-2825 | 03-3581-4308 |
| **政策統括官** | | |
| 政策統括官（経済財政運営担当） | 03-6257-1519 | 03-3581-0548 |
| 官房審議官（経済財政運営担当） | 03-6257-1520 | 03-3581-0548 |
| 官房審議官（経済財政運営担当） | 03-6257-1521 | 03-3581-0548 |
| 官房審議官（経済財政運営担当） | 03-6257-1555 | 03-3581-0548 |
| 参事官（総括担当） | 03-6257-1524 | 03-3581-0548 |
| 参事官（経済対策・金融担当） | 03-6257-1530 | 03-3581-0923 |
| 参事官（企画担当） | | |
| 参事官（経済見通し担当） | | |
| 参事官（産業・雇用担当） | 03-6257-1542 | 03-3581-9897 |

| 局　課 | 直通電話 | FAX番号 |
|---|---|---|
| 参事官（予算編成基本方針担当） | 03-6257-1535 | 03-3581-4772 |
| 参事官（国際経済担当） | 03-6257-1613 | 03-3581-9897 |
| 参事官（地域経済活性化支援機構担当） | | |
| **政策統括官（経済社会システム担当）** | 03-6257-1490 | 03-3581-0953 |
| **官房審議官（経済社会システム担当）** | 03-6257-1651 | 03-3581-0953 |
| **官房審議官（経済社会システム担当）** | 03-6257-1491 | 03-3581-0953 |
| **官房審議官（経済社会システム担当）** | 03-6257-1492 | 03-3581-0953 |
| 参事官（総括担当） | 03-6257-1518 | 03-3581-0953 |
| 参事官（企画担当） | 03-6257-1503 | 03-3581-0953 |
| 参事官（社会システム担当） | 03-6257-1506 | 03-3581-0887 |
| 参事官（社会基盤担当） | 03-6257-1513 | 03-3581-0887 |
| 参事官（市場システム担当） | 03-6257-1508 | 03-3581-0887 |
| 参事官（財政運営基本担当） | 03-6257-1505 | 03-3581-0313 |
| 参事官（共助社会づくり推進担当） | 03-6257-1516 | 03-3581-0887 |
| 参事官（民間資金等活用事業・成果連動型事業推進担当） | | |
| **政策統括官（経済財政分析担当）** | 03-6257-1557 | 03-3581-0654 |
| **官房審議官（経済財政分析担当）** | | |
| 参事官（総括担当） | 03-6257-1567 | 03-3581-0654 |
| 参事官（企画担当） | 03-6257-1572 | 03-3581-0654 |
| 参事官（地域担当） | 03-6257-1577 | 03-3581-0889 |
| 参事官（海外担当） | 03-6257-1581 | 03-3581-9287 |
| **政策統括官（防災担当）** | 03-3501-5247 | 03-3503-5690 |

| 局　課 | 直通電話 | FAX番号 |
|---|---|---|
| **官房審議官（防災担当）** | 03-3501-5407 | 03-3503-5690 |
| 参事官(総括担当) | 03-3593-2844 | 03-3503-5690 |
| 参事官(災害緊急事態対処担当) | 03-3501-5408 | 03-3503-5690 |
| 参事官(調査・企画担当) | 03-3501-5693 | 03-3501-5199 |
| 参事官(防災計画担当) | 03-3501-6996 | 03-3597-9091 |
| 参事官(普及啓発・連携担当) | 03-3503-9394 | 03-3597-9091 |
| 参事官(防災デジタル・物資支援担当) | | |
| 参事官(避難生活担当) | | |
| 参事官(被災者生活再建担当) | | |
| 参事官(復旧・復興担当) | 03-3501-5696 | 03-3593-2846 |
| **政策統括官（原子力防災担当）** | 03-3581-0169 | |
| **官房審議官（原子力防災担当）** | 03-3581-0315 | |
| 参事官(総括担当) | 03-3593-2844 | 03-3503-5690 |
| 参事官(企画・国際担当) | | |
| 参事官(地域防災担当) | 03-3503-9394 | 03-3502-6034 |
| **政策統括官（沖縄政策担当）** | 03-6257-1676 | 03-3581-9707 |
| **官房審議官（沖縄政策担当）** | 03-6257-1677 | 03-3581-9707 |
| 参事官(総括担当) | 03-6257-1679 | 03-3581-9707 |
| 参事官（政策調整担当） | 03-6257-1691 | 03-3581-9761 |
| 参事官(企画担当) | 03-6257-1682 | 03-3581-9719 |
| 参事官（産業振興担当） | 03-6257-1687 | 03-3581-9716 |

| 局　課 | 直通電話 | FAX番号 |
| --- | --- | --- |
| **政策統括官（政策調整担当）** | 03-6257-1423 | 03-3581-0996 |
| **官房審議官（政策調整担当）** | 03-6257-1425 | 03-3581-0996 |
| 参事官（総括担当） | 03-6257-1428 | 03-3581-0996 |
| 参事官（総合調整担当） | 03-6257-1443 | 03-3581-0992 |
| 参事官（青年国際交流担当） | 03-6257-1436 | 03-3581-1609 |
| 参事官（高齢社会対策担当） | 03-6257-1462 | 03-3581-0992 |
| 参事官（障害者施策担当） | 03-6257-1458 | 03-3581-0902 |
| 参事官（交通安全対策担当）· | 03-6257-1448 | 03-3581-1249 |
| 参事官（金融担当） | 03-6257-1438 | 03-3581-1609 |
| **政策統括官（重要土地担当）** | | |
| **官房審議官（重要土地担当）** | | |
| 参事官（総括担当） | | |
| 参事官（防衛施設担当） | | |
| 参事官（生活関連施設等担当） | | |
| 参事官（国境離島等担当） | | |
| 参事官（調査分析担当） | | |
| **政策統括官（経済安全保障担当）** | | |
| **官房審議官（経済安全保障担当）** | | |
| 参事官（総括・企画担当） | | |
| 参事官（特定重要物資担当） | | |
| 参事官（特定社会基盤役務担当） | | |

| 局　課 | 直通電話 | FAX番号 |
| --- | --- | --- |
| 参事官(特定重要技術担当) | | |
| 参事官(特許出願非公開担当) | | |
| **賞勲局** | | |
| **局　長** | 03-3581-5079 | 03-3592-1256 |
| 総務課 | 03-3581-6536 | 03-3592-1256 |
| **男女共同参画局** | | |
| **局　長** | | |
| **官房審議官** | | |
| 総務課 | | |
| 推進課 | | |
| 男女間暴力対策課 | | |
| **沖縄振興局** | | |
| **局　長** | 03-6257-1656 | 03-3581-0952 |
| **官房審議官** | 03-6257-1677 | 03-3581-9707 |
| 総務課 | 03-6257-1658 | 03-3581-0952 |
| 参事官（振興第一担当） | 03-6257-1665 | 03-3581-5718 |
| 参事官（振興第二担当） | 03-6257-1668 | 03-3581-5718 |
| 参事官（振興第三担当） | 03-6257-1671 | 03-3581-5718 |
| 参事官（調査金融担当） | 03-6257-1673 | 03-3581-1016 |
| **食品安全委員会** | | |
| 事務局 | 03-6234-1166 | 03-3584-7390 |
| **国会等移転審議会** | | |
| 事務局 | 03-3501-5480 | 03-5253-1573 |
| **公益認定等委員会** | | |
| 事務局 | 03-5403-9555 | 03-5403-0231 |
| **再就職等監視委員会** | | |
| 事務局 | 03-6268-7657 | 03-6268-7659 |
| **消費者委員会** | | |
| 事務局 | 03-3581-9176 | |

| 局　課 | 直通電話 | FAX番号 |
|---|---|---|
| **経済社会総合研究所** | | |
| 所　長 | 03-6257-1584 | 03-3581-1243 |
| 次　長 | 03-6257-1585 | 03-3581-1243 |
| 総務部 | 03-6257-1603 | 03-3581-1243 |
| 情報研究交流部 | 03-6257-1622 | 03-3581-1538 |
| 景気統計部 | 03-6257-1627 | 03-3581-0918 |
| 国民経済計算部 | 03-6257-1634 | 03-3581-0716 |
| 経済研修所総務部 | 03-6257-1648 | 03-3581-1538 |
| **迎賓館** | | |
| 館　長 | 03-3478-1155 | 03-3404-0186 |
| 次　長 | 03-3478-1154 | 03-3404-0186 |
| 総務課 | 03-3478-1161 | 03-3404-0186 |
| 接遇課 | | |
| 運営課 | 03-3478-1157 | 03-3404-0186 |
| **地方創生推進事務局** | | |
| 事務局 | 03-5510-2151 | |
| **知的財産戦略推進事務局** | | |
| 事務局 | 03-3581-0324 | |
| **科学技術・イノベーション推進事務局** | | |
| 事務局 | 03-6257-1315 | 03-3581-9828 |
| **健康・医療戦略推進事務局** | | |
| 事務局 | 03-3539-2560 | |
| **宇宙開発戦略推進事務局** | | |
| 事務局 | 03-6205-7036 | |
| **北方対策本部** | | |
| 審議官 | 03-6257-1299 | 03-3581-0312 |
| 参事官 | 03-6257-1298 | 03-3581-0312 |
| **総合海洋政策推進事務局** | | |
| 事務局 | 03-6257-1767 | |
| **国際平和協力本部** | | |
| 事務局長 | 03-3581-5398 | 03-3581-0824 |
| 事務局次長 | 03-3580-1183 | 03-3581-0824 |
| 参事官 | 03-3581-7340 | 03-3581-0824 |

# 消費者庁

〒100-8958 千代田区霞が関3-1-1
中央合同庁舎4号館
(代表)03-3507-8800

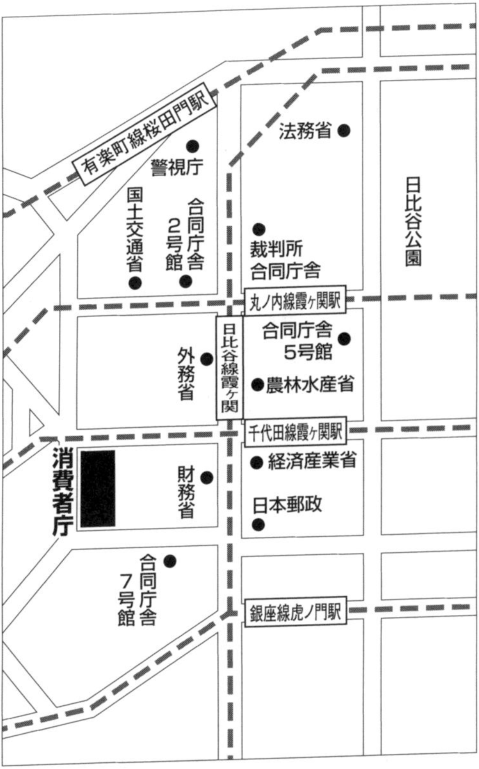


地下鉄：虎ノ門駅　11番・6番出口
地下鉄：霞ヶ関駅　A13番出口

# こども家庭庁

〒100-6090 千代田区霞が関3-2-5
霞が関ビルディング14F、20F、21F、22F
（代表）03-6771-8030

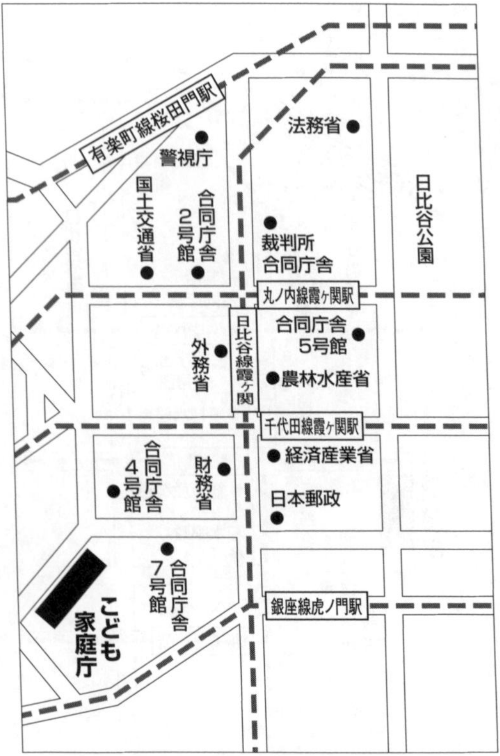


地下鉄：虎ノ門駅　11番・6番出口
地下鉄：霞ヶ関駅　A13番出口

# デジタル庁

〒102-0094 千代田区紀尾井町1-3
東京ガーデンテラス紀尾井町19階、20階
(代表)03-4477-6775

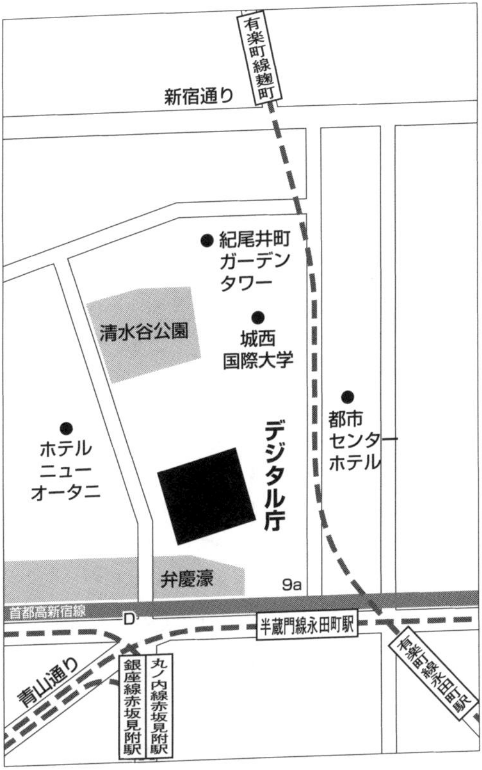


地下鉄：永田町駅　9a出口直結
地下鉄：赤坂見附駅　D出口

# 復 興 庁

〒100-0013 千代田区霞が関3-1-1
中央合同庁舎4号館
(代表)03-6328-1111

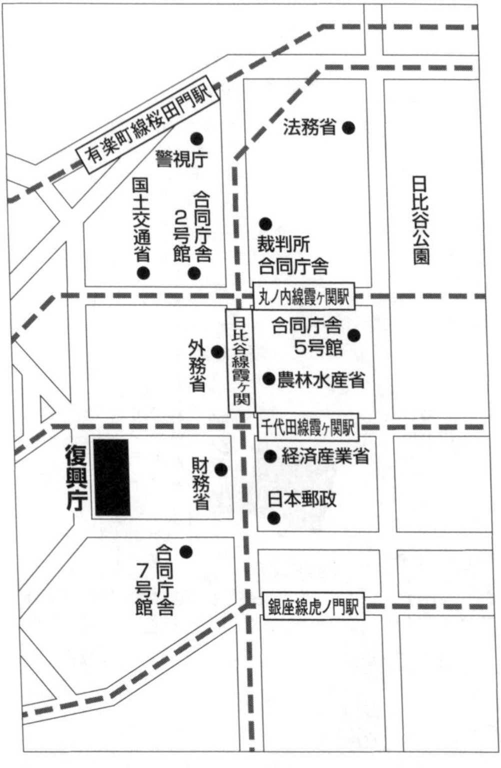


地下鉄:虎ノ門駅　11番・6番出口
地下鉄:霞ヶ関駅　A13番出口

# 総　務　省

〒100-8926 千代田区霞が関2-1-2
中央合同庁舎2号館
(代表)03-5253-5111

| 局　課 | 直通電話 | FAX番号 |
|---|---|---|
| 大　臣 | 03-5253-5006 | 03-5253-5007 |
| 副大臣 | 03-5253-5017 | 03-5253-5020 |
| 副大臣 | 03-5253-5011 | 03-5253-5020 |
| 大臣政務官 | 03-5253-5032 | 03-5253-5033 |
| 大臣政務官 | 03-5253-5024 | 03-5253-5033 |
| 大臣政務官 | 03-5253-5028 | 03-5253-5033 |
| 事務次官 | 03-5253-5036 | 03-5253-5037 |
| 総務審議官 | 03-5253-5040 | 03-5253-5042 |
| 総務審議官 | 03-5253-5038 | 03-5253-5042 |
| 総務審議官 | 03-5253-5043 | 03-5253-5938 |
| 大臣官房 | | |
| 官房長 | 03-5253-5046 | 03-5253-5078 |
| 官房総括審議官(選挙制度、政策企画) | 03-5253-5050 | 03-5253-5079 |
| 官房総括審議官(新型コロナウイルス感染症対策、政策企画) | 03-5253-5049 | 03-5253-5079 |
| 官房総括審議官(情報通信) | 03-5253-5372 | 03-5253-5721 |
| 官房政策立案総括審議官 | 03-5253-6323 | 03-5253-5079 |
| 官房地域力創造審議官 | 03-5253-5377 | 03-5253-5530 |
| サイバーセキュリティ・情報化審議官 | 03-5253-5283 | 03-5253-5160 |
| 官房審議官 | 03-5253-5178 | 03-5253-5190 |
| 秘書課 | 03-5253-5069 | 03-5253-5078 |
| 官房参事官 | 03-5253-5062 | 03-5253-5078 |
| 官房参事官 | 03-5253-5063 | 03-5253-5078 |
| 総務課 | 03-5253-5085 | 03-5253-5091 |

| 局　課 | 直通電話 | FAX番号 |
|---|---|---|
| 官房参事官兼公文書監理室長 | 03-5253-5083 | 03-5253-5091 |
| 官房参事官 | 03-5253-5012 | 03-5253-5091 |
| 管理室 | 03-5253-5181 | 03-5253-5190 |
| 会計課 | 03-5253-5124 | 03-5253-5137 |
| 予算執行調査室 | 03-5253-5126 | 03-5253-5136 |
| 厚生企画管理室 | 03-5253-5140 | 03-5253-5144 |
| 庁舎管理室 | 03-5253-5147 | 03-5253-5150 |
| 企画課 | 03-5253-5155 | 03-5253-5160 |
| サイバーセキュリティ・情報化推進室 | 03-5253-5159 | 03-5253-5160 |
| デジタル統括アドバイザー室 | 03-5253-5274 | 03-5253-5160 |
| 政策評価広報課 | 03-5253-5164 | 03-5253-5173 |
| 広報室 | 03-5253-5172 | 03-5253-5174 |
| 行政管理局 | | |
| 局　長 | 03-5253-5301 | 03-5253-5309 |
| 業務改革特別研究官 | 03-5253-5311 | 03-5253-5309 |
| 企画調整課 | 03-5253-5307 | 03-5253-5309 |
| 調査法制課 | 03-5253-5353 | 03-5253-5350 |
| 法制管理室 | 03-5253-5344 | 03-5253-6265 |
| 管理官(業務改革総括) | | |
| 管理官(独法制度総括・特殊法人総括、外務) | | |
| 管理官(独法評価総括) | | |
| 管理官(内閣(復興庁を除く)・内閣府本府・金融・総務・公調委・財務) | 03-5253-5327 | |
| 管理官（消費者・経済産業・環境・国公委・法務) | 03-5253-5330 | |
| 管理官(文部科学・農水・防衛・公取委・個人情報保護委員会) | 03-5253-5324 | |
| 管理官(国土交通・復興・カジノ管理委員会) | 03-5253-5317 | |

| 局　課 | 直通電話 | FAX番号 |
|---|---|---|
| 管理官（厚生労働・宮内・こども家庭） | 03-5253-5329 | |
| **行政評価局** | | |
| 局　長 | 03-5253-5401 | 03-5253-5412 |
| 官房審議官 | 03-5253-5404 | 03-5253-5443 |
| 官房審議官 | 03-5253-5402 | 03-5253-5426 |
| 総務課 | 03-5253-5411 | 03-5253-5412 |
| 地方業務室 | 03-5253-5413 | 03-5253-5412 |
| 企画課 | 03-5253-5470 | 03-5253-5418 |
| 人材育成室 | 03-5253-5417 | 03-5253-5418 |
| 評価活動支援室 | 03-5253-5416 | 03-5253-5418 |
| 政策評価課 | 03-5253-5427 | 03-5253-5443 |
| 客観性担保評価推進室 | 03-5253-5403 | 03-5253-5443 |
| 行政相談企画課 | 03-5253-5419 | 03-5253-5426 |
| 評価監視官（内閣、総務等担当） | 03-5253-5441 | 03-5253-5436 |
| 評価監視官（法務、外務、経済産業等担当） | 03-5253-5450 | 03-5253-5443 |
| 評価監視官（財務、文部科学等担当） | 03-5253-5435 | 03-5253-5436 |
| 評価監視官（厚生労働等担当） | 03-5253-5453 | 03-5253-5457 |
| 評価監視官（農水、防衛担当） | 03-5253-5439 | 03-5253-5443 |
| 評価監視官（復興、国土交通担当） | 03-5253-5454 | 03-5253-5457 |
| 評価監視官（連携調査、環境等担当） | 03-5253-5485 | 03-5253-5464 |
| 行政相談管理官 | 03-5253-5425 | 03-5253-5426 |
| **自治行政局** | | |
| 局　長 | 03-5253-5501 | 03-5253-5512 |
| 新型コロナ対策地方連携総括官（併）地域力創造審議官 | 03-5253-5363 | 03-5253-5530 |

| 局　課 | 直通電話 | FAX番号 |
|---|---|---|
| 官房審議官（地方行政・個人番号制度、地方公務員制度、選挙担当） | 03-5253-5502 | 03-5253-5512 |
| 官房審議官（新型コロナウイルス感染症対策・デジタル化推進等地方連携推進室、地域振興担当） | 03-5253-5377 | 03-5253-5530 |
| 行政課 | 03-5253-5509 | 03-5253-5511 |
| 総務室 | 03-5253-5507 | 03-5253-5512 |
| 住民制度課 | 03-5253-5517 | 03-5253-5592 |
| マイナンバー制度支援室 | 03-5253-5366 | 03-5253-5592 |
| 外国人住民基本台帳室 | 03-5253-5397 | 03-5253-5592 |
| デジタル基盤推進室 | 03-5253-5364 | 03-5253-5592 |
| 市町村課 | 03-5253-5516 | 03-5253-5592 |
| 行政経営支援室 | 03-5253-5519 | 03-5253-5592 |
| 地域政策課 | 03-5253-5523 | 03-5253-5530 |
| 新型コロナウイルス感染症対策等地方連携推進室 | 03-5253-5523 | 03-5253-5530 |
| 地域情報化企画室 | 03-5253-5525 | 03-5253-5530 |
| マイナポイント施策推進室 | 03-5253-5585 | 03-5253-5530 |
| 地域自立応援課 | 03-5253-5391 | 03-5253-5537 |
| 地域振興室 | 03-5253-5533 | 03-5253-5537 |
| 人材力活性化・連携交流室 | 03-5253-5394 | 03-5253-5537 |
| 過疎対策室 | 03-5253-5536 | 03-5253-5537 |
| 国際室 | 03-5253-5527 | 03-5253-5529 |
| **公務員部長** | 03-5253-5539 | 03-5253-5552 |
| 公務員課 | 03-5253-5542 | 03-5253-5552 |
| 女性活躍・人材活用推進室 | 03-5253-5546 | 03-5253-5552 |
| 給与能率推進室 | 03-5253-5549 | 03-5253-5553 |
| 福利課 | 03-5253-5558 | 03-5253-5561 |

| 局 課 | 直通電話 | FAX番号 |
|---|---|---|
| 安全厚生推進室 | 03-5253-5560 | 03-5253-5561 |
| 選挙部長 | 03-5253-5562 | 03-5253-5569 |
| 選挙課 | 03-5253-5566 | 03-5253-5569 |
| 選挙制度調査室 | 03-5253-5568 | 03-5253-5569 |
| 管理課 | 03-5253-5573 | 03-5253-5575 |
| 政治資金課 | 03-5253-5578 | 03-5253-5583 |
| 収支公開室 | 03-5253-5580 | 03-5253-5583 |
| 政党助成室 | 03-5253-5582 | 03-5253-5583 |
| 支出情報開示室 | 03-5253-5398 | 03-5253-5298 |
| **自治財政局** | | |
| 局　長 | 03-5253-5601 | 03-5253-5614 |
| 官房審議官(財政制度・財務担当) | 03-5253-5602 | 03-5253-5614 |
| 官房審議官 (公営企業担当) | 03-5253-5603 | 03-5253-5640 |
| 財政課 | 03-5253-5612 | 03-5253-5615 |
| 総務室 | 03-5253-5611 | 03-5253-5614 |
| 調整課 | 03-5253-5618 | 03-5253-5620 |
| 交付税課 | 03-5253-5623 | 03-5253-5625 |
| 地方債課 | 03-5253-5628 | 03-5253-5631 |
| 公営企業課 | 03-5253-5634 | 03-5253-5640 |
| 公営企業経営室 | 03-5253-5638 | 03-5253-5640 |
| 準公営企業室 | 03-5253-5642 | 03-5253-5640 |
| 財務調査課 | 03-5253-5647 | 03-5253-5640 |
| **自治税務局** | | |
| 局　長 | 03-5253-5651 | 03-5253-5659 |
| 官房審議官 (税務担当) | 03-5253-5652 | 03-5253-5659 |
| 企画課 | 03-5253-5658 | 03-5253-5659 |
| 総務室 | 03-5253-5657 | 03-5253-5659 |
| 電子化推進室 | 03-5253-5663 | 03-5253-5659 |
| 都道府県税課 | 03-5253-5663 | 03-5253-5671 |
| 自動車税制企画室 | 03-5253-5663 | 03-5253-5671 |
| 市町村税課 | 03-5253-5669 | 03-5253-5671 |

| 局　課 | 直通電話 | FAX番号 |
|---|---|---|
| 固定資産税課 | 03-5253-5674 | 03-5253-5676 |
| 資産評価室 | 03-5253-5679 | 03-5253-5676 |
| **国際戦略局** | | |
| **局　長** | 03-5253-5371 | 03-5253-5945 |
| **次　長** | 03-5253-5916 | 03-5253-5938 |
| **官房審議官(国際技術、サイバーセキュリティ担当)** | 03-5253-6018 | 03-5253-5945 |
| 国際戦略課 | 03-5253-5957 | 03-5253-5945 |
| 技術政策課 | 03-5253-5724 | 03-5253-5732 |
| 研究推進室 | 03-5253-5730 | 03-5253-5732 |
| 通信規格課 | 03-5253-5763 | 03-5253-5764 |
| 宇宙通信政策課 | 03-5253-5768 | 03-5253-5764 |
| 国際経済課 | 03-5253-5928 | 03-5253-5930 |
| 多国間経済室 | 03-5253-5929 | 03-5253-5938 |
| 国際展開課 | 03-5253-5923 | 03-5253-5937 |
| 国際協力課 | 03-5253-5934 | 03-5253-5937 |
| 参事官 | 03-5253-5376 | 03-5253-5924 |
| **情報流通行政局** | | |
| **局　長** | 03-5253-5701 | 03-5253-5714 |
| **官房審議官** | 03-5253-5704 | 03-5253-5714 |
| **官房審議官** | 03-5253-5706 | 03-5253-5721 |
| 総務課 | 03-5253-5709 | 03-5253-5714 |
| 情報通信政策課 | 03-5253-5482 | 03-5253-5721 |
| 総合通信管理室 | 03-5253-5432 | 03-5253-6041 |
| 情報通信経済室 | 03-5253-5720 | 03-5253-6041 |
| 情報流通振興課 | 03-5253-5748 | 03-5253-6041 |
| 情報活用支援室 | 03-5253-5685 | 03-5253-6041 |
| 情報通信作品振興課(コンテンツ振興課) | 03-5253-5739 | 03-5253-5740 |
| 放送コンテンツ海外流通推進室 | 03-5253-5424 | 03-5253-5740 |
| 地域通信振興課 | 03-5253-5758 | 03-5253-5759 |
| デジタル経済推進室 | 03-5253-5757 | 03-5253-5759 |
| 放送政策課 | 03-5253-5776 | 03-5253-5779 |

| 局　課 | 直通電話 | FAX番号 |
|---|---|---|
| 国際放送推進室 | 03-5253-5381 | 03-5253-5779 |
| 放送技術課 | 03-5253-5784 | 03-5253-5788 |
| 地上放送課 | 03-5253-5791 | 03-5253-5794 |
| 衛星・地域放送課 | 03-5253-5799 | 03-5253-5811 |
| 地域放送推進室 | 03-5253-5809 | 03-5253-5811 |
| 参事官 | 03-5253-5481 | 03-5253-5759 |
| **郵政行政部長** | 03-5253-5375 | 03-5253-6253 |
| 企画課 | 03-5253-5968 | 03-5253-6253 |
| 検査監理室 | 03-5253-5996 | 03-5253-5979 |
| 郵便課 | 03-5253-5975 | 03-5253-5973 |
| 国際企画室 | 03-5253-5972 | 03-5253-5973 |
| 貯金保険課 | 03-5253-5985 | 03-5253-5991 |
| 信書便事業課 | 03-5253-5974 | 03-5253-5979 |
| 総合通信基盤局 | | |
| **局　長** | 03-5253-5821 | 03-5253-5830 |
| 総務課 | 03-5253-5825 | 03-5253-5830 |
| **電気通信事業部長** | 03-5253-5831 | 03-5253-5838 |
| 事業政策課 | 03-5253-5835 | 03-5253-5838 |
| ブロードバンド整備推進室 | 03-5253-5866 | 03-5253-5838 |
| 料金サービス課 | 03-5253-5842 | 03-5253-5848 |
| データ通信課 | 03-5253-5852 | 03-5253-5855 |
| 電気通信技術システム課 | 03-5253-5862 | 03-5253-5863 |
| 番号企画室 | 03-5253-5859 | 03-5253-5863 |
| 安全・信頼性対策室 | 03-5253-5858 | 03-5253-5863 |
| 消費者行政第一課 | 03-5253-5488 | 03-5253-5948 |
| 消費者行政第二課 | 03-5253-5847 | 03-5253-5868 |
| **電波部長** | 03-5253-5869 | 03-5253-5940 |
| 電波政策課 | 03-5253-5873 | 03-5253-5940 |
| 国際周波数政策室 | 03-5253-5878 | 03-5253-5883 |
| 電波利用料企画室 | 03-5253-5880 | 03-5253-5882 |
| 基幹・衛星移動通信課 | 03-5253-5816 | 03-5253-5903 |

| 局　課 | 直通電話 | FAX番号 |
|---|---|---|
| 重要無線室 | 03-5253-5888 | 03-5253-5889 |
| 基幹通信室 | 03-5253-5886 | 03-5253-5889 |
| 移動通信課 | 03-5253-5893 | 03-5253-5946 |
| 新世代移動通信システム推進室 | 03-5253-5896 | 03-5253-5946 |
| 電波環境課 | 03-5253-5905 | 03-5253-5914 |
| 監視管理室 | 03-5253-5911 | 03-5253-5915 |
| 認証推進室 | 03-5253-5908 | 03-5253-5914 |
| **統計局** | | |
| **局　長** | 03-5273-1515 | 03-5273-1010 |
| 総務課 | 03-5273-1115 | 03-5273-1010 |
| 事業所情報管理課 | 03-5273-1149 | 03-5273-1494 |
| 統計情報利用推進課 | 03-5273-1136 | 03-3204-9361 |
| 統計情報企画室 | 03-5273-1136 | 03-3204-9361 |
| 統計情報システム管理官 | 03-5273-1134 | 03-3203-8358 |
| **統計調査部長** | 03-5273-1150 | 03-5273-1183 |
| 調査企画課 | 03-5273-1158 | 03-5273-1183 |
| 地理情報室 | 03-5273-1003 | 03-5273-1026 |
| 国勢統計課 | 03-5273-1152 | 03-5273-1552 |
| 労働力人口統計室 | 03-5273-1161 | 03-5273-1184 |
| 経済統計課 | 03-5273-1165 | 03-5273-1498 |
| 経済センサス室 | 03-5273-1388 | 03-5273-1498 |
| 消費統計課 | 03-5273-1171 | 03-5273-1495 |
| 物価統計室 | 03-5273-1166 | 03-5273-3129 |
| **政策統括官** | | |
| **政策統括官（統計制度担当）（恩給担当）** | 03-5273-1140 | 03-5273-1181 |
| **官房審議官（統計局、統計制度、統計情報戦略推進、恩給担当）** | 03-5273-1301 | 03-5273-1181 |
| **統計企画管理官** | 03-5273-1143 | 03-5273-1181 |
| 統計品質管理推進室 | 03-5273-1019 | 03-5273-1181 |
| **国際統計管理官** | 03-5273-1145 | 03-5273-1181 |

| 局　課 | 直通電話 | FAX番号 |
|---|---|---|
| 恩給管理官 | 03-5273-1306 | 03-3203-9648 |
| 恩給審査官 | 03-5273-1330 | 03-5273-1535 |
| **サイバーセキュリティ統括官** | | |
| サイバーセキュリティ統括官 | 03-5253-5048 | 03-5253-5752 |
| 参事官（総括担当） | 03-5253-5357 | 03-5253-5752 |
| 参事官（政策担当） | 03-5253-5749 | 03-5253-5752 |
| **審議会等** | | |
| 行政不服審査会事務局 | 03-5253-5170 | 03-5253-5271 |
| 情報公開・個人情報保護審査会事務局 | 03-5501-1727 | 03-3502-0035 |
| 官民競争入札等監理委員会事務局 | 03-5501-1660 | 03-3597-1310 |
| 政治資金適正化委員会事務局 | 03-5253-5598 | 03-5512-2501 |
| 電気通信紛争処理委員会事務局 | 03-5253-5686 | 03-5512-2502 |

# 消　防　庁

〒100-8927 千代田区霞が関2-1-2
中央合同庁舎2号館
(代表)03-5253-5111

| 局　課 | 直通電話 | FAX番号 |
|---|---|---|
| 長　官 | 03-5253-7520 | 03-5253-7530 |
| 次　長 | 03-5253-7520 | 03-5253-7530 |
| 審議官 | 03-5253-7520 | 03-5253-7530 |
| 総務課 | 03-5253-7506 | 03-5253-7531 |
| 消防・救急課 | 03-5253-7522 | 03-5253-7532 |
| 救急企画室 | 03-5253-7529 | 03-5253-7532 |
| 予防課 | 03-5253-7523 | 03-5253-7533 |
| 危険物保安室 | 03-5253-7524 | 03-5253-7533 |
| 特殊災害室 | 03-5253-7528 | 03-5253-7538 |
| 国民保護・防災部長 | 03-5253-7505 | 03-5253-7576 |
| 防災課 | 03-5253-7525 | 03-5253-7535 |
| 国民保護室 | 03-5253-7550 | 03-5253-7543 |
| 国民保護運用室 | 03-5253-7551 | 03-5253-7543 |
| 応急対策室 | 03-5253-7527 | 03-5253-7537 |
| 防災情報室 | 03-5253-7526 | 03-5253-7536 |
| 広域応援室 | 03-5253-7569 | 03-5253-7537 |
| 地域防災室 | 03-5253-7561 | 03-5253-7535 |
| 参事官 | 03-5253-7507 | 03-5253-7576 |

# 法　務　省

〒100-8977 千代田区霞が関1-1-1
中央合同庁舎6号館
(代表)03-3580-4111

| 局　課 | 直通電話 |
|---|---|
| 大　臣 | 03-3581-0530 |
| 副大臣 | 03-3581-1940 |
| 大臣政務官 | 03-3592-7833 |
| 事務次官 | 03-3581-1671 |
| **大臣官房** | |
| 官房長 | 03-3581-2064 |
| 官房参事官 | 03-3592-7017 |
| 官房参事官 | 03-3592-7026 |
| 官房参事官 | 03-3592-7076 |
| 　秘書課 | 03-3592-7001 |
| 　人事課 | 03-3592-7012 |
| 　会計課 | 03-3592-7018 |
| 　国際課 | 03-3592-7714 |
| 　施設課 | 03-3581-0552 |
| 　厚生管理官 | 03-3581-1712 |
| 司法法制部長 | 03-3581-1776 |
| 　司法法制課 | 03-3592-7031 |
| 　審査監督課 | 03-3592-5428 |
| **民事局** | |
| 局　長 | 03-3581-1713 |
| 官房審議官 | 03-3592-7035 |
| 　総務課 | 03-3592-6855 |
| 　民事第一課 | 03-3592-5434 |
| 　民事第二課 | 03-3592-5435 |
| 　商事課 | 03-3592-5436 |
| 　民事法制管理官 | 03-3592-7038 |
| **刑事局** | |
| 局　長 | 03-3581-1048 |
| 官房審議官 | 03-3592-7042 |

| 局　課 | 直通電話 |
|---|---|
| 官房参事官 | 03-3592-7054 |
| 総務課 | 03-3592-7045 |
| 刑事課 | 03-3592-7052 |
| 公安課 | 03-3592-7059 |
| 刑事法制管理官 | 03-3592-7053 |
| 国際刑事管理官 | 03-3592-7048 |
| **矯正局** | |
| 局　長 | 03-3503-0975 |
| 官房審議官 | 03-3503-0975 |
| 総務課 | 03-3503-0975 |
| 成人矯正課 | 03-3592-7071 |
| 少年矯正課 | 03-3592-6860 |
| 矯正医療管理官 | 03-3592-7370 |
| **保護局** | |
| 局　長 | 03-3581-1895 |
| 総務課 | 03-3581-1895 |
| 更生保護振興課 | 03-3592-7374 |
| 観察課 | 03-3592-7373 |
| **人権擁護局** | |
| 局　長 | 03-3581-1558 |
| 総務課 | 03-3581-1558 |
| 調査救済課 | 03-3581-1558 |
| 人権啓発課 | 03-3581-1558 |
| **訟務局** | |
| 局　長 | 03-3592-7079 |
| 官房審議官 | |
| 訟務企画課 | 03-3592-7077 |
| 民事訟務課 | 03-3592-7080 |
| 行政訟務課 | 03-3592-7081 |
| 租税訟務課 | 03-3592-7083 |
| 訟務支援課 | 03-3592-7403 |
| **出入国在留管理庁** | |
| 代表 | 03-3580-4111 |
| **公安調査庁** | |
| 代表 | 03-3592-5711 |

# 外　務　省

**〈代表電話24時間対応〉**

〒100-8919 千代田区霞が関2-2-1
（代表）03-3580-3311

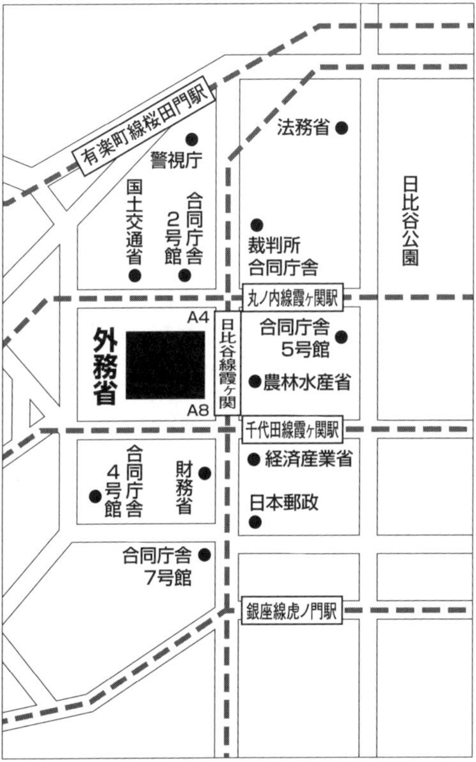


**地下鉄：霞ヶ関駅　A4・A8番出口**

# 財　務　省

〒100-8940 千代田区霞が関3-1-1
（代表）03-3581-4111

| 局　課 | 直通電話 | FAX番号 |
|---|---|---|
| 大　臣 | 03-3581-2711 | 03-5251-2100 |
| 副大臣 | 03-3581-2713 | 03-5251-2238 |
| 副大臣 | 03-3581-2714 | 03-5251-2238 |
| 大臣政務官 | 03-3581-7600 | 03-5251-2211 |
| 大臣政務官 | 03-3581-7622 | 03-5251-2211 |
| 事務次官 | 03-3581-2715 | 03-5251-2257 |
| 財務官 | 03-3581-3716 | 03-5251-2144 |
| **大臣官房** | | |
| 官房長 | 03-3581-2833 | 03-5251-2103 |
| 総括審議官 | 03-3581-2847 | 03-5251-2112 |
| 政策立案総括審議官兼企画調整総括官 | 03-3581-7749 | |
| 公文書監理官兼企画調整総括官 | 03-3581-7706 | |
| サイバーセキュリティ・情報化審議官 | 03-3581-3021 | |
| 審議官（大臣官房担当） | 03-3592-1018 | 03-5251-2145 |
| 審議官（大臣官房担当） | 03-3581-8090 | 03-5251-2177 |
| 審議官（大臣官房担当） | 03-3581-8248 | |
| 審議官（大臣官房担当） | 03-3580-9860 | |
| 副財務官 | 03-3581-2889 | |
| 副財務官 | 03-3581-2849 | |
| 　秘書課 | 03-3581-2834 | 03-5251-2101 |
| 　文書課 | 03-3581-2835 | 03-5251-2102 |
| 　会計課 | 03-3581-3868 | 03-5251-2165 |
| 　地方課 | 03-3581-2846 | 03-5251-2111 |

| 局 課 | 直通電話 | FAX番号 |
|---|---|---|
| 総合政策課 | 03-3581-2848 | 03-5251-2164 |
| 経済財政政策調整官 | 03-3581-8231 | 03-5251-2164 |
| 政策金融課 | 03-3581-7686 | 03-5251-2217 |
| 信用機構課 | 03-3581-0903 | 03-5251-2215 |
| 厚生管理官 | 03-3581-3718 | 03-5251-2109 |
| **主計局** | | |
| **局　長** | 03-3581-3022 | 03-5251-1968 |
| **次　長** | 03-3581-3023 | 03-5251-1968 |
| **次　長** | 03-3581-3024 | 03-5251-1968 |
| **次　長** | 03-3581-3025 | 03-5251-1968 |
| 総務課 | 03-3581-3026 | 03-5251-2115 |
| 司計課 | 03-3581-3789 | 03-5251-2212 |
| 法規課 | 03-3581-3027 | 03-5251-2118 |
| 給与共済課 | 03-3581-3028 | 03-5251-2322 |
| 調査課 | 03-3581-2027 | 03-5251-2117 |
| 主計官（総務課） | 03-3581-3707 | 03-5251-2119 |
| 主計官（同） | 03-3581-9226 | 03-5251-2158 |
| 主計官（内閣、デジタル、復興、外務、経済協力係担当） | 03-3581-3031 | 03-5251-2316 |
| 主計官（司法・警察、経済産業、環境係担当） | 03-3581-3034 | 03-5251-2311 |
| 主計官（総務、地方財政、財務係担当） | 03-3581-3033 | 03-5251-2313 |
| 主計官（文部科学係担当） | 03-3581-2750 | 03-5251-2314 |
| 主計官（厚生労働係第一担当） | 03-3581-3557 | 03-5251-2318 |
| 主計官（厚生労働係第二担当） | 03-3581-3557 | 03-5251-2318 |
| 主計官（農林水産係担当） | 03-3581-1807 | 03-5251-2317 |
| 主計官（国土交通、公共事業総括係担当） | 03-3581-3087 | 03-5251-2320 |

| 局　課 | 直通電話 | FAX番号 |
|---|---|---|
| 主計官(防衛係担当) | 03-3581-3032 | 03-5251-2312 |
| 主計監査官 | 03-3581-7941 | |
| **主税局** | | |
| **局　長** | 03-3581-3035 | 03-5251-2120 |
| **審議官** | 03-3581-0841 | 03-5251-2120 |
| **審議官** | 03-3581-2609 | 03-5251-2120 |
| 総務課 | 03-3581-1295 | 03-5251-2120 |
| 調査課 | 03-3581-7914 | 03-5251-2120 |
| 税制第一課 | 03-3581-3506 | 03-5251-2193 |
| 税制第二課 | 03-3581-2608 | 03-5251-2121 |
| 税制第三課 | 03-3581-2649 | 03-5251-2206 |
| **国際租税総括官** | 03-3581-8240 | |
| 主税局参事官(国際租税総合調整官) | 03-3581-9328 | |
| **関税局** | | |
| **局　長** | 03-3581-3037 | 03-5251-2122 |
| **審議官** | 03-3581-2552 | 03-5251-2122 |
| **審議官** | 03-3581-5918 | 03-5251-2122 |
| 総務課 | 03-3581-4082 | 03-5251-2122 |
| 管理課 | 03-3581-0226 | 03-5251-2124 |
| 関税課 | 03-3581-4786 | 03-5251-2173 |
| 参事官 | 03-3581-2852 | |
| 参事官 | 03-3581-3825 | |
| 監視課 | 03-3581-0039 | 03-5251-2155 |
| 業務課 | 03-3581-3041 | 03-5251-2125 |
| 調査課 | 03-3581-4158 | 03-5251-2178 |
| **理財局** | | |
| **局　長** | 03-3581-3501 | 03-5251-2210 |
| **次　長** | 03-3581-3507 | 03-3581-2210 |
| **次　長** | 03-3581-3502 | 03-5251-2210 |
| **審議官** | 03-3581-7753 | 03-5251-2239 |
| 総務課 | 03-3581-3503 | 03-5251-2210 |
| 国庫課 | 03-3581-4157 | 03-5251-2126 |

| 局　課 | 直通電話 | FAX番号 |
|---|---|---|
| 国債企画課 | 03-3581-8045 | 03-3593-7494 |
| 国債業務課 | 03-3581-8044 | 03-3593-7494 |
| 財政投融資総括課 | 03-3581-4061 | 03-5251-2127 |
| 国有財産企画課 | 03-3581-8791 | 03-5251-2130 |
| 国有財産調整課 | 03-3581-8796 | 03-5251-2157 |
| 国有財産業務課 | 03-3581-8798 | 03-5251-2009 |
| 管理課 | 03-3581-8746 | 03-5251-2195 |
| 計画官(内閣・財務、農林水産・環境、経済産業、海外投資係担当) | 03-3581-8069 | 03-5251-2169 |
| 計画官(厚生労働・文部科学、国土交通、地方企画、地方財務審査、地方運用係担当) | 03-3581-3504 | 03-5251-2128 |
| **国際局** | | |
| 局　長 | 03-3581-2832 | 03-5251-2140 |
| 次　長 | 03-3581-5919 | 03-5251-2140 |
| 審議官 | 03-3581-5680 | 03-5251-2140 |
| 審議官 | 03-3581-1879 | 03-5251-2140 |
| 総務課 | 03-3581-3721 | 03-5251-2140 |
| 調査課 | 03-3581-2279 | 03-5251-2167 |
| 国際機構課 | 03-3581-1806 | 03-5251-2143 |
| 地域協力課 | 03-3581-2886 | 03-5251-2197 |
| 為替市場課 | 03-3581-3692 | 03-5251-2142 |
| 開発政策課 | 03-3581-8033 | 03-5251-2161 |
| 参事官 | 03-3581-8036 | |
| 開発機関課 | 03-3580-3238 | 03-5251-2139 |
| **財務総合政策研究所** | | |
| 所　長 | 03-3593-8902 | |
| 副所長 | 03-3581-7749 | |
| 副所長 | 03-3581-2802 | |
| 副所長 | 03-3597-0464 | |

# 国　税　庁

〒100-8978 千代田区霞が関3-1-1
（代表）03-3581-4161

| 局　課 | 直通電話 |
|---|---|
| 長　官 | 03-3581-3661 |
| 次　長 | 03-3581-3662 |
| 審議官（国際担当） | 03-3581-4764 |
| 審議官（酒税等担当） | 03-3581-3664 |
| **長官官房** | |
| 総務課 | 03-3581-3668 |
| 人事課 | 03-3581-0186 |
| 会計課 | 03-3581-0300 |
| 企画課 | 03-3581-4050 |
| 国際業務課 | 03-3581-4002 |
| 厚生管理官 | 03-3581-0309 |
| 広報広聴室 | 03-3581-3671 |
| 相互協議室 | 03-3581-4180 |
| 調整室 | 03-3581-3607 |
| 監督評価官室 | 03-3581-3672 |
| **課税部** | |
| 部　長 | 03-3581-3663 |
| 課税総括課 | 03-3581-1691 |
| 消費税室 | 03-3581-4174 |
| 審理室 | 03-3581-4164 |
| 個人課税課 | |
| 資産課税課 | 03-3581-4172 |
| 法人課税課 | 03-3581-4171 |
| 酒税課 | 03-3581-4184 |
| 資産評価企画官 | 03-3581-1785 |
| 鑑定企画官 | 03-3581-0180 |

| 局　課 | 直通電話 |
|---|---|
| **徴収部** | |
| 部　長 | 03-3581-3665 |
| 管理運営課 | 03-3581-4175 |
| 徴収課 | 03-3581-4176 |
| **調査査察部** | |
| 部　長 | 03-3581-3666 |
| 調査課 | 03-3581-4678 |
| 査察課 | 03-3581-3675 |
| **国税不服審判所** | |
| 所　長 | 03-3581-2405 |
| 次　長 | 03-3581-2406 |
| 部長審判官 | 03-3581-2677 |
| 管理室 | 03-3581-3674 |

# 文部科学省

〒100-8959 千代田区霞が関3-2-2
(代表)03-5253-4111



| 局　課 | 直通電話 | FAX番号 |
|---|---|---|
| 大　臣 | 03-6734-2101 | |
| 副大臣 | 03-6734-2103 | |
| 副大臣 | 03-6734-3301 | |
| 大臣政務官 | 03-6734-3503 | |
| 大臣政務官 | 03-6734-3501 | |
| 事務次官 | 03-6734-2105 | 03-6734-3589 |
| 文部科学審議官 | 03-6734-3513 | 03-6734-3589 |
| 文部科学審議官 | 03-6734-3511 | 03-6734-3589 |
| 大臣官房 | | |
| 官房長 | 03-6734-2108 | 03-6734-3589 |
| 総括審議官 | 03-6734-2110 | 03-6734-3587 |
| サイバーセキュリティ・政策立案総括審議官 | 03-6734-4705 | 03-6734-3587 |
| 学習基盤審議官 | 03-6734-2332 | 03-6734-3731 |
| 参事官 | 03-6734-3421 | 03-6734-3610 |
| 人事課 | 03-6734-2120 | 03-6734-3610 |
| 福利厚生室 | 03-6734-2272 | 03-3593-7281 |
| 総務課 | 03-6734-2150 | 03-6734-3589 |
| 国会連絡調整室 | 03-3581-1979 | 03-3591-8059 |
| 法令審議室 | 03-6734-2153 | 03-6734-3590 |
| 行政改革推進室 | 03-6734-2114 | 03-6734-3591 |
| 省改革推進・コンプライアンス室 | 03-6734-3086 | 03-6734-3591 |
| 広報室 | 03-6734-2169 | 03-3593-7163 |
| 公文書監理室 | 03-6734-3414 | 03-6734-3592 |
| 会計課 | 03-6734-2181 | 03-6734-3630 |
| 政策課 | 03-6734-2468 | 03-6734-3650 |

| 局　課 | 直通電話 | FAX番号 |
| --- | --- | --- |
| 政策推進室 | 03-6734-3037 | 03-6734-3650 |
| サイバーセキュリティ・情報化推進室 | 03-6734-2247 | 03-6734-3651 |
| 国際課 | 03-6734-2608 | 03-6734-3669 |
| 国際協力企画室 | 03-6734-2601 | 03-6734-3669 |
| 国際戦略企画室 | 03-6734-2611 | 03-6734-3669 |
| **文教施設企画・防災部長** | 03-6734-2284 | 03-6734-3693 |
| 技術参事官 | 03-6734-2285 | 03-6734-3693 |
| 施設企画課 | 03-6734-2523 | 03-6734-3690 |
| 契約情報室 | 03-6734-2309 | 03-6734-3691 |
| 施設助成課 | 03-6734-2030 | 03-6734-3743 |
| 計画課 | 03-6734-2298 | 03-6734-3692 |
| 整備計画室 | 03-6734-2907 | 03-6734-3693 |
| 参事官（施設防災担当） | 03-6734-2318 | 03-6734-3695 |
| 総合教育政策局 | | |
| **局　長** | 03-6734-2631 | 03-6734-3710 |
| **審議官** | 03-6734-2632 | 03-6734-3710 |
| **社会教育振興総括官** | 03-6734-2633 | 03-6734-3710 |
| 政策課 | 03-6734-2067 | 03-6734-3710 |
| 調査企画課 | 03-6734-3486 | 03-6734-3714 |
| 学力調査室 | 03-6734-3726 | |
| 教育人材政策課 | 03-6734-2959 | 03-6734-3742 |
| 教員免許・研修企画室 | 03-6734-3969 | 03-6734-3742 |
| 教員養成企画室 | 03-6734-3498 | 03-6734-3742 |
| 国際教育課 | 03-6734-3279 | 03-6734-3711 |
| 生涯学習推進課 | 03-6734-3459 | 03-6734-3281 |
| リカレント教育・民間教育振興室 | 03-6734-2092 | 03-6734-3281 |
| 専修学校教育振興室 | 03-6734-2939 | 03-6734-3715 |

| 局　課 | 直通電話 | FAX番号 |
|---|---|---|
| 地域学習推進課 | 03-6734-2969 | 03-6734-3718 |
| 地域学校協働推進室 | 03-6734-3284 | 03-6734-3718 |
| 家庭教育支援室 | 03-6734-3467 | 03-6734-3718 |
| 青少年教育室 | 03-6734-2056 | 03-6734-3718 |
| 図書館・学校図書館振興室 | 03-6734-3484 | 03-6734-3718 |
| 男女共同参画共生社会学習・安全課 | 03-6734-2653 | 03-6734-3719 |
| 男女共同参画学習室 | 03-6734-3073 | 03-6734-3719 |
| 安全教育推進室 | 03-6734-2966 | 03-6734-3719 |
| 障害者学習支援推進室 | 03-6734-3460 | 03-6734-3719 |
| **初等中等教育局** | | |
| 局　長 | 03-6734-2331 | 03-6734-3731 |
| 審議官 | 03-6734-2422 | 03-6734-3731 |
| 視学官室 | 03-6734-2334 | 03-6734-3730 |
| 初等中等教育企画課 | 03-6734-2341 | 03-6734-3731 |
| 教育制度改革室 | 03-6734-2007 | 03-6734-3731 |
| 国際企画調整室 | 03-6734-3966 | 03-6734-3731 |
| 財務課 | 03-6734-2027 | 03-6734-2566 |
| 教育財政室 | 03-6734-2923 | 03-6734-3733 |
| 教育課程課 | 03-6734-2903 | 03-6734-3734 |
| 教育課程企画室 | 03-6734-2368 | 03-6734-3734 |
| 外国語教育推進室 | 03-6734-3480 | 03-6734-3734 |
| 児童生徒課 | 03-6734-2389 | 03-6734-3735 |
| 生徒指導室 | 03-6734-3298 | 03-6734-3735 |
| 幼児教育課 | 03-6734-2373 | 03-6734-3736 |
| 特別支援教育課 | 03-6734-2430 | 03-6734-3737 |
| 修学支援・教材課 | 03-6734-2658 | 03-6734-3712 |
| 高校修学支援室 | 03-6734-2586 | 03-6734-3177 |
| 情報教育振興室 | 03-6734-2090 | 03-6734-3712 |

| 局課 | 直通電話 | FAX番号 |
|---|---|---|
| 教科書課 | 03-6734-2409 | 03-6734-3739 |
| 健康教育・食育課 | 03-6734-2692 | 03-6734-3794 |
| 参事官（高等学校担当） | 03-6734-2338 | 03-6734-3727 |
| 高等学校改革推進室 | 03-6734-3300 | 03-6734-3727 |
| 産業教育振興室 | 03-6734-2904 | 03-6734-3727 |
| 高等教育局 | | |
| **局　長** | 03-6734-2471 | 03-6734-3385 |
| **審議官** | 03-6734-2472 | 03-6734-3385 |
| **戦略官** | 03-6734-3007 | 03-6734-3385 |
| 高等教育企画課 | 03-6734-2479 | 03-6734-3385 |
| 高等教育政策室 | 03-6734-2483 | 03-6734-3385 |
| 大学教育・入試課 | 03-6734-3338 | 03-6734-3387 |
| 大学入試室 | 03-6734-2495 | 03-6734-3392 |
| 大学設置室 | 03-6734-3375 | 03-6734-3385 |
| 専門教育課 | 03-6734-2500 | 03-6734-3389 |
| 専門職大学院室 | 03-6734-2496 | 03-6734-3389 |
| 医学教育課 | 03-6734-2508 | 03-6734-3390 |
| 大学病院支援室 | 03-6734-2511 | 03-6734-3390 |
| 学生支援課 | 03-6734-3050 | 03-6734-3391 |
| 高等教育修学支援室 | 03-6734-3495 | 03-6734-3391 |
| 国立大学法人支援課 | 03-6734-3339 | 03-6734-3388 |
| 国立大学戦略室 | 03-6734-3309 | 03-6734-3388 |
| 参事官（国際担当） | 03-6734-2564 | 03-6734-3391 |
| 留学生交流室 | 03-6734-3358 | 03-6734-3391 |
| **私学部長** | 03-6734-2525 | 03-6734-3395 |
| 私学行政課 | 03-6734-2527 | 03-6734-3395 |
| 私学共済室 | 03-6734-2616 | 03-6734-3395 |
| 私学助成課 | 03-6734-2579 | 03-6734-3396 |
| 参事官（学校法人担当） | 03-6734-3328 | 03-6734-3396 |

| 局　課 | 直通電話 | FAX番号 |
|---|---|---|
| 学校法人経営指導室 | 03-6734-3327 | 03-6734-3396 |
| 私学経営支援企画室 | 03-6734-3325 | 03-6734-3396 |
| **科学技術・学術政策局** | | |
| **局　長** | 03-6734-4000 | 03-6734-3835 |
| **審議官** | 03-6734-4002 | 03-6734-3835 |
| **科学技術・学術総括官** | 03-6734-4001 | 03-6734-3835 |
| 政策課 | 03-6734-4004 | 03-6734-4008 |
| 経理室 | 03-6734-4005 | 03-6734-4008 |
| 資源室 | 03-6734-4009 | 03-6734-4175 |
| 研究開発戦略課 | 03-6734-4012 | 03-6734-4175 |
| 評価・研究開発法人支援室 | 03-6734-4017 | 03-6734-4176 |
| 人材政策課 | 03-6734-4190 | 03-6734-4022 |
| 人材政策推進室 | 03-6734-4021 | 03-6734-4022 |
| 研究環境課 | 03-6734-4098 | 03-6734-4121 |
| 競争的研究費調整室 | 03-6734-4014 | 03-6734-4121 |
| 研究公正推進室 | 03-6734-3874 | 03-6734-4121 |
| 産業連携・地域振興課 | 03-6734-4584 | 03-6734-4172 |
| 拠点形成・地域振興室 | 03-6734-4196 | 03-6734-4172 |
| 産業連携推進室 | 03-6734-4265 | 03-6734-4172 |
| 参事官（国際戦略担当 | 03-6734-4053 | 03-6734-4058 |
| 科学技術・学術戦略官付（制度改革・調査担当） | 03-6734-4017 | 03-6734-4176 |
| **研究振興局** | | |
| **局　長** | 03-6734-4060 | 03-6734-4069 |
| **審議官** | 03-6734-4204 | 03-6734-4069 |
| 振興企画課 | 03-6734-4068 | 03-6734-4069 |
| 学術企画室 | 03-6734-4070 | 03-6734-4069 |

| 局　課 | 直通電話 | FAX番号 |
|---|---|---|
| 奨励室 | 03-6734-4071 | 03-6734-4069 |
| 基礎・基盤研究課 | 03-6734-4072 | 03-6734-4074 |
| 量子研究推進室 | 03-6734-4120 | 03-6734-4074 |
| 素粒子・原子核研究推進室 | 03-6734-4116 | 03-6734-4074 |
| 大学研究基盤整備課 | 03-6734-4083 | 03-6734-4086 |
| 大学研究力強化室 | 03-6734-3838 | 03-6734-4065 |
| 資金運用企画室 | 03-6734-3863 | 03-6734-4065 |
| 学術研究推進課 | 03-6734-4090 | 03-6734-4093 |
| 企画室 | 03-6734-4091 | 03-6734-4093 |
| ライフサイエンス課 | 03-6734-4107 | 03-6734-4109 |
| 生命倫理・安全対策室 | 03-6734-4108 | 03-6734-4109 |
| 参事官（情報担当） | 03-6734-4076 | 03-6734-4077 |
| 学術基盤整備室 | 03-6734-4079 | 03-6734-4077 |
| 計算科学技術推進室 | 03-6734-4275 | 03-6734-4077 |
| 参事官（ナノテクノロジー・物質・材料担当） | 03-6734-4100 | 03-6734-4103 |
| 研究振興戦略官 | 03-6734-4117 | 03-6734-4383 |
| **研究開発局** | | |
| **局　長** | 03-6734-4123 | 03-6734-4133 |
| **審議官** | 03-6734-4124 | 03-6734-4133 |
| **審議官** | 03-6734-4405 | 03-6734-4133 |
| 開発企画課 | 03-6734-4128 | 03-6734-4130 |
| 地震・防災研究課 | 03-6734-4138 | 03-6734-4139 |
| 防災科学技術推進室 | 03-6734-4134 | 03-6734-4139 |
| 海洋地球課 | 03-6734-4141 | 03-6734-4147 |
| 環境エネルギー課 | 03-6734-4181 | 03-6734-4162 |
| 宇宙開発利用課 | 03-6734-4152 | 03-6734-4155 |
| 宇宙利用推進室 | 03-6734-4156 | 03-6734-4158 |

| 局　課 | 直通電話 | FAX番号 |
|---|---|---|
| 宇宙連携協力推進室 | 03-6734-4495 | 03-6734-4155 |
| 原子力課 | 03-6734-4160 | 03-6734-4167 |
| 立地地域対策室 | 03-6734-4131 | 03-6734-4419 |
| 核燃料サイクル室 | 03-6734-4166 | 03-6734-4419 |
| 放射性廃棄物企画室 | 03-6734-4576 | 03-6734-4419 |
| 参事官（原子力損害賠償担当）付 | 03-6734-4653 | 03-6734-4659 |
| 研究開発戦略官付（核融合・原子力国際協力担当） | 03-6734-4163 | 03-6734-4164 |
| 研究開発戦略官付（核燃料サイクル・廃止措置担当） | 03-6734-4166 | 03-6734-4419 |
| **国際統括官** | | |
| **国際統括官** | 03-6734-2553 | 03-6734-3679 |
| 国際統括官付 | 03-6734-2602 | 03-6734-3679 |
| **国立教育政策研究所** | | |
| **代表** | 03-6733-6833 | 03-6733-6938 |
| **科学技術・学術政策研究所** | | |
| **代表** | 03-3581-2391 | 03-3503-3996 |

# スポーツ庁

〒100-8959 千代田区霞が関3-2-2
(代表)03-5253-4111

| 局　課 | 直通電話 | FAX番号 |
|---|---|---|
| 長　官 | 03-6734-3599 | 03-6734-3790 |
| 次　長 | 03-6734-2661 | 03-6734-3790 |
| 審議官 | 03-6734-2662 | 03-6734-3790 |
| スポーツ総括官 | 03-6734-3560 | 03-6734-3790 |
| 政策課 | 03-6734-2671 | 03-6734-3790 |
| 企画調整室 | 03-6734-2674 | 03-6734-3790 |
| 健康スポーツ課 | 03-6734-2684 | 03-6734-3792 |
| 障害者スポーツ振興室 | 03-6734-3490 | 03-6734-3792 |
| 地域スポーツ課 | 03-6734-3951 | 03-6734-3790 |
| 競技スポーツ課 | 03-6734-2678 | 03-6734-3793 |
| 参事官（国際担当） | 03-6734-3948 | 03-6734-3793 |
| 参事官（地域振興担当） | 03-6734-3932 | 03-6734-3955 |
| 参事官（民間スポーツ担当） | 03-6734-2686 | 03-6734-3792 |

# 文化庁

〒100-8959 千代田区霞が関3-2-2
(代表)03-5253-4111

| 局課 | 直通電話 | FAX番号 |
|---|---|---|
| 長官 | 03-6734-2801 | 03-6734-3811 |
| 次長 | 03-6734-3116 | 03-6734-3811 |
| 次長 | 03-6734-2802 | 03-6734-3823 |
| 長官官房 | | |
| 審議官 | 03-6734-2821 | 03-6734-3823 |
| 審議官 | 03-6734-2856 | 03-6734-3100 |
| 文化財鑑査官 | 03-6734-2857 | 03-6734-3100 |
| 政策課 | 03-6734-2806 | 03-6734-3811 |
| 企画調整課 | 03-6734-4770 | 03-6734-3823 |
| 独立行政法人連絡室 | 03-6734-4797 | 03-6734-3823 |
| 文化経済・国際課 | 03-6734-4855 | 03-6734-3816 |
| 新文化芸術創造室 | 03-6734-4468 | 03-6734-3816 |
| グローバル展開推進室 | 03-6734-3089 | 03-6734-4857 |
| 文化芸術活動基盤強化室 | 03-6734-4528 | 03-6734-4857 |
| 国語課 | 03-6734-2839 | 03-6734-3818 |
| 日本語教育推進室 | 03-6734-4818 | 03-6734-3818 |
| 地域日本語教育推進室 | 03-6734-4845 | 03-6734-3818 |
| 著作権課 | 03-6734-2849 | 03-6734-3813 |
| 著作物流通推進室 | 03-6734-2983 | 03-6734-3813 |
| 国際著作権室 | 03-6734-3140 | 03-6734-3813 |
| 文化資源活用課 | 03-6734-2863 | 03-6734-3820 |
| 文化財総合調整室 | 03-6734-2864 | 03-6734-3820 |

| 局　課 | 直通電話 | FAX番号 |
|---|---|---|
| 文化遺産国際協力室 | 03-6734-2870 | 03-6734-3820 |
| 文化財第一課 | 03-6734-2886 | 03-6734-3821 |
| 文化財第二課 | 03-6734-2876 | 03-6734-3822 |
| 宗務課 | 03-6734-2852 | 03-6734-3819 |
| 参事官（芸術文化担当） | 03-6734-2826 | 03-6734-4466 |
| 学校芸術教育室 | 03-6734-2832 | 03-6734-3814 |
| 芸術文化支援室 | 03-6734-2081 | 03-6734-3815 |
| 参事官（生活文化創造担当） | 03-6734-9568 | |
| 参事官（文化拠点担当） | 03-6734-4869 | 03-6734-3823 |
| 博物館振興室 | 03-6734-4772 | 03-6734-3823 |
| 参事官（生活文化連携担当） | 03-6734-4846 | 03-6734-4852 |

# 厚生労働省

〒100-8916 千代田区霞が関1-2-2
中央合同庁舎5号館本館
(代表)03-5253-1111

| 局　課 | 直通電話 | FAX番号 |
|---|---|---|
| 大　臣 | 03-3595-8226 | 03-3595-2020 |
| 副大臣 | 03-3502-6701 | 03-3595-2020 |
| 副大臣 | 03-3502-6701 | 03-3595-2020 |
| 大臣政務官 | 03-3502-6702 | 03-3595-2020 |
| 大臣政務官 | 03-3502-6702 | 03-3595-2020 |
| 事務次官 | 03-3591-9571 | 03-3592-6221 |
| 厚生労働審議官 | 03-3502-6704 | 03-3592-6221 |
| 医務技監 | 03-3595-2177 | |
| **大臣官房** | | |
| 官房長 | 03-3502-6705 | 03-3592-6221 |
| 総括審議官室 | 03-3502-6717 | 03-3502-1946 |
| 総括審議官室(国際担当) | 03-3591-8983 | 03-3502-1946 |
| 危機管理・医務技術総括審議官 | 03-3595-2171 | 03-3503-0183 |
| 人事課 | 03-3595-2010 | 3-3595-2020 |
| 総務課 | 03-3595-3036 | 03-3595-2392 |
| 国会連絡室 | 03-3581-2217 | 03-3580-3213 |
| 公文書監理・情報公開室 | 03-3595-2320 | 03-3595-3047 |
| 行政相談室 | 03-3595-2320 | 03-3595-3047 |
| 審理室 | 03-3595-2303 | 03-3595-3047 |
| 広報室 | 03-3595-3040 | 03-3595-2394 |
| 会計課 | 03-3595-2081 | 03-3595-2083 |
| 監査指導室 | 03-6812-7830 | 03-3595-2121 |
| 経理室(出納班) | 03-3595-2122 | 03-3595-2086 |
| 経理室(契約班) | 03-3595-2085 | 03-3595-2086 |
| 経理室(管財班) | 03-3595-2444 | 03-3595-2086 |
| 管理室 | 03-3595-2126 | 03-3595-2127 |
| 厚生管理室 | 03-3595-2123 | 03-3595-2125 |

| 局　課 | 直通電話 | FAX番号 |
|---|---|---|
| 会計企画調整室 | 03-3595-2094 | 03-3595-2121 |
| 地方課 | 03-3595-3052 | 03-3595-2434 |
| 地方厚生局管理室 | 03-3595-2433 | 03-3595-2434 |
| 地方支分部局法令遵守室 | 03-3595-3052 | 03-3595-2434 |
| 国際課 | 03-3591-8983 | 03-3502-1946 |
| 国際保健・協力室 | 03-3595-2404 | 03-3502-6678 |
| 国際労働・協力室 | 03-3595-2402 | 03-3502-1946 |
| 厚生科学課 | 03-3595-2171 | 03-3503-0183 |
| 健康危機管理・災害対策室 | 03-3595-2172 | 03-3503-0183 |
| **医政局** | | |
| **局　長** | 03-3591-9579 | 03-3592-0710 |
| **審議官室** | 03-3591-9579 | 03-3592-0710 |
| 総務課 | 03-3595-2189 | 03-3501-2048 |
| 医療国際展開推進室 | 03-3595-2317 | 03-3501-2048 |
| 地域医療計画課 | 03-3595-2194 | 03-3503-8562 |
| 医療安全推進・医務指導室 | 03-6812-7836 | 03-3503-8562 |
| 医師確保等地域医療対策室 | 03-3595-2186 | 03-3503-8562 |
| 救急・周産期医療等対策室 | 03-3595-2185 | 03-3503-8562 |
| 医療関連サービス室 | 03-3595-2194 | 03-3503-8562 |
| 在宅医療推進室 | 03-3595-2186 | 03-3503-8562 |
| 医療経営支援課 | 03-3595-2261 | 03-3580-9644 |
| 医療法人支援室 | 03-3595-2274 | 03-3580-9644 |
| 医療独立行政法人支援室 | 03-3595-2264 | 03-3580-9644 |
| 職員厚生室 | 03-3595-2294 | 03-3595-2675 |
| 国立ハンセン病療養所対策室 | 03-3595-2294 | 03-3595-2675 |
| 医事課 | 03-3595-2196 | 03-3591-9072 |
| 試験免許室 | 03-3595-2204 | 03-3503-3559 |
| 医師臨床研修推進室 | 03-3595-2275 | 03-3591-9072 |

| 局　課 | 直通電話 | FAX番号 |
|---|---|---|
| 死因究明等企画調査室 | 03-5253-1139 | 03-3591-9072 |
| 歯科保健課 | 03-3595-2205 | 03-3595-8687 |
| 歯科口腔保健推進室 | 03-3595-2205 | 03-3595-8687 |
| 看護課 | 03-3595-2206 | 03-3591-9073 |
| 看護サービス推進室 | 03-3595-2206 | 03-3591-9073 |
| 医薬産業振興・医療情報企画課 | 03-3595-2421 | 03-3507-9041 |
| 医療機器政策室 | 03-3595-3409 | 03-3507-9041 |
| 医療用物資等確保対策推進室 | 03-3595-3529 | 03-3595-3499 |
| ベンチャー等支援戦略室 | 03-3595-2421 | 03-3507-9041 |
| 流通指導室 | 03-3595-2421 | 03-3507-9041 |
| 研究開発政策課 | 03-3595-2430 | 03-3503-0595 |
| 治験推進室 | 03-3595-2430 | 03-3503-0595 |
| 再生医療等研究推進室 | 03-3595-2430 | 03-3503-0595 |
| 医療イノベーション推進室 | 03-3595-2430 | 03-3503-0595 |
| 医療経理室 | 03-3595-2225 | 03-3501-5712 |
| **健康局** | | |
| 局　長 | 03-3591-9578 | 03-3591-9585 |
| 審議官室 | 03-3591-9578 | 03-3591-9585 |
| 総務課 | 03-3595-2207 | 03-3502-3090 |
| 指導調査室 | 03-3595-2242 | 03-3501-9191 |
| 原子爆弾被爆者援護対策室 | 03-3595-2207 | 03-3502-3090 |
| 健康課 | 03-3595-2245 | 03-3503-8563 |
| 保健指導室 | 03-3595-2190 | 03-3503-8563 |
| 女性の健康推進室 | 03-3595-2190 | 03-3503-8563 |
| 栄養指導室 | 03-3595-2245 | 03-3503-8563 |
| 地域保健室 | 03-3595-2190 | 03-3503-8563 |
| がん・疾病対策課 | 03-3595-2192 | 03-3595-2193 |
| B型肝炎訴訟対策室 | 03-3595-3427 | 03-3506-2169 |

| 局　課 | 直通電話 | FAX番号 |
|---|---|---|
| 肝炎対策推進室 | 03-3595-2103 | 03-3593-6223 |
| 結核感染症課 | 03-3595-2257 | 03-3581-6251 |
| エイズ対策推進室 | 03-3595-2257 | 03-3581-6251 |
| 感染症情報管理室 | 03-3595-2263 | 03-3581-6251 |
| パンデミック対策推進室 | 03-3595-3426 | 03-3506-7325 |
| 難病対策課 | 03-3595-2249 | 03-3593-6223 |
| 移植医療対策推進室 | 03-3595-2256 | 03-3593-2169 |
| 参事官（予防接種担当） | 03-3595-3287 | 03-3502-3099 |
| 予防接種担当参事官室 | 03-6812-7816 | 03-3502-3099 |
| 医薬・生活衛生局 | | |
| **局　長** | 03-3591-9646 | 03-3597-9534 |
| **審議官室** | 03-3591-9646 | 03-3597-9534 |
| 総務課 | 03-3595-2377 | 03-3591-9044 |
| 医薬情報室 | 03-6812-7827 | 03-3503-1760 |
| 医薬品副作用被害対策室 | 03-3595-2400 | 03-3501-2052 |
| 薬局・販売制度企画室 | 03-3595-2377 | 03-3591-9044 |
| 医薬品審査管理課 | 03-3595-2431 | 03-3597-9535 |
| 国際薬事規制室 | 03-3595-2431 | 03-3597-9535 |
| 医療機器審査管理課 | 03-3595-2419 | 03-3597-0332 |
| 再生医療等製品審査管理室 | 03-3595-2419 | 03-3597-0332 |
| 化学物質安全対策室 | 03-3595-2298 | 03-3593-8913 |
| 医薬安全対策課 | 03-3595-2435 | 03-3508-4364 |
| 安全使用推進室 | 03-3595-2435 | 03-3508-4364 |
| 監視指導・麻薬対策課 | 03-3595-2436 | 03-3501-0034 |
| 監視指導室 | 03-3595-2436 | 03-3501-0034 |
| 血液対策課 | 03-3595-2395 | 03-3507-9064 |
| **生活衛生・食品安全審議官** | 03-3591-8964 | 03-3503-7965 |
| 生活衛生・食品安全企画課 | 03-3595-2326 | 03-3503-7965 |

| 局　課 | 直通電話 | FAX番号 |
|---|---|---|
| 食品基準審査課 | 03-3595-2341 | 03-3501-4868 |
| 新開発食品保健対策室 | 03-3595-2341 | 03-3501-4868 |
| 残留農薬等基準審査室 | 03-3595-2423 | 03-3595-2432 |
| 器具・容器包装基準審査室 | 03-3595-2341 | 03-3501-4868 |
| 食品監視安全課 | 03-3595-2337 | 03-3503-7964 |
| 輸出先国規制対策室 | 03-3595-2337 | 03-3503-7694 |
| 輸入食品安全対策室 | 03-3595-2337 | 03-3503-7964 |
| 食中毒被害情報管理室 | 03-3595-2337 | 03-3503-7964 |
| HACCP推進室 | 03-3595-2337 | 03-3503-7964 |
| 検疫所業務課 | 03-3595-2333 | 03-3591-8029 |
| 検疫所管理室 | 03-3595-2333 | 03-3591-8029 |
| 生活衛生課 | 03-3595-2301 | 03-3501-9554 |
| 水道課 | 03-3595-2368 | 03-3503-7963 |
| 水道水質管理室 | 03-3595-2364 | 03-3503-7963 |
| 水道計画指導室 | 03-3595-2364 | 03-3503-7963 |
| **労働基準局** | | |
| **局　長** | 03-3502-6740 | 03-3595-2312 |
| **審議官室** | 03-3502-6740 | 03-3595-2312 |
| **審議官室** | 03-3502-6743 | 03-3502-6747 |
| 総務課 | 03-3502-6741 | 03-3502-2559 |
| 過労死等防止対策推進室 | 03-3595-3103 | 03-3595-2559 |
| 石綿対策室 | 03-3502-6795 | 03-3502-6747 |
| 労働条件政策課 | 03-3595-3183 | 03-3502-2219 |
| 労働条件確保改善対策室 | 03-3595-3183 | 03-3502-2219 |
| 監督課 | 03-3595-3202 | 03-3502-6485 |
| 過重労働特別対策室 | 03-3502-5308 | 03-3502-6485 |
| 労働基準監察室 | 03-3595-3203 | 03-3502-6485 |
| 労働関係法課 | 03-3502-6734 | 03-3502-7125 |
| 賃金課 | 03-3502-6757 | 03-3502-2604 |
| 労災管理課 | 03-3502-6743 | 03-3502-6747 |

| 局　課 | 直通電話 | FAX番号 |
|---|---|---|
| 労災補償監察室 | 03-3502-6746 | 03-3502-6747 |
| 労災保険財政数理室 | 03-3502-6749 | 03-3502-6747 |
| 労働保険徴収課 | 03-3502-6721 | 03-3502-6723 |
| 労働保険徴収業務室 | 03-3920-3574 | 03-3928-0107 |
| 補償課 | 03-3502-6748 | 03-3502-6488 |
| 職業病認定対策室 | 03-3502-6750 | 03-3502-6488 |
| 労災保険審理室 | 03-3502-6582 | 03-3502-6488 |
| 労災保険業務課 | 03-3920-3311 | 03-3920-0247 |
| **安全衛生部長** | 03-3502-6752 | 03-3502-1598 |
| 計画課 | 03-3502-6752 | 03-3502-1598 |
| 機構・団体管理室 | 03-3595-2161 | 03-3502-1598 |
| 安全課 | 03-3595-3225 | 03-3502-1598 |
| 建設安全対策室 | 03-3595-3225 | 03-3502-1598 |
| 労働衛生課 | 03-3502-6755 | 03-3502-1598 |
| 産業保健支援室 | 03-3502-6755 | 03-3502-1598 |
| 治療と仕事の両立支援室 | 03-3502-6755 | 03-3502-1598 |
| 電離放射線労働者健康対策室 | 03-3502-6755 | 03-3502-1598 |
| 化学物質対策課 | 03-3502-6756 | 03-3502-1598 |
| 化学物質評価室 | 03-3502-6756 | 03-3502-1598 |
| 環境改善・ばく露対策室 | 03-3502-6756 | 03-3502-1598 |
| 職業安定局 | | |
| **局　長** | 03-3502-6765 | 03-3502-2106 |
| **審議官室** | 03-3502-6766 | 03-3502-2106 |
| 総務課 | 03-3502-6768 | 03-3502-2606 |
| 訓練受講支援室 | 03-3501-5257 | 03-3502-2606 |
| 公共職業安定所運営企画室 | 03-3593-6241 | 03-3502-2606 |
| 人道調査室 | 03-3502-6768 | 03-3502-2606 |
| ハローワークサービス推進室 | 03-3502-6768 | 03-3502-2606 |
| 首席職業指導官室 | 03-3502-6774 | 03-3502-2606 |

| 局　課 | 直通電話 | FAX番号 |
|---|---|---|
| 中央職業安定監察官室 | 03-3502-6768 | 03-3502-2606 |
| 雇用政策課 | 03-3502-6770 | 03-3502-2278 |
| 民間人材サービス推進室 | 03-3595-3404 | 03-3502-6773 |
| 労働移動支援室 | 03-3502-6781 | 03-3502-5394 |
| 雇用保険課 | 03-3502-6771 | 03-3502-6773 |
| 中央雇用保険監察官室 | 03-3502-5381 | 03-3592-8408 |
| 需給調整事業課 | 03-3502-5227 | 03-3502-0516 |
| 労働市場基盤整備室 | 03-3595-3200 | 03-3502-0516 |
| 中央需給調整事業指導官室 | 03-3502-5227 | 03-3502-0516 |
| 外国人雇用対策課 | 03-3502-6273 | 03-3502-0516 |
| 海外人材受入就労対策室 | 03-3503-0229 | 03-3502-0516 |
| 経済連携協定受入対策室 | 03-3503-0229 | 03-3502-0516 |
| 労働市場センター業務室 | 03-3920-3632 | 03-3928-0199 |
| **高齢・障害者雇用開発審議官** | 03-3502-6778 | 03-3502-5394 |
| 雇用開発企画課 | 03-3502-1718 | 03-3502-5394 |
| 就労支援室 | 03-3502-6776 | 03-3592-8408 |
| 農山村雇用対策室 | 03-3595-3298 | 03-3502-2278 |
| 建設･港湾対策室 | 03-3502-6777 | 03-3502-2278 |
| 労働移動支援室 | 03-3502-6781 | 03-3502-5394 |
| 介護労働対策室 | 03-3595-3113 | 03-3502-5394 |
| 高齢者雇用対策課 | 03-3502-6779 | 03-3502-5394 |
| 障害者雇用対策課 | 03-3502-6775 | 03-3502-5394 |
| 地域就労支援室 | 03-3502-6780 | 03-3502-5394 |
| 地域雇用対策課 | 03-3593-2580 | 03-3502-2278 |
| **雇用環境・均等局** | | |
| **局　長** | 03-3595-2645 | 03-3595-2646 |
| **審議官室** | 03-3595-2645 | 03-3595-2646 |
| 総務課 | 03-3595-2491 | 03-3595-2668 |
| 労働紛争処理業務室 | 03-3502-6679 | 03-3595-2668 |

| 局　課 | 直通電話 | FAX番号 |
|---|---|---|
| 雇用環境・均等監察室 | 03-3595-2672 | 03-3595-2668 |
| 雇用機会均等課 | 03-3595-3271 | 03-3502-6762 |
| ハラスメント防止対策室 | 03-3595-3272 | 03-3502-6762 |
| 有期・短時間労働課 | 03-3595-3352 | 03-3502-6821 |
| 職業生活両立課 | 03-3595-3274 | 03-3502-6763 |
| 在宅労働課 | 03-3595-3273 | 03-3502-6762 |
| フリーランス就業環境整備室 | 03-6812-7846 | 03-3502-6762 |
| 勤労者生活課 | 03-3595-3187 | 03-3595-2248 |
| 労働金庫業務室 | 03-3595-3198 | 03-3595-2248 |
| 労働者協同組合業務室 | 03-3595-3189 | 03-3595-2248 |
| 社会・援護局 | | |
| **局　長** | 03-3595-2611 | 03-3503-3785 |
| **審議官室** | 03-3595-2611 | 03-3503-3785 |
| 総務課 | 03-3595-2612 | 03-3503-3099 |
| 女性支援室 | 03-6812-7851 | 03-3595-2030 |
| 自殺対策推進室 | 03-3595-2092 | 03-3595-2030 |
| 保護課 | 03-3595-2613 | 03-3592-5934 |
| 自立推進・指導監査室 | 03-3595-2618 | 03-3595-3180 |
| 保護事業室 | 03-3595-2613 | 03-3592-5934 |
| 地域福祉課 | 03-3595-2615 | 03-3592-1459 |
| 消費生活協同組合業務室 | 03-6812-7849 | 03-3592-1459 |
| 生活困窮者自立支援室 | 03-6812-7848 | 03-3592-1459 |
| 成年後見制度利用促進室 | 03-3595-2615 | 03-3592-1459 |
| 福祉基盤課 | 03-3595-2616 | 03-3591-9898 |
| 福祉人材確保対策室 | 03-3595-2617 | 03-3591-9898 |
| 援護企画課 | 03-3595-2235 | 03-3501-2044 |
| 中国残留邦人等支援室 | 03-3595-2456 | 03-3503-0116 |
| 戦没者遺骨鑑定推進室 | 03-6812-7821 | 03-3595-2229 |

| 局　課 | 直通電話 | FAX番号 |
|---|---|---|
| 戦没者遺骨調査室 | 03-6812-7822 | 03-3595-2229 |
| 援護・業務課 | 03-3595-2457 | 03-3595-2458 |
| 審査室 | 03-3595-2287 | 03-3591-9820 |
| 調査資料室 | 03-3595-2465 | 03-3595-2485 |
| 事業課 | 03-3595-2228 | 03-3595-2229 |
| 事業推進室 | 03-3595-2469 | 03-3503-2667 |
| **障害保健福祉部長** | 03-3595-2096 | 03-3502-0892 |
| 企画課 | 03-3595-2389 | 03-3502-0892 |
| 自立支援振興室 | 03-3595-2097 | 03-3503-1237 |
| 施設管理室 | 03-3595-2455 | 03-3580-6094 |
| 監査指導室 | 03-3595-2167 | 03-3580-6094 |
| 障害福祉課 | 03-3595-2528 | 03-3591-8914 |
| 障害児・発達障害者支援室 | 03-3595-2608 | 03-3591-8914 |
| 地域生活・発達障害者支援室 | 03-3595-2500 | 03-3591-8914 |
| 精神・障害保健課 | 03-3595-2307 | 03-3593-2008 |
| 医療観察法医療体制整備推進室 | 03-3595-2195 | 03-3593-2008 |
| 心の健康支援室 | 03-3595-2307 | 03-3593-2008 |
| 依存症対策推進室 | 03-3595-2307 | 03-3593-2008 |
| **老健局** | | |
| **局　長** | 03-3501-3420 | 03-3503-7893 |
| **審議官室** | 03-3501-3420 | 03-3503-7893 |
| 総務課 | 03-3591-0954 | 03-3503-2740 |
| 介護保険指導室 | 03-3595-2076 | 03-3592-1281 |
| 介護保険計画課 | 03-3595-2890 | 03-3503-2167 |
| 高齢者支援課 | 03-3595-2888 | 03-3595-3670 |
| 介護業務効率化・生産性向上推進室 | 03-3595-2888 | 03-3595-3670 |
| 認知症施策・地域介護推進課 | 03-3595-2889 | 03-3503-7894 |
| 地域づくり推進室 | 03-3595-2889 | 03-3503-7894 |
| 老人保健課 | 03-3595-2490 | 03-3595-4010 |
| 介護保険データ分析室 | 03-3595-2490 | 03-3595-4010 |

| 局　課 | 直通電話 | FAX番号 |
|---|---|---|
| **保険局** | | |
| 局　長 | 03-3591-9648 | 03-3504-1210 |
| 審議官室 | 03-3591-9648 | 03-3504-1210 |
| 審議官室 | 03-3591-9648 | 03-3504-1210 |
| 総務課 | 03-3595-2550 | 03-3504-1210 |
| 社会保険審査調整室 | 03-6206-7703 | 03-6206-7704 |
| 保険課 | 03-3595-2556 | 03-3504-1210 |
| 全国健康保険協会管理室 | 03-3595-2350 | 03-3504-1210 |
| 国民健康保険課 | 03-3595-2565 | 03-3504-1210 |
| 高齢者医療課 | 03-3595-2090 | 03-3504-1210 |
| 医療介護連携政策課 | 03-3595-2614 | 03-3508-2746 |
| 医療費適正化対策推進室 | 03-3595-2164 | 03-3508-2746 |
| 保険データ企画室 | 03-3595-2174 | 03-3508-2746 |
| 医療課 | 03-3595-2577 | 03-3508-2746 |
| 医療技術評価推進室 | 03-3595-2577 | 03-3508-2746 |
| 保険医療企画調査室 | 03-3595-2577 | 03-3508-2746 |
| 医療指導監査室 | 03-3595-2578 | 03-3508-2746 |
| 調査課 | 03-3595-2579 | 03-3508-2746 |
| **年金局** | | |
| 局　長 | 03-3595-2861 | 03-3504-1240 |
| 審議官室 | 03-3595-2861 | 03-3504-1240 |
| 総務課 | 03-3595-2862 | 03-3504-1240 |
| 首席年金数理官室 | 03-3595-2868 | 03-3593-8431 |
| 年金課 | 03-3595-2864 | 03-3593-8431 |
| 国際年金課 | 03-3595-2863 | 03-3593-8431 |
| 資金運用課 | 03-3595-2867 | 03-3504-1240 |
| 企業年金・個人年金課 | 03-3595-2865 | 03-3593-8431 |
| 基金数理室 | 03-3595-2865 | 03-3593-8431 |
| 企業年金・個人年金普及推進室 | 03-3595-2865 | 03-3593-8431 |

| 局　課 | 直通電話 | FAX番号 |
|---|---|---|
| 数理課 | 03-3595-2869 | 03-3593-8431 |
| 数理調整管理室 | 03-3595-2869 | 03-3593-8431 |
| **年金管理審議官** | 03-3595-2861 | 03-3504-1240 |
| 事業企画課 | 03-3595-2770 | 03-3503-2679 |
| システム室 | 03-3595-2903 | 03-3595-2679 |
| 調査室 | 03-3595-2794 | 03-3595-2708 |
| 監査室 | 03-6897-4293 | 03-6892-0729 |
| 会計室 | 03-3595-2710 | 03-3595-2690 |
| 年金記録回復室 | 03-3595-2806 | 03-3595-2679 |
| 年金事業運営推進室 | 03-3595-2806 | 03-3595-2679 |
| 事業管理課 | 03-3595-2811 | 03-3595-2708 |
| 給付事業室 | 03-3595-2805 | 03-3595-2709 |
| 年金記録審査室 | 03-3595-2751 | 03-3595-2709 |

## 人材開発統括官

| 局　課 | 直通電話 | FAX番号 |
|---|---|---|
| **人材開発統括官** | 03-3502-6782 | 03-3502-2630 |
| **審議官室** | 03-3593-1230 | 03-3502-2630 |
| 参事官室（人材開発総務担当） | 03-3595-3355 | 03-3502-2630 |
| 参事官室（人材開発政策担当） | 03-3595-3374 | 03-3502-2630 |
| 政策企画室 | 03-3595-3377 | 03-3502-2630 |
| 訓練企画室 | 03-3595-3403 | 03-3502-2630 |
| 特別支援室 | 03-3595-3406 | 03-3502-2630 |
| 参事官室（若年者・キャリア形成支援担当） | 03-3595-3408 | 03-3502-8932 |
| キャリア形成支援室 | 03-3597-0331 | 03-3502-8932 |
| 企業内人材開発支援室 | 03-3595-3366 | 03-3502-8932 |
| 参事官室（能力評価担当） | 03-3595-3378 | 03-3595-3414 |
| 参事官室（海外人材育成担当） | 03-3595-3395 | 03-3595-3414 |
| 技能実習業務指導室 | 03-3595-3395 | 03-3595-3414 |
| 海外協力室 | 03-3595-3396 | 03-3595-3414 |

| 局　課 | 直通電話 | FAX番号 |
| --- | --- | --- |
| 政策統括官 | | |
| **政策統括官（総合政策担当）** | 03-3502-6732 | 03-3595-2158 |
| **政策立案総括審議官** | 03-3595-2628 | 03-3595-2158 |
| 参事官（総合政策統括担当） | 03-3595-2159 | 03-3595-2158 |
| 参事官（総合政策統括担当） | 03-3595-2159 | 03-3595-2158 |
| 参事官（調査分析・評価担当） | 03-3595-2160 | 03-3502-6373 |
| **政策統括官（統計・情報政策担当）** | 03-3595-1603 | 03-3595-1605 |
| 参事官（企画調整担当） | 03-3595-1604 | 03-3595-1605 |
| 統計・情報総務室 | 03-3595-2643 | 03-3595-1605 |
| 統計企画調整室 | 03-3595-2678 | 03-3595-1608 |
| 審査解析室 | 03-3595-2409 | 03-3595-1608 |
| 国際分類情報管理室 | 03-3595-3501 | 03-3595-1608 |
| 人口動態・保健社会統計室 | 03-3595-2812 | 03-3595-1670 |
| 保健統計室 | 03-3595-2958 | 03-3595-1636 |
| 社会統計室 | 03-3595-2918 | 03-3595-1639 |
| 世帯統計室 | 03-3595-2974 | 03-3595-1606 |
| 雇用・賃金福祉統計室 | 03-3595-3145 | 03-3502-5396 |
| 賃金福祉統計室 | 03-3595-3147 | 03-3502-2797 |
| 参事官（労使関係担当） | 03-3502-6735 | 03-3502-2636 |
| **サイバーセキュリティ・情報化審議官** | 03-3595-2641 | 03-3595-1605 |
| 参事官（情報化担当） | 03-3595-2314 | 03-3595-2198 |
| 参事官（サイバーセキュリティ・情報システム管理担当） | 03-3595-2773 | 03-3595-1628 |
| 情報システム管理室 | 03-3595-2734 | 03-3595-1628 |

# 農林水産省

〒100-8950 千代田区霞が関1-2-1
中央合同庁舎1号館
(代表)03-3502-8111

| 局　課 | 直通電話 | FAX番号 |
|---|---|---|
| 大　臣 | 03-3591-2050 | |
| 副大臣 | 03-3591-2051 | |
| 副大臣 | 03-3591-2722 | |
| 大臣政務官 | 03-3591-5561 | |
| 大臣政務官 | 03-3591-5730 | |
| 事務次官 | 03-3591-2052 | |
| 農林水産審議官 | 03-3591-1687 | |
| 大臣官房 | | |
| 官房長 | 03-3591-2053 | |
| 総括審議官 | 03-3591-9602 | |
| 総括審議官(新事業・食品産業) | 03-3591-8551 | 03-3502-8084 |
| 技術総括審議官 | 03-3591-8977 | 03-6744-1526 |
| 危機管理・政策立案総括審議官 | 03-6738-6124 | 03-3593-9467 |
| 公文書監理官 | 03-6744-2848 | |
| サイバーセキュリティ・情報化審議官 | 03-6744-2848 | |
| 輸出促進審議官 | 03-6744-2085 | |
| 生産振興審議官 | 03-3501-7987 | 03-6744-2280 |
| 審議官(技術・環境) | 03-6744-2285 | 03-5511-8773 |
| 報道官 | 03-3501-6677 | 03-3597-8722 |
| 秘書課 | 03-3502-5526 | 03-3592-7696 |
| 文書課 | 03-6744-2428 | 03-3501-9649 |
| 予算課 | 03-3502-5534 | 03-3592-9439 |
| 政策課 | 03-3502-8448 | 03-3508-4080 |
| 技術政策室 | 03-6744-0408 | 03-3508-4080 |

| 局　課 | 直通電話 | FAX番号 |
| --- | --- | --- |
| 食料安全保障室 | 03-6744-2395 | 03-6744-2396 |
| 広報評価課 | 03-3501-3778 | 03-6744-1526 |
| 広報室 | 03-3502-5594 | 03-3502-8766 |
| 報道室 | 03-3591-2874 | 03-3597-8722 |
| 情報管理室 | 03-3502-5632 | 03-6744-1526 |
| 情報分析室 | 03-3502-5517 | 03-6744-1526 |
| 地方課 | 03-3502-5592 | 03-3501-5203 |
| 災害総合対策室 | 03-6744-2142 | 03-6744-7158 |
| 環境バイオマス政策課 | 03-6738-6477 | 03-6738-6552 |
| 地球環境対策室 | 03-3502-8056 | 03-3591-6640 |
| 再生可能エネルギー室 | 03-6744-1508 | 03-3502-8285 |
| 参事官 | 03-3591-6584 | |
| 参事官 | 03-3591-9604 | |
| 参事官 | 03-3502-5515 | |
| **検査・監察部長** | 03-3502-6489 | 03-3508-2256 |
| 調整・監察課 | 03-3502-6386 | 03-3508-2256 |
| 審査室 | 03-6738-6143 | 03-3508-2256 |
| 行政監察室 | 03-6738-6139 | 03-3508-2256 |
| 会計監査室 | 03-3501-3712 | 03-3508-2256 |
| 検査課 | 03-3502-6387 | 03-3502-8389 |
| 統計部 | | |
| **部　長** | 03-3502-0491 | 03-3591-5521 |
| 管理課 | 03-3502-5609 | 03-3591-5521 |
| 統計品質向上室 | 03-6738-6157 | 03-3591-5521 |
| 経営・構造統計課 | 03-3502-5654 | 03-5511-8772 |
| センサス統計室 | 03-3502-0739 | 03-5511-7282 |
| 生産流通消費統計課 | 03-3501-4502 | 03-5511-8771 |
| 消費統計室 | 03-3502-5686 | 03-3502-3634 |
| 統計企画管理官 | 03-3502-5627 | 03-3501-9644 |
| 新事業・食品産業部 | | |
| **部　長** | 03-3501-3725 | |

| 局　課 | 直通電話 | FAX番号 |
|---|---|---|
| 新事業・食品産業政策課 | 03-3502-7568 | |
| ファイナンス室 | 03-6744-2076 | |
| 企画グループ | 03-6744-2065 | |
| 商品取引グループ | 03-3502-2126 | |
| 商品取引室 | 03-6744-2248 | 03-3502-6847 |
| 食品流通課 | 03-3502-5744 | 03-3502-0614 |
| 卸売市場室 | 03-3502-8237 | 03-3502-0614 |
| 食品製造課 | 03-6744-7180 | |
| 食品企業行動室 | 03-6744-7180 | |
| 基準認証室 | 03-6744-7180 | |
| 外食・食文化課 | 03-6738-6473 | |
| 食品ロス・リサイクル対策室 | 03-6744-2066 | |
| 食文化室 | 03-6744-2012 | |
| 消費・安全局 | | |
| **局　長** | 03-3591-6870 | 03-3501-8715 |
| **審議官** | 03-3502-1955 | 03-3501-8715 |
| **審議官** | 03-3591-6620 | 03-3501-8715 |
| 総務課 | 03-3502-8512 | 03-3502-0389 |
| 消費者行政・食育課 | 03-3502-5724 | 03-6744-1974 |
| 食品表示調整室 | 03-6744-2099 | 03-6744-1974 |
| 米穀流通・食品表示監視室 | 03-6744-1703 | 03-6744-1974 |
| 食品安全政策課 | 03-6744-2135 | 03-3597-0329 |
| 食品安全科学室 | 03-3502-5722 | 03-3597-0329 |
| 国際基準室 | 03-3502-8732 | 03-3597-0329 |
| 農産安全管理課 | 03-3591-6585 | 03-3580-8592 |
| 農薬対策室 | 03-3502-5969 | 03-3501-3774 |
| 畜水産安全管理課 | 03-6744-2103 | 03-3502-8275 |
| 飼料安全・薬事室 | 03-6744-1708 | 03-3502-8275 |
| 水産安全室 | 03-6744-2105 | 03-3502-8275 |

| 局　課 | 直通電話 | FAX番号 |
|---|---|---|
| 植物防疫課 | 03-3502-5976 | 03-3502-3386 |
| 防疫対策室 | 03-3502-7167 | 03-3502-3386 |
| 国際室 | 03-3502-5978 | 03-3502-3386 |
| 動物衛生課 | 03-3502-5994 | 03-3502-3385 |
| 家畜防疫対策室 | 03-3502-8292 | 03-3512-2293 |
| 国際衛生対策室 | 03-3502-8295 | 03-3502-3385 |
| 参事官 | 03-6744-1254 | |
| 輸出・国際局 | | |
| 局　長 | 03-3591-5901 | |
| 審議官 | 03-3591-6690 | |
| 審議官 | 03-3591-8552 | |
| 総務課 | 03-3502-5851 | 03-3502-8084 |
| 国際政策室 | 03-3591-2657 | 03-3502-8084 |
| 輸出企画課 | 03-3502-3408 | 03-6744-2013 |
| 輸出支援課 | 03-6744-2398 | 03-6738-6475 |
| 輸出産地形成室 | | |
| 輸出環境整備室 | | |
| 国際地域課 | 03-3501-3731 | 03-5511-8773 |
| 参事官(規制対策) | 03-6744-1766 | |
| 参事官(新興地域) | 03-3502-5913 | |
| 国際経済課 | 03-3502-5904 | 03-3501-0581 |
| 国際戦略グループ | 03-3502-8497 | |
| 知的財産課 | 03-6738-6169 | 03-3502-5301 |
| 地理的表示保護推進室 | 03-6738-6138 | |
| 種苗室 | 03-6738-6443 | 03-3502-6572 |
| 農産局 | | |
| 局　長 | 03-3591-9778 | |
| 総務課 | 03-3502-5937 | |
| 生産推進室 | 03-3502-5945 | |
| 国際室 | 03-3502-5940 | |
| 会計室 | 03-6738-8978 | |

| 局　課 | 直通電話 | FAX番号 |
|---|---|---|
| 穀物課 | 03-3502-5959 | 03-6744-2523 |
| 米麦流通加工対策室 | 03-3502-7950 | 03-6744-2523 |
| 経営安定対策室 | 03-3502-5601 | 03-6744-7610 |
| 園芸作物課 | 03-6744-2113 | 03-3502-0889 |
| 園芸流通加工対策室 | 03-3502-5958 | 03-3502-0889 |
| 花き産業・施設園芸振興室 | 03-6738-6162 | 03-3502-0889 |
| 地域作物課 | 03-3502-5963 | |
| 果樹・茶グループ | 03-6744-2117 | |
| 地域対策官 | 03-6744-2117 | 03-3502-4133 |
| **農産政策部長** | 03-6744-7155 | |
| 企画課 | 03-6738-8961 | 03-6738-8976 |
| 米穀貿易企画室 | 03-6738-6069 | 03-6738-8976 |
| 水田農業対策室 | 03-3597-0191 | 03-6744-2523 |
| 貿易業務課 | 03-6744-0585 | 03-6744-1390 |
| 米麦品質保証室 | 03-6744-1388 | 03-6744-1390 |
| 技術普及課 | 03-6744-2107 | 03-3597-0142 |
| 生産資材対策室 | 03-6744-2182 | 03-3597-0142 |
| 農業環境対策課 | 03-3502-5951 | 03-3597-0869 |
| 畜産局 | | |
| **局　長** | 03-6744-0555 | |
| **審議官** | 03-3591-8053 | |
| 総務課 | 03-6744-0564 | |
| 畜産総合推進室 | 03-6744-0568 | |
| 企画課 | 03-3502-5979 | |
| 畜産経営安定対策室 | 03-3502-0874 | 03-3502-0873 |
| 畜産振興課 | 03-6744-2524 | 03-3593-7233 |
| 畜産技術室 | 03-3591-3656 | 03-3502-0887 |
| 家畜遺伝資源管理保護室 | 03-3501-3777 | 03-3593-7233 |
| 飼料課 | 03-6744-7192 | 03-3580-0078 |

| 局　課 | 直通電話 | FAX番号 |
| --- | --- | --- |
| 流通飼料対策室 | 03-3591-6745 | 03-3502-8294 |
| 牛乳乳製品課 | 03-3502-5987 | 03-3506-9578 |
| 食肉鶏卵課 | 03-3502-5989 | 03-3503-2738 |
| 食肉需給対策室 | 03-3502-8473 | 03-3592-0009 |
| 競馬監督課 | 03-3502-5995 | 03-3502-3384 |
| **経営局** | | |
| **局　長** | 03-3591-2054 | 03-3502-0657 |
| **審議官** | 03-3591-8554 | 03-3502-0657 |
| **審議官** | 03-3592-8153 | 03-3502-0657 |
| 総務課 | 03-3502-6432 | 03-3502-0657 |
| 調整室 | 03-3501-1384 | 03-3502-0657 |
| 経営政策課 | 03-6744-0575 | 03-3502-6007 |
| 担い手総合対策室 | 03-3502-6444 | 03-3502-6007 |
| 農地政策課 | 03-6744-2149 | 03-3592-6248 |
| 農地集積・集約化促進室 | 03-3591-1389 | 03-3592-6248 |
| 就農・女性課 | 03-3501-1962 | 03-3593-2612 |
| 女性活躍推進室 | 03-3502-6600 | 03-3593-2612 |
| 協同組織課 | 03-6744-2163 | 03-3502-8082 |
| 経営･組織対策室 | 03-6744-2164 | 03-3502-8082 |
| 金融調整課 | 03-3501-3726 | 03-3502-8081 |
| 保険課 | 03-3502-7337 | 03-3506-1936 |
| 農業経営収入保険室 | 03-6744-7148 | 03-3506-1936 |
| 保険監理官 | 03-3502-7380 | 03-3502-5761 |
| **農村振興局** | | |
| **局　長** | 03-3591-6758 | 03-3591-0591 |
| **次　長** | 03-3591-0590 | 03-3591-0591 |
| **審議官** | 03-6744-1101 | 03-3591-0591 |
| 総務課 | 03-3502-5997 | 03-3592-1483 |
| **農村政策部長** | 03-3501-3740 | 03-3501-4950 |
| 農村計画課 | 03-3502-5999 | 03-3506-1934 |

| 局　課 | 直通電話 | FAX番号 |
|---|---|---|
| 農村政策推進室 | 03-3502-6001 | 03-3501-9580 |
| 都市農業室 | 03-3502-5948 | 03-3595-6340 |
| 地域振興課 | 03-3502-6286 | 03-3592-1482 |
| 中山間地域・日本型直接支払室 | 03-6744-2081 | 03-3592-1482 |
| 都市農村交流課 | 03-3502-6002 | 03-3595-6340 |
| 農泊推進室 | 03-3502-0030 | 03-3595-6340 |
| 農福連携推進室 | 03-3502-0033 | 03-3595-6340 |
| 鳥獣対策・農村環境課 | 03-3502-6041 | 03-3502-7587 |
| 鳥獣対策室 | 03-6744-7642 | 03-3502-7587 |
| 農村環境対策室 | 03-6744-0250 | 03-3502-7587 |
| **整備部長** | 03-3591-8555 | 03-5511-8251 |
| 設計課 | 03-3502-6204 | 03-5511-8251 |
| 計画調整室 | 03-6744-2201 | 03-5511-8251 |
| 施工企画調整室 | 03-3502-6204 | 03-5511-8251 |
| 海外土地改良技術室 | 03-3595-6339 | 03-3592-1481 |
| 土地改良企画課 | 03-6744-2187 | 03-3501-4950 |
| 水資源課 | 03-3502-6232 | 03-5511-8252 |
| 農業用水対策室 | 03-3502-3083 | 03-5511-8252 |
| 施設保全管理室 | 03-3591-7073 | 03-5521-1399 |
| 農地資源課 | 03-3502-6256 | 03-3592-0302 |
| 経営体育成基盤整備推進室 | 03-6744-2208 | 03-3592-0302 |
| 多面的機能支払推進室 | 03-6744-2447 | 03-3592-0302 |
| 地域整備課 | 03-3502-6098 | 03-3501-8358 |
| 防災課 | 03-3502-6361 | 03-3592-1987 |
| 防災・減災対策室 | 03-6744-2210 | 03-3592-1987 |
| 災害対策室 | 03-6744-2211 | 03-3592-0304 |
| **農林水産技術会議** | | |
| **会　長** | 03-3591-8976 | 03-3501-0684 |

| 局　課 | 直通電話 | FAX番号 |
|---|---|---|
| 事務局長 | 03-3591-8977 | 03-3501-0684 |
| 研究総務官 | 03-3501-3770 | 03-3501-0684 |
| 研究総務官 | 03-3501-4933 | 03-3502-0535 |
| 研究調整課 | 03-3502-7399 | 03-5511-8622 |
| 研究企画課 | 03-3502-7406 | 03-3507-8794 |
| イノベーション戦略室 | 03-3502-7408 | 03-3507-8794 |
| 研究推進課 | 03-3502-7437 | 03-3593-2209 |
| 産学連携室 | 03-6744-7044 | 03-3593-2209 |
| 国際研究官 | 03-3502-7467 | 03-5511-8788 |
| 研究統括官（生産技術） | 03-3502-2549 | 03-3502-4028 |
| 研究開発官（基礎・基盤、環境） | 03-3502-0536 | 03-3502-4028 |

# 林　野　庁

〒100-8952 千代田区霞が関1-2-1
中央合同庁舎1号館
(代表)03-3502-8111

| 局　課 | 直通電話 | FAX番号 |
|---|---|---|
| 長　官 | 03-3591-0610 | |
| 次　長 | 03-6744-2525 | |
| 林政部長 | 03-3591-7910 | 03-3591-5747 |
| 林政課 | 03-3502-7968 | 03-3593-3463 |
| 監査室 | 03-3502-8300 | 03-6744-2137 |
| 企画課 | 03-3502-8036 | 03-3593-9564 |
| 経営課 | 03-3502-8048 | 03-3502-1649 |
| 林業労働・経営対策室 | 03-3502-1629 | 03-3502-1649 |
| 特用林産対策室 | 03-3502-8059 | 03-3502-8085 |
| 木材産業課 | 03-3502-8062 | 03-3591-6319 |
| 木材製品技術室 | 03-6744-2294 | 03-3591-6319 |
| 木材利用課 | 03-6744-2296 | 03-3502-0305 |
| 木材貿易対策室 | 03-3502-8063 | 03-3502-0305 |
| 森林整備部長 | 03-3591-7911 | 03-3593-9565 |
| 計画課 | 03-3502-8700 | 03-3593-9565 |
| 施工企画調整室 | 03-3502-6882 | 03-3593-9565 |
| 海外林業協力室 | 03-3591-8449 | 03-3593-9565 |
| 森林利用課 | 03-6744-2609 | 03-3502-2887 |
| 森林集積推進室 | 03-6744-2126 | 03-3502-2887 |
| 山村振興・緑化推進室 | 03-3502-0048 | 03-3502-2887 |
| 整備課 | 03-6744-2302 | 03-3502-6329 |
| 造林間伐対策室 | 03-3591-5893 | 03-3502-6329 |
| 治山課 | 03-6744-2306 | 03-3503-6499 |
| 山地災害対策室 | 03-3501-4756 | 03-3503-6499 |

| 局　課 | 直通電話 | FAX番号 |
|---|---|---|
| 保安林・盛土対策室 | 03-3502-8074 | 03-3503-6499 |
| 研究指導課 | 03-6744-2311 | 03-3502-2104 |
| 技術開発推進室 | 03-3501-5025 | 03-3502-2104 |
| 森林保護対策室 | 03-3502-1063 | 03-3502-2104 |
| **国有林野部長** | 03-3591-7921 | 03-3592-6259 |
| 管理課 | 03-6744-2315 | 03-5512-7655 |
| 福利厚生室 | 03-3502-8396 | 03-3502-8052 |
| 経営企画課 | 03-6744-2321 | 03-3592-6259 |
| 国有林野総合利用推進室 | 03-6744-2323 | 03-3592-6259 |
| 国有林野生態系保全室 | 03-6744-2322 | 03-3592-6259 |
| 業務課 | 03-6744-2326 | 03-3502-8053 |
| 国有林野管理室 | 03-6744-2329 | 03-3502-8053 |

# 水　産　庁

〒100-8907 千代田区霞が関1-2-1
中央合同庁舎1号館
(代表)03-3502-8111

| 局　課 | 直通電話 | FAX番号 |
|---|---|---|
| 長　官 | 03-3591-6500 | |
| 次　長 | 03-3501-3009 | |
| 漁政部長 | 03-3501-3870 | 03-3502-8220 |
| 漁政課 | 03-3502-8397 | 03-3502-8220 |
| 船舶管理室 | 03-3591-1072 | 03-3591-6810 |
| 企画課 | 03-6744-2343 | 03-3501-5097 |
| 水産業体質強化推進室 | 03-6744-2341 | 03-3501-5097 |
| 水産経営課 | 03-6744-2345 | 03-3591-1180 |
| 指導室 | 03-3502-8416 | 03-3591-1180 |
| 加工流通課 | 03-3502-8427 | 03-3508-1357 |
| 水産流通適正化推進室 | | |
| 水産物貿易対策室 | 03-3501-1961 | 03-3508-1357 |
| 漁業保険管理官 | 03-3501-3862 | 03-3502-0827 |
| 参事官 | 03-3502-4190 | |
| 資源管理部長 | 03-3502-0993 | 03-3502-0794 |
| 審議官 | 03-3591-2045 | 03-3502-0571 |
| 管理調整課 | 03-6744-2393 | 03-3501-1019 |
| 資源管理推進室 | 03-3502-8452 | 03-5510-3397 |
| 沿岸・遊漁室 | 03-3502-7768 | 03-3595-7332 |
| 国際課 | 03-3501-3861 | 03-3504-2649 |
| 捕鯨室 | 03-3501-3861 | 03-3504-2649 |
| かつお・まぐろ漁業室 | 03-3501-3861 | 03-3504-2649 |
| 海外漁業協力室 | 03-3503-8971 | 03-3504-2649 |

| 局　課 | 直通電話 | FAX番号 |
|---|---|---|
| 漁業取締課 | 03-3502-8437 | 03-3502-0794 |
| 外国漁船対策室 | 03-3502-3805 | |
| 参事官 | 03-3502-8453 | 03-3504-2649 |
| **増殖推進部長** | 03-3501-3860 | 03-3591-5314 |
| 研究指導課 | 03-3502-8482 | 03-3591-5314 |
| 海洋技術室 | 03-6744-2031 | 03-3595-1426 |
| 漁場資源課 | 03-3502-8486 | 03-3502-1682 |
| 生態系保全室 | 03-3502-8486 | 03-3502-1682 |
| 栽培養殖課 | 03-3501-3848 | 03-6744-2386 |
| 内水面漁業振興室 | 03-3502-8489 | 03-6744-2386 |
| 参事官 | 03-6744-2372 | 03-3591-5314 |
| **漁港漁場整備部長** | 03-3591-6984 | 03-3581-0326 |
| 計画課 | 03-3502-8492 | 03-3581-0326 |
| 整備課 | 03-3502-8493 | 03-3502-2668 |
| 防災漁村課 | 03-3502-5633 | 03-3581-0325 |
| 水産施設災害対策室 | 03-3502-5638 | 03-3581-0325 |

# 経済産業省

〒100-8901 千代田区霞が関1-3-1
（調査統計部は〒100-8902）
（代表）03-3501-1511

| 局　課 | 直通電話 | FAX番号 |
|---|---|---|
| 大　臣 | 03-3501-1601 | 03-3501-6589 |
| 副大臣 | 03-3501-1603 | 03-3580-6289 |
| 副大臣 | 03-3501-1604 | 03-3580-6289 |
| 大臣政務官 | 03-3501-1221 | 03-3501-1223 |
| 大臣政務官 | 03-3501-1222 | 03-3501-1223 |
| 事務次官 | 03-3501-1605 | 03-3580-4041 |
| 経済産業審議官 | 03-3501-1017 | 03-3580-3039 |
| 大臣官房 | | |
| 官房長 | 03-3501-1606 | 03-3580-4041 |
| 総括審議官 | 03-3501-1556 | 03-3501-1704 |
| サイバーセキュリティ・情報化審議官 | 03-3501-1597 | 03-3501-1847 |
| 技術総括・保安審議官 | 03-3501-1779 | 03-3501-5715 |
| 審議官（政策総合調整担当） | 03-3501-1627 | 03-3501-5661 |
| 秘書課 | 03-3501-1797 | 03-3501-2080 |
| 参事官（技術・高度人材戦略担当） | 03-3501-2785 | 03-3501-0363 |
| 人事審査官 | 03-3501-1797 | 03-3501-2080 |
| 人事企画官 | 03-3501-1608 | 03-3501-2080 |
| 総務課 | 03-3501-1609 | 03-3501-0541 |
| 国会連絡室 | 03-3581-0759 | 03-3581-0583 |
| 業務管理官室 | 03-3501-2189 | 03-3580-6327 |
| 文書室 | 03-3501-0860 | 03-3501-7833 |
| 広報室 | 03-3501-1619 | 03-3501-6942 |
| 政策審議室 | 03-3501-1480 | 03-3501-8434 |
| グローバル産業室 | 03-3501-1527 | 03-3501-1533 |

| 局　課 | 直通電話 | FAX番号 |
|---|---|---|
| 会計課 | 03-3501-1615 | 03-3580-2493 |
| 経理審査官 | 03-3501-1612 | 03-3580-2493 |
| 監査室 | 03-3501-1652 | 03-3580-2493 |
| 業務改革課 | 03-3501-1042 | |
| 情報公開推進室 | 03-3501-1036 | 03-3501-1229 |
| 個人情報保護室 | 03-3501-1021 | 03-3501-1229 |
| 情報システム室 | 03-3501-0625 | 03-3501-1373 |
| 厚生企画室 | 03-3501-1629 | 03-3501-6570 |
| 厚生審査官 | 03-3501-1629 | 03-3501-6570 |
| 調査統計グループ長 | 03-3501-1641 | 03-3501-5829 |
| 総合調整室 | 03-3501-1643 | 03-3501-7769 |
| 統計企画室 | 03-3501-6631 | 03-3501-7769 |
| 統計情報システム室 | 03-3501-1068 | 03-3501-5832 |
| 調査分析支援室（企画調整、統計コンシェルジュ、広報、国際担当） | 03-3501-6624 | 03-3501-7769 |
| 調査分析支援室（産業連関担当） | 03-3501-6648 | 03-3501-7769 |
| 業務管理室 | 03-3501-1642 | 03-3501-7768 |
| 経済解析室（企画調整・解析・鉱工業指数・第三次産業指数担当） | 03-3501-1644 | 03-3501-7775 |
| 構造統計室（企画調整担当） | 03-3501-9945 | 03-3501-5836 |
| 構造統計室（経済センサス担当） | 03-3501-6606 | 03-3501-7790 |
| 構造統計室（工業統計担当） | 03-3501-9929 | 03-3501-5836 |
| 構造統計室（経済構造実態調査　甲調査担当） | 03-3501-0386 | 03-3501-5836 |
| 構造統計室（経済構造統計調査　乙調査担当） | 03-3501-0327 | 03-3501-5836 |
| 鉱工業動態統計室（企画調整、システム運用調整、調査分析担当） | 03-3501-1645 | 03-3501-5839 |

| 局　課 | 直通電話 | FAX番号 |
|---|---|---|
| 鉱工業動態統計室（機械担当） | 03-3501-9858 | 03-3501-5839 |
| 鉱工業動態統計室(資源エネルギー・窯業担当) | 03-3501-6652 | 03-3501-5841 |
| 鉱工業動態統計室(化学・金属担当) | 03-3501-1646 | 03-3501-1352 |
| 鉱工業動態統計室（繊維・生活用品担当） | 03-3501-3893 | 03-3501-1354 |
| サービス動態統計室(企画調整担当) | 03-3501-1092 | 03-3501-7789 |
| サービス動態統計室(商業動態統計担当) | 03-3501-3892 | 03-3501-7938 |
| サービス動態統計室(特定サービス産業動態統計担当) | 03-3501-1093 | 03-3501-7789 |
| 企業統計室（企画調整・企業活動基本調査・情報通信業基本調査・海外事業活動基本調査・海外現地法人四半期調査担当) | 03-3501-1831 | 03-3580-6320 |
| 福島復興推進グループ | | |
| **福島復興推進グループ長** | 03-3501-1731 | 03-3501-6209 |
| 廃炉・汚染水・処理水特別対策監 | 03-3501-1353 | 03-3501-8428 |
| 業務管理官室 | 03-3501-2023 | 03-3501-6723 |
| 総合調整室 | 03-3501-1228 | 03-3580-4988 |
| 福島相双復興推進機構担当室 | 03-3501-1356 | 03-3580-4988 |
| 福島広報戦略・風評被害対応室 | 03-3501-2883 | 03-3580-4988 |
| 福島新産業・雇用創出推進室 | 03-3501-8574 | 03-3580-4988 |
| 福島イノベーション・コースト構想推進機構担当室 | 03-3501-8574 | 03-3580-4988 |
| 福島事業・なりわい再建支援室 | 03-3580-1356 | 03-3580-4988 |

| 局　課 | 直通電話 | FAX番号 |
| --- | --- | --- |
| **経済産業政策局** | | |
| 局　長 | 03-3501-1671 | 03-3580-5358 |
| 審議官（経済産業政策局担当） | 03-3501-1751 | 03-3501-0093 |
| 審議官（経済産業政策局担当） | 03-3501-1596 | 03-3501-0094 |
| 業務管理官室 | 03-3501-1673 | 03-3501-2083 |
| 総務課 | 03-3501-1674 | 03-3580-6406 |
| 政策企画官 | 03-3501-5908 | 03-3580-6406 |
| 調査課 | 03-3501-1625 | 03-3501-6590 |
| 企業財務室 | 03-3501-1909 | 03-3501-6078 |
| 産業構造課 | 03-3501-1626 | 03-3501-6078 |
| 経済社会政策室 | 03-3501-0650 | 03-3501-0382 |
| 産業組織課 | 03-3501-6521 | 03-3501-6046 |
| 競争環境整備室 | 03-3501-1550 | 03-3501-6046 |
| 知的財産政策室 | 03-3501-3752 | 03-3501-3580 |
| 産業創造課 | 03-3501-1560 | 03-3501-0229 |
| 新規事業創造推進室 | 03-3501-1628 | 03-3501-6079 |
| 産業資金課 | 03-3501-1676 | 03-3501-1087 |
| 産業人材課 | 03-3501-2259 | 03-3501-0382 |
| 企業行動課 | 03-3501-1675 | 03-3501-5478 |
| 企業会計室 | 03-3501-1570 | 03-3501-1087 |
| アジア新産業共創政策室 | 03-3501-1560 | 03-3501-0229 |
| **地域経済産業グループ** | | |
| 地域経済産業グループ長 | 03-3501-5890 | 03-3501-8629 |
| 地域経済産業政策統括調整官 | 03-3501-8620 | 03-3501-6209 |
| 業務管理官室 | 03-3501-1710 | 03-3501-8575 |
| 地域経済産業政策課 | 03-3501-1697 | 03-3580-6389 |
| 地域経済活性化戦略室 | 03-3501-1697 | 03-3580-6389 |

| 局　課 | 直通電話 | FAX番号 |
| --- | --- | --- |
| 地域経済産業調査室 | 03-3580-4987 | 03-3580-6389 |
| 地方調整室 | 03-3501-1640 | 03-3580-8369 |
| 地域企業高度化推進課 | 03-3501-0645 | 03-3501-6231 |
| 地域未来投資促進室 | 03-3501-1587 | 03-3501-6231 |
| 地域産業基盤整備課 | 03-3501-1677 | 03-3501-6270 |
| 沖縄振興室 | 03-3501-1677 | 03-3501-6270 |
| 中心市街地活性化室 | 03-3501-3754 | 03-3501-7917 |
| **通商政策局** | | |
| **局　長** | 03-3501-1651 | 03-3501-0991 |
| **審議官（通商政策局担当）** | 03-3501-4979 | 03-3501-2755 |
| **審議官（通商戦略担当）** | 03-3501-2657 | 03-3501-5871 |
| 通商交渉官 | 03-3501-4994 | 03-3501-0995 |
| 通商交渉官 | 03-3501-6971 | 03-3501-0995 |
| 業務管理官室 | 03-3501-1653 | 03-3501-5842 |
| 総務課 | 03-3501-1654 | 03-3501-2081 |
| 総務課（JETRO担当） | 03-3501-1827 | 03-3501-2081 |
| 通商戦略室 | 03-3501-1567 | 03-3501-2081 |
| 企画調査室 | 03-3501-0533 | 03-3501-5868 |
| 国際経済課 | 03-3501-1990 | 03-3580-8746 |
| アジア太平洋地域協力推進室 | 03-3501-1407 | 03-3501-5909 |
| 経済連携課 | 03-3501-1595 | 03-3501-1592 |
| 関税企画室 | 03-3501-1655 | 03-3501-1592 |
| 米州課 | 03-3501-1094 | 03-3501-5871 |
| 中南米室 | 03-3501-2817 | 03-3580-4610 |
| 欧州課 | 03-3501-1096 | 03-3501-5880 |
| ロシア・中央アジア・コーカサス室 | 03-3501-2838 | 03-3501-5880 |

| 局　課 | 直通電話 | FAX番号 |
|---|---|---|
| 中東アフリカ課 | 03-3501-2283 | 03-3501-5876 |
| アフリカ室 | 03-3501-2283 | 03-3501-5876 |
| アジア大洋州課 | 03-3501-1953 | 03-3501-5873 |
| 東アジア経済統合推進室 | 03-3501-1953 | 03-3501-5898 |
| 南西アジア室 | 03-3501-1836 | 03-3501-5898 |
| 北東アジア課 | 03-3501-0531 | 03-3501-6024 |
| 韓国室 | 03-3501-1566 | 03-3501-6024 |
| **通商機構部長** | 03-3501-1680 | 03-3501-0993 |
| 通商法務官 | 03-3501-6735 | 03-3501-0993 |
| 参事官付 | 03-3501-5923 | 03-3501-5983 |
| 国際経済紛争対策室 | 03-3580-6596 | 03-3501-1450 |
| 国際法務室 | 03-3580-6596 | 03-3501-1450 |
| 貿易経済協力局 | | |
| **局　長** | 03-3501-1661 | 03-3501-0994 |
| **審議官(貿易経済協力局担当)** | 03-3501-1553 | 03-3501-0994 |
| **審議官(貿易経済協力局・農林水産品輸出担当)** | 03-3501-0869 | 03-3501-0994 |
| **審議官(貿易経済協力局・国際技術戦略担当)** | 03-3501-6292 | 03-3501-0994 |
| 業務管理官室 | 03-3501-1653 | 03-3501-5842 |
| 総務課 | 03-3501-1664 | 03-3501-5912 |
| 貿易振興課 | 03-3501-6759 | 03-3501-5912 |
| 通商金融課 | 03-3501-6979 | 03-3501-0926 |
| 資金協力室 | 03-3501-5869 | 03-3501-5899 |
| 国際金融交渉室 | 03-3501-8626 | 03-3501-0926 |
| 技術・人材協力課 | 03-3501-1937 | 03-3501-5981 |
| 投資促進課 | 03-3501-1662 | 03-3501-2082 |
| **貿易管理部長** | 03-3501-1663 | 03-3501-5896 |
| 貿易管理課 | 03-3501-0538 | 03-3501-5896 |
| 電子化・効率化推進室 | 03-3501-0953 | 03-3501-5896 |
| 原産地証明室 | 03-3501-0539 | 03-3501-5896 |

| 局　課 | 直通電話 | FAX番号 |
|---|---|---|
| 貿易審査課 | 03-3501-1659 | 03-3501-0997 |
| 特殊関税等調査室 | 03-3501-3462 | 03-3501-6006 |
| 農水産室 | 03-3501-0532 | 03-3501-6006 |
| 野生動植物貿易審査室 | 03-3501-1723 | 03-3501-0997 |
| 安全保障貿易管理政策課 | 03-3501-2863 | 03-3501-3638 |
| 情報調査室 | 03-3501-2863 | 03-3501-3638 |
| 技術調査室 | 03-3501-2863 | 03-3501-3638 |
| 国際投資管理室 | 03-3501-1774 | 03-3501-3638 |
| 安全保障貿易管理課 | 03-3501-2800 | 03-3501-0996 |
| 安全保障貿易国際室 | 03-3501-2800 | 03-3501-0996 |
| 安全保障貿易検査官室 | 03-3501-2841 | 03-3501-0996 |
| 安全保障貿易審査課 | 03-3501-2801 | 03-3501-6004 |
| 産業技術環境局 | | |
| **局　長** | 03-3501-1771 | 03-3501-7998 |
| **審議官（産業技術環境局担当）** | 03-3501-1772 | 03-3501-7899 |
| **審議官（環境問題担当）** | 03-3501-3567 | 03-3501-3560 |
| **産業技術環境政策統括調整官** | 03-3501-1563 | 03-3580-6329 |
| 業務管理官室 | 03-3501-1857 | 03-3501-2518 |
| 総務課 | 03-3501-1773 | 03-3501-7908 |
| 成果普及・連携推進室 | 03-3501-1450 | 03-3501-7908 |
| 産業技術法人室 | 03-3501-1416 | 03-3501-7908 |
| 国際室 | 03-3501-6011 | 03-3580-8025 |
| 技術振興・大学連携推進課 | 03-3501-1778 | 03-3501-9229 |
| 大学連携推進室 | 03-3501-0075 | 03-3501-5953 |
| 研究開発課 | 03-3501-9221 | 03-3501-7924 |
| 産業技術プロジェクト推進室 | 03-3501-9221 | 03-3501-7924 |

| 局　課 | 直通電話 | FAX番号 |
|---|---|---|
| 産業技術総合研究所 | 03-3501-1366 | 03-3501-7909 |
| 新エネルギー・産業技術総合開発機構室 | 03-3501-1948 | 03-3501-7877 |
| 基準認証政策課 | 03-3501-9232 | 03-3580-1418 |
| 基準認証調査広報室 | 03-3501-9245 | 03-3501-7851 |
| 基準認証戦略室 | 03-3501-9232 | 03-3580-1418 |
| 基準認証経済連携室 | 03-3501-9471 | 03-3580-8637 |
| 認証企画室・工業標準調査室 | 03-3501-9473 | 03-3580-1418 |
| 製品評価技術基盤機構室 | 03-3501-9279 | 03-3501-7851 |
| 計量行政室 | 03-3501-1688 | 03-3501-7851 |
| 国際標準課 | 03-3501-9277 | 03-3580-8625 |
| 国際電気標準課 | 03-3501-9287 | 03-3580-8631 |
| 環境政策課 | 03-3501-1679 | 03-3501-7697 |
| エネルギー・環境イノベーション戦略室 | 03-3501-2067 | 03-3501-7697 |
| 地球環境対策室 | 03-3501-7830 | 03-3501-7697 |
| 地球環境連携室 | 03-3501-1757 | 03-3501-7697 |
| 環境経済室 | 03-3501-1770 | 03-3501-7697 |
| カーボンニュートラルプロジェクト推進室 | 03-3501-1733 | 03-3501-7697 |
| 資源循環経済課 | 03-3501-4978 | 03-3501-9489 |
| 環境管理推進室 | 03-3501-4665 | 03-3580-6329 |
| **製造産業局** | | |
| **局　長** | 03-3501-1685 | 03-3501-2085 |
| **首席通商政策統括調整官(製造産業局担当)** | 03-3501-1687 | 03-3501-6853 |
| **審議官(製造産業局担当)** | 03-3501-1686 | 03-3501-6852 |
| **審議官(製造産業局担当** | 03-3501-3750 | 03-3501-6852 |

| 局　課 | 直通電話 | FAX番号 |
|---|---|---|
| 政策企画官 | 03-3501-1689 | 03-3501-6588 |
| 業務管理官室 | 03-3501-1702 | 03-3501-6612 |
| 総務課 | 03-3501-1689 | 03-3501-6588 |
| ものづくり政策審議室 | 03-3501-1787 | 03-3501-6588 |
| 製造産業戦略企画室 | 03-3501-1787 | 03-3501-6588 |
| 通商室 | 03-3501-1792 | 03-3501-6588 |
| 国際プラント･インフラシステム･水ビジネス推進室 | 03-3501-1760 | 03-3501-6588 |
| 金属課 | 03-3501-1926 | 03-3501-0195 |
| 金属技術室 | 03-3501-1794 | 03-3501-0195 |
| 化学物質管理課 | 03-3501-0080 | 03-3501-6604 |
| 化学物質リスク評価室 | 03-3501-0080 | 03-3501-6604 |
| 化学物質安全室 | 03-3501-0605 | 03-3501-2084 |
| 化学兵器・麻薬原料等規制対策室 | 03-3580-0937 | 03-3580-7319 |
| オゾン層保護等推進室 | 03-3501-4724 | 03-3501-6604 |
| 素材産業課 | 03-3501-1737 | 03-3580-6348 |
| 革新素材室 | 03-3501-1737 | 03-3580-6348 |
| アルコール室 | 03-3580-5651 | 03-3580-6348 |
| 生活製品課 | 03-3501-0969 | 03-3501-0316 |
| 住宅産業室 | 03-3501-9255 | 03-3501-0316 |
| 伝統的工芸品産業室 | 03-3501-3544 | 03-3501-0316 |
| 産業機械課 | 03-3501-1691 | 03-3580-6394 |
| ロボット政策室 | 03-3501-1049 | 03-3580-6394 |
| 次世代空モビリティ政策室 | 03-3501-1698 | 03-3580-6394 |
| 素形材産業室 | 03-3501-1063 | 03-3501-6799 |
| 自動車課 | 03-3501-1690 | 03-3501-6691 |
| 自動車戦略企画室 | 03-3501-1618 | 03-3501-6691 |

| 局　課 | 直通電話 | FAX番号 |
| --- | --- | --- |
| ITS・自動走行推進室 | 03-3501-1665 | 03-3501-6691 |
| 車両室 | 03-3501-1694 | 03-3501-0195 |
| 航空機武器宇宙産業課 | 03-3501-1692 | 03-3501-7062 |
| 航空機部品・素材産業室 | 03-3501-1692 | 03-3501-7062 |
| 宇宙産業室 | 03-3501-0973 | 03-3501-7062 |
| **商務情報政策局** | | |
| **局　長** | 03-3501-1564 | 03-3501-0764 |
| **審議官（商務情報政策局・政策調整担当）** | 03-3501-2533 | 03-3501-0764 |
| **審議官（IT戦略担当）** | 03-3501-1357 | 03-3501-8392 |
| 業務管理官室 | 03-3501-1712 | 03-3501-6745 |
| 総務課 | 03-3501-2964 | 03-3580-6403 |
| 国際室 | 03-3501-1843 | 03-3501-6639 |
| 情報経済課 | 03-3501-0397 | 03-3501-6639 |
| アーキテクチャ戦略企画室 | 03-3501-0367 | 03-3501-6639 |
| サイバーセキュリティ課 | 03-3501-1253 | 03-3580-6239 |
| 情報技術利用促進課 | 03-3501-2646 | 03-3580-6073 |
| デジタル高度化推進室 | 03-3501-2646 | 03-3580-6073 |
| 地域情報化人材育成推進室 | 03-3501-2646 | 03-3580-6073 |
| 情報産業課 | 03-3501-6944 | 03-3580-2769 |
| デバイス・半導体戦略室 | 03-3501-6944 | 03-3580-2769 |
| ソフトウェア・情報サービス戦略室 | 03-3501-6944 | 03-3580-2769 |
| 高度情報通信技術産業戦略室 | 03-3501-6944 | 03-3580-2769 |
| 電池産業室 | 03-3501-6944 | 03-3580-2769 |
| コンテンツ産業課 | 03-3501-9537 | 03-3501-1599 |

| 局　課 | 直通電話 | FAX番号 |
|---|---|---|
| 商務・サービスグループ | | |
| 商務・サービス審議官 | 03-3501-1780 | 03-3501-6147 |
| 審議官（商務・サービス担当） | 03-3501-1703 | 03-3501-0383 |
| 商務・サービス政策統括調整官 | 03-3501-7774 | 03-3501-1561 |
| 　業務管理官室 | 03-3501-5799 | 03-3501-3679 |
| 　参事官室（政策調整官室） | 03-3501-1678 | 03-3501-1293 |
| 　消費・流通政策課 | 03-3501-1708 | 03-3501-6204 |
| 　　物流企画室 | 03-3501-0092 | 03-3501-9227 |
| 　　消費経済企画室 | 03-3501-1905 | 03-3501-9227 |
| 　　キャッシュレス推進室 | 03-3501-1252 | 03-3501-6646 |
| 　　消費者相談室 | 03-3501-4657 | 03-3501-6202 |
| 　　商品先物市場整備監視室 | 03-3501-6683 | 03-3501-6646 |
| 　商取引監督課 | 03-3501-2302 | 03-3501-6198 |
| 　　商取引検査室 | 03-3501-2327 | 03-3580-6407 |
| 　サービス政策課 | 03-3580-3922 | 03-3501-6613 |
| 　　サービス産業室 | 03-3580-3922 | 03-3501-6613 |
| 　　教育産業室 | 03-3580-3922 | 03-3501-6613 |
| 　　海外展開支援室 | 03-3580-3922 | 03-3501-6613 |
| 　クールジャパン政策課 | 03-3501-1750 | 03-3501-6782 |
| 　　博覧会推進室 | 03-3501-0289 | 03-3501-6203 |
| 　　クールジャパン海外戦略室 | 03-3501-1750 | 03-3501-6782 |
| 　　ファッション政策室 | 03-3501-1750 | 03-3501-6782 |
| 　　デザイン政策室 | 03-3501-9259 | 03-3501-6782 |
| 　ヘルスケア産業課 | 03-3501-1790 | 03-3501-0315 |
| 　　医療・福祉機器産業室 | 03-3501-1562 | 03-3501-6794 |
| 　　国際展開推進室 | 03-3501-1790 | 03-3501-0315 |
| 　生物化学産業課 | 03-3501-8625 | 03-3501-0197 |

| 局　課 | 直通電話 | FAX番号 |
|---|---|---|
| 生物多様性・生物兵器対策室 | 03-3501-8625 | 03-3501-0197 |
| **産業保安グループ** | | |
| 産業保安グループ長 | 03-3501-1636 | 03-3501-6230 |
| 審議官（産業保安担当） | 03-3501-1636 | 03-3501-6230 |
| 業務管理官室 | 03-3501-7926 | 03-3501-2805 |
| 保安課 | 03-3501-8628 | 03-3501-2357 |
| 産業保安企画室 | 03-3501-8628 | 03-3501-2357 |
| 高圧ガス保安室 | 03-3501-1706 | 03-3501-2357 |
| ガス安全室 | 03-3501-4032 | 03-3501-1856 |
| 電力安全課 | 03-3501-1742 | 03-3580-8486 |
| 電気保安室 | 03-3501-1742 | 03-3580-8486 |
| 鉱山・火薬類監理官付 | 03-3501-1870 | 03-3501-6565 |
| 石炭保安室 | 03-3501-1738 | 03-3501-6565 |
| 製品安全課 | 03-3501-4707 | 03-3501-6201 |
| 製品事故対策室 | 03-3501-1707 | 03-3501-2805 |
| **電力・ガス取引監視等委員会事務局** | | |
| 事務局長 | 03-3501-1519 | 03-3501-1520 |
| 業務管理官室 | 03-3501-6972 | 03-3501-1540 |
| 総務課 | 03-3501-1529 | 03-3501-1540 |
| 取引監視課 | 03-3501-1552 | 03-3501-1540 |
| 取引制度企画室 | 03-3501-1558 | 03-3501-1540 |
| ネットワーク事業監視課 | 03-3501-1585 | 03-3501-1848 |
| ネットワーク事業制度企画室 | 03-3501-5847 | 03-3501-1848 |

# 資源エネルギー庁

〒100-8931 千代田区霞が関1-3-1
（代表）03-3501-1511

| 局　課 | 直通電話 | FAX番号 |
| --- | --- | --- |
| 長　官 | 03-3501-1718 | 03-3580-8421 |
| 次　長 | 03-3501-1741 | 03-3580-8421 |
| 首席国際カーボンニュートラル政策統括調整官 | 03-3501-1584 | 03-3501-5935 |
| 首席エネルギー・地域政策統括調整官 | 03-3501-1660 | 03-3501-8425 |
| 資源エネルギー政策統括調整官 | 03-3501-8431 | 03-3501-8430 |
| 原子力事故災害対処審議官 | 03-3501-2751 | 03-3501-2752 |
| 内閣府審議官／廃炉・汚染水対策担当室次長 | 03-3501-2753 | 03-3501-9547 |
| 業務管理官室 | 03-3501-1744 | 03-3501-1886 |
| 総務課 | 03-3501-2669 | 03-3580-8426 |
| 国際資源エネルギー戦略統括調整官 | 03-3501-0270 | 03-3595-3056 |
| 戦略企画室 | 03-3501-2096 | 03-3580-8426 |
| 需給政策室 | 03-3501-2304 | 03-3501-2305 |
| 調査広報室 | 03-3501-2304 | 03-3501-2305 |
| 国際室 | 03-3501-5964 | 03-3501-2305 |
| 会計室 | 03-3501-1719 | 03-3501-1736 |
| 国際課 | 03-3501-0598 | 03-3595-3056 |
| 海外エネルギーインフラ室 | 03-3501-0598 | 03-3501-0598 |
| 省エネルギー・新エネルギー部長 | 03-3501-1725 | 03-3501-7698 |
| 政策課 | 03-3501-1728 | 03-3580-5308 |
| 国際室 | 03-3501-6289 | 03-3595-3056 |
| 制度審議室 | 03-3501-1749 | 03-3580-8591 |

| 局　課 | 直通電話 | FAX番号 |
|---|---|---|
| 熱電併給推進室 | 03-3501-1586 | 03-3580-5308 |
| 新エネルギーシステム課 | 03-3580-2492 | 03-3580-5308 |
| 水素・燃料電池戦略室 | 03-3580-2492 | 03-3580-5308 |
| 省エネルギー課 | 03-3501-9726 | 03-3501-8396 |
| 新エネルギー課 | 03-3501-4031 | 03-3501-1365 |
| 再生可能エネルギー推進室 | 03-3501-2342 | 03-3501-1365 |
| **資源・燃料部長** | 03-3501-1846 | 03-3501-1598 |
| 政策課 | 03-3501-2773 | 03-3501-1598 |
| 石油・天然ガス課 | 03-3501-1817 | 03-3580-8563 |
| 石油精製備蓄課 | 03-3501-1993 | 03-3580-8467 |
| 石油流通課 | 03-3501-1320 | 03-3501-1837 |
| 石炭課 | 03-3501-1727 | 03-3580-8564 |
| 鉱物資源課 | 03-3501-9918 | 03-3580-8440 |
| **電力・ガス事業部長** | 03-3501-1743 | 03-3580-8469 |
| 政策課 | 03-3501-1746 | 03-3501-3675 |
| 電力産業・市場室 | 03-3501-1748 | 03-3580-8481 |
| ガス市場整備室 | 03-3501-2963 | 03-3580-8541 |
| 熱供給産業室 | 03-3501-3547 | 03-3580-8541 |
| 電力基盤整備課 | 03-3501-1749 | 03-3580-8591 |
| 電力需給・流通政策室 | 03-3501-2503 | 03-3580-8591 |
| 電力供給室 | 03-3501-2503 | 03-3580-8591 |
| 電力流通室 | 03-3501-2503 | 03-3580-8591 |
| 電源地域整備室 | 03-3501-2209 | 03-3501-1840 |
| 原子力政策課 | 03-3501-1991 | 03-3580-8447 |
| 原子力基盤室 | 03-3501-1759 | 03-3580-8447 |
| 原子力産業室 | 03-3501-1991 | 03-3580-8542 |
| 原子力発電所事故収束対応室 | 03-3580-3051 | 03-3580-0879 |
| 原子力立地・核燃料サイクル産業課 | 03-3501-6291 | 03-3580-8493 |

| 局　課 | 直通電話 | FAX番号 |
|---|---|---|
| 核燃料サイクル産業立地対策室 | 03-3501-6291 | 03-3580-8493 |
| 原子力立地政策室 | 03-3501-1873 | 03-3580-8493 |
| 原子力広報室 | 03-3501-2830 | 03-3580-8493 |
| 原子力損害対応室 | 03-3580-6304 | 03-3580-6307 |
| 処理水損害対応支援室 | 03-3501-1579 | 03-3580-6307 |
| 放射性廃棄物対策課 | 03-3501-1992 | 03-3501-1840 |
| 放射性廃棄物対策技術室 | 03-3501-1992 | 03-3501-1840 |
| 放射性廃棄物対策広報室 | 03-3501-1992 | 03-3501-1840 |

# 特　許　庁

〒100-8915 千代田区霞が関3-4-3
(代表)03-3581-1101

| 局　課 | 直通電話 | FAX番号 |
|---|---|---|
| 長　官 | 03-3581-0728 | 03-3501-0440 |
| 特許技監 | 03-3591-4982 | |
| 総務部長 | 03-3581-0826 | |
| 　秘書課 | 03-3581-2767 | 03-3595-2698 |
| 　総務課 | 03-3593-0436 | 03-3593-2397 |
| 　制度審議室 | 03-3581-5013 | 03-3501-0624 |
| 　情報技術統括室 | 03-3580-5869 | 03-3592-8838 |
| 　会計課 | 03-3580-5887 | 03-3595-2727 |
| 　企画調査課 | 03-3592-2910 | 03-3580-5741 |
| 　普及支援課 | 03-3501-5878 | 03-3508-0877 |
| 　国際政策課 | 03-3581-1898 | 03-3581-0762 |
| 　国際協力課 | 03-3581-1898 | 03-3581-0762 |
| 審査業務部長 | 03-3580-6826 | |
| 　審査業務課 | 03-3501-0689 | 03-3580-8016 |
| 　出願課 | 03-3580-5882 | 03-3580-6901 |
| 　商標課 | 03-3580-6864 | 03-3580-5907 |
| 審査第１部 | 03-3501-6872 | 03-3585-2048 |
| 　調整課 | 03-3501-0738 | 03-3580-8122 |
| 　意匠課 | 03-3580-6920 | 03-5570-1588 |
| 審査第２部 | 03-3501-6893 | 03-3585-2065 |
| 審査第３部 | 03-3501-6962 | 03-3585-2082 |
| 審査第４部 | 03-3501-6974 | 03-3585-2097 |
| 審判部 | 03-3580-5861 | 03-3584-1987 |
| 　審判課 | 03-3580-5861 | 03-3584-1987 |

# 中小企業庁

〒100-8912 千代田区霞が関1-3-1
(代表)03-3501-1511

| 局　課 | 直通電話 | FAX番号 |
|---|---|---|
| 長　官 | 03-3501-1761 | 03-3501-6801 |
| 次　長 | 03-3501-1815 | 03-3501-6801 |
| 総務課 | 03-3501-1768 | 03-3501-6801 |
| 中小企業金融検査室 | 03-3501-5704 | 03-3501-6946 |
| デジタル・トランスフォーメーション室 | 03-3501-1768 | 03-3501-6801 |
| 業務管理官室 | 03-3501-1762 | 03-3501-6806 |
| 広報室 | 03-3501-1709 | 03-3501-6835 |
| 相談室 | 03-3501-4667 | |
| 事業環境部長 | 03-3501-5804 | 03-3501-7791 |
| 企画課 | 03-3501-1765 | 03-3501-7791 |
| 調査室 | 03-3501-1764 | 03-3501-1207 |
| 経営安定対策室 | 03-3501-0459 | 03-3501-6805 |
| 国際協力室 | 03-3501-9093 | 03-3501-7805 |
| 金融課 | 03-3501-2876 | 03-3501-6861 |
| 財務課 | 03-3501-5803 | 03-3501-6868 |
| 取引課 | 03-3501-1669 | 03-3501-6899 |
| 消費税転嫁対策室 | 03-3501-1502 | 03-3501-1505 |
| 取引調査室 | 03-3501-3649 | 03-3501-1505 |
| 経営支援部長 | 03-3501-5993 | 03-3501-7099 |
| 経営支援課 | 03-3501-1763 | 03-3501-7099 |
| 経営力再構築伴走支援推進室 | 03-3501-2650 | 03-3501-7099 |
| 小規模企業振興課 | 03-3501-2036 | 03-3501-6989 |
| 創業・新事業促進課 | 03-3501-1767 | 03-3501-7055 |
| 海外展開支援室 | 03-3501-1767 | 03-3501-7055 |
| 技術・経営革新課 | 03-3501-1816 | 03-3501-7170 |
| 商業課 | 03-3501-1929 | 03-3501-7809 |

# 国土交通省

〒100-8918 千代田区霞が関2-1-3
中央合同庁舎3号館
(代表)03-5253-8111

| 局　課 | 直通電話 | FAX番号 |
|---|---|---|
| 大　臣 | 03-5253-8019 | 03-5253-1500 |
| 副大臣 | 03-5253-8020 | 03-5253-1501 |
| 副大臣 | 03-5253-8021 | 03-5253-1501 |
| 大臣政務官 | 03-5253-8023 | 03-5253-1502 |
| 大臣政務官 | 03-5253-8976 | 03-5253-1503 |
| 大臣政務官 | 03-5253-8024 | 03-5253-1504 |
| 事務次官 | 03-5253-8025 | 03-5253-1505 |
| 技　監 | 03-5253-8026 | 03-5253-1506 |
| 国土交通審議官 | 03-5253-8027 | 03-5253-1507 |
| 国土交通審議官 | 03-5253-8028 | 03-5253-1507 |
| 国土交通審議官 | 03-5253-8029 | 03-5253-1507 |
| **大臣官房** | | |
| 官房長 | 03-5253-8011 | 03-5253-1508 |
| 総括審議官 | 03-5253-8012 | 03-5253-1509 |
| 総括審議官 | 03-5253-8013 | 03-5253-1509 |
| 技術総括審議官 | 03-5253-8014 | 03-5253-1510 |
| 政策立案総括審議官 | 03-5253-1693 | 03-5253-1564 |
| 公共交通・物流政策審議官 | 03-5253-8291 | 03-5253-1559 |
| 土地政策審議官 | 03-5253-8890 | 03-5253-1558 |
| 危機管理・運輸安全政策審議官 | 03-5253-8921 | 03-5253-1531 |
| 海外プロジェクト審議官 | 03-5253-8374 | 03-5253-1561 |
| 政策評価審議官 | 03-5253-8036 | 03-5253-1516 |
| サイバーセキュリティ・情報化審議官 | 03-5253-8055 | 03-5253-1564 |
| 官房審議官（危機管理） | 03-5253-8088 | 03-5253-1510 |
| 技術審議官 | 03-5253-8017 | 03-5253-1510 |
| 　秘書室 | 03-5253-8155 | 03-5253-1516 |
| 　人事課 | 03-5253-8168 | 03-5253-1520 |

| 局　課 | 直通電話 | FAX番号 |
|---|---|---|
| 総務課 | 03-5253-8181 | 03-5253-1523 |
| 公文書監理・情報公開室 | 03-5253-8190 | 03-5253-1523 |
| 広報課 | 03-5253-8187 | 03-5253-1526 |
| 会計課 | 03-5253-8911 | 03-5253-1528 |
| 公共事業予算執行管理室 | 03-5253-8204 | 03-5253-1530 |
| 監査室 | 03-5253-8205 | 03-5253-1530 |
| 契約制度管理室 | 03-5253-8206 | 03-5253-1530 |
| 公共工事契約指導室 | 03-5253-8919 | 03-5253-1533 |
| 庁舎管理室 | 03-5253-8203 | |
| 地方室 | 03-5253-8208 | 03-5253-1533 |
| 福利厚生課 | 03-5253-8211 | 03-5253-1534 |
| 技術調査課 | 03-5253-8218 | 03-5253-1536 |
| 建設システム管理企画室 | 03-5253-8221 | 03-5253-1536 |
| 電気通信室 | 03-5253-8223 | 03-5253-1536 |
| 施工企画室 | 03-5253-8285 | 03-5253-1556 |
| 参事官(人事) | 03-5253-8038 | 03-5253-1520 |
| 参事官(会計) | 03-5253-8042 | 03-5253-1528 |
| 参事官(労務管理) | 03-5253-8160 | 03-5253-1698 |
| 参事官(イノベーション) | 03-5253-8120 | 03-5253-1556 |
| 参事官(運輸安全防災) | 03-5253-8309 | 03-5253-1531 |
| 調査官 | 03-5253-8172 | 03-5253-1522 |
| **総括監察官** | 03-5253-8035 | 03-5253-1574 |
| 監察官室 | 03-5253-8225 | 03-5253-1540 |
| 危機管理官 | 03-5253-8974 | 03-5253-8891 |
| 運輸安全監理官 | 03-5253-8797 | 03-5253-1531 |
| **官庁営繕部長** | 03-5253-8046 | 03-5253-1541 |
| **官房審議官** | 03-5253-8047 | 03-5253-1541 |
| 管理課 | 03-5253-8227 | 03-5253-1541 |
| 計画課 | 03-5253-8233 | 03-5253-1542 |
| 保全指導室 | 03-5253-8248 | 03-5253-1542 |
| 営繕積算企画調整室 | 03-5253-8248 | 03-5253-1542 |
| 整備課 | 03-5253-8239 | 03-5253-1544 |

| 局　課 | 直通電話 | FAX番号 |
|---|---|---|
| 特別整備室 | 03-5253-8243 | 03-5253-1544 |
| 建築技術調整室 | 03-5253-8239 | 03-5253-1544 |
| 木材利用推進室 | 03-5253-8239 | 03-5253-1544 |
| 施設評価室 | 03-5253-8238 | 03-5253-1544 |
| 設備・環境課 | 03-5253-8244 | 03-5253-1544 |
| 営繕環境対策室 | 03-5253-8578 | 03-5253-1544 |
| 公共事業調査室 | 03-5253-8258 | 03-5253-1560 |
| **総合政策局** | | |
| **局　長** | 03-5253-8048 | 03-5253-1546 |
| **次　長** | 03-5253-8049 | 03-5253-1546 |
| **官房審議官（総合政策局）** | 03-5253-8050 | 03-5253-1546 |
| **官房審議官（国際）** | 03-5253-8931 | 03-5253-1561 |
| **官房審議官（公共交通・物流政策）** | 03-5253-8273 | 03-5253-1564 |
| 官房参事官（交通プロジェクト） | 03-5253-8818 | 03-5253-1562 |
| 官房参事官（地域戦略） | 03-5253-8319 | 03-5253-1561 |
| 官房参事官（税制） | 03-5253-8259 | 03-5253-1548 |
| 官房参事官（グローバル戦略） | 03-5253-8314 | 03-5253-1562 |
| 官房参事官（国際物流） | 03-5253-8800 | 03-5253-1559 |
| 官房参事官（物流産業） | 03-5253-8298 | 03-5253-1559 |
| 総務課 | 03-5253-8252 | 03-5253-1546 |
| 土地収用管理室 | 03-5253-8255 | 03-5253-1546 |
| 交通安全対策室 | 03-5253-8311 | 03-5253-1560 |
| 政策課 | 03-5253-8256 | 03-5253-1548 |
| 政策調査室 | 03-5253-8260 | 03-5253-1548 |
| 社会資本整備政策課 | 03-5253-8981 | 03-5253-1548 |
| バリアフリー政策課 | 03-5253-8307 | 03-5253-1552 |
| 交通バリアフリー政策室 | 03-5253-8306 | 03-5253-1552 |
| 環境政策課 | 03-5253-8261 | 03-5253-1550 |
| 地球環境政策室 | 03-5253-8263 | 03-5253-1550 |
| 海洋政策課 | 03-5253-8266 | 03-5253-1549 |

| 局　課 | 直通電話 | FAX番号 |
|---|---|---|
| 交通政策課 | 03-5253-8275 | 03-5253-1513 |
| 企画室 | 03-5253-8986 | 03-5253-1513 |
| 地域交通課 | 03-5253-8396 | 03-5253-1559 |
| モビリティサービス推進課 | 03-5253-8980 | 03-5253-1513 |
| 物流政策課 | 03-5253-8801 | 03-5253-1513 |
| 物流効率化推進室 | 03-5253-8799 | 03-5253-1513 |
| 公共事業企画調整課 | 03-5253-8284 | 03-5253-1556 |
| 施工安全企画室 | 03-5253-8286 | 03-5253-1556 |
| インフラ情報・環境企画室 | 03-5253-8271 | 03-5253-1551 |
| 技術政策課 | 03-5253-8308 | 03-5253-1560 |
| 技術開発推進室 | 03-5253-8950 | 03-5253-1560 |
| 国際政策課 | 03-5253-8313 | 03-5253-1561 |
| インフラシステム海外展開戦略室 | 03-5253-8318 | 03-5253-1561 |
| 海外プロジェクト推進課 | 03-5253-8315 | 03-5253-1562 |
| 国際建設管理官 | 03-5253-8315 | 03-5253-1562 |
| 情報政策課 | 03-5253-8331 | 03-5253-1564 |
| サイバーセキュリティ対策室 | 03-5253-8341 | 03-5253-1564 |
| 行政情報化推進課 | 03-5253-8335 | 03-5253-1565 |
| 交通経済統計調査室 | 03-5253-8347 | 03-5253-1567 |
| 建設経済統計調査室 | 03-5253-8343 | 03-5253-1566 |
| 情報システム最適化推進室 | 03-5253-8336 | 03-5253-1565 |
| 社会資本経済分析特別研究官 | 03-5253-8982 | 03-5253-1548 |
| **国土政策局** | | |
| 局　長 | 03-5253-8056 | 03-5253-1707 |
| 官房審議官 | 03-5253-8057 | 03-5253-1707 |
| 官房審議官 | 03-5253-8058 | 03-5253-1707 |
| 官房審議官 | 03-5253-8059 | 03-5253-1707 |
| 総務課 | 03-5253-8351 | 03-5253-1568 |
| 総合計画課 | 03-5253-8356 | 03-5253-1570 |
| 国土管理企画室 | 03-5253-8359 | 03-5253-1570 |

| 局　課 | 直通電話 | FAX番号 |
|---|---|---|
| 広域地方政策課 | 03-5253-8363 | 03-5253-1571 |
| 調整室 | 03-5253-8360 | 03-5253-1571 |
| 広域制度企画室 | 03-5253-8370 | 03-5253-1571 |
| 地方振興課 | 03-5253-8403 | 03-5253-1588 |
| 半島振興室 | 03-5253-8425 | 03-5253-1588 |
| 離島振興課 | 03-5253-8421 | 03-5253-1594 |
| 特別地域振興官 | 03-5253-8423 | 03-5253-1595 |
| 不動産・建設経済局 | | |
| 局　長 | 03-5253-8061 | 03-5253-1576 |
| 次　長 | 03-5253-8892 | 03-5253-1558 |
| 官房審議官 | 03-5253-8062 | 03-5253-1576 |
| 官房審議官 | 03-5253-8071 | 03-5253-1576 |
| 官房参事官（土地利用） | 03-5253-8292 | 03-5253-1575 |
| 総務課 | 03-5253-8373 | 03-5253-1576 |
| 土地収用管理室 | 03-5253-8399 | 03-5253-8927 |
| 国際市場課 | 03-5253-8121 | 03-5253-1575 |
| 情報活用推進課 | 03-5253-8353 | 03-5253-1569 |
| 土地政策課 | 03-5253-8290 | 03-5253-1558 |
| 公共用地室 | 03-5253-8270 | 03-5253-1558 |
| 地価調査課 | 03-5253-8377 | 03-5253-1578 |
| 地価公示室 | 03-5253-8379 | 03-5253-1578 |
| 鑑定評価指導室 | 03-5253-8378 | 03-5253-1578 |
| 地籍整備課 | 03-5253-8383 | 03-5253-1580 |
| 不動産業課 | 03-5253-8287 | 03-5253-1557 |
| 不動産業指導室 | 03-5253-8288 | 03-5253-1557 |
| 不動産市場整備課 | 03-5253-8381 | 03-5253-1579 |
| 不動産投資市場整備室 | 03-5253-8289 | 03-5253-1579 |
| 建設業課 | 03-5253-8277 | 03-5253-1553 |
| 入札制度企画指導室 | 03-5253-8278 | 03-5253-1553 |
| 建設業適正取引推進指導室 | 03-5253-8362 | 03-5253-1553 |
| 紛争調整官室 | 03-5253-8279 | 03-5253-1554 |
| 建設市場整備課 | 03-5253-8281 | 03-5253-1555 |
| 専門工事業・建設関連業振興室 | 03-5253-8282 | 03-5253-1555 |

| 局　課 | 直通電話 | FAX番号 |
| --- | --- | --- |
| 建設キャリアアップシステム推進室 | 03-5253-8283 | 03-5253-1555 |
| 参事官 | 03-5253-8288 | 03-5253-1557 |
| 都市局 | | |
| **局　長** | 03-5253-8065 | 03-5253-1584 |
| **官房審議官（都市）** | 03-5253-8066 | 03-5253-1584 |
| **官房審議官（都市生活環境・国際園芸博覧会）** | 03-5253-8067 | 03-5253-1584 |
| **官房技術審議官** | 03-5253-8069 | 03-5253-1584 |
| **官房参事官（宅地・盛土防災）** | 03-5253-8402 | 03-5253-1587 |
| 総務課 | 03-5253-8393 | 03-5253-1584 |
| 国際室 | 03-5253-8955 | 03-5253-1584 |
| 都市政策課 | 03-5253-8397 | 03-5253-1586 |
| 都市政策調査室 | 03-5253-8422 | 03-5253-1586 |
| 都市環境政策室 | 03-5253-8398 | 03-5253-1586 |
| 都市安全課 | 03-5253-8400 | 03-5253-1587 |
| 都市防災対策企画室 | 03-5253-8402 | 03-5253-1587 |
| まちづくり推進課 | 03-5253-8405 | 03-5253-1589 |
| 官民連携推進室 | 03-5253-8407 | 03-5253-1589 |
| 都市開発金融支援室 | 03-5253-8127 | 03-5253-1589 |
| 都市計画課 | 03-5253-8409 | 03-5253-1590 |
| 都市計画調査室 | 03-5253-8411 | 03-5253-1590 |
| 市街地整備課 | 03-5253-8412 | 03-5253-1591 |
| 市街地整備制度調整室 | 03-5253-8414 | 03-5253-1591 |
| 街路交通施設課 | 03-5253-8415 | 03-5253-1592 |
| 街路交通施設企画室 | 03-5253-8417 | 03-5253-1592 |
| 公園緑地・景観課 | 03-5253-8418 | 03-5253-1593 |
| 緑地環境室 | 03-5253-8420 | 03-5253-1593 |
| 景観・歴史文化環境整備室 | 03-5253-8954 | 03-5253-1593 |
| 参事官 | 03-5253-8134 | 03-5253-1593 |
| 水管理・国土保全局 | | |
| **局　長** | 03-5253-8073 | 03-5253-1598 |
| **次　長** | 03-5253-8074 | 03-5253-1598 |
| **官房審議官** | 03-5253-8064 | 03-5253-1581 |

| 局　課 | 直通電話 | FAX番号 |
|---|---|---|
| 総務課 | 03-5253-8434 | 03-5253-1598 |
| 水政課 | 03-5253-8439 | 03-5253-1601 |
| 水利調整室 | 03-5253-8441 | 03-5253-1601 |
| 河川計画課 | 03-5253-8443 | 03-5253-1602 |
| 国際室 | 03-5253-8444 | 03-5253-1602 |
| 河川計画調整室 | 03-5253-8445 | 03-5253-1602 |
| 河川情報企画室 | 03-5253-8446 | 03-5253-1602 |
| 河川環境課 | 03-5253-8447 | 03-5253-1603 |
| 流水管理室 | 03-5253-8449 | 03-5253-1603 |
| 河川保全企画室 | 03-5253-8448 | 03-5253-1603 |
| 水防企画室 | 03-5253-8460 | 03-5253-1603 |
| 治水課 | 03-5253-8451 | 03-5253-1604 |
| 事業監理室 | 03-5253-8456 | 03-5253-1605 |
| 防災課 | 03-5253-8457 | 03-5253-1607 |
| 災害対策室 | 03-5253-8461 | 03-5253-1608 |
| **水資源部長** | 03-5253-8063 | 03-5253-1581 |
| 水資源政策課 | 03-5253-8386 | 03-5253-1581 |
| 地下水対策室 | 03-5253-8386 | 03-5253-1581 |
| 水源地域振興室 | 03-5253-8392 | 03-5253-1581 |
| 水資源計画課 | 03-5253-8388 | 03-5253-1582 |
| 総合水資源管理戦略室 | 03-5253-8390 | 03-5253-1582 |
| **下水道部長** | 03-5253-8072 | 03-5253-1596 |
| 下水道企画課 | 03-5253-8427 | 03-5253-1596 |
| 管理企画指導室 | 03-5253-8428 | 03-5253-1596 |
| 下水道事業課 | 03-5253-8429 | 03-5253-1597 |
| 流域管理官 | 03-5253-8432 | 03-5253-1597 |
| **砂防部長** | 03-5253-8075 | 03-5253-1610 |
| 砂防計画課 | 03-5253-8466 | 03-5253-1610 |
| 地震・火山砂防室 | 03-5253-8468 | 03-5253-1610 |
| 砂防管理支援室 | 03-5253-8466 | 03-5253-1610 |
| 保全課 | 03-5253-8469 | 03-5253-1611 |
| 海岸室 | 03-5253-8471 | 03-5253-1612 |
| 道路局 | | |
| **局　長** | 03-5253-8076 | 03-5253-1613 |
| **次　長** | 03-5253-8077 | 03-5253-1613 |
| **官房審議官** | 03-5253-8116 | 03-5253-1613 |

| 局　課 | 直通電話 | FAX番号 |
|---|---|---|
| 総務課 | 03-5253-8473 | 03-5253-1613 |
| 高速道路経営管理室 | 03-5253-8477 | 03-5253-1613 |
| 旅客船対策室 | 03-5253-8478 | 03-5253-1613 |
| 路政課 | 03-5253-8479 | 03-5253-1616 |
| 道路利用調整室 | 03-5253-8481 | 03-5253-1616 |
| 道路交通管理課 | 03-5253-8482 | 03-5253-1617 |
| 車両通行対策室 | 03-5253-8483 | 03-5253-1617 |
| ITS推進室 | 03-5253-8484 | 03-5253-1617 |
| 企画課 | 03-5253-8485 | 03-5253-1618 |
| 国際室 | 03-5253-8906 | 03-5253-1618 |
| 道路経済調査室 | 03-5253-8487 | 03-5253-1618 |
| 評価室 | 03-5253-8593 | 03-5253-1618 |
| 国道・技術課 | 03-5253-8492 | 03-5253-1620 |
| 道路メンテナンス企画室 | 03-5253-8494 | 03-5253-1620 |
| 技術企画室 | 03-5253-8498 | 03-5253-1620 |
| 環境安全・防災課 | 03-5253-8495 | 03-5253-1622 |
| 道路交通安全対策室 | 03-5253-8907 | 03-5253-1622 |
| 道路防災対策室 | 03-5253-8489 | 03-5253-1622 |
| 高速道路課 | 03-5253-8500 | 03-5253-1619 |
| 有料道路調整室 | 03-5253-8491 | 03-5253-1619 |
| 参事官 | 03-5253-8497 | 03-5253-1622 |
| **住宅局** | | |
| **局　長** | 03-5253-8078 | 03-5253-1625 |
| **官房審議官** | 03-5253-8079 | 03-5253-1625 |
| 総務課 | 03-5253-8501 | 03-5253-1625 |
| 民間事業支援調整室 | 03-5253-8518 | 03-5253-1625 |
| 住宅経済・法制課 | 03-5253-8504 | 03-5253-1627 |
| 住宅総合整備課 | 03-5253-8506 | 03-5253-1628 |
| 住環境整備室 | 03-5253-8508 | 03-5253-1628 |
| 安心居住推進課 | 03-5253-8952 | 03-5253-8140 |
| 住宅生産課 | 03-5253-8510 | 03-5253-1629 |
| 木造住宅振興室 | 03-5253-8512 | 03-5253-1629 |
| 参事官(住宅瑕疵担保対策担当) | 03-5253-8512 | 03-5253-1629 |
| 建築指導課 | 03-5253-8513 | 03-5253-1630 |
| 建築安全調査室 | 03-5253-8514 | 03-5253-1630 |

| 局　課 | 直通電話 | FAX番号 |
|---|---|---|
| 建築業務監理室 | 03-5253-8514 | 03-5253-1630 |
| 建築物事故調査・防災対策室 | 03-5253-8514 | 03-5253-1630 |
| 市街地建築課 | 03-5253-8515 | 03-5253-1631 |
| 市街地住宅整備室 | 03-5253-8517 | 03-5253-1631 |
| 住宅企画官 | 03-5253-8505 | 03-5253-1627 |
| 鉄道局 | | |
| **局　長** | 03-5253-8080 | 03-5253-1633 |
| **次　長** | 03-5253-8081 | 03-5253-1633 |
| **官房審議官** | 03-5253-8082 | 03-5253-1633 |
| **官房技術審議官** | 03-5253-8083 | 03-5253-1633 |
| 官房参事官（新幹線建設） | 03-5253-8553 | 03-5253-1634 |
| 官房参事官（海外高速鉄道プロジェクト） | 03-5253-8528 | 03-5253-1635 |
| 官房参事官（機構監督・地域調整） | 03-5253-8523 | 03-5253-1634 |
| 総務課 | 03-5253-8521 | 03-5253-1633 |
| 企画室 | 03-5253-8526 | 03-5253-1633 |
| 危機管理室 | 03-4416-5119 | 03-5253-1634 |
| 幹線鉄道課 | 03-5253-8532 | 03-5253-1635 |
| 都市鉄道政策課 | 03-5253-8535 | 03-5253-1635 |
| 駅機能高度化推進室 | 03-5253-8584 | 03-5253-1635 |
| 鉄道事業課 | 03-5253-8538 | 03-5253-1635 |
| 地方鉄道再構築推進室 | 03-5253-8539 | 03-5253-1635 |
| 旅客輸送業務監理室 | 03-5253-8543 | 03-5253-1633 |
| JR担当室・貨物鉄道政策室 | 03-5253-8529 | 03-5253-1635 |
| 国際課 | 03-5253-8527 | 03-5253-1635 |
| 国際協力室 | 03-5253-8528 | 03-5253-1635 |
| 国際事業推進室 | 03-5253-8527 | 03-5253-1635 |
| 技術企画課 | 03-5253-8546 | 03-5253-1633 |
| 技術開発室 | 03-5253-8547 | 03-5253-1634 |
| 車両工業企画室 | 03-5253-8524 | 03-5253-1633 |
| 施設課 | 03-5253-8554 | 03-5253-1634 |
| 環境対策室 | 03-5253-8556 | 03-5253-1634 |
| 鉄道防災対策室 | 03-5253-8555 | 03-5253-1634 |
| 安全監理官 | 03-5253-8548 | 03-5253-1634 |

| 局 課 | 直通電話 | FAX番号 |
|---|---|---|
| **自動車局** | | |
| 局 長 | 03-5253-8084 | 03-5253-1636 |
| 次 長 | 03-5253-8085 | 03-5253-1636 |
| 官房審議官 | 03-5253-8086 | 03-5253-1636 |
| 官房参事官（自動車（保障）） | 03-5253-8577 | 03-5253-1638 |
| 保障事業室 | 03-5253-8581 | 03-5253-1638 |
| 総務課 | 03-5253-8557 | 03-5253-1636 |
| 企画室 | 03-5253-8564 | 03-5253-1636 |
| 安全政策課 | 03-5253-8566 | 03-5253-1638 |
| 安全監理室 | 03-5253-8566 | 03-5253-1638 |
| 技術・環境政策課 | 03-5253-8590 | 03-5253-1639 |
| 自動運転戦略室 | 03-5253-8592 | 03-5253-1639 |
| 技術企画室 | 03-5253-8591 | 03-5253-1639 |
| 自動車情報課 | 03-5253-8588 | 03-5253-1639 |
| 登録管理室 | 03-5510-1060 | 03-5253-1639 |
| 旅客課 | 03-5253-8569 | 03-5253-1636 |
| 旅客運送適正化推進室 | 03-5253-8572 | 03-5253-1636 |
| 地域交通室 | 03-5253-8573 | 03-5253-1636 |
| バス産業活性化対策室 | 03-5253-8568 | 03-5253-1636 |
| 貨物課 | 03-5253-8575 | 03-5253-1637 |
| トラック事業適正化対策室 | 03-5253-8576 | 03-5253-1637 |
| 車両基準・国際課 | 03-5253-8603 | 03-5253-1639 |
| 安全基準室 | 03-5253-8602 | 03-5253-1639 |
| 審査・リコール課 | 03-5253-8596 | 03-5253-1640 |
| リコール監理室 | 03-5253-8597 | 03-5253-1640 |
| 不具合情報調査推進室 | 03-5253-8594 | 03-5253-1640 |
| 整備課 | 03-5253-8589 | 03-5253-1639 |
| **海事局** | | |
| 局 長 | 03-5253-8087 | 03-5253-1642 |
| 次 長 | 03-5253-8090 | 03-5253-1642 |
| 官房審議官 | 03-5253-8088 | 03-5253-1642 |
| 官房技術審議官 | 03-5253-8089 | 03-5253-1642 |
| 総務課 | 03-5253-8608 | 03-5253-1642 |

| 局　課 | 直通電話 | FAX番号 |
|---|---|---|
| 企画室 | 03-5253-8605 | 03-5253-1642 |
| 国際企画調整室 | 03-5253-8656 | 03-5253-1642 |
| 海洋教育・海事振興企画室 | 03-5253-8946 | 03-5253-1642 |
| 安全政策課 | 03-5253-8631 | 03-5253-1642 |
| 危機管理室 | 03-5253-8616 | 03-5253-1642 |
| 安全監理室 | 03-5253-8935 | 03-5253-1642 |
| 船舶安全基準室 | 03-5253-8637 | 03-5253-1642 |
| 業務監理室 | 03-5253-8631 | 03-5253-1642 |
| 海洋・環境政策課 | 03-5253-8636 | 03-5253-1644 |
| 環境渉外室 | 03-5253-8643 | 03-5253-1644 |
| 技術企画室 | 03-5253-8614 | 03-5253-1644 |
| 船員政策課 | 03-5253-8651 | 03-5253-1643 |
| 労働環境対策室 | 03-5253-8652 | 03-5253-1643 |
| 雇用対策室 | 03-5253-8648 | 03-5253-1643 |
| 外航課 | 03-5253-8618 | 03-5253-1645 |
| 海運渉外室 | 03-5253-8620 | 03-5253-1645 |
| 内航課 | 03-5253-8622 | 03-5253-1643 |
| 旅客航路活性化推進室 | 03-5253-8625 | 03-5253-1643 |
| 船舶産業課 | 03-5253-8634 | 03-5253-1644 |
| 国際業務室 | 03-5253-8632 | 03-5253-1644 |
| 舟艇室 | 03-5253-8644 | 03-5253-1644 |
| 検査測度課 | 03-5253-8639 | 03-5253-1644 |
| 登録測度室 | 03-5253-8640 | 03-5253-1644 |
| 外国船舶監督業務調整室 | 03-3593-0686 | 03-5253-1644 |
| 危険物輸送対策室 | 03-5253-8641 | 03-5253-1644 |
| 海技課 | 03-5253-8655 | 03-5253-1646 |
| 船員教育室 | 03-5253-8650 | 03-5253-1646 |
| **港湾局** | | |
| **局　長** | 03-5253-8091 | 03-5253-1648 |
| **官房審議官** | 03-5253-8092 | 03-5253-1648 |
| **官房技術参事官** | 03-5253-8093 | 03-5253-1648 |
| 総務課 | 03-5253-8659 | 03-5253-1648 |
| 職員管理室 | 03-5253-8664 | 03-5253-1648 |
| 港湾経済課 | 03-5253-8629 | 03-5253-8937 |

| 局　課 | 直通電話 | FAX番号 |
|---|---|---|
| 港湾物流戦略室 | 03-5253-8628 | 03-5253-8937 |
| 計画課 | 03-5253-8667 | 03-5253-1650 |
| 企画室 | 03-5253-8670 | 03-5253-1650 |
| 産業港湾課 | 03-5253-8673 | 03-5253-1651 |
| クルーズ振興室 | 03-5253-8673 | 03-5253-1651 |
| 国際企画室 | 03-5253-8679 | 03-5253-1651 |
| 技術企画課 | 03-5253-8676 | 03-5253-1652 |
| 技術監理室 | 03-5253-8682 | 03-5253-1652 |
| 建設企画室 | 03-5253-8905 | 03-5253-1652 |
| 海洋・環境課 | 03-5253-8684 | 03-5253-1653 |
| 港湾環境政策室 | 03-5253-8685 | 03-5253-1653 |
| 海洋利用開発室 | 03-5253-8674 | 03-5253-1653 |
| 海岸・防災課 | 03-5253-8687 | 03-5253-1654 |
| 災害対策室 | 03-5253-8689 | 03-5253-1654 |
| 危機管理室 | 03-5253-8070 | 03-5253-1654 |
| 航空局 | | |
| 局　長 | 03-5253-8094 | 03-5253-1655 |
| 次　長 | 03-5253-8095 | 03-5253-1655 |
| 官房審議官 | 03-5253-8096 | 03-5253-1655 |
| 官房参事官（航空予算） | 03-5253-8710 | 03-5253-1656 |
| 官房参事官（航空戦略） | 03-5253-8743 | |
| 官房参事官（安全企画） | 03-5253-8613 | 03-5253-1706 |
| 次世代航空モビリティ企画室 | 03-5253-8613 | 03-5253-1706 |
| 官房参事官（航空安全推進） | 03-5253-8731 | 03-5253-1661 |
| 航空事業安全室 | 03-5253-8731 | 03-5253-1661 |
| 航空事業安全監査室 | 03-5253-8732 | 03-5253-1661 |
| 総務課 | 03-5253-8692 | 03-5253-1656 |
| 危機管理室 | 03-5253-8700 | 03-5253-1656 |
| 職員管理室 | 03-5253-8697 | 03-5253-1656 |
| 予算・管財室 | 03-5253-8710 | 03-5253-1656 |
| 管財補給管理室 | 03-5253-8695 | 03-5253-1656 |
| 航空ネットワーク部長 | 03-5253-8099 | 03-5253-1655 |

| 局　課 | 直通電話 | FAX番号 |
|---|---|---|
| 航空ネットワーク企画課 | 03-5253-8715 | 03-5253-1658 |
| 空港経営改革推進室 | 03-5253-8715 | 03-5253-1658 |
| 国際航空課 | 03-5253-8702 | |
| 航空事業課 | 03-5253-8705 | 03-5253-1656 |
| 地方航空活性化推進室 | 03-5253-8574 | 03-5253-1656 |
| 空港計画課 | 03-5253-8717 | 03-5253-1658 |
| 大都市圏空港調査室 | 03-5253-8719 | 03-5253-1658 |
| 空港技術課 | 03-5253-8725 | 03-5253-1656 |
| 環境対策企画室 | 03-5253-8724 | 03-5253-1658 |
| 空港周辺地域活性化推進室 | 03-5253-8723 | 03-5253-1658 |
| 空港国際業務推進室 | 03-5253-8718 | 03-5253-1658 |
| 首都圏空港課 | 03-5253-8721 | 03-5253-1660 |
| 東京国際空港企画室 | 03-5253-8956 | 03-5253-1660 |
| 成田国際空港企画室 | 03-5253-8716 | 03-5253-1660 |
| 東京国際空港環境企画調整室 | 03-5253-8721 | 03-5253-1660 |
| 近畿圏・中部圏空港課 | 03-5253-8729 | 03-5253-1706 |
| **安全部長** | 03-5253-8100 | 03-5253-1655 |
| 安全政策課 | 03-5253-8696 | 03-5253-1661 |
| 空港安全室 | 03-5253-8701 | 03-5253-1661 |
| 航空保安対策室 | 03-5253-8727 | 03-5253-1661 |
| 航空交通管制安全室 | 03-5253-8743 | 03-5253-1661 |
| 乗員政策室 | 03-5253-8738 | 03-5253-1661 |
| 無人航空機安全課 | 03-5253-8737 | 03-5253-1661 |
| 航空機安全課 | 03-5253-8735 | 03-5253-1661 |
| 航空機技術企画室 | 03-5253-8960 | 03-5253-1661 |
| **交通管制部長** | 03-5253-8101 | 03-5253-1655 |
| 交通管制企画課 | 03-5253-8739 | 03-5253-1663 |
| 航空交通国際業務室 | 03-5253-8740 | 03-5253-1663 |
| 管制情報処理システム室 | 03-5253-8747 | 03-5253-1663 |

| 局　課 | 直通電話 | FAX番号 |
|---|---|---|
| 航空灯火・電気技術室 | 03-5253-8745 | |
| 管制課 | 03-5253-8749 | 03-5253-1663 |
| 空域調整整備室 | 03-5253-8750 | 03-5253-1663 |
| 運用課 | 03-5253-8751 | 03-5253-1664 |
| 航空情報・飛行検査高度化企画室 | 03-5253-8753 | 03-5253-1664 |
| 管制技術課 | 03-5253-8755 | 03-5253-1663 |
| 航行支援技術高度化企画室 | 03-5253-8742 | 03-5253-1663 |
| **北海道局** | | |
| **局　長** | 03-5253-8102 | 03-5253-1667 |
| **官房審議官** | 03-5253-8103 | 03-5253-1667 |
| **官房審議官** | 03-5253-8104 | 03-5253-1667 |
| 総務課 | 03-5253-8761 | 03-5253-1665 |
| アイヌ施策室 | 03-5253-8761 | 03-5253-1665 |
| 予算課 | 03-5253-8779 | 03-5253-1668 |
| 地政課 | 03-5253-8782 | 03-5253-1669 |
| 水政課 | 03-5253-8788 | 03-5253-1670 |
| 港政課 | 03-5253-8785 | 03-5253-1671 |
| 農林水産課 | 03-5253-8792 | 03-5253-1671 |
| 参事官 | 03-5253-8771 | 03-5253-1672 |
| **政策統括官** | | |
| **政策統括官（政策評価）** | 03-5253-8105 | 03-5253-1708 |
| **政策統括官（税制、国土・土地、国会等移転）** | 03-5253-8106 | 03-5253-1675 |
| 政策評価官 | 03-5253-8807 | 03-5253-1708 |
| **国際統括官** | | |
| **国際統括官** | 03-5253-8107 | 03-5253-1561 |
| 国際交通特別交渉官 | 03-5253-8973 | 03-5253-1561 |
| **運輸審議会** | | |
| 事務局 | 03-5253-8141 | 03-5253-1676 |
| **中央建設工事紛争審査会** | | |
| 紛争調整官 | 03-5253-8279 | 03-5253-1554 |
| **国土交通政策研究所** | | |
| **代　表** | 03-5369-6002 | 03-5369-6009 |
| **海難審判所** | | |
| **代　表** | 03-6893-2400 | 03-6893-2406 |

# 観　光　庁

〒100-8918 千代田区霞が関2-1-3
中央合同庁舎3号館
03-5253-8111

| 局　課 | 直通電話 | FAX番号 |
|---|---|---|
| 長　官 | 03-5253-8054 | 03-5253-1632 |
| 次　長 | 03-5253-8052 | 03-5253-1632 |
| 審議官 | 03-5253-8323 | 03-5253-1632 |
| 総務課 | 03-5253-8321 | 03-5253-1632 |
| 調整室 | 03-5253-8703 | 03-5253-1632 |
| 観光戦略課 | 03-5253-8322 | 03-5253-1632 |
| 観光統計調査室 | 03-5253-8325 | 03-5253-1632 |
| 観光産業課 | 03-5253-8330 | 03-5253-1585 |
| 民泊業務適正化指導室 | 03-5253-8330 | 03-5253-1585 |
| 旅行業務適正化指導室 | 03-5253-8329 | 03-5253-1585 |
| 国際観光部長 | 03-5253-8368 | 03-5253-1632 |
| 国際観光課 | 03-5253-8324 | 03-5253-1563 |
| アジア市場推進室 | 03-5253-8923 | 03-5253-1563 |
| 欧米豪市場推進室 | 03-5253-8324 | 03-5253-1563 |
| 総合計画室 | 03-5253-8923 | 03-5253-1563 |
| 新市場開発室 | 03-5253-8324 | 03-5253-1563 |
| 外客安全対策室 | 03-5253-8972 | 03-5253-8123 |
| 参事官（旅行振興） | 03-5253-8329 | 03-5253-1585 |
| 参事官（国際関係・観光人材政策） | 03-5253-8922 | 03-5253-8128 |
| 参事官（外客受入） | 03-5253-8972 | 03-5253-8123 |
| 参事官（MICE） | 03-5253-8938 | 03-5253-8128 |
| 観光地域振興部長 | 03-5253-8326 | 03-5253-1632 |
| 観光地域振興課 | 03-5253-8328 | 03-5253-8122 |

| 局　課 | 直通電話 | FAX番号 |
|---|---|---|
| 観光地域政策企画室 | 03-5253-8327 | 03-5253-8122 |
| 広域連携推進室 | 03-5253-8327 | 03-5253-8122 |
| 観光資源課 | 03-5253-8924 | 03-5253-8930 |
| 自然資源活用推進室 | 03-5253-8925 | 03-5253-8930 |
| 新コンテンツ開発推進室 | 03-5253-8925 | 03-5253-8930 |
| 文化・歴史資源活用推進室 | 03-5253-8925 | 03-5253-8930 |

# 運輸安全委員会

〒160-0004 新宿区四谷1-6-1
四谷タワー15F
03-5367-5025

| 局　課 | 直通電話 | FAX番号 |
| --- | --- | --- |
| 事務局長 | 03-5367-5035 | 03-3354-5215 |
| 審議官 | 03-5367-5036 | 03-3354-5215 |
| 総務課 | 03-5367-5026 | 03-3354-5215 |
| 国際渉外室 | 03-5367-5029 | 03-3354-5215 |
| 広報室 | 03-5367-5027 | 03-3354-5215 |
| 会計室 | 03-5367-5028 | 03-3354-5215 |
| 参事官 | 03-5367-5030 | 03-3354-5215 |
| 航空事故調査官 | 03-5367-5031 | 03-3354-5216 |
| 鉄道事故調査官 | 03-5367-5032 | 03-3354-5216 |
| 船舶事故調査官 | 03-5367-5033 | 03-3354-5217 |

# 環　境　省

〒100-8975 千代田区霞が関1-2-2
中央合同庁舎5号館本館
(代表)03-3581-3351

| 局　課 | 直通電話 | FAX番号 |
|---|---|---|
| 大　臣 | 03-3580-0241 | 03-3508-9573 |
| 副大臣 | 03-3580-0242 | 03-3581-4913 |
| 副大臣 | 03-3581-3361 | 03-3581-4913 |
| 大臣政務官 | 03-3581-3362 | 03-3593-3067 |
| 大臣政務官 | 03-3581-4912 | 03-3593-3067 |
| 事務次官 | 03-3580-0243 | 03-3593-3069 |
| 地球環境審議官 | 03-3593-3071 | 03-3593-3067 |
| **大臣官房** | | |
| 官房長 | 03-3580-0244 | 03-3593-3069 |
| 政策立案総括審議官 | 03-3581-4914 | 03-3593-3069 |
| 公文書監理官 | 03-3581-4980 | |
| サイバーセキュリティ・情報化審議官 | 03-3581-4980 | 03-3591-5939 |
| 秘書課 | 03-6457-9498 | 03-3581-3003 |
| 地方環境室 | 03-5521-9266 | 03-3591-5939 |
| 総務課 | 03-5521-8210 | 03-3509-6485 |
| 広報室 | 03-5521-8213 | 03-3502-0308 |
| 公文書監理室 | 03-5521-8211 | 03-3509-6485 |
| 国会連絡室 | 03-3581-3552 | 03-3580-2516 |
| 環境情報室 | 03-5521-8212 | 03-3593-3070 |
| 危機管理・災害対策室 | 03-5512-5010 | 03-3581-3360 |
| 会計課 | 03-5521-8199 | 03-3593-8932 |
| 監査指導室 | 03-5521-8219 | 03-3593-8932 |
| 庁舎管理室 | 03-6205-4939 | 03-3581-6900 |
| **総合環境政策統括官グループ** | | |
| 総合環境政策統括官 | 03-3580-1701 | 03-3593-7195 |
| 審議官 | 03-5521-9017 | 03-3593-7195 |
| 総合政策課 | 03-5521-8224 | 03-3593-7195 |

| 局　課 | 直通電話 | FAX番号 |
|---|---|---|
| 企画評価・政策プロモーション室 | 03-5521-8326 | 03-3593-7195 |
| 環境研究技術室 | 03-5521-8239 | 03-3593-7195 |
| 環境教育推進室 | 03-5521-8231 | 03-3593-7195 |
| 民間活動支援室 | 03-3406-5181 | 03-3406-5064 |
| 環境経済課 | 03-5521-8230 | 03-3580-9568 |
| 市場メカニズム室 | 03-5521-8354 | 03-3580-9568 |
| 環境影響評価課 | 03-5521-8236 | 03-3581-2697 |
| 環境影響審査室 | 03-5521-8237 | 03-3581-2697 |
| **大臣官房地域脱炭素推進審議官** | 03-3580-1043 | |
| 地域政策課 | 03-5521-8232 | |
| 地域循環共生圏推進室 | 03-5521-8328 | |
| 地域脱炭素事業監理室 | 03-5521-8232 | |
| 地域脱炭素事業推進課 | 03-5521-8233 | |
| 地域脱炭素政策調整担当参事官 | 03-5521-9109 | |
| **環境保健部長** | 03-3580-9706 | 03-3581-3370 |
| 環境保健企画管理課 | 03-5521-8250 | 03-3581-3370 |
| 保健業務室 | 03-5521-8255 | 03-3503-0412 |
| 特殊疾病対策室 | 03-5521-8257 | 03-3580-2963 |
| 石綿健康被害対策室 | 03-5521-6551 | 03-5510-0122 |
| 化学物質審査室 | 03-5521-8253 | 03-3581-3370 |
| 公害補償審査室 | 03-5521-8264 | 03-3580-1044 |
| 水銀対策推進室 | 03-5521-8260 | 03-3580-3596 |
| 環境安全課 | 03-5521-8259 | 03-3580-3596 |
| 環境リスク評価室 | 03-5521-8262 | 03-3580-3596 |
| 放射線健康管理担当参事官室 | 03-5521-9248 | 03-3581-3368 |
| 地球環境局 | | |
| **局　長** | 03-3593-0489 | 03-3504-1634 |
| **特別国際交渉官** | 03-3581-4915 | 03-3504-1634 |
| 総務課 | 03-5521-8356 | 03-3504-1634 |

| 局　課 | 直通電話 | FAX番号 |
|---|---|---|
| 脱炭素社会移行推進室 | 03-5521-8244 | 03-3581-3348 |
| 気候変動観測研究戦略室 | 03-5521-8247 | 03-3581-4815 |
| 気候変動適応室 | 03-5521-8242 | 03-3581-4815 |
| 地球温暖化対策事業監理室 | 03-5521-8679 | 03-3580-1382 |
| 地球温暖化対策課 | 03-5521-8249 | 03-3580-1382 |
| 地球温暖化対策事業室 | 03-5521-8339 | 03-3580-1382 |
| 脱炭素ビジネス推進室 | 03-5521-8249 | 03-3580-1382 |
| フロン対策室 | 03-5521-8329 | 03-3581-3348 |
| 脱炭素ライフスタイル推進室 | 03-5521-8341 | 03-3580-1382 |
| 低炭素物流推進室 | 03-5521-8329 | 03-3581-3348 |
| 国際連携課 | 03-5521-8243 | 03-3581-3423 |
| 気候変動国際交渉室 | 03-5521-8330 | 03-5521-8276 |
| 国際脱炭素移行推進・環境インフラ担当参事官 | 03-5521-8246 | 03-3581-3423 |
| **水・大気環境局** | | |
| 局　長 | 03-3580-2163 | 03-3580-7173 |
| 審議官 | 03-3580-2168 | 03-3593-1438 |
| 総務課 | 03-5521-8286 | 03-3580-7173 |
| 環境管理技術室 | 03-5521-8297 | 03-3581-3369 |
| 大気環境課 | 03-5521-8292 | 03-3581-3369 |
| 大気生活環境室 | 03-5521-8298 | 03-3593-1049 |
| 自動車環境対策課 | 03-5521-8301 | 03-3581-3369 |
| 水環境課 | 03-5521-8304 | 03-3593-1438 |
| 閉鎖性海域対策室 | 03-5521-8319 | 03-3501-2717 |
| 海洋環境室 | 03-5521-9023 | 03-3593-1438 |
| 海洋プラスチック汚染対策室 | 03-6205-4934 | 03-3593-1438 |
| 土壌環境室 | 03-5521-8321 | 03-3501-2717 |
| 農薬環境管理室 | 03-5521-8311 | 03-3501-2717 |
| 地下水・地盤環境室 | 03-5521-8309 | 03-3501-2717 |

| 局　課 | 直通電話 | FAX番号 |
|---|---|---|
| **自然環境局** | | |
| 局　長 | 03-3580-1707 | 03-3508-9278 |
| 審議官 | 03-3581-4916 | 03-3508-9278 |
| 総務課 | 03-5521-8266 | 03-3508-9278 |
| 国民公園室 | 03-5521-8672 | 03-3508-9278 |
| 動物愛護管理室 | 03-5521-8331 | 03-3508-9278 |
| 自然環境計画課 | 03-5521-8272 | 03-3591-3228 |
| 生物多様性戦略推進室 | 03-5521-8273 | 03-3591-3228 |
| 生物多様性主流化室 | 03-5521-9108 | 03-3591-3228 |
| 国立公園課 | 03-5521-8277 | 03-3595-1716 |
| 国立公園利用推進室 | 03-5521-8271 | 03-3595-1716 |
| 自然環境整備課 | 03-5521-8280 | 03-3595-0029 |
| 温泉地保護利用推進室 | 03-5521-8280 | 03-3595-0029 |
| 野生生物課 | 03-5521-8282 | 03-3581-7090 |
| 鳥獣保護管理室 | 03-5521-8285 | 03-3581-7090 |
| 希少種保全推進室 | 03-5521-8353 | 03-3581-7090 |
| 外来生物対策室 | 03-5521-8344 | 03-3581-7090 |
| **環境再生・資源循環局** | | |
| 局　長 | 03-3581-3366 | 03-3593-8262 |
| 次　長 | 03-3593-8260 | 03-3593-8262 |
| 審議官 | 03-5521-8710 | 03-3593-8262 |
| 総務課 | 03-5501-3152 | 03-3593-8262 |
| 循環型社会推進室 | 03-5521-8336 | 03-3593-8262 |
| リサイクル推進室 | 03-5501-3153 | 03-3593-8262 |
| 制度企画室 | 03-6457-9097 | 03-3593-8264 |
| 廃棄物適正処理推進課 | 03-5501-3154 | 03-3593-8263 |
| 浄化槽推進室 | 03-5501-3155 | 03-3593-8263 |
| 放射性物質汚染廃棄物対策室 | 03-5521-8352 | 03-3581-3505 |
| 廃棄物規制課 | 03-5501-3156 | 03-3593-8264 |
| 災害廃棄物対策室 | 03-5521-8358 | 03-3593-8263 |

| 局　課 | 直通電話 | FAX番号 |
|---|---|---|
| 不法投棄原状回復事業対策室 | 03-6205-4798 | 03-3593-8264 |
| 福島再生・未来志向プロジェクト推進室 | 03-5521-9269 | 03-3581-3505 |
| PCB廃棄物処理推進室 | 03-6457-9096 | 03-3593-8264 |
| 参事官(総括) | 03-5521-8349 | 03-3581-3505 |
| 参事官(特定廃棄物) | 03-5521-8812 | 03-3581-3505 |
| 参事官(除染) | 03-5521-9267 | 03-3581-3505 |
| 参事官(中間貯蔵) | 03-5521-8350 | 03-3581-3505 |

# 原子力規制庁

〒106-8450 港区六本木1-9-9
(代表)03-3581-3352

地下鉄：六本木一丁目駅　2番出口
地下鉄：神谷町駅　2番出口

# 防 衛 省

〒162-8801 新宿区市谷本村町5-1
(代表)03-3268-3111

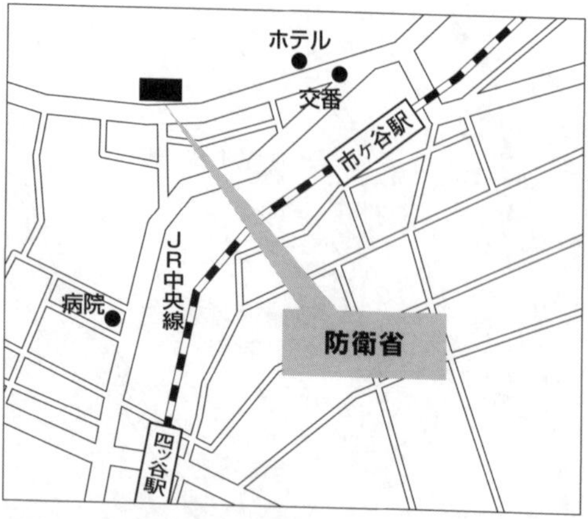


JR・地下鉄：市ヶ谷駅
JR・地下鉄：四ッ谷駅

# 会計検査院

〒100-8941 千代田区霞が関3-2-2
中央合同庁舎7号館
(代表)03-3581-3251

地下鉄：虎ノ門駅　11番・6番出口
地下鉄：霞ヶ関駅　A13番出口

# 地方庁・全国都市
# 東京事務所
# 住所一覧

# 地方庁東京事務所

◆都道府県会館　〒102-0093　千代田区平河町2-6-3

### 北海道
〒060-8588　札幌市中央区北3条西6丁目　☎011(231)4111
〒100-0014　千代田区永田町2-17-17 永田町ほっかいどうスクエア1F　☎03(3581)3411

### 青森県
〒030-8570　青森市長島1-1-1　☎017(722)1111
都道府県会館7F　☎03(5212)9113

### 岩手県
〒020-8570　盛岡市内丸10-1　☎019(651)3111
〒104-0061　中央区銀座5-15-1　南海東京ビル2F　☎03(3524)8316

### 宮城県
〒980-8570　仙台市青葉区本町3-8-1　☎022(211)2111
都道府県会館12F　☎03(5212)9045

### 秋田県
〒010-8570　秋田市山王4-1-1　☎018(860)1032（秘書課）
都道府県会館7F　☎03(5212)9115

### 山形県
〒990-8570　山形市松波2-8-1　☎023(630)2211
都道府県会館13F　☎03(5212)9026

### 福島県
〒960-8670　福島市杉妻町2-16　☎024(521)1111
都道府県会館12F　☎03(5212)9050

### 茨城県
〒310-8555　水戸市笠原町978-6　☎029(301)1111
都道府県会館9F　☎03(5212)9088

### 栃木県
〒320-8501　宇都宮市塙田1-1-20　☎028(623)2323
都道府県会館11F　☎03(5212)9064

### 群馬県
〒371-8570　前橋市大手町1-1-1　☎027(223)1111
都道府県会館8F　☎03(5212)9102

### 埼玉県
〒330-9301　さいたま市浦和区高砂3-15-1　☎048(824)2111
都道府県会館8F　☎03(5212)9104

**千葉県**

〒260-8667　千葉市中央区市場町1-1　☎043(223)2110
都道府県会館14F　☎03(5212)9013

**東京都**

〒163-8001　新宿区西新宿2-8-1　☎03(5321)1111

**神奈川県**

〒231-8588　横浜市中区日本大通1　☎045(210)1111
都道府県会館9F　☎03(5212)9090

**新潟県**

〒950-8570　新潟市中央区新光町4-1　☎025(285)5511
都道府県会館15F　☎03(5212)9002

**富山県**

〒930-8501　富山市新総曲輪1-7　☎076(431)4111
都道府県会館13F　☎03(5212)9030

**石川県**

〒920-8580　金沢市鞍月1-1　☎076(225)1111
都道府県会館14F　☎03(5212)9016

**福井県**

〒910-8580　福井市大手3-17-1　☎0776(21)1111
都道府県会館10F　☎03(5212)9074

**山梨県**

〒400-8501　甲府市丸の内1-6-1　☎055(237)1111
都道府県会館13F　☎03(5212)9033

**長野県**

〒380-8570　長野市大字南長野字幅下692-2　☎026(232)0111
都道府県会館12F　☎03(5212)9055

**岐阜県**

〒500-8570　岐阜市薮田南2-1-1　☎058(272)1111
都道府県会館14F　☎03(5212)9020

**静岡県**

〒420-8601　静岡市葵区追手町9-6　☎054(221)2455（総合案内）
都道府県会館13F　☎03(5212)9035

### 愛知県
〒460-8501　名古屋市中区三の丸3-1-2　☎052(961)2111
都道府県会館9F　☎03(5212)9092

### 三重県
〒514-8570　津市広明町13　☎059(224)3070
都道府県会館11F　☎03(5212)9065

### 滋賀県
〒520-8577　大津市京町4-1-1　☎077(528)3993
都道府県会館8F　☎03(5212)9107

### 京都府
〒602-8570　京都市上京区下立売通新町西入藪ノ内町　☎075(451)8111
都道府県会館8F　☎03(5212)9109

### 大阪府
〒540-8570　大阪市中央区大手前2-1-22　☎06(6941)0351
都道府県会館7F　☎03(5212)9118

### 兵庫県
〒650-8567　神戸市中央区下山手通5-10-1　☎078(341)7711
都道府県会館13F　☎03(5212)9040

### 奈良県
〒630-8501　奈良市登大路町30　☎0742(22)1101
都道府県会館9F　☎03(5212)9096

### 和歌山県
〒640-8585　和歌山市小松原通1-1　☎073(432)4111
都道府県会館12F　☎03(5212)9057

### 鳥取県
〒680-8570　鳥取市東町1-220　☎0857(26)7111
都道府県会館10F　☎03(5212)9077

### 島根県
〒690-8501　松江市殿町1　☎0852(22)5111
都道府県会館11F　☎03(5212)9070

### 岡山県
〒700-8570　岡山市北区内山下2-4-6　☎086(224)2111
都道府県会館10F　☎03(5212)9080

## 広島県

〒730-8511　広島市中区基町10-52　☎082(228)2111

〒105-0001　港区虎ノ門1-2-8 虎ノ門琴平タワー22F　☎03(3580)0851

## 山口県

〒753-8501　山口市滝町1-1　☎083(922)3111

〒100-0013　千代田区霞が関3-3-1　尚友会館4F　☎03(3502)3355

## 徳島県

〒770-8570　徳島市万代町1-1　☎088(621)2500(案内係)

都道府県会館14F　☎03(5212)9022

## 香川県

〒760-8570　高松市番町4-1-10　☎087(831)1111

都道府県会館9F　☎03(5212)9100

## 愛媛県

〒790-8570　松山市一番町4-4-2　☎089(941)2111

都道府県会館11F　☎03(5212)9071

## 高知県

〒780-8570　高知市丸ノ内1-2-20　☎088(823)1111

〒100-0011　千代田区内幸町1-3-3 内幸町ダイビル7F　☎03(3501)5541

## 福岡県

〒812-8577　福岡市博多区東公園7-7　☎092(651)1111

〒102-0083　千代田区麹町1-12-1住友不動産ふくおか半蔵門ビル2F　☎03(3261)9861

## 佐賀県

〒840-8570　佐賀市城内1-1-59　☎0952(24)2111

都道府県会館11F　☎03(5212)9073

## 長崎県

〒850-8570　長崎市尾上町3-1　☎095(824)1111

都道府県会館14F　☎03(5212)9025

## 熊本県

〒862-8570　熊本市中央区水前寺6-18-1　☎096(383)1111

都道府県会館10F　☎03(5212)9084

## 大分県

〒870-8501　大分市大手町3-1-1　☎097(536)1111

都道府県会館4F　☎03(6771)7011

## 宮崎県

〒880-8501　宮崎市橘通東2-10-1　☎0985(26)7111
都道府県会館15F　☎03(5212)9007

## 鹿児島県

〒890-8577　鹿児島市鴨池新町10-1　☎099(286)2111
都道府県会館12F　☎03(5212)9060

## 沖縄県

〒900-8570　那覇市泉崎1-2-2　☎098(866)2074（総務私学課）
都道府県会館10F　☎03(5212)9087

## 全国都道府県議会議長会

〒102-0093　千代田区平河町2-6-3
都道府県会館5F　☎03(5212)9155

## 全国知事会

〒102-0093　千代田区平河町2-6-3
都道府県会館内　☎03(5212)9127

## 全国市議会議長会

〒102-0093　千代田区平河町2-4-2
全国都市会館　☎03(3262)5234

## 全国市長会

〒102-8635　千代田区平河町2-4-2
全国都市会館　☎03(3262)2310～9

## 全国町村議会議長会

〒102-0082　千代田区一番町25
全国町村議員会館　☎03(3264)8181

## 全国町村会

〒100-0014　千代田区永田町1-11-35
全国町村会館　☎03(3581)0482

## 指定都市市長会

〒100-0012　千代田区日比谷公園1-3
市政会館6F　☎03(3591)4772

# 全国都市東京事務所

## 北海道

### 札幌市

〒100-0006　千代田区有楽町2-10-1　東京交通会館3F
☎03-3216-5090
〒060-8611　札幌市中央区北1条西2　☎011-211-2111

### 小樽市

〒100-0014　千代田区永田町2-17-17　永田町ほっかいどうスクエア614
☎03-6205-7760
〒047-8660　小樽市花園2-12-1　☎0134-32-4111

### 釧路市

〒102-0093　千代田区平河町2-4-1　日本都市センター会館9F
☎03-3263-1992
〒085-8505　釧路市黒金町7-5　☎0154-23-5151

### 帯広市

〒105-0003　港区西新橋1-16-4　ノアックスビル6F
☎03-3581-2415
〒080-8670　帯広市西5条南7-1　☎0155-24-4111

### 岩見沢市

〒102-0093　千代田区平河町2-4-1　日本都市センター会館11F
☎03-5216-3588
〒068-8686　岩見沢市鳩が丘1-1-1　☎0126-23-4111

### 苫小牧市

〒102-0093　千代田区平河町2-4-2　全国都市会館5F
☎03-3265-8078
〒053-8722　苫小牧市旭町4-5-6　☎0144-32-6111

### 根室市

〒337-0003　さいたま市見沼区深作3-12-24　☎048-681-0028
〒087-8711　根室市常盤町2-27　☎0153-23-6111

### 石狩市

〒105-0003　港区西新橋1-15-6　内幸町企画ビル4F
☎03-6206-1431
〒061-3292　石狩市花川北6条1-30-2　☎0133-72-3111

## 青森県

青森市

〒107-0052　港区赤坂3-13-7　サクセス赤坂ビル
☎03-5545-5652
〒030-8555　青森市中央1-22-5　☎017-734-1111

八戸市

〒102-0093　千代田区平河町2-4-2　全国都市会館5F
☎03-3261-8973
〒031-8686　八戸市内丸1-1-1　☎0178-43-2111

## 岩手県

盛岡市

〒100-0012　千代田区日比谷公園1-3　市政会館5F
☎03-3595-7101
〒020-8530　盛岡市内丸12-2　☎019-651-4111

## 宮城県

仙台市

〒102-0093　千代田区平河町2-4-1　日本都市センター会館9F
☎03-3262-5765
〒980-8671　仙台市青葉区国分町3-7-1　☎022-261-1111

## 秋田県

秋田市

〒102-0093　千代田区平河町2-4-1　日本都市センター会館11F
☎03-3234-6871
〒010-8560　秋田市山王1-1-1　☎018-863-2222

## 山形県

鶴岡市

〒134-0088　江戸川区西葛西7-28-7　☎03-5696-6821
〒997-8601　鶴岡市馬場町9-25　☎0235-25-2111

## 福島県

### いわき市

〒105-0004　港区新橋2-16-1　ニュー新橋ビル7F
☎03-5251-5181
〒970-8686　いわき市平字梅本21　☎0246-22-1111

## 埼玉県

### さいたま市

〒102-0093　千代田区平河町2-4-1　日本都市センター会館11F
☎03-5215-7561
〒330-9588　さいたま市浦和区常盤6-4-4　☎048-829-1111

## 千葉県

### 千葉市

〒102-0093　千代田区平河町2-4-1　日本都市センター会館9F
☎03-3261-6411
〒260-8722　千葉市中央区千葉港1-1　☎043-245-5111

## 神奈川県

### 横浜市

〒102-0093　千代田区平河町2-4-1　日本都市センター会館11F
☎03-3264-4800
〒231-0005　横浜市中区本町6-50-10　☎045-671-2121

### 川崎市

〒210-8577　川崎市川崎区宮本町1　☎044-200-0053
〒210-8577　川崎市川崎区宮本町1　☎044-200-2111

### 相模原市

〒102-0093　千代田区平河町2-4-1　日本都市センター会館12F
☎03-3222-1653
〒252-5277　相模原市中央区中央2-11-15　☎042-754-1111

## 新潟県

**新潟市**

〒102-0093　千代田区平河町2-4-1　日本都市センター会館9F
☎03-5216-5133

〒951-8550　新潟市中央区学校町通1番町602-1　☎025-228-1000

**佐渡市**

〒150-0001　渋谷区神宮前4-11-7　東泉原宿ビルネスパス新潟内
☎03-5414-2651

〒952-1292　佐渡市千種232　☎0259-63-3111

## 石川県

**金沢市**

〒102-0093　千代田区平河町2-4-2　全国都市会館5F
☎03-3262-0444

〒920-8577　金沢市広坂1-1-1　☎076-220-2111

## 福井県

**福井市**

〒100-0012　千代田区日比谷公園1-3　市政会館5F
☎03-6457-9181

〒910-8511　福井市大手3-10-1　☎0776-20-5111

## 長野県

**長野市**

〒100-0014　千代田区永田町2-17-17　アイオス永田町509
☎03-5501-0461

〒380-8512　長野市大字鶴賀緑町1613　☎026-226-4911

## 岐阜県

**岐阜市**

〒102-0093　千代田区平河町2-6-3　都道府県会館14F
岐阜県東京事務所内　☎03-5210-2061

〒500-8701　岐阜市今沢町18　☎058-265-4141

## 静岡県

### 静岡市

〒102-0093　千代田区平河町2-4-1　日本都市センター会館9F
☎03-3556-0865
〒420-8602　静岡市葵区追手町5-1　☎054-254-2111

### 浜松市

〒102-0093　千代田区平河町2-4-1　日本都市センター会館12F
☎03-3556-2691
〒430-8652　浜松市中区元城町103-2　☎053-457-2111

## 愛知県

### 名古屋市

〒100-0013　千代田区霞が関3-3-2　新霞が関ビルディング1F
☎03-3504-1738
〒460-8508　名古屋市中区三の丸3-1-1　☎052-961-1111

### 豊橋市

〒102-0093　千代田区平河町2-4-1　日本都市センター会館9F
☎03-5210-1484
〒440-8501　豊橋市今橋町1番地　☎0532-51-2111

### 豊田市

〒102-0093　千代田区平河町2-4-1　日本都市センター会館11F
☎03-3556-3861
〒471-8501　豊田市西町3-60　☎0565-31-1212

## 三重県

### 津市

〒102-0093　千代田区平河町2-4-1　日本都市センター会館11F
☎03-6672-6868
〒514-8611　津市西丸之内23-1　☎059-229-3111

### 四日市市

〒102-0093　千代田区平河町2-4-1　日本都市センター会館11F
☎03-3263-3038
〒510-8601　四日市市諏訪町1-5　☎059-354-8104

## 京都府

### 京都市

〒100-0005　千代田区丸の内1-6-5　丸の内北口ビル14F
☎03-6551-2671
〒604-8571　京都市中京区寺町通御池上る上本能寺前町488
☎075-222-3111

## 大阪府

### 大阪市

〒102-0093　千代田区平河町2-6-3　都道府県会館7F
（大阪府東京事務所内）　☎03-3230-1631
〒530-8201　大阪市北区中之島1-3-20　☎06-6208-8181

### 堺市

〒102-0093　千代田区平河町2-6-3　都道府県会館7F
（大阪府東京事務所内）　☎03-5276-2183
〒590-0078　堺市堺区南瓦町3-1　☎072-233-1101

## 兵庫県

### 神戸市

〒102-0093　千代田区平河町2-6-3　都道府県会館13F
☎03-3263-3071
〒650-8570　神戸市中央区加納町6-5-1　☎078-331-8181

### 姫路市

〒102-0093　千代田区平河町2-4-1　日本都市センター会館12F
☎03-6272-5690
〒670-8501　姫路市安田4-1　☎079-221-2111

## 和歌山県

### 和歌山市

〒102-0093　千代田区平河町2-6-3　都道府県会館12F
和歌山県東京事務所内　☎03-5212-9193
〒640-8511　和歌山市七番丁23　☎073-432-0001

## 岡山県

### 岡 山 市

〒100-0005　千代田区丸の内2-5-2　三菱ビル9F 973区
☎03-3201-3807

〒700-8544　岡山市北区大供1-1-1　☎086-803-1000

### 倉 敷 市

〒102-0093　千代田区平河町2-4-2　全国都市会館5F
☎03-3263-2686

〒710-8565　倉敷市西中新田640　☎086-426-3030

## 広島県

### 広 島 市

〒100-0012　千代田区日比谷公園1-3　市政会館4F
☎03-3591-1292

〒730-8586　広島市中区国泰寺町1-6-34　☎082-245-2111

### 呉　市

〒102-0093　千代田区平河町2-4-1　日本都市センター会館11F
☎03-6261-3746

〒737-8501　呉市中央4-1-6　☎0823-25-3100

### 福 山 市

〒102-0093　千代田区平河町2-4-1　日本都市センター会館11F
☎03-3263-0966

〒720-8501　福山市東桜町3-5　☎084-921-2111

## 山口県

### 下 関 市

〒102-0093　千代田区平河町2-4-1　日本都市センター会館12F
☎03-3261-4098

〒750-8521　下関市南部町1-1　☎083-231-1111

## 愛媛県

### 松山市

〒102-0093　千代田区平河町2-4-1　日本都市センター会館11F
☎03-3262-0974
〒790-8571　松山市二番町4-7-2　☎089-948-6688

## 福岡県

### 北九州市

〒100-0006　千代田区有楽町2-10-1　東京交通会館ビル6F
☎03-6213-0093
〒803-8501　北九州市小倉北区城内1-1　☎093-582-2102

### 福岡市

〒102-0093　千代田区平河町2-4-1　日本都市センター会館12F
☎03-3261-9712
〒810-8620　福岡市中央区天神1-8-1　☎092-711-4111

### 久留米市

〒102-0093　千代田区平河町2-4-1　日本都市センター会館11F
☎03-3556-6900
〒830-8520　久留米市城南町15-3　☎0942-30-9000

## 長崎県

### 長崎市

〒100-0012　千代田区日比谷公園1-3　市政会館7F
☎03-3591-7600
〒850-8685　長崎市桜町2-22　☎095-822-8888

### 佐世保市

〒102-0093　千代田区平河町2-4-1　日本都市センター会館11F
☎03-5213-9060
〒857-8585　佐世保市八幡町1-10　☎0956-24-1111

### 諫早市

〒112-0015　文京区目白台1-4-15　☎03-3947-3296
〒854-8601　諫早市東小路町7-1　☎0957-22-1500

### 大村市

〒102-0083　千代田区麹町1-3-7　日月館麹町ビル6F
☎03-3288-1764

〒856-8686　大村市玖島1-25　☎0957-53-4111

## 熊本県

### 熊本市

〒102-0093　千代田区平河町2-4-1　日本都市センター会館9F
☎03-3262-3840

〒860-8601　熊本市中央区手取本町1-1　☎096-328-2111

## 大分県

### 大分市

〒102-0093　千代田区平河町2-4-1　日本都市センター会館12F
☎03-3221-5951

〒870-8504　大分市荷揚町2-31　☎097-534-6111

### 別府市

〒100-0014　千代田区永田町2-17-17　アイオス永田町606
☎03-6457-9971

〒874-8511　別府市上野口町1-15　☎0977-21-1111

## 宮崎県

### 宮崎市

〒102-0093　千代田区平河町2-4-1　日本都市センター会館12F
☎03-3234-9777

〒880-8505　宮崎市橘通西1-1-1　☎0985-25-2111

## 鹿児島県

### 鹿 児 島 市

〒102-0093　千代田区平河町2-4-1　日本都市センター会館12F
☎03-3262-6684
〒892-8677　鹿児島市山下町11-1　☎099-224-1111

### 奄 美 市

〒102-0093　千代田区平河町2-4-2　全国都市会館5F
☎03-3262-3480
〒894-8555　奄美市名瀬幸町25-8　☎0997-52-1111

# フロア索引

# 内閣府 フロアさくいん

※⑧は合同庁舎8号館、④は同4号館

〔階数〕

〈あ〉

新しい資本主義実現本部事務局 2

〈い〉

委員長室[消費者委員会] ④8
遺棄化学兵器処理担当室[大臣官房] ④8

〈う〉

宇宙開発戦略推進事務局 ⑧14

〈お〉

沖縄振興局 ⑧14

〈か〉

海外ビジネス投資支援室 3
会議室 ⑧9
会議室 ⑧14
会議室[賞勲局] 4
会議室[消費者委員会] ④8
会議室(408、416) ⑧4
会議室(623) ⑧6
会計課[大臣官房] 1
会計課長室[大臣官房] 1
会計課分室[大臣官房] ④8
科学技術・イノベーション推進事務局 ⑧6

〈き〉

企画調整課[大臣官房] ⑧8
記者会見室 ⑧1
記者室 ⑧1
規制改革推進室[政策統括官(経済社会システム担当)] ⑧12
休養室 ⑧3
共用会議室(A～E) ⑧5
教養室 ⑧3
局長室[賞勲局] 4

〈く〉

グローバル・スタートアップ・キャンパス構想推進室 3

〔階数〕

〈け〉

景気統計部[経済社会総合研究所] ⑧14
経済研修所[経済社会総合研究所] ⑧14
経済社会総合研究所 ⑧13
経済社会総合研究所 ⑧14
研究官室[経済社会総合研究所] ⑧13
原子力委員会 ⑧6
原子力防災会議事務局 2

〈こ〉

厚生管理官室[大臣官房] 1
講堂 ⑧1
公文書管理課[大臣官房] ⑧7
国際平和協力本部 ④8
国土強靭化推進室 ⑧4
国内調整統括官室 3
国民経済計算部[経済社会総合研究所] ⑧13
国務大臣室 ⑧10
国務大臣室 ⑧11
個人情報保護窓口 ⑧2
コンビニエンスストア ⑧2

〈さ〉

災害対策本部会議室 ⑧3
サイバーセキュリティ・情報化推進室[大臣官房] ⑧7

〈し〉

事務局[国際平和協力本部] ④8
事務局[消費者委員会] ④8
事務局次長室[国際平和協力本部] ④8
事務局長室[国際平和協力本部] ④8
事務局長室[消費者委員会] ④8
事務次官室 ⑧9
事務室[賞勲局] 4
守衛室 1
首席交渉官室 3
準天頂衛星システム戦略室 ⑧14

| | 〔階数〕 |
|---|---|
| 内閣審議官室 | 3 |
| 内閣審議官室 | 4 |
| 内閣審議官室 | 5 |
| 内閣総務官室 | 5 |
| 内閣府審議官室 | ⑧9 |
| 内閣府診療室 | ⑧2 |
| 内閣府図書館 | ⑧4 |
| 〈ふ〉 | |
| 府議室 | ⑧8 |
| 副大臣室 | 2 |
| 副大臣室 | ⑧10 |
| 副大臣室 | ⑧11 |
| 文書室 | ⑧2 |
| 〈ほ〉 | |
| 防災オペレーション室[政策統括官(防災担当)] | ⑧3 |
| 防災会議室 | ⑧4 |
| 防災センター | ⑧1 |
| 防災当直室[政策統括官(防災担当)] | ⑧3 |
| 報道室[大臣官房] | ⑧1 |
| 北方対策本部 | ⑧9 |
| 〈み〉 | |
| 民間資金等活用事業推進室(PPP/PFI推進室)[政策統括官(経済社会システム担当)] | ⑧14 |
| 〈め〉 | |
| 面談室 | 1 |
| 〈ら〉 | |
| 拉致被害者等支援担当室 | 4 |
| 拉致問題対策本部事務局 | 3 |
| 拉致問題対策本部事務局 | 4 |
| 拉致問題担当大臣室 | 3 |
| 〈り〉 | |
| 領土·主権対策企画調整室 | 2 |

# 内閣法制局 フロアさくいん

〔階数〕

〈か〉

会議室 12

会計課調査官室 12

〈き〉

共用会議室(1202・1203) 12

共用第1特別会議室 11

共用特別会議室(1208・1211・1212・1214) 12

〈け〉

憲法資料調査室[(第1部)] 12

〈し〉

次長室 11

審査室 12

〈そ〉

総務課 11

総務課分室 12

総務主幹室 11

〈た〉

第1部 11

第2部 11

第3部 11

第4部 11

〈ち〉

長官室 11

〈と〉

図書館 12

〈ひ〉

秘書官室 11

〈ふ〉

部長室[(第1部)] 11

部長室[(第2部)] 11

部長室[(第3部)] 11

部長室[(第4部)] 11

# 金融庁 フロアさくいん

〔階数〕

〈あ〉

IT戦略室[証券取引等監視委員会] 5
暗号資産モニタリング室[総合政策局] 9

〈い〉

委員室[公認会計士・監査審査会] 18
委員室[証券取引等監視委員会] 5
委員長室[証券取引等監視委員会] 5
イノベーション推進室[総合政策局] 9
IFIAR戦略企画室[総合政策局] 18

〈お〉

大手銀行モニタリング室[総合政策局] 10
大手証券等モニタリング室[監督局] 8

〈か〉

会見室 16
開示業務室[企画市場局] 13
開示検査課[証券取引等監視委員会] 6
会長室[公認会計士・監査審査会] 18
開発研修室[総合政策局] 15
貸金業室[総合政策局] 8
監督調査室[監督局] 11
管理室[総合政策局] 12

〈き〉

企業開示課[企画市場局] 13
協同組織金融室[監督局] 7
共用第1特別会議室 13
共用第2特別会議室 12
局長室[監督局] 11
局長室[企画市場局] 14
局長室[総合政策局] 8
局長室[総合政策局] 17
銀行第一課[監督局] 10
銀行第二課[監督局] 7
金融研究センター 15
金融国際審議官 16
金融サービス仲介業室[総合政策局] 9

〔階数〕

金融トラブル解決制度推進室[総合政策局] 6

〈け〉

経済安全保障室[総合政策局] 9
研究開発室[総合政策局] 15
検査監理官[総合政策局] 8
健全性基準室[総合政策局] 10

〈こ〉

広報コーナー 2
広報室[総合政策局] 16
国際室 16
国際政策管理官 16
国際総括官 16
国際取引等調査室[証券取引等監視委員会] 3
コンダクト企画室[総合政策局] 6

〈さ〉

サイバーセキュリティ対策企画調整室[総合政策局] 6
参事官[総合政策局] 8
参事官室[監督局] 11
参事官室[企画市場局] 14
参事官室(国際担当) 16

〈し〉

資産運用モニタリング室[監督局] 8
資産決済モニタリング室[総合政策局] 9
市場課[企画市場局] 13
市場監視総括官[証券取引等監視委員会] 5
市場機能強化室[企画市場局] 13
市場業務監理室[企画市場局] 13
市場仲介モニタリング室[監督局] 8
市場分析審査課[証券取引等監視委員会] 3
事務局次長室[証券取引等監視委員会] 5
事務局長室[公認会計士・監査審査会] 18
事務局長室[証券取引等監視委員会] 5
証券課[監督局] 8

| | 〔階数〕 |
|---|---|
| 証券検査課[証券取引等監視委員会] | 3 |
| 小審判廷 | 15 |
| 情報解析室[証券取引等監視委員会] | 5 |
| 情報化統括室[総合政策局] | 12 |
| 情報公開・個人情報保護窓口 | 2 |
| 情報・分析室[総合政策局] | 10 |
| 職員食堂 | 1 |
| 職員相談サポート室[総合政策局] | 18 |
| 審議官 | 16 |
| 審議官室[監督局] | 11 |
| 審議官室[企画市場局] | 14 |
| 審議官室[総合政策局] | 8 |
| 審査検査課[公認会計士・監査審査会] | 18 |
| 審判官[総合政策局] | 15 |
| 審判手続室[総合政策局] | 15 |
| 信用機構対応室[監督局] | 11 |
| 信用制度参事官室[企画市場局] | 14 |
| 〈せ〉 | |
| 政策立案総括官[総合政策局] | 17 |
| 〈そ〉 | |
| 総括審議官室[総合政策局] | 17 |
| 総合政策課[総合政策局] | 17 |
| 総務課[監督局] | 11 |
| 総務課[企画市場局] | 14 |
| 総務課[証券取引等監視委員会] | 5 |
| 総務課[総合政策局] | 17 |
| 総務試験課[公認会計士・監査審査会] | 18 |
| 組織戦略監理官室[総合政策局] | 16 |
| 損害保険・少額短期保険監督室[監督局] | 7 |
| 〈た〉 | |
| 第1-2研修室[総合政策局] | 15 |
| 大臣室 | 17 |
| 大臣政務官室 | 17 |
| 大審判廷 | 15 |
| 〈ち〉 | |
| 地域銀行モニタリング室[監督局] | 7 |
| 地域金融監理官[監督局] | 7 |

| | 〔階数〕 |
|---|---|
| 地域金融企画室[監督局] | 10 |
| 地域金融支援室[監督局] | 10 |
| 長官室 | 17 |
| 調査室[企画市場局] | 14 |
| 〈て〉 | |
| データ分析統括室[総合政策局] | 10 |
| 電子決済代行業室[総合政策局] | 9 |
| 〈と〉 | |
| 特別調査課[証券取引等監視委員会] | 4 |
| 取引調査課[証券取引等監視委員会] | 6 |
| 〈に〉 | |
| 入札室 | 15 |
| 〈ひ〉 | |
| 秘書課[総合政策局] | 16 |
| 〈ふ〉 | |
| フィンテック参事官[総合政策局] | 9 |
| フィンテックモニタリング室[総合政策局] | 9 |
| 副大臣室 | 17 |
| 文書受付(窓口) | 12 |
| 〈ほ〉 | |
| 法務支援室[総合政策局] | 15 |
| 法令審査室[総合政策局] | 15 |
| 保険課[監督局] | 7 |
| 保険企画室[企画市場局] | 14 |
| 保険商品室[監督局] | 7 |
| 保険モニタリング室[監督局] | 7 |
| 〈ま〉 | |
| マクロ分析室[総合政策局] | 10 |
| マネーロンダリング・テロ資金供与対策企画室[総合政策局] | 8 |
| 〈ゆ〉 | |
| 郵便貯金・保険監督参事官室[監督局] | 11 |
| 〈り〉 | |
| リスク分析総括課[総合政策局] | 8 |

# 消費者庁 フロアさくいん

| | 〔階数〕 |
|---|---|
| 〈か〉 | |
| 会議室 | 7 |
| 〈き〉 | |
| 記者会見室 | 6 |
| 記者クラブ | 6 |
| 〈こ〉 | |
| 広報室 | 6 |
| 〈さ〉 | |
| 財産被害対策室 | 7 |
| 参事官(公益通報・協働担当) | 6 |
| 参事官(調査研究・国際担当) | 7 |
| 〈し〉 | |
| 事故調査室 | 7 |
| 次長室 | 7 |
| 消費者安全課 | 7 |
| 消費者教育推進課 | 7 |
| 消費者政策課 | 7 |
| 消費者制度課 | 6 |
| 食品表示企画課 | 6 |
| 食品表示対策室 | 7 |
| 審議官室 | 7 |
| 〈そ〉 | |
| 総務課 | 6 |
| 総務課 | 7 |
| 〈た〉 | |
| 大臣室 | 7 |
| 〈ち〉 | |
| 地方協力課 | 6 |
| 長官室 | 7 |
| 〈と〉 | |
| 図書館 | 7 |
| 取引対策課 | 7 |
| 取引DPF消費者保護室 | 7 |
| 〈に〉 | |
| 入札室 | 7 |

| | 〔階数〕 |
|---|---|
| 〈ひ〉 | |
| 表示対策課 | 7 |
| 〈め〉 | |
| 面談室 | 7 |

# 復興庁 フロアさくいん

| | 〔階数〕 |
|---|---|
| **〈い〉** | |
| 医療福祉班 | 10 |
| インフラ利活用班 | 6 |
| **〈き〉** | |
| 企画班 | 6 |
| 記者会見室 | 6 |
| **〈け〉** | |
| 原子力災害復興班 | 6 |
| **〈こ〉** | |
| 広報班 | 6 |
| 国際班 | 6 |
| 国会班 | 6 |
| **〈さ〉** | |
| 産業復興総括班 | 10 |
| **〈し〉** | |
| 支援機構班 | 10 |
| 事務次官室 | 6 |
| 審議官室 | 6 |
| 審議官室 | 10 |
| **〈そ〉** | |
| 総括班 | 6 |
| 総括班（人事・庶務） | 10 |
| **〈た〉** | |
| 大臣室 | 10 |
| 大臣政務官室 | 10 |
| 男女共同参画班 | 10 |
| **〈ち〉** | |
| 地域班 | 6 |
| 調査・調整班 | 6 |
| **〈と〉** | |
| 統括官室 | 6 |
| **〈ひ〉** | |
| 被災者支援班 | 10 |
| **〈ふ〉** | |
| 福島国際研究教育機構準備室 | 6 |

| | 〔階数〕 |
|---|---|
| 福島復興再生総局事務局長室 | 6 |
| 副大臣室 | 10 |
| 復興知見班 | 6 |
| 復興特区班 | 10 |
| **〈ほ〉** | |
| 法制班 | 6 |
| ボランティア・公益的民間連携班 | 10 |
| **〈よ〉** | |
| 予算会計企画班 | 10 |

# 総務省（消防庁）フロアさくいん

| | 〔階数〕 |
|---|---|
| 公営企業担当審議官[自治財政局] | 6 |
| 交渉室[情報流通行政局] | 11 |
| 厚生企画管理室[大臣官房] | 6 |
| 交付税課[自治財政局] | 6 |
| 広報室[大臣官房] | 8 |
| 公務員課[自治行政局(公務員部)] | 8 |
| 公務員課長室[自治行政局(公務員部)] | 8 |
| 国際企画室[情報流通行政局(郵政行政部)] | 11 |
| 国際協力課[国際戦略局] | 9 |
| 国際経済課[国際戦略局] | 9 |
| 国際室[自治行政局] | 9 |
| 国際周波数政策室[総合通信基盤局(電波部)] | 10 |
| 国際戦略課[国際戦略局] | 9 |
| 国際展開課[国際戦略局] | 9 |
| 国際放送推進室[情報流通行政局] | 11 |
| 国民保護運用室[消防庁] | 3 |
| 国民保護室[消防庁] | 3 |
| 国民保護・防災部長[消防庁] | 3 |
| 固定資産税課[自治税務局] | 5 |
| 〈さ〉 | |
| 301会議室 | 3 |
| 財政課[自治財政局] | 6 |
| 財政課長室[自治財政局] | 6 |
| 財政制度・財務担当審議官[自治財政局] | 6 |
| サイバーセキュリティ・情報化審議官室[大臣官房] | 8 |
| サイバーセキュリティ統括官[サイバーセキュリティ統括官] | 9 |
| 財務調査課[自治財政局] | 6 |
| 財務調査官[自治財政局] | 6 |
| 参事官室[サイバーセキュリティ統括官] | 9 |
| 参事官室[消防庁] | 3 |
| 参事官室[大臣官房] | 7 |
| 〈し〉 | |
| 事業政策課[総合通信基盤局(電気通信事業部)] | 10 |
| 資産評価室[自治税務局] | 5 |
| 支出情報開示室 | 5 |
| 次長室[国際戦略局] | 9 |
| 次長室[消防庁] | 3 |
| 市町村課[自治行政局] | 4 |
| 市町村税課[自治税務局] | 5 |
| 自動車税制企画室[自治税務局] | 5 |
| 事務次官室 | 7 |
| 事務次官秘書室 | 7 |
| 収支公開室[自治行政局(選挙部)] | 5 |
| 住民制度課[自治行政局] | 4 |
| 重要無線室[総合通信基盤局(電波部)] | 10 |
| 準公営企業室[自治財政局] | 6 |
| 省議室 | 7 |
| 消費者行政第一課[総合通信基盤局(電気通信事業部)] | 10 |
| 消費者行政第二課[総合通信基盤局(電気通信事業部)] | 10 |
| 消防・救急課[消防庁] | 3 |
| 消防広域化推進本部[消防庁] | 3 |
| 消防防災・危機管理センター[消防庁] | 3 |
| 情報通信作品振興課[情報流通行政局] | 11 |
| 情報通信資料室 | 11 |
| 情報通信政策課[情報流通行政局] | 11 |
| 情報通信政策研究所 | 11 |
| 情報流通振興課[情報流通行政局] | 11 |
| 新型コロナ対策地方連携総括官[自治行政局] | 4 |
| 審議官[行政評価局] | 4 |
| 審議官室[国際戦略局] | 9 |
| 審議官[自治行政局] | 4 |
| 審議官室[消防庁] | 3 |
| 審議官室[情報流通行政局] | 11 |
| 人材育成室[行政評価局] | 4 |
| 人材力活性化・連携交流室[自治行政局] | 4 |
| 信書便事業課[情報流通行政局(郵政行政部)] | 11 |
| 新世代移動通信システム推進室[総合通信基盤局(電波部)] | 10 |

| | 〔階数〕 |
|---|---|
| 審理官[総合通信基盤局] | 10 |
| 診療所 | 3 |
| 〈せ〉 | |
| 政策評価課[行政評価局] | 4 |
| 政策評価広報課[大臣官房] | 8 |
| 政策立案総括審議官[大臣官房] | 7 |
| 政治資金課[自治行政局(選挙部)] | 5 |
| 政治資金適正化委員会事務局 | 9 |
| 政党助成室[自治行政局(選挙部)] | 5 |
| 税務企画官[自治税務局] | 5 |
| 税務担当審議官室[自治税務局] | 5 |
| 選挙課[自治行政局(選挙部)] | 5 |
| 選挙課長室[自治行政局(選挙部)] | 5 |
| 選挙制度調査室[自治行政局(選挙部)] | 5 |
| 全情報通信労組中央本部 | 11 |
| 全情報通信労組本省支部 | 11 |
| 〈そ〉 | |
| 総括審議官室[大臣官房] | 7 |
| 総括審議官室[大臣官房] | 11 |
| 総務課[行政評価局] | 4 |
| 総務課[消防庁] | 3 |
| 総務課[情報流通行政局] | 11 |
| 総務課[総合通信基盤局] | 10 |
| 総務課[大臣官房] | 7 |
| 総務課管理室[大臣官房] | 8 |
| 総務課長室[行政評価局] | 4 |
| 総務課長室[消防庁] | 3 |
| 総務課長室[大臣官房] | 7 |
| 総務室[自治税務局] | 5 |
| 総務審議官室 | 7 |
| 総務審議官秘書室 | 7 |
| 〈た〉 | |
| 第1·2特別会議室[大臣官房] | 8 |
| 第2特別会議室[大臣官房] | 7 |
| 第3特別会議室[国際戦略局] | 9 |
| 第3特別会議室[情報流通行政局] | 11 |
| 第4特別会議室 | 5 |

| | 〔階数〕 |
|---|---|
| 大臣室 | 7 |
| 大臣政務官室 | 7 |
| 大臣政務官秘書室 | 7 |
| 多国間経済室[国際戦略局] | 9 |
| 〈ち〉 | |
| 地域情報化企画室[自治行政局] | 4 |
| 地域情報化推進室[情報流通行政局] | 11 |
| 地域自立応援課[自治行政局] | 4 |
| 地域振興室[自治行政局] | 4 |
| 地域政策課[自治行政局] | 4 |
| 地域通信振興課[情報流通行政局] | 11 |
| 地域防災室[消防庁] | 3 |
| 地域放送推進室[情報流通行政局] | 11 |
| 地域力創造審議官[自治行政局] | 4 |
| 地上放送課[情報流通行政局] | 11 |
| 地方業務室[行政評価局] | 4 |
| 地方債課[自治財政局] | 6 |
| 地方財政審議会室[自治財政局] | 6 |
| チャンネルプラン室[情報流通行政局] | 11 |
| 長官室[消防庁] | 3 |
| 調査研究部[情報通信政策研究所] | 11 |
| 調整課[自治財政局] | 6 |
| 貯金保険課[情報流通行政局(郵政行政部)] | 11 |
| 〈つ〉 | |
| 通信規格課[国際戦略局] | 9 |
| 〈て〉 | |
| データ通信課[総合通信基盤局(電気通信事業部)] | 10 |
| デジタル基盤推進室[自治行政局] | 4 |
| デジタル経済推進室[情報流通行政局] | 11 |
| テレコム記者会[総合通信基盤局(電波部)] | 10 |
| 電気通信技術システム課[総合通信基盤局(電気通信事業部)] | 10 |
| 電気通信紛争処理委員会事務局 | 9 |
| 電算室 | 6 |
| 電子化推進室[自治税務局] | 5 |
| 電波環境課[総合通信基盤局(電波部)] | 10 |
| 電波政策課[総合通信基盤局(電波部)] | 10 |

# 法務省(出入国在留管理庁、公安調査庁) フロアさくいん

〔階数〕

# 外務省 フロアさくいん

※「中」は中央庁舎、「北」は北庁舎、「新」は新庁舎、「南」は南庁舎

〔階数〕

〈 あ 〉

IT広報室[大臣官房(外務報道官・広報文化組織)] 南3
アジア大洋州局 北7
アフリカ部[中東アフリカ局] 南5

〈 い 〉

印刷所[大臣官房] 北1

〈 お 〉

ODA評価室[大臣官房] 南7
欧州局 南6

〈 か 〉

海外安全相談センター[領事局] 南1
海外邦人安全課[領事局] 中2
会計課[大臣官房] 北2
会計課出納室[大臣官房] 中2
外交記録・情報公開室[大臣官房] 南1
外国人課[領事局] 南1
開発協力企画室[国際協力局] 南7
開発協力総括課[国際協力局] 南7
外務省図書館 北1
外務審議官 中4
外務精励会 南2
外務報道官[大臣官房(外務報道官・広報文化組織)] 中3
外務報道官組織[大臣官房] 中3
海洋室[国際法局] 北5
霞クラブ 中3
監察査察官室[大臣官房] 南5
官房長[大臣官房] 北4

〈 き 〉

危機管理担当参事官[大臣官房] 北4
危機管理担当審議官[大臣官房] 北4
危機管理調整室[大臣官房] 北4
気候変動課[国際協力局(地球規模課題審議官)] 中8
記者会見室 南3

〔階数〕

喫茶室 南3
儀典長[大臣官房] 北3
共用応接室(255) 中2
共用会議室(150/151/152/153/154/155) 中1
共用会議室(180) 南1
共用会議室(271/282/287/289/297) 南2
共用会議室(392/396) 南3
共用会議室(669) 中6
共用北国際大会議室(760) 中7
共用国際会議室(893) 南8
共用南国際大会議室(761) 中7
共用南国際中会議室(666) 中6
局長[国際協力局] 南7
局長[領事局] 中2
緊急・人道支援課[国際協力局] 南8

〈 く 〉

国別開発協力第一課[国際協力局] 南8
国別開発協力第二課[国際協力局] 南8
国別開発協力第三課[国際協力局] 南8
軍縮不拡散・科学部[総合外交政策局] 北5

〈 け 〉

経済局 北6
警備対策室[大臣官房] 北4
研修所(大・中・小教室) 北8
研修所分室 新6

〈 こ 〉

考査・政策評価官[大臣官房] 北4
講堂 新7
広報文化外交戦略課[大臣官房(外務報道官・広報文化組織)] 中3
広報文化交流部[大臣官房] 北3
国際会議室(272) 南2
国際協力事業安全対策室[国際協力局] 南7
国際情報統括官組織 新5

〔階数〕

国際文化協力室[大臣官房(外務報道官・広報文化組織)] 北3
国際文化交流審議官[大臣官房(外務報道官・広報文化組織)] 中3
国際法局 北4
国際報道官室[大臣官房(外務報道官・広報文化組織)] 中3
国際保健政策室[国際協力局(地球規模課題審議官)] 南7
国内広報室[大臣官房(外務報道官・広報文化組織)] 中3
国内広報課広聴室[大臣官房(外務報道官・広報文化組織)] 南1
国会担当参事官[大臣官房] 北4
国会担当審議官[大臣官房] 北4
顧問室 北7
顧問室 南6
顧問室 南8

〈さ〉

在外公館課[大臣官房] 北3
査察担当大使 南5

〈し〉

CPセンター[大臣官房] 北1
G20サミット事務局 中7
歯科診療室 北8
事業管理室[国際協力局] 南7
事務次官 中4
情報通信課[大臣官房] 新1
情報通信課[大臣官房] 新2
情報通信課[大臣官房] 新3
情報通信課[大臣官房] 新4
情報通信課[大臣官房] 北1
食堂 北8
食堂 新7
人事課[大臣官房] 北5
人物交流室[大臣官房(外務報道官・広報文化組織)] 北3

〈せ〉

政策課[国際協力局] 南7

〔階数〕

政策課[領事局] 南2
政府代表 中4
専門機関室[国際協力局(地球規模課題審議官)] 南7

〈そ〉

総括審議官[大臣官房] 北4
総合外交政策局 中5
総合外交政策局(軍縮不拡散・科学部) 北5
総務課[大臣官房] 北1
総務課(CPセンター、印刷所、ワープロ文書編集室)[大臣官房] 北1
総務課和文タイプ室・欧文タイプ室[大臣官房] 北5
総務課本室[大臣官房] 北4

〈た〉

大使室 北7
大臣 中4
大臣官房(外務報道官組織) 中3
大臣政務官 南4
対日直接投資総合案内窓口 北6

〈ち〉

地球環境課[国際協力局(地球規模課題審議官)] 中8
地球規模課題審議官[国際協力局(地球規模課題審議官)] 南7
地球規模課題総括課[国際協力局(地球規模課題審議官)] 南7
地方連携推進室[大臣官房] 北4
中東アフリカ局 南5
中南米局 南3

〈な〉

内外科診療室 北8
南部アジア部[アジア大洋州局] 北7

〈に〉

日本入国査証相談センター[領事局] 南1
入札・開札室 北2

| | 〔階数〕 |
|---|---|
| **〈は〉** | |
| 売店 | 南2 |
| **〈ふ〉** | |
| 副大臣 | 南4 |
| 福利厚生室[大臣官房] | 北8 |
| 文化交流・海外広報課[大臣官房(外務報道官・広報文化組織)] | 北3 |
| **〈ほ〉** | |
| 邦人テロ対策室[領事局] | 中2 |
| 報道課[大臣官房(外務報道官・広報文化組織)] | 中3 |
| 北米局 | 中6 |
| **〈み〉** | |
| 民間援助連携室[国際協力局] | 南8 |
| **〈り〉** | |
| 領事サービス室[領事局] | 南2 |
| 領事サービス室証明班[領事局] | 南1 |
| 旅券課[領事局] | 中1 |
| 旅券課受付審査班[領事局] | 南1 |
| **〈わ〉** | |
| ワープロ文書編集室[大臣官房] | 北1 |

# 財務省(国税庁) フロアさくいん

※④は合同庁舎4号館

| | 〔階数〕 |
|---|---|
| **〈え〉** | |
| 営繕係[大臣官房] | 1 |
| **〈お〉** | |
| 応接室 | 2 |
| 応接室[関税局] | 3 |
| 応接室[理財局] | 3 |
| 応接室[理財局] | 4 |
| **〈か〉** | |
| 会議室 | 4 |
| 会議室 | 5 |
| 会議室[関税局] | 3 |
| 会議室[国際局] | 4 |
| 会議室[国税庁(長官官房)] | 5 |
| 会議室[国税庁(徴収部)] | 5 |
| 会議室[国税不服審判所] | 4 |
| 会議室[財務総合政策研究所] | 4 |
| 会議室[主計局] | 1 |
| 会計課[国税庁(長官官房)] | 5 |
| 会計課[大臣官房] | 1 |
| 会計課長室[国税庁(長官官房)] | 5 |
| 会計課長室[大臣官房] | 1 |
| 会計監査調整室[主計局] | 1 |
| 外国為替室[国際局] | 4 |
| 開発企画官[国際局] | 4 |
| 開発機関課[国際局] | 4 |
| 開発政策課[国際局] | 4 |
| 外務係[主計局] | 1 |
| 課税企画官[国税庁(課税部)] | 5 |
| 課税総括課[国税庁(課税部)] | 5 |
| 為替市場課[国際局] | 4 |
| 為替実査室[国際局] | 4 |
| 環境係[主計局] | 2 |
| 官公需相談窓口[大臣官房] | 1 |
| 管財係[大臣官房] | 1 |
| 監査1・2係[大臣官房] | 1 |
| 監査室[大臣官房] | 1 |

| | 〔階数〕 |
|---|---|
| 監察官室[国税庁(長官官房)] | 5 |
| 監視課[関税局] | 3 |
| 関税課[関税局] | 3 |
| 関税課分室[関税局] | 3 |
| 関税企画調整室[関税局] | 3 |
| 関税地域協力室[関税局] | 3 |
| 鑑定企画官[国税庁(課税部)] | 5 |
| 監督評価官室[国税庁(長官官房)] | 5 |
| 監督評価官室長室[国税庁(長官官房)] | 5 |
| 官房長室[大臣官房] | 2 |
| 管理運営課[国税庁(徴収部)] | 5 |
| 管理運営課別室[国税庁(徴収部)] | 5 |
| 管理課[関税局] | 3 |
| 管理課[理財局] | 4 |
| 管理室[国税不服審判所] | 4 |
| 管理室[大臣官房] | 1 |
| 管理室長[大臣官房] | 1 |
| 管理室長室[国税不服審判所] | 4 |
| 管理第1係[大臣官房] | 1 |
| **〈き〉** | |
| 企画課[国税庁(長官官房)] | 5 |
| 企画係[主計局] | 2 |
| 企画係[大臣官房] | 1 |
| 機構業務室[大臣官房] | 2 |
| 記者会見室 | 3 |
| 記者クラブ | 5 |
| 喫茶 | 3 |
| 客員研究員室[財務総合政策研究所] | 4 |
| 給与共済課[主計局] | 1 |
| 給与共済課分室[主計局] | 1 |
| 共済第1～3係[大臣官房] | 1 |
| 業務課[関税局] | 3 |
| 業務調整室[大臣官房] | 1 |
| 共用220会議室 | ④2 |
| 共用第3特別会議室 | ④2 |
| 局長室[関税局] | 3 |

| | 〔階数〕 |
|---|---|
| 局長室［国際局］ | 4 |
| 局長室［主計局］ | 2 |
| 局長室［主税局］ | 2 |
| 局長室［理財局］ | 3 |
| 〈け〉 | |
| 計画官（内閣・財務係）［理財局］ | 3 |
| 軽減税率・インボイス制度対応室［国税庁（課税部）］ | 5 |
| 経済協力係［主計局］ | 1 |
| 経済財政政策調整官［大臣官房］ | 2 |
| 経済産業第1～3係［主計局］ | 2 |
| 経済連携室［関税局］ | 3 |
| 警備員控室 | 1 |
| 契約第1～3係［大臣官房］ | 1 |
| 経理総括係［大臣官房］ | 1 |
| 決算第1・2係［大臣官房］ | 1 |
| 研究部［財務総合政策研究所］ | 4 |
| 原産地規則室［関税局］ | 3 |
| 〈こ〉 | |
| 公会計室［主計局］ | 1 |
| 公共事業総括第1・2係［主計局］ | 1 |
| 厚生係［大臣官房］ | 1 |
| 厚生管理官［国税庁（長官官房）］ | 5 |
| 厚生管理官［大臣官房］ | 1 |
| 厚生労働係［主計局］ | 1 |
| 校長室［税務大学校］ | 5 |
| 講堂 | 4 |
| 公文書監理室［大臣官房］ | 1 |
| 広報広聴室［国税庁（長官官房）］ | 5 |
| 広報連絡係［大臣官房］ | 1 |
| 国際会議室 | 4 |
| 国際会議室 | 5 |
| 国際課税分析官［国税庁（長官官房）］ | 5 |
| 国債管理分析官［理財局］ | 3 |
| 国債企画課［理財局］ | 3 |
| 国債企画課分室［理財局］ | 3 |
| 国際企画官［国税庁（長官官房）］ | 5 |
| 国債企画官［理財局］ | 3 |
| 国際機構課［国際局］ | 4 |
| 国際業務課［国税庁（長官官房）］ | 5 |
| 国際業務課・調査課別室［国税庁（長官官房）］ | 5 |
| 国債業務課［理財局］ | 3 |
| 国際業務課分室［国税庁（長官官房）］ | 5 |
| 国際交流課［財務総合政策研究所］ | 4 |
| 国際支援室［国税庁（長官官房）］ | 5 |
| 国債政策情報室［理財局］ | 3 |
| 国際租税総合調整官［主税局］ | 2 |
| 国際調査管理官［国税庁（調査査察部）］ | 5 |
| 国際調整室［国際局］ | 4 |
| 国税労組 | 1 |
| 国土交通第1～6係［主計局］ | 1 |
| 国有財産監査室［理財局］ | 4 |
| 国有財産企画課［理財局］ | 3 |
| 国有財産企画課長室［理財局］ | 3 |
| 国有財産企画官［理財局］ | 4 |
| 国有財産業務課［理財局］ | 3 |
| 国有財産情報室［理財局］ | 3 |
| 国有財産情報分析官［理財局］ | 3 |
| 国有財産審理室［理財局］ | 3 |
| 国有財産調整課［理財局］ | 4 |
| 国有財産調整課分室［理財局］ | 3 |
| 国有財産有効活用室［理財局］ | 4 |
| 個人課税課［国税庁（課税部）］ | 5 |
| 個人課税課別室［国税庁（課税部）］ | 5 |
| 国庫課［理財局］ | 4 |
| 国庫企画官［理財局］ | 4 |
| こども家庭係［主計局］ | 1 |
| 〈さ〉 | |
| 財政クラブ | 3 |
| 財政研究会 | 3 |
| 財政投融資企画官［理財局］ | 3 |
| 財政投融資総括課［理財局］ | 3 |
| 歳入国債係［主計局］ | 2 |
| サイバーセキュリティ・情報化審議官［大臣官房］ | 3 |
| 財務官室 | 2 |
| 財務官室長［大臣官房］ | 2 |
| 財務経済計量分析室［財務総合政策研究所］ | 4 |

| | 〔階数〕 |
|---|---|
| 財務省顧問 | 4 |
| 財務省職員組合 | 1 |
| 財務省図書館 | 4 |
| 財務第1・2係[主計局] | 2 |
| 財務分析第1・2係[主計局] | 2 |
| 査察課[国税庁(調査査察部)] | 5 |
| 参事官室[関税局] | 3 |
| 参事官室[国際局] | 4 |
| 参事官室[国税庁(長官官房)] | 5 |
| 参事官室[国税庁(長官官房)] | ④3 |
| 参事官室[主計局] | 1 |
| 参事官室[主税局] | 2 |
| 〈し〉 | |
| 潮見坂クラブ | 5 |
| 資金移転対策室[国際局] | 4 |
| 資金管理室[国際局] | 4 |
| 資金管理専門官[国際局] | 4 |
| 資金企画室[理財局] | 3 |
| 司計課[主計局] | 2 |
| 司計係[主計局] | 2 |
| 司計決算分析官[主計局] | 2 |
| 資産課税課[国税庁(課税部)] | 5 |
| 資産課税課別室[国税庁(課税部)] | 5 |
| 資産評価企画官[国税庁(課税部)] | 5 |
| 市場分析官[理財局] | 3 |
| 次長室[国際局] | 4 |
| 次長室[国税庁] | 5 |
| 次長室[国税不服審判所] | 4 |
| 次長室[主計局] | 2 |
| 次長室[理財局] | 3 |
| 自動車係[大臣官房] | 1 |
| 司法・警察係[主計局] | 2 |
| 事務管理室[関税局] | 4 |
| 事務次官室 | 2 |
| 事務室[税務大学校] | 5 |
| 収入支出係[大臣官房] | 1 |
| 宿舎係[大臣官房] | 1 |
| 主計官[主計局] | 1 |
| 主計官[主計局] | 2 |

| | 〔階数〕 |
|---|---|
| 主計監査官[主計局] | 2 |
| 主計企画官室[主計局] | 2 |
| 主計事務管理室[主計局] | 1 |
| 主計事務システム分析官[主計局] | 1 |
| 酒税課[国税庁(課税部)] | 5 |
| 首席監察官[大臣官房] | 2 |
| 首席国税庁監察官室[国税庁(長官官房)] | 5 |
| 主任税務相談官[国税庁(長官官房)] | ④3 |
| 渉外応接室[国際局] | 4 |
| 消費税室[国税庁(課税部)] | 5 |
| 情報公開・個人情報保護室[国税庁(長官官房)] | 5 |
| 情報公開・個人情報保護室[大臣官房] | 1 |
| 食堂 | 3 |
| 所長室[国税不服審判所] | 4 |
| 所長室[財務総合政策研究所] | 4 |
| 資料室 | 2 |
| 資料情報編集室[財務総合政策研究所] | 4 |
| 審議官室[関税局] | 3 |
| 審議官室[国際局] | 4 |
| 審議官室[国税庁(長官官房)] | 5 |
| 審議官室[主税局] | 2 |
| 審議官室[大臣官房] | 2 |
| 審議官室[大臣官房] | 3 |
| 審議官室[大臣官房] | 4 |
| 審議官室[理財局] | 3 |
| 人事課[国税庁(長官官房)] | 5 |
| 人事課長室[国税庁(長官官房)] | 5 |
| 人事課秘書係[国税庁(長官官房)] | 5 |
| 人事課分室[国税庁(長官官房)] | 5 |
| 人事企画室[大臣官房] | 2 |
| 審判部[国税不服審判所] | 4 |
| 信用機構課[大臣官房] | 2 |
| 信用機構課長[大臣官房] | 2 |
| 審理室[国税庁(課税部)] | 5 |
| 診療所 | 1 |

財務省

〔階数〕

調査課[国税庁(調査査察部)] 5
調査課[主計局] 2
調査課[主税局] 2
調査統計部[財務総合政策研究所] 4
徴収課[国税庁(徴収部)] 5
調整係[主計局] 2
調整室[国税庁(長官官房)] 5
調整室[大臣官房] 2

〈つ〉

通貨企画調整室[理財局] 4

〈て〉

デジタル係[主計局] 1
デジタル化・業務改革室[国税庁(長官官房)] 5
電算システム管理官[理財局] 4

〈と〉

投資企画審査室[国際局] 4
特殊関税調査室[関税局] 3
特別応接室 4
特別研究官室[財務総合政策研究所] 4
図書館閲覧室[財務総合政策研究所] 4

〈な〉

内閣・財務係[理財局] 3
内閣第1・2係[主計局] 1

〈の〉

農林水産係[主計局] 1

〈は〉

発送室 1

〈ひ〉

秘書課[大臣官房] 2
秘書課長[大臣官房] 2
秘書官室 2

〈ふ〉

副校長室[税務大学校] 5
副財務官室 2
副所長室[財務総合政策研究所] 4
副大臣室 2
部長室[国税庁(課税部)] 5
部長室[国税庁(調査査察部)] 5
部長室[国税庁(徴収部)] 5
部長審判官[国税不服審判所] 4
復興係[主計局] 1
物品管理係[大臣官房] 1
文書課[大臣官房] 2
文書係[大臣官房] 1
文書課企画調整室[大臣官房] 3
文書課業務企画室[大臣官房] 3
文書課広報室[大臣官房] 3
文書課国会係[大臣官房] 2
文書課情報管理室[大臣官房] 4
文書課政策評価室[大臣官房] 3
文書課長[大臣官房] 2
文書課文書係文書受付[大臣官房] 1
分析鑑定技術支援官[国税庁(課税部)] 5

〈ほ〉

防衛第1～3係[主計局] 2
貿易統計閲覧室[関税局] ④2
法規課[主計局] 2
法規係[大臣官房] 1
法人課税課[国税庁(課税部)] 5
法人等財務分析官[理財局] 4
法人番号管理室[国税庁(長官官房)] 5
法人番号管理室[国税庁(長官官房)] ④3
補助金調査係[主計局] 2

〈め〉

名誉所長[財務総合政策研究所] 4
面談室[主計局] 1

〈も〉

文部科学係[主計局] 1

〈ゆ〉

輸出促進室[国税庁(課税部)] 5

〈よ〉

予算執行企画室[主計局] 2
予算執行調査分析官[主計局] 2
予算総括係[主計局] 2
予算第1～3係[大臣官房] 1

## 文部科学省（スポーツ庁・文化庁）フロアさくいん

※「旧」は旧文部省庁舎

〔階数〕

〈あ〉

ADAMS室[大臣官房]　4
安全教育推進室[総合教育政策局]　9

〈い〉

医学教育課[高等教育局]　14
印刷室　4

〈う〉

受付　2
宇宙開発利用課[研究開発局]　18
宇宙利用推進室[研究開発局]　18
運転手控室　旧1

〈え〉

映写室　3
栄典班[大臣官房(人事課)]　10

〈お〉

応接室　旧1
応接室[文化庁]　旧5

〈か〉

会議室　5
会議室　旧2
会議室[科学技術・学術政策局]　15
会議室[研究開発局]　18
会議室[研究振興局]　17
会議室[高等教育局]　14
会議室[初等中等教育局]　7
会議室[スポーツ庁]　13
会議室[スポーツ庁]　16
会議室[総合教育政策局]　9
会議室[大臣官房]　10
会議室[大臣官房(文教施設企画・防災部)]　旧4
会計課[国立教育政策研究所]　6
会計課[大臣官房]　4
会計課会議室[大臣官房]　4
会計課長[大臣官房]　4

〔階数〕

会計課電算室[大臣官房]　4
会計室[文化庁]　旧5
外国語教育推進室[初等中等教育局]　7
開発企画課[研究開発局]　18
海洋地球課[研究開発局]　18
科学技術・学術総括官[科学技術・学術政策局]　15
科学技術・政策基盤調査研究予測センター[科学技術・学術政策研究所]　16
学術企画室[研究振興局]　17
学術基盤整備室[研究振興局]　17
学術研究推進課[研究振興局]　17
学生支援課[高等教育局]　14
核燃料サイクル室[研究開発局]　18
学力調査課[国立教育政策研究所]　5
学力調査官[国立教育政策研究所]　5
学力調査室[総合教育政策局]　9
学校デジタル化PT[初等中等教育局]　8
学校法人経営指導室[高等教育局(私学部)]　13
家庭教育支援室[総合教育政策局]　9
仮眠室(男性・女性)　旧2
環境エネルギー課[研究開発局]　18
監査班[大臣官房(会計課)]　4
官房企画官[大臣官房]　12
官房長[大臣官房]　11
官民協働海外留学推進戦略本部[大臣官房]　18
管理班[大臣官房(会計課)]　4

〈き〉

企画課[科学技術・学術政策研究所]　16
企画室[研究振興局]　17
企画調整課[文化庁]　旧5
企画調整室[スポーツ庁]　13
記者会見室　12
記者休憩室　12

〔階数〕



〈さ〉



〔階数〕



〈し〉

| | 〔階数〕 |
|---|---|
| 事務次官応接室 | 11 |
| 事務次官事務室 | 11 |
| 社会教育振興総括官[総合教育政策局] | 9 |
| 修学支援・教材課[初等中等教育局] | 8 |
| 守衛室 | 1 |
| 生涯学習推進課[総合教育政策局] | 9 |
| 生涯学習政策研究部[国立教育政策研究所] | 6 |
| 省改革推進・コンプライアンス室[大臣官房] | 12 |
| 障害者学習支援推進室[総合教育政策局] | 9 |
| 障害者スポーツ振興室[スポーツ庁] | 13 |
| 省議室 | 11 |
| 情報化推進室分室 [大臣官房] | 旧2 |
| 情報公開等請求窓口 | 2 |
| 情報支援課[国立教育政策研究所] | 6 |
| 情報システム担当[科学技術・学術政策研究所] | 16 |
| 奨励室[研究振興局] | 17 |
| 職員食堂 | 1 |
| 職員相談室[科学技術・学術政策局] | 15 |
| 職員相談室[研究開発局] | 18 |
| 職員相談室[研究振興局] | 17 |
| 職員相談室[高等教育局] | 14 |
| 職員相談室[国立教育政策研究所] | 5 |
| 職員相談室[初等中等教育局] | 7 |
| 職員相談室[初等中等教育局] | 8 |
| 職員相談室[スポーツ庁] | 13 |
| 職員相談室[総合教育政策局] | 9 |
| 職員相談室[大臣官房] | 4 |
| 職員相談室[大臣官房] | 10 |
| 職員相談室[大臣官房] | 12 |
| 職員相談室[大臣官房(文教施設企画・防災部)] | 旧4 |
| 女性休養室 | 旧2 |
| 所長[科学技術・学術政策研究所] | 16 |
| 所長[国立教育政策研究所] | 6 |
| 初等中等教育企画課[初等中等教育局] | 8 |
| 初等中等教育研究部[国立教育政策研究所] | 6 |
| 審議官[科学技術・学術政策局] | 15 |
| 審議官[研究開発局] | 18 |
| 審議官[研究振興局] | 17 |
| 審議官[高等教育局] | 14 |
| 審議官[初等中等教育局] | 8 |
| 審議官[スポーツ庁] | 13 |
| 審議官[総合教育政策局] | 9 |
| 審議官[文化庁] | 旧5 |
| 審議官秘書室[大臣官房] | 11 |
| 振興企画課[研究振興局] | 17 |
| 人材政策課[科学技術・学術政策局] | 15 |
| 人材政策推進室[科学技術・学術政策局] | 15 |
| 人事課[大臣官房] | 10 |
| 人事課打ち合わせ室[大臣官房] | 10 |
| 人事課会議室[大臣官房] | 10 |
| 人事課長[大臣官房] | 10 |
| 人事課分室[大臣官房] | 3 |
| 人事調整室[大臣官房] | 10 |

〈す〉

| | |
|---|---|
| スタジオ | 3 |
| スタジオ調整室 | 3 |
| スポーツ総括官[スポーツ庁] | 13 |

〈せ〉

| | |
|---|---|
| 政策課[科学技術・学術政策局] | 15 |
| 政策課[スポーツ庁] | 13 |
| 政策課[総合教育政策局] | 9 |
| 政策課[大臣官房] | 10 |
| 政策課[文化庁] | 旧5 |
| 政策課・国際課会議室[大臣官房] | 10 |
| 政策課長[大臣官房] | 10 |
| 政策推進室[大臣官房] | 10 |
| 青少年教育室[総合教育政策局] | 9 |
| 生徒指導室[初等中等教育局] | 8 |
| 生徒指導・進路指導研究センター企画課[国立教育政策研究所] | 5 |
| 生徒指導・進路指導研究センター長[国立教育政策研究所] | 5 |

〔階数〕

# 厚生労働省 フロアさくいん

| | 〔階数〕 |
|---|---|
| **〈あ〉** | |
| 安全課[労働基準局(安全衛生部)] | 15 |
| **〈い〉** | |
| 医事課[医政局] | 20 |
| 医師確保等地域医療対策室[医政局] | 20 |
| 移植医療対策推進室[健康局] | 7 |
| 医師臨床研修推進室[医政局] | 20 |
| 医薬安全対策課[医薬・生活衛生局] | 6 |
| 医薬産業振興・医療情報企画課[医政局] | 18 |
| 医薬情報室[医薬・生活衛生局] | 6 |
| 医薬品開発室[医政局] | 19 |
| 医薬品審査管理課[医薬・生活衛生局] | 5 |
| 医薬品副作用被害対策室[医薬・生活衛生局] | 5 |
| 医療安全推進・医務指導室[医政局] | 20 |
| 医療イノベーション推進室[医政局] | 19 |
| 医療課[保険局] | 17 |
| 医療介護連携政策課[保険局] | 17 |
| 医療観察法医療体制整備推進室[社会・援護局(障害保健福祉部)] | 5 |
| 医療関連サービス室[医政局] | 20 |
| 医療機器審査管理課[医薬・生活衛生局] | 5 |
| 医療機器政策室[医政局] | 18 |
| 医療経営支援課[医政局] | 20 |
| 医療経理室[医政局] | 19 |
| 医療国際展開推進室[医政局] | 20 |
| 医療指導監査室[保険局] | 17 |
| 医療独立行政法人支援室[医政局] | 20 |
| 医療費適正化対策推進室[保険局] | 17 |
| 医療法人支援室[医政局] | 20 |
| 医療用物資等確保対策推進室[医政局] | 18 |
| **〈え〉** | |
| エイズ対策推進室[健康局] | 7 |
| 栄養指導室[健康局] | 6 |
| 援護企画課[社会・援護局] | 4 |
| 援護・業務課[社会・援護局] | 4 |

| | 〔階数〕 |
|---|---|
| 援護・業務課調査資料室[社会・援護局] | 5 |
| **〈お〉** | |
| 応接室 | 10 |
| **〈か〉** | |
| 海外協力室[人材開発統括官] | 15 |
| 海外人材受入就労対策室[職業安定局] | 14 |
| 会議室[医薬・生活衛生局] | 6 |
| 会議室[健康局] | 7 |
| 会議室[雇用環境・均等局] | 13 |
| 会議室[社会・援護局] | 4 |
| 会議室[社会・援護局(障害保健福祉部)] | 5 |
| 会議室[職業安定局] | 14 |
| 会議室[政策統括官] | 21 |
| 会議室[大臣官房] | 9 |
| 会議室[大臣官房] | 11 |
| 会議室[大臣官房] | 12 |
| 会議室[年金局] | 8 |
| 会議室[保険局] | 17 |
| 会議室[老健局] | 18 |
| 会議室[労働基準局] | 15 |
| 会議室[労働基準局] | 16 |
| 会議室[労働基準局(安全衛生部)] | 15 |
| 会計課[大臣官房] | 11 |
| 会計課監査指導室[大臣官房] | 12 |
| 会計課長室[大臣官房] | 11 |
| 会計課入札室 | 1 |
| 会計管理官室[大臣官房] | 11 |
| 会計企画調整室[大臣官房] | 12 |
| 会計室[年金局] | 8 |
| 会見室 | 9 |
| 会見室 | 19 |
| 外国人雇用対策課[職業安定局] | 14 |
| 介護保険計画課[老健局] | 18 |
| 介護保険指導室[老健局] | 18 |

〔階数〕

介護労働対策室[職業安定局] 14
外来・在宅医療推進室[医政局] 20
化学物質安全対策室[医薬・生活衛生局] 6
化学物質対策課[労働基準局(安全衛生部)] 15
化学物質評価室[労働基準局(安全衛生部)] 15
肝炎対策推進室[健康局] 7
肝炎対策推進室[健康局] 19
環境改善・ばく露対策室[労働基準局(安全衛生部)] 15
看護課[医政局] 20
看護サービス推進室[医政局] 20
管財班[大臣官房] 11
監査室[年金局] 8
監視指導・麻薬対策課[医薬・生活衛生局] 6
がん・疾病対策課[健康局] 7
感染症情報管理室[健康局] 7
監督課[労働基準局] 16
官房長室[大臣官房] 10

〈き〉

企画課[社会・援護局(障害保健福祉部)] 5
企画課自立支援振興室[社会・援護局(障害保健福祉部)] 5
企業内人材開発支援室[人材開発統括官] 15
企業年金・個人年金課[年金局] 8
基金数理室[年金局] 8
機構・団体管理室[労働基準局(安全衛生部)] 15
喫茶店 1
技能実習業務指導室[人材開発統括官] 15
キャリア形成支援室[人材開発統括官] 15
行政報告統計室[政策統括官] 22
業務改革推進室[大臣官房] 19
共用第1～5会議室 1
共用第9会議室 17
局長室[医政局] 20
局長室[医薬・生活衛生局] 6
局長室[健康局] 7

〔階数〕

局長室[雇用環境・均等局] 13
局長室[社会・援護局] 4
局長室[職業安定局] 14
局長室[年金局] 8
局長室[保険局] 17
局長室[老健局] 18
局長室[労働基準局] 16
勤労者生活課[雇用環境・均等局] 12

〈く〉

訓練企画室[人材開発統括官] 15
訓練受講支援室[職業安定局] 14

〈け〉

計画課[労働基準局(安全衛生部)] 15
経済連携協定受入対策室[職業安定局] 14
契約班[大臣官房] 11
経理室[大臣官房] 11
血液対策課[医薬・生活衛生局] 5
結核感染症課[健康局] 7
検疫所業務課[医薬・生活衛生局] 6
研究開発政策課[医政局] 19
健康危機管理・災害対策室[大臣官房] 9
研修室 22
建設安全対策室[労働基準局(安全衛生部)] 15
建設・港湾対策室[職業安定局] 14

〈こ〉

公共職業安定所運営企画室[職業安定局] 14
厚生科学課[大臣官房] 9
厚生科学課長室[大臣官房] 9
厚生管理室[大臣官房] 12
厚生日比谷クラブ 19
厚生労働記者会 9
厚生労働省電話交換室 13
厚生労働省図書館 19
厚生労働審議官室 10
高齢者医療課[保険局] 17
高齢者雇用対策課[職業安定局] 14

〔階数〕

高齢者支援課[老健局] 18
高齢・障害者雇用開発審議官[職業安定局] 14
国際課[大臣官房] 9
国際食品室[医薬・生活衛生局] 6
国際年金課[年金局] 8
国際分類情報管理室[政策統括官] 21
国際保健・協力室[大臣官房] 9
国際保健福祉交渉官[大臣官房] 9
国際薬事規制室[医薬・生活衛生局] 5
国際労働・協力室[大臣官房] 9
国際労働交渉官[大臣官房] 9
国民健康保険課[保険局] 17
国立ハンセン病療養所対策室[医政局] 20
心の健康支援室[社会・援護局（障害保健福祉部）] 5
雇用開発企画課[職業安定局] 12
雇用開発企画課[職業安定局] 14
雇用機会均等課[雇用環境・均等局] 13
雇用政策課[職業安定局] 14
雇用・賃金福祉統計室[政策統括官] 22
雇用保険課[職業安定局] 14

〈さ〉

再生医療等製品審査管理室[医薬・生活衛生局] 5
在宅労働課[雇用環境・均等局] 13
サイバーセキュリティ担当参事官室[政策統括官] 21
参事官（海外人材育成担当）[人材開発統括官] 15
参事官（若年者・キャリア形成支援担当）[人材開発統括官] 15
参事官（人材開発政策担当）[人材開発統括官] 15
参事官（人材開発総務担当）[人材開発統括官] 15
参事官（能力評価担当）[人材開発統括官] 15
参事官室（労働政策担当、労使関係担当）[政策統括官] 11
参事官室[大臣官房] 10
参事官室[大臣官房] 12

〔階数〕

残留農薬等基準審査室[医薬・生活衛生局] 5

〈し〉

歯科口腔保健推進室[医政局] 20
歯科保健課[医政局] 20
事業課[社会・援護局] 4
事業管理課[年金局] 8
事業企画課[年金局] 8
事業推進室[社会・援護局] 4
資金運用課[年金局] 8
試験免許室[医政局] 20
自殺対策推進室[社会・援護局] 5
システム室[年金局] 8
施設管理室[社会・援護局（障害保健福祉部）] 5
指導調査室[健康局] 7
児童手当管理室[内閣府] 13
事務次官室 10
社会統計室[政策統括官] 21
社会保障担当参事官室[政策統括官] 11
就労支援室[職業安定局] 12
需給調整事業課[職業安定局] 14
首席職業指導官室[職業安定局] 14
障害者雇用対策課[職業安定局] 14
障害福祉課[社会・援護局（障害保健福祉部）] 5
障害保健福祉改革推進室[社会・援護局（障害保健福祉部）] 5
省議室[大臣官房] 9
消費生活協同組合業務室[社会・援護局] 4
情報化担当参事官[政策統括官] 21
情報管理システム室（人事・給与システム）[大臣官房] 10
情報システム管理室[政策統括官] 21
書記室[医政局] 20
書記室[医薬・生活衛生局] 6
書記室[健康局] 7
書記室[雇用環境・均等局] 13
書記室[社会・援護局] 4
書記室[職業安定局] 14

〔階数〕
総務課[雇用環境・均等局] 13
総務課[社会・援護局] 4
総務課[社会・援護局] 5
総務課[職業安定局] 14
総務課[大臣官房] 10
総務課[年金局] 8
総務課[保険局] 17
総務課[老健局] 18
総務課[労働基準局] 16
総務課公文班[大臣官房] 19
総務課広報室[大臣官房] 9
総務課長室[大臣官房] 10

〈た〉

第1・2会議室[職業安定局] 12
大臣室 10
大臣政務官室 10
多様な働き方推進室[雇用環境・均等局] 13
談話室 1

〈ち〉

地域医療計画課[医政局] 20
地域雇用対策課[職業安定局] 14
地域就労支援室[職業安定局] 14
地域福祉課[社会・援護局] 4
地域保健室[健康局] 6
地域保健福祉施策特別分析官[大臣官房] 12
治験推進室[医政局] 19
地方課[大臣官房] 12
地方課長室[大臣官房] 12
地方厚生局管理室[大臣官房] 12
地方財政班[大臣官房] 11
地方支分部局法令遵守室[大臣官房] 12
中央雇用保険監察官室[職業安定局] 12
中央需給調整事業指導官室[職業安定局] 14
中央職業安定監察官[職業安定局] 14
中央労災補償監察官室[労働基準局] 16
中国残留邦人等支援室[社会・援護局] 4
調査課[保険局] 17

〔階数〕
調査票・作業室[政策統括官] 22
庁舎管理室 1
賃金課[労働基準局] 16
賃金福祉統計室[政策統括官] 22

〈て〉

電離放射線労働者健康対策室[労働基準局(安全衛生部)] 15

〈と〉

統計企画調整室[政策統括官] 21
統計・情報総務室[政策統括官] 21
特定医薬品開発支援・医療情報担当参事官[医政局] 19
特別会議室[職業安定局] 14
特別支援室[人材開発統括官] 15

〈な〉

難病対策課[健康局] 19

〈に〉

日本年金機構控室[年金局] 8
認知症施策・地域介護推進課[老健局] 18

〈ね〉

年金課[年金局] 8
年金管理審議官室[年金局] 8
年金記録審査室[年金局] 8

〈の〉

農山村雇用対策室[職業安定局] 12

〈は〉

ハラスメント防止対策室[雇用環境・均等局] 13
ハローワークサービス推進室[職業安定局] 14

〈ひ〉

B型肝炎訴訟対策室[健康局] 7
秘書官室 10
秘書室 10

〈ふ〉

福祉基盤課[社会・援護局] 4
福祉人材確保対策室[社会・援護局] 4
副大臣室 10
部長室[社会・援護局(障害保健福祉部)] 5

## 農林水産省(林野庁・水産庁) フロアさくいん

※「北」は北別館、「南」は南別館

| | 〔階数〕 |
|---|---|
| 〈あ〉 | |
| ICカード発行室 | 2 |
| 〈い〉 | |
| イノベーション戦略室[農林水産技術会議] | 6 |
| 印刷室[消費・安全局] | 6 |
| 印刷室[水産庁] | 8 |
| 印刷室[林野庁] | 7 |
| 印刷室[林野庁(森林整備部)] | 南7 |
| 〈う〉 | |
| 打合せ室[農産局] | 南2 |
| 運転手控室 | 1 |
| 〈え〉 | |
| A・B会議室[林野庁] | 北8 |
| 閲覧室 | 1 |
| 沿岸・遊漁室[水産庁(資源管理部)] | 8 |
| 園芸作物課[農産局] | 2 |
| 園芸流通加工対策室[農産局] | 2 |
| 〈お〉 | |
| OA機器室[統計部] | 北4 |
| 〈か〉 | |
| 海外漁業協力室[水産庁(資源管理部)] | 8 |
| 海外土地改良技術室[農村振興局(整備部)] | 5 |
| 海外林業協力室[林野庁(森林整備部)] | 南7 |
| 会議室[消費・安全局] | 6 |
| 会議室[大臣官房] | 1 |
| 会議室[農産局] | 北7 |
| 会議室[農村振興局] | 南7 |
| 会議室[農林水産技術会議] | 南6 |
| 会議室[林野庁] | 北7 |
| 会議室[林野庁] | 南7 |
| 会計監査室[大臣官房(検査・監察部)] | 南6 |
| 外国人応接室 | 8 |
| 外食・食文化課[新事業・食品産業部] | 南4 |
| 会長室[農林水産技術会議 | 6 |
| 海洋技術室[水産庁(増殖推進部)] | 南8 |
| 花き産業・施設園芸振興室[農産局] | 2 |
| 加工流通課[水産庁(漁政部)] | 8 |
| 果樹・茶グループ[農産局] | 2 |
| 家畜遺伝資源管理保護室[畜産局] | 北2 |
| 家畜防疫対策室[消費・安全局] | 北6 |
| かつお・まぐろ漁業室[水産庁(資源管理部)] | 8 |
| 環境バイオマス政策課[大臣官房] | 4 |
| 環境バイオマス政策課[大臣官房] | 5 |
| 監査室[林野庁(林政部)] | 7 |
| 官房会議室[大臣官房] | 3 |
| 官房長室[大臣官房] | 3 |
| 管理課[統計部] | 北3 |
| 管理課[林野庁(国有林野部)] | 北7 |
| 管理課・林野庁企画課(図書館資料事務室)[統計部] | 1 |
| 管理調整課[水産庁(資源管理部)] | 8 |
| 〈き〉 | |
| 企画課[水産庁(漁政部)] | 8 |
| 企画課[畜産局] | 2 |
| 企画課[農産局(農産政策部)] | 2 |
| 企画課[林野庁(林政部)] | 7 |
| 企画課分析官室[林野庁(林政部)] | 7 |
| 企画グループ[新事業・食品産業部] | 南4 |
| 危機管理・政策立案総括審議官[大臣官房] | 南3 |
| 記者会見室 | 3 |
| 記者室(林政記者クラブ) | 南7 |
| 技術会議委員室[農林水産技術会議 | 6 |
| 技術開発推進室[林野庁(森林整備部)] | 南7 |
| 技術政策室[大臣官房] | 6 |
| 技術総括審議官[大臣官房] | 6 |
| 技術普及課[農産局(農産政策部)] | 南2 |
| 基準認証室[新事業・食品産業部] | 南4 |
| 牛乳乳製品課[畜産局] | 2 |
| 休養室[新事業・食品産業部] | 南4 |
| 休養室[水産庁] | 南8 |
| 行政監察室[大臣官房(検査・監察部)] | 南6 |

〔階数〕

協同組織課[経営局] 5
業務課[林野庁(国有林野部)] 北8
共用第1会議室[林野庁] 7
漁業取締課[水産庁(資源管理部)] 8
漁業保険管理官[水産庁(漁政部)] 南8
局長室[経営局] 南5
局長室[消費・安全局] 6
局長室[畜産局] 2
局長室[農産局] 2
局長室[農村振興局] 5
局長室[輸出・国際局] 4
漁場資源課[水産庁(増殖推進部)] 南8
漁政課[水産庁(漁政部)] 8
金融調整課[経営局] 南5

〈け〉

経営安定対策室[農産局] 南2
経営課[林野庁(林政部)] 7
経営企画課[林野庁(国有林野部)] 北8
経営・構造統計課[統計部] 北4
経営政策課[経営局] 南5
経営・組織対策室[経営局] 5
経営体育成基盤整備推進室
[農村振興局(整備部)] 北5
計画課[水産庁(漁港漁場整備部)] 8
計画課[林野庁(森林整備部)] 南7
計画情報室[農村振興局(農村政策部)] 北5
計画調整室[農村振興局(整備部)] 5
競馬監督課[畜産局] 北2
警備員室 南1
研究開発官室[農林水産技術会議] 南6
研究企画課[農林水産技術会議] 6
研究指導課[水産庁(増殖推進部)] 南8
研究指導課[林野庁(森林整備部)] 南7
研究推進課[農林水産技術会議] 6
研究総務官室[農林水産技術会議] 6
研究調整課[農林水産技術会議] 6
研究統括官室(生産技術)[農林水産
技術会議] 南6
検査課[大臣官房(検査・監察部)] 南1
検査課[大臣官房(検査・監察部)] 南6
検定室[農産局] 南2

〔階数〕

〈こ〉

講堂 7
広報評価課[大臣官房] 1
広報評価課広報室[大臣官房] 南3
国際衛生対策室[消費・安全局] 北6
国際課[水産庁(資源管理部】 8
国際会議オペレーションルーム[輸出・国際局] 4
国際経済課[輸出・国際局] 4
国際研究官室[農林水産技術会議] 6
国際室[消費・安全局] 北6
国際政策室[輸出・国際局] 4
国際地域課[輸出・国際局] 4
穀物課[農産局] 南2
国有林野管理室
[林野庁(国有林野部)] 北8
国有林野生態系保全室
[林野庁(国有林野部)] 北8
国有林野総合利用推進室
[林野庁(国有林野部)] 北8

〈さ〉

災害総合対策室[大臣官房] 南3
災害対策室[農村振興局(整備部)] 北5
最高情報セキュリティ・アドバイザー室[大臣官房] 南3
サイバーセキュリティ・情報化
審議官[大臣官房] 南3
栽培養殖課[水産庁(増殖推進部)] 南8
産学連携室[農林水産技術会議] 6
参事官(経理)[大臣官房] 北3
参事官(厚生・人事業務)[大臣官房] 北2
参事官室[輸出・国際局] 4
山村振興・緑化推進室
[林野庁(森林整備部)] 南7
山地災害対策室
[林野庁(森林整備部)] 7

〈し〉

C会議室[林野庁] 北7
資格試験事務室[農産局(農産
政策部)] 南2
資源管理推進室[水産庁(資源管理部)] 8
システム支援室[大臣官房] 南3
施設保全管理室
[農村振興局(整備部)] 北5

農林水産省

〔階数〕

次長室[水産庁] 8
次長室[農村振興局] 5
次長室[林野庁] 7
指導室[水産庁(漁政部)] 南8
事務機器室 4
事務機器室[経営局] 南5
事務機器室[新事業・食品産業部] 南4
事務機器室[大臣官房] 3
事務機器室[大臣官房] 南3
事務機器室[農産局] 南2
事務機器室[農産局(農産政策部)] 2
事務機器室[農林水産技術会議] 6
事務局長室[農林水産技術会議] 6
事務次官室 3
就農・女性課[経営局] 5
守衛室(防災センター) 1
種苗室[輸出・国際局] 4
消費者行政・食育課[消費・安全局] 6
消費者行政・食育課[消費・安全局] 北6
消費者の部屋(相談室)[消費・安全局] 北1
消費統計室[統計部] 4
商品取引グループ[新事業・食品産業部] 南4
情報分析室[大臣官房] 南3
食堂 北1
食肉鶏卵課[畜産局] 北2
食肉需給対策室[畜産局] 北2
食品安全科学室[消費・安全局] 6
食品安全政策課[消費・安全局] 6
食品企業行動室[新事業・食品産業部] 南4
食品製造課[新事業・食品産業部] 南4
食品表示調整室[消費・安全局] 北6
食品流通課[新事業・食品産業部] 南4
食品ロス・リサイクル対策室[新事業・食品産業部] 南4
植物防疫課[消費・安全局] 北6
食料安全保障室[大臣官房] 3
女子休養室[統計部] 北3
女性活躍推進室[経営局] 5
飼料課[畜産局] 北2

〔階数〕

資料室[経営局] 南3
資料室[林野庁(森林整備部)] 南7
シルバープラン室[林野庁] 北7
審議官(技術・環境)[大臣官房] 4
審議官室[経営局] 南5
審議官室[消費・安全局] 6
審議官室[新事業・食品産業部] 南4
審議官室[水産庁(資源管理部)] 8
審議官室[大臣官房] 4
審議官室[畜産局] 2
審議官室[農産局] 2
審議官室[農村振興局] 5
審議官室[輸出・国際局] 4
審査室[大臣官房(検査・監察部)] 南6
新事業・食品安全政策課[新事業・食品産業部] 南4
診療所 南3
森林集積推進室[林野庁(森林整備部)] 南7
森林保護対策室[林野庁(森林整備部)] 南7
森林利用課[林野庁(森林整備部)] 南7

〈す〉

水産安全室[消費・安全局] 北6
水産業体質強化推進室[水産庁(漁政部)] 8
水産経営課[水産庁(漁政部)] 南8
水産施設災害対策室[水産庁(漁港漁場整備部)] 北8
水産庁記者クラブ 8
水産物貿易対策室[水産庁(漁政部)] 8
水田農業対策室[農産局(農産政策部)] 2

〈せ〉

政策課[大臣官房] 3
政策課[大臣官房] 6
政策課会議室[大臣官房] 3
生産資材対策室[農産局(農産政策部)] 南2
生産流通消費統計課[統計部] 4
生産流通消費統計課[統計部] 北4
生態系保全室[水産庁(増殖推進部)] 南8

〔階数〕

鳥獣対策室[農村振興局(農村政策部)] 6

鳥獣対策・農村環境課[農村振興局(農村政策部)] 6

調整・監察課[大臣官房(検査・監察部)] 南6

調整室[経営局] 南5

〈て〉

DX共用室1・2 南1

データベース室[林野庁(森林整備部)] 南7

デジタル戦略グループ[大臣官房] 南3

電子・映像情報室 1

電話交換器室 2

電話交換台室 2

〈と〉

統計企画管理官[統計部] 北3

動物衛生課[消費・安全局] 北6

特用林産対策室[林野庁(林政部)] 7

都市農村交流課[農村振興局(農村政策部)] 5

図書館 1

図書資料室[水産庁] 8

図書資料室[林野庁(林政部)] 7

土地改良企画課[農村振興局(整備部)] 北5

〈な〉

内水面漁業振興室[水産庁(増殖推進部)] 南8

〈に〉

担い手総合対策室[経営局] 南5

入札室[大臣官房] 1

入札室[林野庁] 7

〈の〉

農業環境対策課[農産局(農産政策部)] 2

農業経営収入保険室[経営局] 5

農業用水対策室[農村振興局(整備部)] 北5

農研機構東京連絡室[農林水産技術会議] 南6

農産安全管理課[消費・安全局] 6

農政クラブ 3

農村環境対策室[農村振興局(農村政策部)] 6

農村計画課[農村振興局(農村政策部)] 5

農村政策推進室[農村振興局(農村政策部)] 5

〔階数〕

農地資源課[農村振興局(整備部)] 北5

農地集積・集約化促進室[経営局] 南5

農地政策課[経営局] 南5

農泊推進室[農村振興局(農村政策部)] 5

農福連携推進室[農村振興局(農村政策部)] 5

農薬対策室[消費・安全局] 6

農林記者会 南3

農林水産省国際顧問室[水産庁(資源管理部)] 8

農林水産審議官室 4

〈ひ〉

秘書課[大臣官房] 2

秘書課[大臣官房] 3

秘書課[大臣官房] 5

秘書課[大臣官房] 北7

秘書課[大臣官房] 南3

秘書課応接室[大臣官房] 2

秘書課研修室[大臣官房] 7

秘書課長室[大臣官房] 3

秘書室[消費・安全局] 6

秘書室[林野庁] 7

秘書室兼控室[水産庁] 8

〈ふ〉

ファイナンス室[新事業・食品産業部] 南4

副大臣室 3

福利厚生室[林野庁(国有林野部)] 北7

部長室[水産庁(漁港漁場整備部)] 8

部長室[水産庁(漁政部)] 8

部長室[水産庁(資源管理部)] 8

部長室[水産庁(増殖推進部)] 南8

部長室[新事業・食品産業部] 南4

部長室[大臣官房(検査・監察部)] 南6

部長室[統計部] 北3

部長室[農産局(農産政策部)] 2

部長室[農村振興局(整備部)] 5

部長室[農村振興局(農村政策部)] 5

部長室[林野庁(国有林野部)] 北8

部長室[林野庁(森林整備部)] 南7

部長室[林野庁(林政部)] 7

文書課[大臣官房] 3

| | 〔階数〕 |
|---|---|
| 文書課[大臣官房] | 南3 |
| 文書課長室[大臣官房] | 3 |
| 文書保存庫 | 1 |
| **〈へ〉** | |
| 米穀貿易企画室[農産局(農産政策部)] | 2 |
| 米穀流通・食品表示監視室[消費・安全局] | 6 |
| 米麦品質保証室[農産局(農産政策部)] | 南2 |
| 米麦流通加工対策室[農産局] | 南2 |
| **〈ほ〉** | |
| 貿易業務課[農産局(農産政策部)] | 南2 |
| 防疫対策室[消費・安全局] | 北6 |
| 防災課[農村振興局(整備部)] | 北5 |
| 防災漁村課[水産庁(漁港漁場整備部)] | 北8 |
| 防災・減災対策室[農村振興局(整備部)] | 北5 |
| 報道官室[大臣官房] | 3 |
| 報道室[大臣官房] | 3 |
| 法務支援室[大臣官房] | 南3 |
| 法令審査事務室[大臣官房] | 南3 |
| 捕鯨室[水産庁(資源管理部)] | 8 |
| 保険課[経営局] | 5 |
| 保険監理官室[経営局] | 5 |
| **〈み〉** | |
| 水資源課[農村振興局(整備部)] | 北5 |
| みどりの食料システム戦略グループ[大臣官房] | 4 |
| **〈め〉** | |
| 面談室[消費・安全局] | 6 |
| **〈も〉** | |
| 木材産業課[林野庁(林政部)] | 7 |
| 木材製品技術室[林野庁(林政部)] | 7 |
| 木材貿易対策室[林野庁(林政部)] | 7 |
| 木材利用課[林野庁(林政部)] | 7 |
| **〈ゆ〉** | |
| 郵便局 | 1 |
| 郵便局 | 2 |
| 輸出環境整備室[輸出・国際局] | 4 |
| 輸出企画課[輸出・国際局] | 4 |
| 輸出産地形成室[輸出・国際局] | 4 |
| 輸出支援課[輸出・国際局] | 4 |
| 輸出促進審議官 | 4 |
| | 〔階数〕 |
| **〈よ〉** | |
| 予算課[大臣官房] | 1 |
| 予算課[大臣官房] | 3 |
| 予算課[大臣官房] | 北1 |
| 予算課[大臣官房] | 北3 |
| 予算課長室[大臣官房] | 3 |
| 予算事務室[水産庁] | 8 |
| 予算事務室[経営局] | 南5 |
| 予算事務室[統計部] | 北3 |
| 予算事務室[農産局(農産政策部)] | 2 |
| 予算事務室[輸出・国際局] | 4 |
| 予算第1・2事務室[大臣官房] | 3 |
| **〈り〉** | |
| 流通飼料対策室[畜産局] | 北2 |
| 林業労働対策室[林野庁(林政部)] | 7 |
| 林政課[林野庁(林政部)] | 7 |
| 林政課監査室[林野庁(林政部)] | 7 |
| 林政課広報室[林野庁(林政部)] | 7 |
| 林政課文書室[林野庁(林政部)] | 7 |

# 経済産業省(資源エネルギー庁、中小企業庁) フロアさくいん

※「別」は別館

〔階数〕

〈あ〉

アーキテクチャ戦略企画室[商務情報政策局] 3

ITS・自動走行推進室[製造産業局] 4

アジア新産業共創政策室[経済産業政策局] 7

アジア太平洋地域協力推進室[通商政策局] 16

アジア大洋州課[通商政策局] 15

アフリカ室[通商政策局] 16

アルコール室[製造産業局] 5

安全保障貿易管理課[貿易経済協力局(貿易管理部)] 14

安全保障貿易管理政策課[貿易経済協力局(貿易管理部)] 14

安全保障貿易検査官室[貿易経済協力局(貿易管理部)] 14

安全保障貿易国際室[貿易経済協力局(貿易管理部)] 14

安全保障貿易審査課[貿易経済協力局(貿易管理部)] 13

〈い〉

医療・福祉機器産業室[商務・サービスグループ] 別3

〈う〉

宇宙産業室[製造産業局] 4

運行管理室 1

〈え〉

閲覧窓口 別1

エネルギー・環境イノベーション戦略室[産業技術環境局] 別6

〈お〉

欧州課[通商政策局] 16

応接室[大臣官房] 11

応接室 別11

沖縄振興室[経済産業政策局] 別7

オゾン層保護等推進室[製造産業局] 6

〔階数〕

〈か〉

海外展開支援室[中小企業庁(経営支援部)] 別7

会議コーナー[大臣官房(調査統計グループ)] 別9

会議室 2

会議室 別8

会議室 別9

会議室[産業技術環境局] 別6

会議室[資源エネルギー庁(長官官房)] 別4

会議室[製造産業局] 5

会議室[大臣官房] 10

会議室[中小企業庁(事業環境部)] 別4

会議室[中小企業庁(事業環境部)] 別7

会議室[通商政策局] 15

会議室[通商政策局] 16

会議室[独立行政法人産業技術総合研究所] 別10

会議室[貿易経済協力局] 14

会計課[大臣官房] 10

会計課(調達調整担当、給与担当)[大臣官房] 9

会計課長室[大臣官房] 10

化学物質安全室[製造産業局] 6

化学物質管理課[製造産業局] 6

化学物質リスク評価室[製造産業局] 6

化学兵器・麻薬原料等規制対策室[製造産業局] 6

各省庁共用会議室 別11

革新素材室[製造産業局] 5

核燃料サイクル産業立地対策室[資源エネルギー庁(電力・ガス事業部)] 別5

ガス安全室[産業保安グループ] 9

ガス市場整備室[資源エネルギー庁(電力・ガス事業部)] 別5

環境管理推進室[産業技術環境局] 別6

〔階数〕



〔階数〕

〔階数〕

経済産業記者会 10

経済産業記者会(社会部分室) 10

経済産業省行政情報センター 別1

経済産業省診療所 別11

経済産業省図書館 別1

経済産業省ペンクラブ 9

経済産業省保育室 別1

経済産業審議官室 15

経済産業相談所[大臣官房] 10

経済社会政策室[経済産業政策局] 7

経済連携課[通商政策局] 16

研究開発課[産業技術環境局] 別6

研究グループ[独立行政法人経済産業研究所] 別11

健康支援センター 別11

原産地証明室[貿易経済協力局(貿易管理部)] 14

原子力基盤室[資源エネルギー庁(電力・ガス事業部)] 別5

原子力広報室[資源エネルギー庁(電力・ガス事業部)] 別5

原子力国際協力推進室[資源エネルギー庁(電力・ガス事業部)] 別5

原子力政策課[資源エネルギー庁(電力・ガス事業部)] 別5

原子力損害対応室[資源エネルギー庁(電力・ガス事業部)] 別5

原子力発電所事故収束対応室[資源エネルギー庁(電力・ガス事業部)] 別5

原子力立地・核燃料サイクル産業課[資源エネルギー庁(電力・ガス事業部)] 別5

〈こ〉

高圧ガス保安室[産業保安グループ] 9

航空機武器宇宙産業課[製造産業局] 4

航空機部品・素材産業室[製造産業局] 4

鉱工業動態統計室[大臣官房(調査統計グループ)] 別9

鉱山・火薬類監理官室[産業保安グループ] 9

厚生企画室[大臣官房] 8

〔階数〕

構造・企業統計室[大臣官房(調査統計グループ)] 別9

高度情報通信技術産業戦略室[商務情報政策局] 3

鉱物資源課[資源エネルギー庁(資源・燃料部)] 別4

公文書監理室[大臣官房] 8

広報室[大臣官房] 10

広報室長室[大臣官房] 10

広報相談室[中小企業庁(長官官房)] 別7

国際課[資源エネルギー庁(長官官房)] 別4

国際会議室 17

国際協力室[中小企業庁(経営支援部)] 別7

国際金融交渉室[貿易経済協力局] 13

国際経済課[通商政策局] 15

国際経済紛争対策室[通商政策局(通商機構部)] 16

国際・広報グループ[独立行政法人経済産業研究所] 別11

国際資源エネルギー戦略統括調整官[資源エネルギー庁(長官官房)] 別4

国際室[産業技術環境局] 別6

国際室[資源エネルギー庁(長官官房)] 別4

国際室[商務情報政策局] 3

国際セミナー室1・2[独立行政法人経済産業研究所] 別11

国際戦略情報分析官[商務情報政策局] 3

国際電気標準課[産業技術環境局] 別6

国際投資管理室[貿易経済協力局(貿易管理部)] 14

国際標準課[産業技術環境局] 別6

国際プラント・インフラシステム・水ビジネス推進室[製造産業局] 4

国際法務室[通商政策局(通商機構部)] 16

国会業務室[大臣官房] 11

顧問[大臣官房] 12

コンテンツ産業課[商務情報政策局] 3

〔階数〕

## 〈さ〉



## 〈し〉



〔階数〕

## 国土交通省(観光庁・海上保安庁)フロアさくいん

※②は合同庁舎2号館、④は同4号館

〔階数〕

〈あ〉

アイヌ政策室[北海道局] ②13
アジア市場推進室[観光庁] ②15
安心居住推進課[住宅局] 2
安全監理官[鉄道局] 6
安全監理室[自動車局] 8
安全技術調査官[海事局] 9
安全情報提供センター[海上保安庁(交通部)] 9
安全政策課[海事局] 9
安全政策課[航空局(安全部)] 7
安全政策課[自動車局] 8
安全対策課[海上保安庁(交通部)] 11

〈う〉

運輸安全会議室 3
運輸安全監理官[大臣官房] 3
運用課[航空局(交通管制部)] 7
運用司令室・通信統括室[海上保安庁(危機管理センター)] 9

〈え〉

MCC電算機室[海上保安庁] 9
営繕環境対策室[大臣官房(官庁営繕部)] ②13
営繕積算企画調整室[大臣官房(官庁営繕部)] ②13
沿岸調査課[海上保安庁(海洋情報部)] ④5

〈お〉

応接室[海上保安庁(総務部)] 10
欧米豪市場推進室[観光庁] ②15

〈か〉

海運渉外室[海事局] 9
海外プロジェクト推進課[総合政策局] ②12
海岸室[水管理・国土保全局(砂防部)] 2
海岸・防災課[港湾局] 8
海技課[海事局] 9

〔階数〕

会議室 1
会議室 2
会議室 4
会議室 11
会議室[航空局] 7
会議室[自動車局] 8
会議室[住宅局] 2
会議室[大臣官房(官庁営繕部)] ②13
会議室[鉄道局] 6
会議室[不動産・建設経済局] 3
会議室[北海道局] ②13
会議室[水管理・国土保全局] 1
会計課[大臣官房] 5
会計課資料室[大臣官房] 5
会計課長室[大臣官房] 5
会見室 5
会見室 11
外航課[海事局] 9
外国船舶監督業務調整室[海事局] 9
海上保安監[海上保安庁] 10
海洋汚染調査室[海上保安庁(海洋情報部)] ④4
海洋開発戦略室[海事局] 9
海洋・環境課[港湾局] 8
海洋・環境政策課[海事局] 9
海洋空間情報室[海上保安庁(海洋情報部)] ④5
海洋情報技術調整室[海上保安庁(海洋情報部)] ④5
海洋情報業務室2[海上保安庁(海洋情報部)] ④5
海洋情報業務室3[海上保安庁(海洋情報部)] ④4
海洋情報システム機械室[海上保安庁] 9
海洋政策課[総合政策局] 3
海洋調査運用室[海上保安庁(海洋情報部)] ④5
海洋防災調査室[海上保安庁(海洋情報部)] ④5
海洋利用開発室[港湾局] 8

〔階数〕



〈く〉



〈け〉



〔階数〕



〈こ〉

〔階数〕

国際業務室[海上保安庁(海洋情報部)] ④5
国際業務推進室[航空局(航空ネットワーク部)] 7
国際刑事課[海上保安庁(警備救難部)] 10
国際航空課[航空局(航空ネットワーク部)] 7
国際交通特別交渉官[総合政策局] ②12
国際市場課[不動産・建設経済局] 3
国際室[住宅局] 2
国際室[道路局] 1
国際室[都市局] 6
国際室[水管理・国土保全局] 1
国際政策課[総合政策局] ②12
国際戦略官[海上保安庁(総務部)] 10
国際統括官[国際統括官] ②12
国道・技術課[道路局] 1
国土管理企画室[国土政策局] ②12
国土交通記者会 5
国土交通省交通運輸記者会 8
国土交通省図書室 ②14
国土交通省防災センター ②14
国土交通審議官室 4
国土地理院東京オフィス ②12
国労組 11
国労組本省支部 11
個人情報保護・情報公開窓口 1
顧問室 10

〈さ〉

サーバー室 ②14
災害対策室[海上保安庁(危機管理センター)] 9
災害対策室[水管理・国土保全局] 2
サイバーセキュリティ・情報化審議官[大臣官房] ②14
サイバーセキュリティ対策室[総合政策局] ②14
砂防管理支援室[水管理・国土保全局(砂防部)] 2
砂防計画課[水管理・国土保全局(砂防部)] 2
産業港湾課[港湾局] 8
参事官(安全企画担当)[航空局] 7

〔階数〕

参事官(運輸安全防災)[大臣官房] 3
参事官(海外高速鉄道プロジェクト)[鉄道局] 6
参事官(外客受入)[観光庁] ②15
参事官(会計担当)[大臣官房] 5
参事官(建築企画担当)[住宅局] 2
参事官(航空安全推進担当)[航空局] 7
参事官(国際関係・観光人材政策)[観光庁] ②15
参事官(住宅瑕疵担保対策担当)[住宅局] 2
参事官(人事担当)[大臣官房] 5
参事官(税制担当)[大臣官房] 3
参事官(宅地・盛土防災)[都市局] 6
参事官(MICE推進)[観光庁] ②15
参事官(マンション賃貸住宅担当)[住宅局] 2
参事官(旅行振興)[観光庁] ②15
参事官(労務管理担当)[大臣官房] 5
参事官[海上保安庁(総務部)] ④5
参事官[北海道局] ②13

〈し〉

市街地建築課[住宅局] 2
市街地住宅整備室[住宅局] 2
市街地整備課[都市局] 6
市街地整備制度調整室[都市局] 6
事業監理室[水管理・国土保全局] 1
地震・火山砂防室[水管理・国土保全局(砂防部)] 2
システム室[海上保安庁] 9
システム整備室[海上保安庁(総務部)] 11
施設課[鉄道局] 6
施設評価室[大臣官房(官庁営繕部)] ②13
施設補給課[海上保安庁(装備技術部)] 11
次長室[海事局] 9
次長室[海上保安庁] 10
次長室[観光庁] ②15
次長室[航空局] 7
次長室[自動車局] 8
次長室[総合政策局] 3
次長室[鉄道局] 6

| | 〔階数〕 |
|---|---|
| 次長室[道路局] | 1 |
| 次長室[不動産・建設経済局] | 4 |
| 次長室[水管理・国土保全局] | 1 |
| 自動車情報課[自動車局] | 8 |
| 自動車登録管理室[自動車局] | 8 |
| 事務次官室 | 4 |
| 事務室 | ②14 |
| 社会資本整備政策課[総合政策局] | 3 |
| 車両基準・国際課[自動車局] | 8 |
| 車両工業企画室[鉄道局] | 6 |
| 車両通行対策室[道路局] | 1 |
| 住環境整備室[住宅局] | 2 |
| 住宅企画官[住宅局] | 2 |
| 住宅金融室[住宅局] | 2 |
| 住宅経済・法制課[住宅局] | 2 |
| 住宅生産課[住宅局] | 2 |
| 住宅総合整備課[住宅局] | 2 |
| 舟艇室[海事局] | 9 |
| 主計管理官[海上保安庁(総務部)] | 10 |
| 首席運輸安全調査官[大臣官房] | 3 |
| 首席海技試験官[海事局] | 9 |
| 首席監察官室[海上保安庁] | 11 |
| 首都圏空港課[航空局(航空ネットワーク部)] | 7 |
| 情報活用推進課[不動産・建設経済局] | 4 |
| 情報管理課[海上保安庁(海洋情報部)] | ④5 |
| 情報公開法令審査室[海上保安庁(総務部)] | 10 |
| 情報公開窓口[海上保安庁(総務部)] | 10 |
| 情報政策課[総合政策局] | ②14 |
| 情報政策本部会議室 | ②14 |
| 情報セキュリティ対策室[海上保安庁(総務部)] | 11 |
| 情報通信課[海上保安庁(総務部)] | 11 |
| 情報利用推進課[海上保安庁(海洋情報部)] | ④4 |
| 情報利用推進課[海上保安庁(海洋情報部)] | ④5 |
| 職員管理室[航空局] | 7 |
| 職員相談室[海上保安庁(総務部)] | 10 |
| 資料室 | 3 |

| | 〔階数〕 |
|---|---|
| 資料室 | 5 |
| 資料室 | 6 |
| 資料室 | 8 |
| 資料室 | 9 |
| 資料室[住宅局] | 2 |
| 審議官[海事局] | 9 |
| 審議官室[観光庁] | ②15 |
| 審議官室[航空局] | 7 |
| 審議官室[港湾局] | 8 |
| 審議官室[国土政策局] | ②12 |
| 審議官室[自動車局] | 8 |
| 審議官室[住宅局] | 2 |
| 審議官室[総合政策局] | 3 |
| 審議官室[総合政策局] | ②12 |
| 審議官室[大臣官房] | 4 |
| 審議官室[大臣官房(官庁営繕部)] | ②13 |
| 審議官室[鉄道局] | 6 |
| 審議官室[道路局] | 1 |
| 審議官室[都市局] | 6 |
| 審議官室[不動産・建設経済局] | 3 |
| 審議官室[不動産・建設経済局] | 4 |
| 審議官室[北海道局] | ②13 |
| 審議官室[水管理・国土保全局] | 2 |
| 審査・リコール課[自動車局] | 8 |
| 人事課[海上保安庁(総務部)] | 10 |
| 人事課[大臣官房] | 5 |
| 人事課資料室[大臣官房] | 5 |
| 人事課長室[大臣官房] | 5 |

〈す〉

| | |
|---|---|
| 水政課[北海道局] | ②13 |
| 水政課[水管理・国土保全局] | 1 |
| 水防企画室[水管理・国土保全局] | 1 |
| 水利調整室[水管理・国土保全局] | 1 |
| 水路通報室[海上保安庁(海洋情報部)] | ④5 |
| 図誌審査室[海上保安庁(海洋情報部)] | ④4 |

〈せ〉

| | |
|---|---|
| 政策課[総合政策局] | 3 |
| 政策統括官[政策統括官] | ②12 |

〔階数〕

〈と〉



〈な〉



〈に〉



〈の〉



〈は〉



〈ひ〉



〈ふ〉



〈へ〉



〈ほ〉

〔階数〕

法令審査室[大臣官房] 4
保障事業室[自動車局] 8
保障制度参事官室[自動車局] 8
保全課[水管理・国土保全局(砂防部)] 2
保全指導室[大臣官房(官庁営繕部)] ②13

〈ま〉

まちづくり推進課[都市局] 6

〈み〉

水資源計画課[水管理・国土保全局(水資源部)] 2
水資源政策課[水管理・国土保全局(水資源部)] 2

〈む〉

無人航空機安全課[航空局(安全部)] 7

〈め〉

面談室 5

〈も〉

木材利用推進室[大臣官房(官庁営繕部)] ②13
木造住宅振興室[住宅局] 2

〈ゆ〉

有料道路調整室[道路局] 2

〈よ〉

予算課[北海道局] ②13
予算・管財室[航空局] 7
予算決算調整室[大臣官房] 5
予算執行管理室[海上保安庁(総務部)] 10

〈り〉

離島振興課[国土政策局] ②12
流域減災推進室[水管理・国土保全局] 1
流水管理室[水管理・国土保全局] 1
旅客運送適正化推進室[自動車局] 8
旅客課[自動車局] 8
旅客航路活性化推進室[海事局] 9

〈ろ〉

路政課[道路局] 1

# 環境省 フロアさくいん

〔階数〕

# 会計検査院 フロアさくいん

〈霞ヶ関〉官庁フロア&ダイヤルガイド 2023年版

令和5年5月30日 発行

定価：2,640円
（本体2,400円＋税10%）

編集・発行人 中 島 孝 司
発 行 所 国政情報センター
〒150-0044 東京都渋谷区円山町5−4 道玄坂ビル
電 話 03（3476）4111
ＦＡＸ 03（3476）4842
郵便振替 00150−1−24932

ISBN978-4-87760-367-0 C2530 ¥2400E

# 省庁　住所・電話番号一覧

| | | | |
|---|---|---|---|
| 内閣 | 〒100-0014 | 千代田区永田町2-3-1 総理官邸 | ☎03(3581)0101 |
| 内閣官房 | 〒100-8968 | 千代田区永田町1-6-1 | ☎03(5253)2111 |
| 内閣法制局 | 〒100-0013 | 千代田区霞が関3-1-1 (合)4号館 | ☎03(3581)7271 |
| 人事院 | 〒100-8913 | 千代田区霞が関1-2-3 (合)5号館別館 | ☎03(3581)5311 |
| 内閣府 | 〒100-8914 | 千代田区永田町1-6-1 | ☎03(5253)2111 |
| 宮内庁 | 〒100-8111 | 千代田区千代田1-1 | ☎03(3213)1111 |
| 公正取引委員会 | 〒100-8987 | 千代田区霞が関1-1-1 (合)6号館B棟 | ☎03(3581)5471 |
| 警察庁 | 〒100-8974 | 千代田区霞が関2-1-2 (合)2号館 | ☎03(3581)0141 |
| 個人情報保護委員会 | 〒100-0013 | 千代田区霞が関3-2-1 霞が関コモンゲート西館32F | ☎03(6457)9680 |
| カジノ管理委員会 | 〒105-6090 | 港区虎ノ門4-3-1 城山トラストタワー12F・13F | ☎03(6453)0201 |
| 金融庁 | 〒100-8967 | 千代田区霞が関3-2-1 (合)7号館 | ☎03(3506)6000 |
| 消費者庁 | 〒100-8958 | 千代田区霞が関3-1-1 (合)4号館 | ☎03(3507)8800 |
| こども家庭庁 | 〒100-6090 | 千代田区霞が関3-2-5 霞が関ビルディング14F・20F・21F・22F | ☎03(6771)8030 |
| デジタル庁 | 〒102-0094 | 千代田区紀尾井町1-3 東京ガーデンテラス紀尾井町19F・20F | ☎03(4477)6775 |
| 復興庁 | 〒100-0013 | 千代田区霞が関3-1-1 (合)4号館 | ☎03(6328)1111 |
| 総務省 | 〒100-8926 | 千代田区霞が関2-1-2 (合)2号館 | ☎03(5253)5111 |
| 消防庁 | 〒100-8927 | 〃 | 〃 |
| 法務省 | 〒100-8977 | 千代田区霞が関1-1-1 (合)6号館 | ☎03(3580)4111 |
| 出入国在留管理庁 | 〃 | 〃 | 〃 |
| 公安調査庁 | 〒100-0013 | 〃 | ☎03(3592)5711 |
| 最高検察庁 | 〒100-0013 | 〃 | ☎03(3592)5611 |
| 外務省 | 〒100-8919 | 千代田区霞が関2-2-1 | ☎03(3580)3311 |
| 財務省 | 〒100-8940 | 千代田区霞が関3-1-1 | ☎03(3581)4111 |
| 国税庁 | 〒100-8978 | 〃 | ☎03(3581)4161 |
| 文部科学省 | 〒100-8959 | 千代田区霞が関3-2-2 | ☎03(5253)4111 |
| スポーツ庁 | 〃 | 〃 | 〃 |
| 文化庁 | 〃 | 〃 | 〃 |
| 厚生労働省 | 〒100-8916 | 千代田区霞が関1-2-2 (合)5号館本館 | ☎03(5253)1111 |
| 農林水産省 | 〒100-8950 | 千代田区霞が関1-2-1 (合)1号館 | ☎03(3502)8111 |
| 林野庁 | 〒100-8952 | 〃 | 〃 |
| 水産庁 | 〒100-8907 | 〃 | |
| 経済産業省 | 〒100-8901 | 千代田区霞が関1-3-1 | ☎03(3501)1511 |
| 資源エネルギー庁 | 〒100-8901 | 〃 | 〃 |
| 特許庁 | 〒100-8915 | 千代田区霞が関3-4-3 | ☎03(3581)1101 |
| 中小企業庁 | 〒100-8912 | 千代田区霞が関1-3-1 | ☎03(3501)1511 |
| 国土交通省 | 〒100-8918 | 千代田区霞が関2-1-3 (合)3号館 | ☎03(5253)8111 |
| 観光庁 | 〃 | 〃 | 〃 |
| 気象庁 | 〒105-8431 | 港区虎ノ門3-6-9 | ☎03(6758)3900 |
| 海上保安庁 | | 国土交通省内 | ☎03(3591)6361 |
| 環境省 | 〒100-8975 | 千代田区霞が関1-2-2 (合)5号館本館 | ☎03(3581)3351 |
| 原子力規制庁 | 〒106-8450 | 港区六本木1-9-9 | ☎03(3581)3352 |
| 防衛省 | 〒162-8801 | 新宿区市谷本村町5-1 | ☎03(3268)3111 |
| 防衛装備庁 | 〃 | 〃 | 〃 |
| 会計検査院 | 〒100-8941 | 千代田区霞が関3-2-2 (合)7号館 | ☎03(3581)3251 |
| 最高裁判所 | 〒102-8651 | 千代田区隼町4-2 | ☎03(3264)8111 |

※(合)＝中央合同庁舎

# ●主要駅から国会議事堂周辺

**東京駅**

- 地下鉄丸ノ内線約 5 分 → 霞ヶ関駅
- 地下鉄丸ノ内線約 7 分 → 国会議事堂前
- JR 山手線約 2 分 → 有楽町駅 → 地下鉄有楽町線約 2 分 → 桜田門駅
- JR 山手線約 2 分 → 有楽町駅 → 地下鉄有楽町線約 4 分 → 永田町駅
- 地下鉄丸ノ内線約 3 分 → 銀座駅 → 地下鉄銀座線約 4 分 → 虎ノ門駅

**上野駅**

- 地下鉄銀座線約 15 分 → 虎ノ門駅
- 地下鉄日比谷線約 20 分 → 霞ヶ関駅